Revista Jurídica do Urbanismo e do Ambiente

Publicação semestral

N.ᵒˢ 23/24

JAN./DEZ.
2 0 0 5

IDUAL – INSTITUTO DE DIREITO DO URBANISMO E DO AMBIENTE, LDA

DIRECTOR

    JOSÉ F. F. TAVARES

DIRECTOR ADJUNTO

    ANTÓNIO LORENA DE SÈVES

COLABORADORES DESTE NÚMERO

    ANTÓNIO LEITÃO AMARO, ANDRÉ FOLQUE, ANTÓNIO LORENA DE SÈVES, FRANCISCO MANUEL LUCAS FERREIRA DE ALMEIDA, ISABEL ABALADA MATOS, JOÃO LOUREIRO, JOAQUIM PEDRO CARDOSO DA COSTA, JOSÉ CUNHAL SENDIM, JOSÉ F.F. TAVARES, JOSÉ MANUEL DA SILVA SANTOS BOTELHO, JOSÉ ROBIN DE ANDRADE, JOSÉ VIEIRA FONSECA, LUCAS ABREU BARROSO, MANUEL FREIRE BARROS, MARTA PORTOCARRERO, NUNO BRAGA

PROPRIEDADE

    IDUAL — Instituto de Direito do Urbanismo e do Ambiente, Lda. (NIPC-503174777)
    Rua da Quintinha, n.° 70-4.°-D.
    1200-368 Lisboa

FUNDADORES: António Lorena de Sèves e José F. F. Tavares
CONCEPÇÃO DA CAPA: António Lobo e Maria João Sousa da Câmara
EDIÇÃO: ALMEDINA, COIMBRA
PRÉ-IMPRESSÃO • IMPRESSÃO • ACABAMENTO: G. C. — Gráfica de Coimbra, Lda.
TIRAGEM: 750 ex.
ISSN: 0872-9336
Depósito legal n.° 81310/94
Registo na Secretaria-Geral do Ministério da Justiça sob o n.° 117710

Preço deste número — 25,00 €/IVA incluído

Impressão em papel ecológico

N.ᵒˢ 23/24 (Ano XI)   Janeiro/Dezembro   2005

SUMÁRIO

ESTATUTO EDITORIAL Pág.

I DOUTRINA

António Leitão Amaro, *Tal pai tal filho: Os caminhos cruzados do princípio do poluidor pagador e da responsabilidade ambiental*... 9

José Robin de Andrade, *Um novo regime da titularidade das águas públicas*.. 109

José Vieira Fonseca, *Principais linhas inovadoras do Código de Expropriações de 1999. Sétima parte – O regime do art. 26.°, n.° 12*.. 127

Lucas Abreu Barroso, *A responsabilidade civil em matéria ambiental no sistema jurídico brasileiro e em alguns Direitos estrangeiros*.. 157

Marta Portocarrero, *Autorização para implantação comercial e licenciamento urbanístico: formas de coordenação procedimental*....................................... 183

Nuno Braga, *Valorização económica dos espaços verdes urbanos*... 203

II JURISPRUDÊNCIA

• Acórdão do STA – Secção do Contencioso Administrativo, de 09/02/2005 (Proc. n.° 01573/03) – *Loteamento. Parque Natural da Ria Formosa. Nulidade*.... 221
• Acórdão do STA – Secção do Contencioso Administrativo, de 09/02/2005 (Proc. n.° 01138/04) –

Licença de obras. Reserva ecológica natural. Parecer obrigatório. Parecer vinculativo. Aprovação 241
- Acórdão do STA – Secção do Contencioso Administrativo, de 05/04/2005 (Proc. n.º 0643/04) – *Licenciamento. Licença de construção. Plano de urbanização. Estudo de enquadramento* 267
- Acórdão do STA – Secção do Contencioso Administrativo, de 14/07/2005 (Proc. n.º 0352/05) – *Reserva Ecológica Nacional. Princípio da imparcialidade. Falta de fundamentação. Audiência prévia. Aproveitamento do acto administrativo* 275
- Acórdão do STA – Secção do Contencioso Administrativo, de 03/11/2005 (Proc. n.º 0939/03) – *Edificações urbanas. Distância entre fachadas. Regulamento geral das edificações urbanas. Princípio da igualdade. Nulidade de sentença* 289
- Acórdão do STA – Secção do Contencioso Administrativo, de 10/11/2005 (Proc. n.º 0779/02) – *Reserva Ecológica Nacional. Licenciamento industrial*. 303
- Acórdão do STA – Secção do Contencioso Administrativo, de 23/11/2005 (Proc. n.º 01112/04) – *Informação prévia. Conceito vago ou indeterminado. Nulidade. Direito ao ambiente*............................. 317
- Acórdão do STA – Secção do Contencioso Administrativo, de 06/12/2005 (Proc. n.º 0782/03) – *Protecção ao sobreiro. Empreendimento de imprescindível utilidade pública. Avaliação de impacte ambiental. Directiva habitats – Directiva do Conselho 92//43/CEE de 21 de Maio. Lista nacional de sítios*....... 345

III CRÓNICA DA LEGISLAÇÃO
Por Manuel Freire Barros 359

ÍNDICE ANALÍTICO 381

OS ARTIGOS PUBLICADOS NA *REVISTA JURÍDICA DO URBANISMO E DO AMBIENTE* SÃO DA RESPONSABILIDADE DOS SEUS AUTORES

ESTATUTO EDITORIAL

O *urbanismo* e o *ambiente* constituem duas realidades, duas áreas da vida, relativamente às quais, no passado recente, tem sido dada especial atenção a todos os níveis.

Trata-se, na verdade, de dois valores, autónomos mas interligados, com influência decisiva na qualidade de vida dos Povos e condicionadores do seu futuro.

Daí que os cidadãos, nas suas múltiplas formas de associação, os Estados, a Comunidade Internacional e outras Instituições tenham vindo a multiplicar os seus esforços no sentido de se compatibilizar o desenvolvimento com a defesa daqueles valores.

Como é natural, o Direito não poderia alhear-se destas realidades. É assim que de várias fontes têm sido emanadas normas e criadas instituições jurídicas correspondentes àqueles domínios, tendo sido dados os primeiros passos na construção do *Direito do Urbanismo e do Direito do Ambiente*.

Também a Universidade começou a questionar a necessidade de inserir nos seus cursos o *Direito do Urbanismo* e o *Direito do Ambiente*. E, na verdade, algumas iniciativas têm sido desenvolvidas neste sentido, sendo, porém, ainda longo o caminho a percorrer.

É neste contexto que surgiu, numa primeira fase com periodicidade semestral, a *Revista Jurídica do Urbanismo e do Ambiente* (RJUA), que se pretende um espaço para reflexão, estudo, investigação e informação, no âmbito do *Direito do Urbanismo* e do *Direito do Ambiente*, tendo em vista dar um contributo para a sua construção e solidificação.

É nosso propósito imprimir à RJUA um cunho científico, com forte ligação à Universidade, mas não perdendo de vista o objectivo de proporcionar utilidade prática a todos os que, de algum modo, têm de lidar com as matérias do *urbanismo* e do *ambiente*.

Preocupação especial merece o capítulo ligado à defesa, às garantias dos direitos e interesses legalmente protegidos dos cidadãos, por se considerar um pilar fundamental nestes domínios.

No seu conteúdo, a RJUA respeita a separação entre *Direito do Urbanismo* e *Direito do Ambiente*, estando concebida para, em princípio, conter todos ou alguns dos capítulos seguintes:

— Doutrina
— Jurisprudência
— Pareceres
— Vária
— Recensão bibliográfica
— Noticiário
— Crónica da legislação

Por outro lado, quando for caso disso, os estudos que se desenvolverão terão em conta, naturalmente, para além do Direito Nacional, o Direito Internacional e o Direito Comunitário, enquanto partes integrantes da Ordem Jurídica portuguesa.

A Direcção

I. Doutrina

TAL PAI TAL FILHO:
Os caminhos cruzados do Princípio do Poluidor Pagador e da Responsabilidade Ambiental[1]

por *António Leitão Amaro*

SUMÁRIO: I. Objecto do trabalho. II. Introdução. 1. A intervenção na Protecção do Ambiente: 1.1. As Estratégias de Intervenção. 1.2. A multiplicidade dos Instrumentos de Protecção do Ambiente. 2. A Questão: Qual a Relação entre o PPP e a Responsabilidade Ambiental? III. O Princípio do Poluidor Pagador. 1. Definição do PPP: Origem, Evolução e Positivação. 2. Definição do PPP: Traços Essenciais: 2.1. A relação causal como pressuposto da imputação; 2.2. A Subsidiariedade da Intervenção Pública; 2.3. Âmbito de aplicação: abrange a poluição lícita?; 2.4. Natureza principiológica; 2.5. Força jurídica. 3. Análise do Conteúdo do PPP: 3.1. Quem é o poluidor? (de entre os envolvidos, quem é o escolhido); 3.2. O que paga o poluidor? (que custos têm que ser imputados); 3.3. Como paga? (quais os instrumentos do PPP). IV. A Responsabilidade Ambiental. 1. A Inevitabilidade da Responsabilidade Ambiental. 2. Um regime Unitário de responsabilidade. 3. A Operacionalização da Responsabilidade: 3.1. As dificuldades; 3.2. Evoluções na Responsabilidade. 4. As Limitações da Responsabilidade. V. A Relação entre a Responsabilidade e o PPP. 1. O instituto da responsabilidade ambiental é um instrumento concretizador do PPP. 2. Desmontar as supostas diferenças: 2.1. Dependência De Dano; 2.2. A responsabilidade para os danos pessoais, o PPP para os danos ecológicos; 2.3. Os Custos de Reparação; 2.4. Funcionamento apriorístico vs. funcionamento a posteriori; 2.5. A responsabilidade implica um rígido esquema lesado-lesante; 2.6. Funções diferentes. 3. Os

---

[1] O presente artigo corresponde integralmente ao Relatório apresentado em Novembro de 2004 no seminário de Direito do Ambiente, orientado pelo Prof. Doutor Vasco Pereira da Silva, realizado no âmbito do Curso de Mestrado e Doutoramento em Direito Público da Universidade Católica Portuguesa.

mesmo genes: 3.1. Fundamentos – justiça distributiva e protecção ambiental; 3.2. Funções – preventiva, redistributiva e reparadora; 3.3. Subsidiariedade da Intervenção Pública; 3.4. Imputação ao Poluidor dos Custos da Poluição Licita; 3.5. A lógica de imputação causalística; 3.6. Possibilidade de repercussão. 4. Tal Pai Tal Filho: conheces um melhor perceberás o outro. VI. Conclusões. 1. Uma Aplicação Conjugada dos Instrumentos Concretizadores do PPP. 2. Uma Leitura Para a Nova Directiva. 3. Uma Exortação ao Legislador Português. VII. Bibliografia e outra documentação consultada

I. OBJECTO DO TRABALHO

Como lançar, com sucesso, uma Política Ambiental?
Sob perspectiva do Direito (do Ambiente), o combate à poluição e a protecção do ambiente levantam as mais variadas questões e problemas[2], sendo um dos mais relevantes o da repartição dos "custos ambientais".

A importância de tratar o problema dos custos ambientais torna-se evidente quando se pensa nos erros económicos e jurídicos cometidos no tratamento dos recursos naturais[3], nas perversidades das exter-

---

[2] Relembrem-se apenas algumas: a determinação do que é o ambiente e de quais são em concreto os recursos naturais protegidos; a definição de poluição relevante (o velho problema de saber se compreende qualquer contaminação/degradação dos recursos ambientais ou "apenas" a infracção dos níveis estabelecidos de poluição permitida); o papel do Estado e de outras autoridades públicas; a opção entre uma acção preventiva ou reactiva; entre muitos outros.

[3] Segundo ISABEL MARQUES DA SILVA, a destruição galopante dos recursos ambientais e o aumento alarmante da poluição devem-se muito a erros da ciência económica e a erros da ciência jurídica. Os dois grandes erros da ciência económica foram (i) a classificação dos recursos naturais/ambientais como bens livres (não escassos, sem preço de mercado e por isso consumíveis e consumidos livremente e sem preocupação) e (ii) a concepção clássica do ciclo produtivo abrangendo apenas a produção, distribuição e consumo dos bens económicos, sem preocupação com o destino a dar aos resíduos produzidos em cada fase do ciclo. Também as classificações atribuídas pela ciência jurídica aos recursos naturais como *res nullius* ou *res communes* e aos resíduos como *res derelictae*, sobre os quais não existem direitos nem responsabilidades definidas contribuíram para um *status quo* muito preocupante: não há limitação monetária da sua procura, e por isso, não há estímulo para a sua utilização parcimoniosa; não há ninguém especificamente interessado em limitar a sua utilização abusiva, pois não são apropriáveis; e, por serem de livre acesso, não há cooperação entre os

nalidades negativas que estão associadas à poluição e à utilização dos recursos naturais (prejudicando o nível da eficiência económica e contribuindo para o sobreconsumo dos recursos naturais) e, nas distorções causadas no comércio internacional pelas diferentes soluções dadas ao problema dos custos ambientais nos diferentes países.

Numa época em que a (tomada de decisões na) sociedade é comandada por preocupações do tipo económico, o problema dos custos da criação, desenvolvimento e implementação de uma qualquer política sectorial é essencial (tão essencial que muitas vezes é a causa do seu fracasso).

No caso da política ambiental, a escolha do modo de suportação dos respectivos custos é decisiva não só para conhecer da viabilidade financeira da política (um problema orçamental), da sua aceitabilidade social (a questão do clima social que envolve a sua criação e implementação) e da sua defensibilidade política (qual a sua prioridade na ponderação com as outras políticas sectoriais existentes), mas, e principalmente, é também uma opção decisiva no sentido em que o modo de imputação dos custos é ele próprio uma das principais armas no combate à poluição e na realização da política ambiental.

Como custos ambientais terão que ser considerados não apenas os custos das políticas públicas, mas também todos os outros custos ambientais como sejam: o valor da utilização dos chamados recursos naturais, os custos da criação, desenvolvimento e implementação dos processos e tecnologias redutoras da poluição e o valor dos danos causados pela poluição, quer ao ambiente em si (como bem jurídico) quer a vítimas individualizadas e determináveis.

O "drama dos custos ambientais" é, em grande parte, um problema de imputação, de saber quem os suportará. E aqui, as opções de princípio teoricamente equacionáveis são essencialmente duas: (i) a suportação dos custos pelos comunidade, em geral; (ii) a imputação dos custos a certas categorias de sujeitos (os poluidores-causadores dos custos, os mais ricos, etc.)[4].

---

agentes para os salvaguardar, visto que se pode sempre beneficiar do "efeito boleia" quanto ao benefício da sua protecção. Cfr., Isabel Marques da Silva, O Princípio do Poluidor Pagador. Estudos de Direito do Ambiente. Porto: Universidade Católica; 2003, p. 107 e 108.

[4] Note-se, porém, que como soluções de princípio que são, é sempre possível (e frequente) que na prática surjam aplicadas em simultâneo, embora, nem sempre de forma pensada e articulada.

A evolução recente (últimos quarenta anos) levou à recusa generalizada da primeira solução e à defesa da imputação dos custos a uma específica categoria de sujeitos: àqueles que estão causalmente ligados à ocorrência dos custos. A esta opção generalizada[5-6] os estudantes franceses, que se manifestavam nas ruas durante o Maio de 68, chamaram o "princípio do poluidor pagador".

O que significa exactamente este princípio-slogan não está ainda assente, apesar dos múltiplos e valiosos esforços de algumas organizações internacionais (com relevo especial para a OCDE e para a CE) e da doutrina. Mas, não é por isso que os seus defensores deixam de acreditar que «o PPP é o princípio que, com maior eficácia ecológica, com maior economia e equidade social, consegue realizar o objectivo de protecção do ambiente»[7].

Contudo, o objecto central deste trabalho não é a procura de uma definição jurídica precisa para o princípio do poluidor pagador ("PPP") enquanto solução para o "drama dos custos ambientais".

O fio condutor deste "drama dos custos ambientais" será a procura de uma resposta para um dos mais conturbados e polémicos[8] aspectos do PPP: qual a relação que existe entre o PPP e o "velho" instituto jurídico da responsabilidade quando aplicado ao direito do ambiente.

---

[5] Num sentido bem diverso surgiu o chamado "Teorema de Coase" (*in* Robert Coase, The Problem of Social Cost, Journal Law & Economics, III vol., Outubro 1960, p. 1 a 44.).

[6] Também em oposição à solução de internalização proposta pelo PPP, cfr. K.G. Mäeler, «International Environmental Problems», Oxford Review of Economic Policy, 1990, vol. 6, n.º 1, p. 80. Veja-se, ainda, a referência a algumas posições de contestação da aplicação desta solução de imputação no contexto internacional, em Nicolas de Sadeleer, Les Principes du Polluer-Payeur, de Prévention et de Précaution, Essai sur la genèse et la portée juridique de quelques principes du droit de l'environnement, Bruylant, Bruxelles, 1999, p. 52 nota 41.

[7] *In* Gomes Canotilho, José J. (coord.), Introdução ao Direito do Ambiente, Universidade Aberta, 1998, p. 51.

[8] Senão, olhe-se para a mais importante obra nacional sobre o PPP (Maria Alexandra de Sousa Aragão, O Princípio do Poluidor Pagador, Pedra Angular da Política Comunitária, Studia Iuridica, 23, Coimbra Editora, 1997) que tendo como objecto central a definição deste princípio, é trespassada horizontalmente pela preocupação de rejeitar a identificação entre o PPP e a responsabilidade, ao ponto de a Autora lhe dedicar várias linhas na Conclusão da obra (p. 218).

Partindo das teses que procuram "atirar cada um para seu canto", procurarei esboçar (sem pretensão de exaustividade e com o grau de profundidade que um trabalho destes permite) o conteúdo de cada um deles e as evoluções por que ambos estão passando, para depois, tentar demonstrar que uma estreita ligação entre o PPP e a responsabilidade ambiental não só existe, como tem toda a conveniência em ser afirmada e analisada, dado que:

(i) a identificação da "relação de parentesco" em linha recta entre o PPP e a responsabilidade ajudará na definição jurídica do PPP e no traçar dos necessários caminhos de evolução para a responsabilidade ambiental;

(ii) permite encontrar a chave para a interpretação da recente Directiva comunitária relativa à responsabilidade ambiental[9]; e que,

(iii) o reconhecimento da filiação da responsabilidade ambiental no PPP, e, por isso, da sua irmandade com os outros instrumentos concretizadores do PPP (essencialmente, os mecanismos de comando e controlo e instrumentos económicos), facilitará a ponderação integrada dos vários instrumentos de política ambiental à luz do princípio orientador que é o PPP.

Assim, apresentada sumariamente a grande família dos instrumentos de protecção do ambiente e conhecidas algumas vozes negadoras da familiaridade entre o PPP e a responsabilidade ambiental (Capítulo II), identificado e conhecido o pai, o PPP, – seu sentido, história, traços próprios e "prole" (Capítulo III), tendo reflectido um pouco sobre o filho-à-procura-de-pai-ambiental, a responsabilidade ambiental, (Capítulo IV), procurarei demonstrar a relação de parentesco em linha recta existente entre eles (Capítulo V) e, daí, retirar algumas conclusões e pistas importantes (Capítulo VI).

Antes de prosseguir, convém esclarecer que, traçar este objectivo não significa acreditar que o PPP é o único princípio relevante do

---

[9] Directiva 2004/35/CE do Parlamento Europeu e do Conselho de 21 de Abril de 2004 relativa à responsabilidade ambiental em termos de prevenção e reparação de danos ambientais, publicada no Jornal Oficial das Comunidades Europeias a 30 de Abril de 2004.

Direito do Ambiente[10], nem, sequer, que deverá ser lido e aplicado sem cedências. O PPP é ("apenas") um dos princípios basilares do Direito do Ambiente e a plena realização deste ramo do Direito apenas se fará com uma aplicação conjugada dos vários princípios fundamentais do Direito do Ambiente[11].

Como abaixo se justificará, o PPP tem uma natureza principiológica que significa que a sua concretização não é feita em termos absolutos de "tudo ou nada". A existência de desvios ao PPP é não só uma evidência como também, em certos casos, uma conveniência.

Esperemos, então, que no fim do trabalho, alguma contribuição haja sido dada para a resposta à questão central e que as pistas dadas relativamente aos outros problemas tratados sejam de alguma valia.

II. INTRODUÇÃO

1. A Intervenção na Protecção do Ambiente

1.1. *As Estratégias de Intervenção*

Durante muito tempo, muitos acreditaram que o ambiente, tal como o mercado, seria melhor organizado e estaria mais protegido se o deixássemos fluir. Esse dogma liberal assentava na ideia (mais ou menos pura) de que a interacção livre dos agentes económicos, sem a intervenção de quaisquer poderes públicos, acabaria por conduzir a um "estado ambiental óptimo".

---

[10] Não me parecem aceitáveis as posições que qualificam os outros princípios do Direito do Ambiente como "meros" sub-princípios concretizadores do PPP.

[11] Além do PPP, como outros princípios *materiais* fundamentais do Direito do Ambiente merecem destaque: o princípio da prevenção em sentido lato, o princípio da correcção prioritariamente na fonte e o princípio do desenvolvimento sustentável. Existirão outros princípios com relevância no Direito do Ambiente, mas os quais podem ser qualificados como princípios *formais* (como será o caso dos princípios da integração, da cooperação internacional e da participação) ou considerar-se consumidos por algum dos princípios acima indicados (como o princípio da precaução relativamente ao princípio da precaução em sentido lato).

Ora, o desenvolvimento da "tomada de consciência ecológica" na segunda metade do século XX levou a conclusões bem diferentes, havendo mesmo quem dissesse que, «indirectamente, a culpa da degradação do ambiente também é do Estado, que deve reconhecer as limitações do ordenamento jurídico e do sistema económico e intervir no sentido de as corrigir»[12].

Não se pense, porém, que todas as vozes se levantaram em defesa de uma solução para a protecção do ambiente que passasse pela intervenção de poderes públicos, *maxime* do Estado.

A verdade é que foram equacionadas três diferentes estratégias de protecção ambiental, baseadas: (i) na (retocada) solução liberal que passava, como se disse, por deixar aos indivíduos a tarefa de protecção do equilíbrio ecológico; (ii) na intervenção pública directa do Estado, assumindo a gestão do ambiente e sendo esta intervenção suportada pelos contribuintes através do Orçamento Geral; e, (iii) na intervenção indirecta do Estado criando normas jurídicas que condicionem a actuação dos sujeitos, corrigindo a "afectação inequitativa dos recursos escassos" e o enriquecimento sem causa da parte mais forte (o poluidor) à custa da parte mais fraca (os poluídos e a comunidade em geral).

O chamado Teorema de Coase tentou "reanimar" a solução liberal (ou, "solução negociada"), defendendo que do ponto de vista económico não é mais eficaz dar-se à vítima da poluição o direito a ser indemnizada do que se dar ao poluidor o direito de poluir. Esta proposta, que passava (também) pela atribuição de direitos de propriedade sobre os recursos naturais, excluindo a intervenção pública de regulação/autorização de acesso aos recursos naturais, foi recusada pela generalidade da doutrina[13-14].

---

[12] Cfr. Alexandra Aragão, *op. cit.*, p. 41.

[13] Logo, pelo facto de o seu funcionamento depender de várias condições de mercado (direitos das partes claramente definidos, informação completa e custos de transacção negligenciáveis) que, como o próprio Autor (R. Coase) reconhece, raramente são alcançadas. Acrescente-se, ainda, que esta proposta não poderia deixar de ser rejeitada, pois não tem efeito preventivo, nem consegue incentivar os agentes económicos a adoptarem bons comportamentos ambientais), o que, como abaixo se verá, é um aspecto imprescindível a qualquer política ambiental. Cfr. Cláudia Dias Soares, O Imposto Ecológico – Contributo para o estudo dos instrumentos económicos de defesa do ambiente, Boletim da Faculdade de Direito, Studia Iuridica, 58, Coimbra Editora, 2001, p. 104. No mesmo sentido, Alexandra Aragão, *op. cit.*, p. 41.

Não se confunda, porém, a "solução negociada" com a tutela do ambiente pelo Direito Privado – enquanto a primeira deve ser recusada, a segunda é compatível com as propostas de intervenção do Estado e merece ser defendida.

Sabendo-se que «o ambiente não é directamente ou só por si um interesse relevante imediatamente detectável nas previsões normativas civis»[15], a verdade é que os instrumentos civilísticos aptos a serem utilizados na tutela do ambiente como «modos de defesa do interesse particular não deixam de indirectamente proporcionar uma defesa da colectividade que beneficia de tais actuações privadas de tutela dos direitos»[16].

Como afirma MENEZES CORDEIRO[17], o Direito Civil apresenta para a tutela do ambiente, as seguintes vantagens: (i) permite a qualquer particular intervir, por si, em questões ambientais; (ii) faculta poupanças por parte dos serviços público e a sua libertação para outras tarefas; (iii) completa o défice estrutural do Direito Público marcado pela subordinação das actuações públicas ao princípio da competência; (iv) tem maior eficácia no plano transnacional visto que a sentença civil pode, em princípio, ser executada no estrangeiro.

Os instrumentos de Direito Civil apontados pela doutrina como capazes de contribuírem para a defesa do ambiente são[18]: (i) o direito das relações de vizinhança (em sede de propriedade imobiliária)[19];

---

[14] Neste sentido, ver por todos, Cláudia Dias Soares, *op. cit.*, p. 112 a 118 e 122 a 126, Nicolas de Sadeleer, *op. cit.*, p. 51 a 52, e Alexandra Aragão, *op. cit.*, p. 37 a 41.

[15] Cfr. João Menezes Leitão, Instrumentos de Direito Privado Para Protecção do Ambiente, Revista Jurídica do Urbanismo e do Ambiente, n.º 7, Almedina, Junho 1997, p. 44.

[16] Cfr. João Menezes Leitão, *op. cit.*, p. 61.

[17] *In* Menezes Cordeiro, Tutela do Ambiente e Direito Civil. Separata de "Direito do Ambiente". INA; 1994, p. 383 e 384.

[18] Neste sentido, João Menezes Leitão, *op. cit.*, p. 44, Henrique Sousa Antunes, Ambiente e Responsabilidade Civil, in Estudos de Direito do Ambiente, Universidade Católica, Porto, 2003, p. 149. Já Menezes Cordeiro refere-se, apenas, ao direito de vizinhança e à responsabilidade civil, *op. cit.*, p. 385 a 390.

[19] Á semelhança do que sucede com a responsabilidade civil (tal como abaixo se dará conta), também no direito de vizinhança (consagrado nos artigos 1346.º e 1347.º do Código Civil) a doutrina propõe uma interpretação menos restritiva dos conceitos legais. Vejam-se os conceitos de: "vizinho" para o qual se propõe a interpretação como "vizinho próximo", em vez do clássico "vizinho contíguo"; e, de

(ii) o campo do Direito de Personalidade [«a destruição do ambiente representa um obstáculo ao desenvolvimento harmonioso (com qualidade de vida) da personalidade»][20]; e, claro está (iii) o instituto da responsabilidade civil.

Mas, o Direito Privado «tem, no campo ambiental, fraquezas estruturais que recomendam sempre o acompanhamento público», das quais MENEZES CORDEIRO [21] destaca os factos de este ramo do Direito ser, pelo menos na sua versão tradicional, um direito restitutivo, e de os esquemas privados dependerem, para serem postos em funcionamento, das iniciativas dos privados.

Conclui-se, pois, que «o Direito Civil tem uma função marginal na protecção eficaz do meio ambiente»[22].

Face ao exposto, parece clara a opção por uma estratégia de protecção do ambiente que não abdique da intervenção do Estado. É que, «sendo a "presença de poluição um sintoma de ausência de comunidade", parece inquestionável que é necessário que o Estado intervenha no mercado, sob pena de se obter demasiada quantidade de bens "maus" e um montante insuficiente de bens "bons". A intervenção limitadora e proibitiva do Estado é essencial no trajecto para o desenvolvimento sustentável»[23].

Ora, feita a opção cumpre agora ligá-la ao nosso "drama dos custos ambientais" e, pegando nas palavras de ALEXANDRA ARAGÃO ao

---

"emissões" cuja extensão às realidades imateriais é proposta de modo a que abarque as emissões "estéticas".

[20] O direito ao ambiente, ao ser consagrado como direito subjectivo de tipo fundamental pelo artigo 66.° n.° 1 da Constituição da República Portuguesa «surgirá então, enquanto direito especial da personalidade, como um direito autónomo em relação a outros bens da personalidade», qualificação esta que «tem a grande virtualidade de facultar a particular forma de tutela consagrado no artigo 70.°, n.° 2 [do Código Civil] (...). Faculta-se, assim, uma tutela judicial preventiva, que assegura o princípio estrutural desta área da prevenção ambiental.», cfr. João Menezes Leitão, *op. cit.*, p. 61 e 2. No mesmo sentido, Pedro Silva Lopes, Dano Ambiental: Responsabilidade Civil e Reparação Sem Responsável, Revista Jurídica do Urbanismo e do Ambiente, n.° 8, Almedina, Dezembro 1997, e Henrique Sousa Antunes, *op. cit.*

[21] Cfr. Menezes Cordeiro, *op. cit.*, p. 384. No mesmo sentido Henrique Sousa Antunes, *op. cit.*, p. 149.

[22] Cfr. João Menezes Leitão, *op. cit.*, p. 62. Ou, como diz HENRIQUE ANTUNES, o Direito Privado assume um papel secundário na protecção do ambiente, *in,* Henrique Antunes, *op. cit.*, p. 149.

[23] Cfr. Cláudia Dias Soares, *op. cit.*, p. 613.

analisar as três estratégias de protecção do ambiente acima referidas, afirmar que: «nenhuma destas hipóteses [a "solução negociada" e a intervenção directa estadual com imputação dos custos à colectividade] é uma verdadeira alternativa a uma política de protecção do ambiente fundada sobre o PPP, pois ambas constituem uma legitimação do enriquecimento sem causa dos poluidores, à custa de toda a sociedade ou dos indivíduos que não tiveram oportunidade ou os meios jurídicos de se fazer compensar pela lesão dos seus direitos ou interesses»[24].

Considerando, como faz a mesma Autora, que «o PPP é um princípio normativo que fornece critérios para a escolha de instrumentos de protecção do ambiente, económicos ou outros, de acordo com uma certa orientação normativa assumida, comprovadamente eficaz e justa»[25], cumpre fazer um pequeno ponto de situação antes de se entrar no "corpo da trama". Se o objecto deste trabalho passa, também, pela ponderação dos instrumentos de protecção do ambiente compatíveis com o PPP, parece fazer sentido lembrar, com toda a brevidade possível (e imposta pela economia do trabalho), os mais significativos instrumentos de tutela ambiental utilizados.

1.2. *A multiplicidade dos Instrumentos de Protecção do Ambiente*

Para uma apresentação dos instrumentos de protecção do ambiente são muitas as classificações ordenadoras possíveis[26].

---

[24] Cfr. Alexandra Aragão, *op. cit.*, p. 194. Explica a mesma Autora que razões de equidade, interesses económicos e ecológicos determinam que as diversas modalidades de intervenção governativa regulamentadora tenham um elemento comum: que as despesas, públicas ou privadas, necessárias ao controlo da poluição sejam postas a cargo dos sujeitos que as causam, *in,* Alexandra Aragão, *op. cit.,* p. 41 e 42.

[25] Cfr. Alexandra Aragão, *op. cit.*, p. 174.

[26] MARIE-LOUISE LARSSON refere como possíveis as seguintes classificações: (i) instrumentos políticos, administrativos ou económicos; (ii) mecanismos imperativos ou voluntários; (iii) instrumentos de direito público, direito penal ou direito civil; (iv) medidas normativas, económicas e informativas, *in* The Law of Environmental Damage, Liability and Reparation, Kluwer Law International, Estocolmo, 1998.

Pela minha parte, distinguirei as seguintes categorias de instrumentos[27]: (a) políticos; (b) administrativos puros; (c) administrativos económicos; (d) voluntários.

Serão qualificáveis como instrumentos políticos a gestão do uso do solo, as políticas regionais e geográficas de localização de actividades, as medidas de informação e formação ambiental dos cidadãos, a participação nos procedimentos jurídico-públicos, a previsão de tutela judicial em caso do ameaças ou agressões ao ambiente e a responsabilidade criminal.

Como instrumentos administrativos puros são de considerar quer os instrumentos de "Comando e Controlo" que se analisarão abaixo, quer a avaliação de impacto ambiental, a licença ambiental (bem como a consideração dos aspectos ambientais nos vários tipos de licenças e autorizações administrativas), a determinação das melhores técnicas disponíveis e os sistemas de registo de emissões.

Nos instrumentos de tipo administrativo-económico encontramos a fiscalidade ecológica, os preços políticos, os subsídios, os fundos ecológicos, os mercados de títulos de poluição, os sistemas de consignação e a responsabilidade contra-ordenacional.

Como instrumentos voluntários é possível identificar: a eco-rotulagem, os contratos de promoção e de adaptação ambiental, as eco-auditorias, os mecanismos de normalização e a certificação de qualidade ambiental, os Índices Verdes[28], os seguros, os direitos de

---

[27] Note-se que esta é apenas uma classificação tendencial, pelo que alguns dos instrumentos referidos apresentam características que lhes permitiriam ser incluídos em mais de uma categoria (tal será particularmente frequente nas segunda e terceira categorias). Esta classificação assenta na contraposição entre mecanismos de intervenção estadual (de sujeição tendencialmente obrigatória) – categorias a) a c), e mecanismos de sujeição voluntária ou de mera actuação entre privados. Optou-se depois por fazer uma divisão nos instrumentos de base intervencionista de modo a permitir alguma arrumação material.

[28] Os Índices Verdes são instrumentos a utilizar nos mercados de valores mobiliários que consistem na constituição de índices que incluem as acções de sociedades que têm um comportamento amigo do ambiente. A aposta nestes Índices significa fazer um "investimento verde" que estimula os comportamentos ecologicamente saudáveis das empresas, pois estas pretendem atrair mais investimentos e investidores. São exemplos destes índices o FTSE4Good (criado pelo grupo financeiro de dimensão mundial FTSE) e o Winslow Green Índex (criado pela Winslow Management Company em 1999 tendo nos quatro anos seguintes valorizado em 98,5 %). Cfr. http://winslowgreen.com/docs/products/fund_perf.asp e http://www.seventh-

vizinhança, a tutela da personalidade e, para quem os aceite, os direitos de propriedade sobre os recursos naturais.

Quanto à responsabilidade ambiental (normalmente designada por responsabilidade civil), esta encontra-se numa fase de evolução, tendo já deixado as suas vestes meramente civis, para vestir um traje mais complexo que envolve traços civis e administrativos. Defendendo-se[29] um regime unitário para as várias soluções da responsabilidade, em que as autoridades públicas passam a ter um papel mais relevante e interventivo, não é mais possível afirmar que se trata de um mecanismo accionável apenas entre lesado e lesante e, por isso enquadrá-lo na referida categoria dos instrumentos de sujeição voluntária. Mas, não é, também, possível considerá-lo um instrumento de sujeição obrigatória e por isso inclui-lo, sem mais, em qualquer das três primeiras categorias.

Em suma, a responsabilidade ambiental, porque é uma realidade ainda à procuração de identificação clara, demonstra que a classificação que se forneceu não é mais do que tendencial e, jamais, poderá ser considerada estanque e encerrada. Serve, acima de tudo, para mostrar que são várias e díspares as abordagens possíveis aos problemas ambientais, na sua maioria com recurso a uma intervenção pública, mas por vezes actuadas apenas entre privados.

Embora perante esta diversidade de instrumentos a sua compatibilização assuma enorme importância, o caminho escolhido para este estudo não é esse. O que aqui se procura é encaixar esta responsabilidade ambiental na resposta dada ao já enunciado "drama dos custos ambientais".

---

generation.com/page.asp?id=1457. Ver também noticia da BBC de 10 de Julho de 2001 em www.bbc.co.uk/.

[29] As considerações feitas a propósito da responsabilidade ambiental neste parágrafo serão abaixo desenvolvidas. Para já, assente-se na denominação a utilizar para este instituto: "responsabilidade ambiental", em vez de responsabilidade civil por danos ao ambiente, de modo a, por um lado, não excluir as novas soluções administrativas para a responsabilidade, e, por outro, não excluir à partida quaisquer tipos de danos eventualmente enquadráveis neste instituto.

2. A Questão: Qual a Relação entre o PPP e a Responsabilidade Ambiental?

É traço comum a vários dos autores que escrevem sobre o PPP, a procura de uma resposta a esta questão de saber qual a ligação existente entre o *princípio* do poluidor pagador e o *instituto* da responsabilidade ambiental.

A verdade é que a grande maioria deles sempre colocaram o problema como uma questão de identificação[30], *i.e.*, de saber se um é o mesmo que o outro. Ora, o facto de estarmos a falar de estruturas jurídicas diferentes (um é um princípio, outro um instituto[31]) deveria logo sugerir que os termos da questão não estão ali a ser bem postos. Atenta essa diferença de morfologia jurídica, a questão deve ser colocada num momento lógico anterior, e não tomar logo por adquirido que o que está em causa é apenas saber se são ou não a mesma "coisa".

É nesta linha que se coloca o problema neste trabalho: haverá primeiro que perceber os contornos de cada um dos elementos da comparação, para depois perceber de que forma é que se tocam e se afastam, e o que tal significa.

Não se andará em busca da sobreposição perfeita de ambos, ou da falta dela. O que se pretende é perceber o que são juridicamente cada uma destas duas figuras jurídicas, e tendo sido encontrados vários pontos comuns, perceber qual o lugar que cada uma delas ocupa no caminho comum de protecção ao ambiente que ambas trilham.

Nessa altura perceber-se-á que os seus papéis e posição não se consomem e sobrepõem completamente, fazendo emergir uma nova

---

[30] Analisam o problema no plano da identificação entre PPP e responsabilidade ambiental, Jean-Philippe Barbe, Technical Paper n.º 92, «Economic Instruments in Environmental Policy : Lessons from OECD Experience and their relevance to Developing Economies», Janeiro de 1994, Isabel Marques da Silva, O Princípio do Poluidor Pagador, *in* Estudos de Direito do Ambiente, Universidade Católica, Porto, 2003, p. 105-6, Gomes Canotilho, José J. (coord.), Introdução ao Direito do Ambiente, Universidade Aberta, 1998, p. 51, Henri Smets – Le príncipe pollueur payeur, un principe erigé en principe de droit de l'environnement?, Revue General de Droit International Public, 1993, n.º 2, Avril-Juin, p. 357, Henrique Sousa Antunes, *op. cit.*, p. 151.

[31] Diferença que alguns autores, como GOMES CANOTILHO E OUTROS, tentam obviar, tomando ambos como princípios: de um lado o PPP, do outro o princípio da responsabilidade. Cfr. Gomes Canotilho, José J. (coord.), *op. cit.*, p.51.

questão: qual é, então, o papel (e influência) que estas figuras jurídicas desempenham uma em relação à outra.

Nestes termos, a questão central do trabalho não pode ser "O PPP e a Responsabilidade Ambiental são a mesma figura? Sim ou não?", mas antes: "Qual a relação entre o PPP e a Responsabilidade Ambiental?".

III. O PRINCÍPIO DO POLUIDOR PAGADOR

O PPP é a resposta moderna ao enunciado "drama dos custos ambientais".

Numa formulação extensiva, significa «que quem provocar poluição deve suportar os respectivos custos económicos»[32].

O princípio oposto do PPP é, por isso, o do financiamento público das medidas de protecção do ambiente[33], ou, como afirmou a OCDE, o princípio do "contribuinte pagador".

Consagrado por numerosos textos normativos nacionais e internacionais, o PPP parece revestido de um significado "quase-ético"[34], porque na ausência de imputação dos custos há um enriquecimento sem causa[35] do poluidor que aproveita o benefício económico da utilização e degradação dos recursos naturais sem, por isso, compensar os seus titulares (que poderão ser a colectividade em geral ou, os proprietários particulares nos casos de recursos naturais juridicamente inseridos em propriedade privada).

Porém, como afirmam MCLOUGHIN E BELLINGER[36], não há acordo na definição do termo "princípio do poluidor pagador", nem sobre o seu preciso âmbito de aplicação, nem sobre as suas excepções admissíveis. Há, também, diferenças na sua fundamentação e fins de aplica-

---

[32] Afirmação de Isabel Marques da Silva, *op. cit.*, p.110. No mesmo sentido, Alexandra Aragão, *op. cit.*, p. 132.
[33] Cfr. Alexandra Aragão, *op. cit.*, p. 47.
[34] Cfr. Nicolas de Sadeleer, *op. cit.*, p.64.
[35] Cfr. Jean Duren, Le Pollueur-Payeur, l'application et l'avenir du principe, Revue du Marché Commun, n.° 305, Março 1987, p. 144.
[36] *In* J. McLoughin e E.G. Bellinger, Environmental Pollution Control, An Introduction to Principles and Practice of Administration, Graham & Trotman/Martinus Nijhoff, 1993, p. 145.

ção visto que cada autor pensa nele por diferentes razões básicas (note-
-se a diferença do propósito da abordagem do economista e do
jurista)[37].

Não nos quedemos, porém, por este obstáculo. Cumpre procurar
essa definição para mais tarde se poder contrapor este princípio à responsabilidade ambiental.

1. Definição do PPP: Origem, Evolução e Positivação

O PPP foi pela primeira vez reconhecido como um princípio
internacional pela OCDE em 1972 no documento *"Guiding Principles
concerning the international economic aspects of environmental policies"*[38]. Em 1975, também a CE o reconheceu como um princípio
básico da sua política ambiental[39].

O PPP foi originalmente adoptado como um princípio económico, segundo o qual os custos da destruição ambiental não deveriam
ser suportados pela sociedade através dos impostos, mas pela pessoa
que causou a poluição[40]. A preocupação inicial subjacente era a da sã
concorrência[41], estendendo-se depois a preocupações de eficiência
económica, e só mais tarde a motivos de justiça social e ambiental[42].

---

[37] Esta mesma indefinição do PPP é notada, também, por HENRI SMETS, *in* Henri Smets, Le príncipe pollueur payeur, un principe erigé en principe de droit de l'environnement?, Revue General de Droit International Public, 1993, n.° 2, Avril-
-Juin, p. 339 e ss.

[38] Recomendação adoptada pelo Conselho da OCDE em 26 de Maio de 1972. Ali o PPP é definido do seguinte modo «O poluidor deverá suportar as despesas de desenvolver medidas [de controlo e prevenção da poluição] decididas por autoridades públicas para garantir que o ambiente está num estado aceitável. Por outras palavras, o custo dessas medidas deve ser reflectido no preço dos produtos e serviços que, na sua produção e/ou consumo, causam a poluição. Tais medidas não devem ser acompanhadas de subsídios que criariam significativas distorções no comércio internacional e no investimento».

[39] *In* J.O.C.E. N.° L 194/1 de 25 de Julho 1975. No plano europeu já o Conselho da Europa se havia referido expressamente ao PPP em 1972 na sua Recomendação *"Principles of National Environmental Policy"*.

[40] Ludwig Kramer – EC Environmental Law, Sweet & Maxwell, 4ª ed. London, Henri Smets, *op. cit.*

[41] Como afirma BARBE, uma importante razão pela qual o PPP se tornou um princípio aceite internacionalmente foi o facto de ele ditar regras de internalização de custos e assim evitar distorções no comércio internacional. É que os preços variariam

Por isto, as formulações do PPP evoluíram de uma abordagem inicial focada na recusa de subsídios públicos (a "*no subsidy approach*") para uma perspectiva defensora de um internalização[43] completa dos custos ambientais[44]. A análise da doutrina, mas, principalmente, dos textos das duas organizações internacionais (OCDE e CE) que mais "lutaram" pelo PPP, faz notar esta evolução, que é particularmente evidente em dois aspectos: a) nas funções desempenhadas pelo PPP; e, b) nos tipos de custos que o mesmo abrange.

a) O alargamento das funções desempenhadas pelo PPP

Relativamente às funções do PPP, as posições sempre foram oscilantes. NICOLAS DE SADELEER considera que ao PPP foram sendo atribuídas sucessivamente, e pela seguinte ordem, as funções: (i) de integração económica[45], distributiva[46] e preventiva[47].

---

muito conforme a opção fosse a de internalizar o custo ambiental ao nível do poluidor (PPP) ou ao nível do Estado/contribuintes (com a existência de subsídios). Cfr. Jean-Philippe Barbe, Technical Paper n.º 92, «Economic Instruments in Environmental Policy : Lessons from OECD Experience and their relevance to Developing Economies», Janeiro de 1994, p. 6.

[42] Não falta, porém, quem afirme que as preocupações ambientais são estranhas ao PPP. É o caso de J. McLoughin e E.G. Bellinger, *op. cit.*, que afirmam que o PPP não é mais do que um princípio de eficiência na imputação dos custos e não implica a redução da poluição para um nível óptimo de qualquer tipo, embora não se exclua a possibilidade de o fazer.

[43] Explica BARBE que o PPP é um puro produto das economias de bem-estar que implica que o custo dos produtos e serviços no mercado reflicta o seu custo social total (i.e. custo de produção e ambiental) – é um princípio de internalização de custos, pois a produção daqueles bens implica a utilização de recursos ambientais. Como qualquer bem utilizado na produção, a utilização dos recursos ambientais também deve ser paga. Como estes são bens sem preço é necessário arranjar um esquema de fazer reflectir um custo pela utilização do recurso no custo de produção/consumo daquele produto (ou serviço), e o PPP é a solução escolhida de entre as várias formas possíveis de internalização – internalizar ao nível do poluidor (o PPP), ao nível dos contribuintes (o Estado dá subsídios aos produtores para adoptarem medidas de controlo da poluição), ou ao nível da vítima (a vitima paga ao poluidor para não ser poluída). Cfr. Jean-Philippe Barbe, *op. cit.*, p. 5 e 6.

[44] Cfr. OCDE (Joint Working Party on Trade and Environment), The Polluter-Pays Principle as it relates to international trade, Dezembro de 2003, COM/ENV/TD (2001)44/FINAL, p. 8.

[45] Nesta função o PPP é tomado como um instrumento de harmonização com vista a assegurar o mercado comum, que visa evitar distorções na concorrência, impe-

Contrapondo as funções preventiva, distributiva e curativa, é possível dizer que a terceira foi a última conquista do PPP neste plano. Se, por exemplo, ISABEL MARQUES DA SILVA[48], ALEXANDRA ARAGÃO[49] e GOMES CANOTILHO E OUTROS[50], defenderam (provavelmente ainda

---

dindo as ajudas e despesas públicas relacionadas com o ambiente, pelo que, assim perspectivado, garante apenas uma internalização parcial dos custos causados pelas poluições crónicas e contínuas.

[46] Acrescenta à função anterior o facto de surgir como uma regra económica segundo a qual uma parte dos benefícios que os poluidores retiram das suas actividades deve ser remetida aos poderes públicos que estão encarregues de controlar, supervisionar e lutar contra a poluição que aqueles emitem. Coloca, porém, o problema de poder resultar na instituição de uma ideia do tipo "eu pago, eu poluo", visto que parece resultar na prática desta função que o poluidor paga para poder poluir e que, assim, a sociedade aceita essa poluição como um fatalidade desde que o poluidor cumpra os seus pagamentos.

[47] Visto que o financiamento pelo Estado da luta contra a poluição não tem qualquer virtude dissuasiva (pelo contrário, pois encoraja os poluidores a repercutir os seus custos sobre a colectividade com o propósito de tornar o preço dos seus bens e serviços mais concorrenciais), justifica-se a assunção de uma função preventiva pelo PPP, de modo a incentivar os poluidores a reduzir a sua poluição visto que os custos financeiros que lhe serão impostos absorverão os benefícios que eles podem retirar por manter as suas práticas poluentes. «Ao serviço da prevenção, o PPP não mais deverá ser interpretado como permitindo àquele que paga continuar a poluir alegremente», *in* Nicolas de Sadeleer, *op. cit.*, p. 68.

[48] Cfr. Isabel Marques da Silva, *op. cit.*, p.106, onde se afirma que os fins específicos que a OCDE e a CE têm atribuído ao PPP são «os da prevenção e da equidade na redistribuição dos custos das medidas públicas de protecção do ambiente, e não tanto o da reparação do danos causados ao ambiente ou da punição dos poluidores, esses sim fins típicos da responsabilidade civil e penal em matéria ambiental.»

[49] Segundo a Autora, o PPP prosseguirá três grupos de funções: (i) a preventiva em sentido amplo (que na sua vertente "estática" engloba prevenção e precaução, conforme haja ou não certeza científica relativamente aos efeitos nocivos das actividades em análise, e que na sua vertente de "prevenção dinâmica" obriga à fiscalização e avaliação periódicas dos resultados e impõe «a adaptação e aperfeiçoamento das medidas de concretização do PPP em função das reacções dos poluidores e dos resultados práticos alcançados com a sua aplicação» – p. 120); (ii) a redistributiva das despesas públicas relacionadas genericamente com a protecção do ambiente tanto *a priori* como *a posteriori*, ou «reparadora, embora em sentido impróprio, porque não implica a responsabilização directa do poluidor, em termos jurídico-civis, pela poluição causada»; (iii) equidade nas trocas comerciais (os seus efeitos decorrem do cumprimento das funções anteriores e da existência de políticas de protecção do ambiente à escala mundial).

[50] Que afirmam que «os fins que o PPP permite realizar são a precaução e a prevenção dos danos ao ambiente e a justiça na redistribuição dos custos das medidas públicas de luta contra a degradação do ambiente.» Consideram, assim, que «é uma

baseados na Declaração da OCDE de 1972[51]) que o PPP não assumia qualquer função curativa, a verdade é que os mais recentes documentos internacionais e comunitários apontam no sentido contrário – o que se percebe, pois por maior que seja a qualidade e importância dos mecanismos de tipo preventivo, subsistirá sempre o risco da ocorrência de danos ao ambiente (danos estes que levantam, consequentemente, o problema da suportação dos custos a eles inerentes).

Recordem-se apenas alguns desses textos: a Recomendação do Conselho da OCDE de 1991 relativa à utilização de instrumentos económicos nas políticas de ambiente, o Livro Verde da Comissão Europeia sobre a reparação dos danos causados ao ambiente[52], a Convenção de Lugano sobre a responsabilidade civil por danos ao ambiente resultantes de actividades perigosas, e, por fim, a nova Directiva comunitária relativa à responsabilidade ambiental onde se pode ler no seu Considerando 2 que «a prevenção e a reparação de danos ambientais devem ser efectuadas mediante a aplicação do princípio do poluidor--pagador, previsto no Tratado».

b) *O alargamento dos tipos de custos abrangidos pelo PPP*

A OCDE começou por considerar que o PPP "apenas" impunha que o poluidor suportasse os custos de prevenção e controlo da poluição. Mas, também nesta matéria, a evolução nos últimos 30 anos foi significativa[53] ao ponto de, hoje, se dever afirmar que o PPP determina a imputação de todos os custos relacionados com a protecção do ambiente.

Parece ser, assim, correcta, a perspectiva de HENRI SMETS[54] ao propor o seguinte quadro evolutivo: (1.°) o PPP cobria apenas os cus-

---

ideia fundamentalmente errada pensar que o PPP tem uma natureza curativa e não preventiva, uma vocação para intervir *a posteriori* e não *a priori*», *in*. Gomes Canotilho, José J. (coord.), *op. cit.*, p.51.

[51] Onde esta organização internacional reconhece essencialmente três méritos ao PPP: afectar os custos das medidas de prevenção e controlo da poluição, estimular o uso racional dos recursos ambientais escassos e evitar distorções ao comércio e investimentos internacionais.

[52] Comunicação 93/C 149/08 da Comissão ao Conselho, ao Parlamento Europeu e ao Comité Económico e Social.

[53] Dando, também, conta desta evolução, veja-se OCDE, The Polluter-Pays Principle as it relates..., *cit.*, p. 10, e Vasco Pereira da Silva, Verde Cor de Direito, Almedina, 2002, p. 75.

[54] Cfr. Henri Smets, *op. cit.*, p. 340 a 354.

tos de prevenção e controlo da poluição; (2.°) extensão aos custos das medidas administrativas adoptadas pelos poderes públicos[55]; (3.°) extensão aos custos dos danos residuais (poluição resultante das actividades licenciadas ou autorizadas); (4.°) extensão aos custos resultantes das situações de poluição acidental[56] (levando, por exemplo, a que os custos das operações urbanísticas realizadas à volta de instalações perigosas, bem como de outras acções destinadas a minimizar os riscos de acidentes nessas instalações, devam ser suportados pelos poluidores); (5.°) extensão aos custos de indemnização às vitimas da poluição ilícita (que, em alguns países, implicam, também o pagamento de uma penalização adicional de valor igual ou superior ao benefício que o poluidor retira por não cumprir a regulamentação ambiental).

Decorrida esta evolução ao nível do âmbito do PPP alcançou-se uma situação de cobertura total dos custos da poluição.

c) *A positivação do PPP*

O PPP pode hoje ser afirmado como um princípio *jurídico* internacionalmente aceite, que se encontra positivado nos planos, internacional, comunitário e nacional.

No plano internacional, e para além de toda a "produção técnico-jurídica" da OCDE e dos textos do Conselho da Europa (de que é exemplo a Convenção de Lugano[57]), destaquem-se a proclamação do PPP como princípio do Direito Internacional Público na Declaração do

---

[55] Que incluem medidas tais como as análises, os sistemas de supervisão e os sistemas de controlo da poluição, na medida em que os respectivos custos possam ser directamente reportáveis a actividades poluentes particulares.

[56] Apesar de o PPP ter sido inicialmente pensado para situações de poluição continuada e crónicas, a OCDE reconheceu em 1988 [Declaração de Encerramento da Conferência da OCDE sobre os acidentes ligados a substâncias perigosas realizada em Paris nos dias 9 e 10 de Fevereiro de 1988, C (88) 83, OCDE, 1988] que o PPP é aplicável à poluição acidental. Na "Recomendação sobre a aplicação do PPP às poluições acidentais", C (89) 88 (Final), OCDE, 1989, afirmou-se o princípio geral de que tantos os riscos de poluições acidentais como as consequências de um eventual acidente devem ser suportados pelos poluidores e não pelas finanças públicas.

[57] Convenção do Conselho da Europa sobre a responsabilidade civil resultante do exercício de actividades perigosas para o ambiente, assinada em Lugano a 21 de Junho de 1993.

Rio de Junho de 1992, e a referência que lhe é feita no Acordo sobre o Espaço Económico Europeu de 1993[58].

No plano comunitário, o percurso do PPP fica marcado por dois momentos: (i) a sua consagração como princípio constitucional do Direito Comunitário[59] (1986); e, (ii) a aprovação da Nova Directiva sobre responsabilidade (2004), que nas palavras da própria União Europeia, «implementa especificamente o princípio do poluidor pagador»[60]. O papel de destaque do PPP a nível comunitário[61] levou a que ALEXANDRA ARAGÃO afirmasse que o PPP é «a pedra angular da política comunitária do ambiente»[62].

Já no plano nacional[63] português, o PPP é também consagrado, embora não expressamente. VASCO PEREIRA DA SILVA considera que «o princípio do poluidor-pagador goza também, entre nós, de natureza constitucional, uma vez que representa um corolário necessário da norma do artigo 66.º, n.º 2, alínea h), da Constituição, que impõe ao Estado a tarefa de "assegurar que a política fiscal compatibilize o desenvolvimento com ambiente e qualidade de vida"»[64].

Subsistem, porém, sérias dúvidas de que seja possível retirar tal conclusão apenas com base neste preceito. É que, pode sempre dizer-se que aquela compatibilização imposta pela norma constitucional pode ser feita com recurso ao financiamento público, *i.e.*, aos impostos cobrados a todos. Assim, uma política fiscal que aumentasse os

---

[58] NICOLAS DE SADELEER refere 16 acordos ou declarações internacionais que consagram o PPP, cfr. Nicolas de Sadeleer, *op. cit.*, p. 53 e 54.

[59] Pelo Acto Único Europeu assinado a 17 de Fevereiro de 1986 através do aditamento do artigo 130.º-R (hoje artigo 174.º n.º 2 do Tratado da Comunidade Europeia). No Tratado Constitucional que aguarda ratificação pelos 25 Estados-Membros, o PPP é também consagrado no artigo III-233.º n.º 2.

[60] *In* Questions and Answers Environmental Liability Directive, MEMO/04/78, Bruxelas, 1 April 2004. Diz ainda a U.E., que «uma vez implementada a Directiva pelos Estados-Membros (…) o princípio do poluidor pagador será a norma e não a excepção.»

[61] São múltiplas referências ao PPP em actos de direito comunitário derivado e em todos os seis Programas de Acção Programa de Acção em matéria de ambiente.

[62] Cfr. Alexandra Aragão, *op. cit.*

[63] ISABEL MARQUES DA SILVA afirma que o PPP foi acolhido e vigora na generalidade das ordens internas dos países industrializados. Cfr. Isabel Marques da Silva, *op. cit.*, p. 105.

[64] Vasco Pereira da Silva, *op. cit.*, p. 74. Em sentido divergente, Isabel Marques da Silva, *op. cit.*, p. 105.

impostos sobre a generalidade dos cidadãos (ou sobre uma categoria que não a dos poluidores), consignando as receitas para a promoção de um equilíbrio entre o desenvolvimento e o ambiente, seria (não se vê porque não) compatível com esta norma constitucional, ao passo que, estaria em violação frontal do PPP[65].

Na Lei de Bases do Ambiente, surgem algumas expressões do PPP, como sejam a parte final[66] da alínea a) e a alínea h) do artigo 3.º.

2. Definição do PPP: Traços Essenciais

Nesta senda de definição do PPP, segue-se agora uma breve análise de alguns dos traços essenciais do PPP que se têm vindo a mostrar mais polémicos. As soluções encontradas nestes pontos serão cruciais para a resposta à questão central deste trabalho.

2.1. *A relação causal como pressuposto da imputação*

Quando se diz que o PPP impõe a imputação dos custos ambientais ao poluidor que os *causou*, o que significa exactamente esta referência à causalidade?

Duas questões se colocam então: (i) a existência de um nexo de causalidade entre a conduta (poluente) de determinado agente e o surgimento de determinados custos ambientais é mesmo condição para

---

[65] Esta opção de política fiscal poderá merecer a desaprovação constitucional, mas com base em outros princípios jurídicos básicos, como sejam os da justiça material, da responsabilização e da igualdade perante os encargos públicos, que numa leitura conjugada não permitem que a generalidade dos cidadãos (contribuintes) sejam onerados com custos causados pelos poluidores em seu benefício próprio.

[66] «sendo o poluidor obrigado a corrigir ou recuperar o ambiente, suportando os custos daí resultantes, não lhe sendo permitido continuar a acção poluente.» – Lei n.º 11/87, de 17 de Abril. GOMES CANOTILHO E OUTROS vêm também consagrações do PPP o artigo 24.º n.º 1 alínea c) da LBA, sobre resíduos e efluentes (medidas: «da aplicação de instrumentos fiscais e financeiros que incentivem a reciclagem e reutilização de resíduos e efluentes.») e no artigo 6.º do Decreto-Lei n.º 293/97, de 9 de Setembro, relativo à gestão de resíduos («os custos de gestão dos resíduos são suportados pelo respectivo produtor») – é por força desta última norma que a deposição de resíduos em aterros está sujeita ao pagamento de taxas. Cfr. Gomes Canotilho (coord.), *op.cit.*, p. 53.

que estes possam ser imputados àquele agente? (ii) que tipo de nexo de causalidade está aqui em causa?

Quanto à primeira questão, GILLES MARTIN afirma que «o estabelecimento de um nexo de causalidade é (...) uma das condições da aplicação do princípio do poluidor pagador»[67].

Como afirma ALEXANDRA ARAGÃO, «as exigências de prevenção-precaução só existem, se tiver havido uma dependência de tipo causal entre a actuação do poluidor e a poluição que se pretendia evitar»[68].

A necessidade de existência de relação causal é tão forte e essencial para o PPP que, na versão alemã do Tratado da Comunidade Europeia, o PPP é designado por princípio da causalidade. Mais, na lei federal suíça sobre a protecção do ambiente é previsto o princípio da causalidade que impõe que «os custos resultantes das medidas que certa lei que sejam tomadas são assumidos por aquele os causar» (artigo 2.º da Lei Federal de 7 de Outubro de 1983).

Além da OCDE[69], também o Tribunal de Justiça das Comunidades Europeias parece defender esta posição, ao afirmar no Acórdão Standley[70] que determinada Directiva não violaria o PPP pois «a directiva não implica que os exploradores agrícolas devam assumir os encargos inerentes à eliminação de uma poluição para a qual não contribuíram».

Quanto à segunda questão, a resposta parece menos certa. É que, naqueles casos em que o PPP é aplicado por meio de mecanismos que funcionam aprioristicamente (como sejam a fixação de limites máximos de emissão, ou a imposição pública de instalação de certo tipo de filtro), o tipo de causalidade escolhido não pode exigir a ocorrência real do facto poluente (no caso do filtro deve ser possível às autoridades imporem a sua instalação a empresas que estão para começar a sua

---

[67] Gilles Martin, D'harmonisation européenne, in L'Effectivité du Droit Européen de l'Environnement, Sandrine Maljean-Dubois (dir.), Centre d'Études et de Recherches Internationales et Communautaires Université d'Aix-Marseiller III, p. 196

[68] Cfr. Alexandra Aragão, *op. cit.*, p. 122, que acrescenta que «para além da causalidade, é desnecessária a verificação da existência de outros requisitos, nomeadamente da culpa» p. 136 nota 324.

[69] Cfr. OCDE, The Polluter-Pays Principle as it relates..., *cit.*, p.26, ao analisar a legislação da Nova Zelândia.

[70] Parágrafo 51 do Acórdão do T.J.C.E. de 29 de Abril de 1999, Processo C-293/97, Col.1999,p.I-2603, no qual era questionada a validade da Directiva 91//676/CEE relativa à protecção das águas contra a poluição por nitratos.

laboração e que, por o não terem ainda feito, não causaram *realmente* qualquer poluição) – assim, é de rejeitar que neste tipo de instrumentos concretizadores do PPP possa funcionar um nexo causal do tipo da *conditio sine qua non*.

Já no caso dos instrumentos concretizadores do PPP que funcionem simultânea ou aposterioristicamente em relação à ocorrência do facto poluente, poderá ser aceitável a existência de uma causalidade desse tipo – veja-se o caso da imposição de taxas pela recolha ou tratamento de resíduos, em que é condição (e medida) de imposição dessa taxa a efectiva entrega de resíduos (que são realidades poluentes)[71].

ALEXANDRA ARAGÃO considera que «a relação exigível não é necessariamente de causalidade adequada, bastando uma mera causalidade estatística ou *prima facie* cujo juízo caberá aos poderes públicos destinatários do PPP»[72].

Deve ser tida em atenção a natureza principiológica do PPP, que por poder (e dever) ser concretizado por instrumentos do mais diverso tipo, poderá justificar diferentes soluções para esta questão do nexo de causalidade, cada qual adaptada a cada tipo de instrumento concretizador. O que não significa que se deva deixar a escolha aos poderes públicos sem lhes indicar qualquer pista. Se quanto à exigência de causalidade real/natural se confere uma margem de liberdade ao decisor público para que este escolha a solução mais adequada a cada tipo de instrumento[73], já quanto ao juízo de aptidão causal da conduta a exigência da adequação da conduta para produzir os respectivos efeitos deve ser mantida. Assim, ao poluidor deverão ser imputados os custos que a sua conduta [tenha realmente/as estatísticas digam que tem//segundo o escopo da norma, considera-se que tenha/ou a de um dos outros agentes envolvidos tenha/e a de um dos outros agentes tenha[74]] causado, sendo adequada[75] a fazê-lo.

---

[71] No caso da responsabilidade ambiental, como se verá abaixo, em muitas situações convirá abandonar a exigência de demonstração de que foi o facto A causa natural real do dano X.

[72] Cfr. Alexandra Aragão, *op. cit.*, p. 122.

[73] Infelizmente, a economia deste trabalho não permite um aprofundamento maior e uma busca de soluções para cada tipo de instrumento concretizador do PPP.

[74] É nestas (ou outras) opções, que correspondem, respectivamente, à *conditio sine qua non*, causalidade estatística, causalidade normativa, causalidade alternativa, multicausalidade, que está a "discricionariedade" do decisor. Também quanto aos problemas da prova do nexo causal propõe-se que o decisor público competente disponha

A exigência de adequação, que no domínio da responsabilidade tem sido a solução dominante no nosso país, baseia-se em valores básicos do nosso ordenamento (a segurança jurídica e a justiça) e na função preventiva do PPP (se o agente não conceber determinada conduta ou facto como aptos a gerar determinados custos ambientais, não tomará a decisão racional de os evitar).

Em suma, os instrumentos que concretizam o PPP só o estarão fazendo propriamente quando consagrem a exigência de um nexo de causalidade entre os custos ambientais que se imputam ao poluidor e a conduta (activa ou omissiva) deste[76].

2.2. *A Subsidiariedade da Intervenção Pública*

Afirmar a subsidiariedade da intervenção pública como traço do PPP significa dizer que este impõe que as actuações (preventivas ou reparadoras) geradoras de custos ambientais devem preferencialmente ser realizadas pelos próprios poluidores, antes de o serem pelo Estado.

Como afirma ALEXANDRA ARAGÃO, «em primeira linha, a protecção do ambiente deverá caber sempre aos próprios poluidores. Só quando não seja possível ou for claramente preferível, será o Estado a substituir-se aos poluidores, sempre financiado por estes. As razões justificativas da prioridade à protecção privada do ambiente e, portanto, da subsidiariedade da protecção pública, são razões de equidade [é mais justo], razões sociais [é mais consensual – alcançando maior pacificação social], razões ecológicas [é mais eficaz na prevenção dos

---

de uma margem de "livre" decisão que lhe permita escolher a solução mais adequada a cada tipo de instrumento.

[75] Note-se que este juízo de adequação também não é fácil e isento de dúvidas dada a incerteza científica que envolve os processos ambientais. O princípio da prevenção (na sua vertente da precaução) deve comandar a tomada de decisão quanto a este aspecto.

[76] É à luz desta exigência de nexo de causalidade que se deve entender a afirmação de que os pagamentos realizados pelo poluidor (seja por impostos, taxas de utilização ou de licença, indemnizações cíveis, pagamento de compensações, coimas, ou outros), só serão aplicações do PPP caso o produto de tais pagamentos se destine, directa ou indirectamente (será o caso dos impostos e das contribuições para fundos), à suportação de custos ambientais.

danos ao ambiente] e ainda razões económicas [é menos oneroso em termos de custos privados que sejam os próprios poluidores a desenvolver, directamente, medidas de protecção do ambiente]»[77].

LUCAS BERGKAMP[78], analisando a proposta de Directiva comunitária sobre a responsabilidade por danos ao ambiente, afirma que a intervenção das autoridades públicas só deve ocorrer após ter sido dada ao operador oportunidade razoável para agir e este não o tenha feito num prazo razoável. O Autor apresenta as seguintes razões justificativas: (i) os operadores estão normalmente em melhor posição para eliminar a ameaça ao ambiente; (ii) ao contrário das autoridades públicas, o operador está fortemente motivado para manter os custos de prevenção e reparação nos valores mínimos necessários para cumprir os objectivos; (iii) justiça e processo equitativo impõem que aquele que vai suportar um custo tenha a possibilidade de o controlar; (iv) no caso de ameaças iminentes, uma intervenção pública paralela poderia conflituar com a intervenção do operador e gerar uma descoordenação e inconsistência nefastas.

Também nos EUA se considera preferível que a restauração dos locais contaminados seja feita pelo próprio responsável designado pelas autoridades, do que pelas autoridades ou por um terceiro por elas contratado[79].

Como abaixo se mostrará, a nova Directiva comunitária relativa à responsabilidade ambiental que implementa o PPP aponta, também, neste sentido.

2.3. *Âmbito de aplicação: abrange a poluição lícita?*

Como já acima se afirmou acima [III 1 b)], a evolução da definição do PPP compreendeu a cobertura dos custos da chamada poluição residual, isto é, a poluição produzida por actividades licenciadas ou autorizadas e a poluição cujos níveis se encontram abaixo dos valores máximos de emissão estabelecidos pelos poderes públicos.

---

[77] *In* Alexandra Aragão, *op. cit.*, p. 162.

[78] Lucas Bergkamp, The Proposed Environmental Liability Directive, *in* European Environmental Law Review, Vol. 11, N.º 11, Novembro 2002, p. 330.

[79] Cfr. Francis Joseph Veale Jr., Evaluating Potential Environmental Liabilities, in Environmental Liability, Graham & Trotman e International Bar Association, p. 326.

Sabendo-se que a degradação do ambiente se deve à intrusão de substâncias poluentes no ecossistema e à utilização excessiva dos recursos naturais, e não à violação, em si mesma, de um determinado limite máximo (que pode até nem estar correctamente fixado do ponto de vista científico[80]), parece justificar-se que o PPP possa também garantir a imputação dos danos residuais.

Aliás, os efeitos da poluição não proibida sobre a qual não haja certeza científica sobre a nocividade poderão mesmo a longo prazo revelar-se os mais perigosos visto estarem mais longe do centro das preocupações dos órgãos de polícia ambiental.

Mesmo que a poluição permitida não produza efeitos suficientemente nocivos para justificar a sua proibição, isso não significa que não provoque custos. Ora, todos os custos que gerar esta poluição (como será o caso dos custos de fiscalização realizada pelas autoridades para verificar se estão a ser respeitados os limites impostos) deverão ser suportados por quem? A resposta não merece hesitações – à luz dos os valores que fundam o PPP (equidade, eficácia ambiental e eficiência económica), não poderão deixar de ser os poluidores, como causadores e beneficiários da poluição, que têm de suportar estes custos, mesmo tendo cumprido os preceitos administrativos que lhe impunham deveres de cuidado quanto à protecção do equilíbrio ecológico[81].

Não se pense, porém, que se trata de uma opinião unânime[82] – MCLOUGHIN E BELLINGER consideram que a opção das autoridades

---

[80] O que, infelizmente, não é pouco frequente, quer por falta de meios e conhecimento científico do decisor público, quer em resultado das pressões, dos mais variados tipos, exercidas pelos poluidores no sentido de manter os limites no valor o mais alto possível.

[81] Cfr. Henri Smets, *op. cit.*, p. 77, nota 128 e Cláudia Dias Soares, *op. cit.*, p. 375.

[82] Aliás, há mesmo quem considere que a chamada poluição permitida não deve sequer ser considerada poluição. LUDWIG KRAMER distingue a poluição dos atentados ao ambiente, sendo que só no primeiro caso as agressões sobre o ambiente são proibidas. Neste quadro, os agentes que respeitem os valores limite impostos pelas autoridades públicas não estão sujeitos ao PPP, por não serem causadores de *poluição*. Aos atentados ao ambiente aplica-se, segundo este Autor, o princípio da redução na fonte das agressões sobre ambiente, que permite que o legislador possa sujeitar a impostos/taxas as emissões que sejam lícitas do ponto de vista administrativo. Cfr. Ludwig Kraemer, Le principe du polluer-payeur ("Verursacher") en droit communautaire, interprétation de l'article 130 R du Traité C.E.E.», Aménagement-Environnement, 1991/1 p. 5.

públicas de fixar o valor de poluição admitida limita o âmbito de aplicação do PPP. Assim, os mesmos Autores consideram que nos casos em que sejam causados danos ao ambiente mas os níveis de qualidade se mantenham, os custos desses danos, ainda que quantificáveis monetariamente, não são cobertos pelo PPP, pois se o Estado não determinou uma maior redução não há justificação para exigir que o operador pague tais custos[83].

2.4. *Natureza principiológica*

O PPP é, antes de tudo, um princípio, e como tal, a sua realização não se faz numa lógica de tudo ou nada, e o seu conteúdo não é o de uma determinação fechada e invariável de comportamentos.

Ora, sendo o PPP um princípio, o seu conteúdo dispositivo deverá ser aplicado na medida do possível (em ponderação com outros valores e princípios do ordenamento jurídico) permitindo diversos graus e tipos de concretização, que poderão implicar aqui ou ali a consagração de soluções contrárias ao seu conteúdo, desde que estas não o afastem total ou permanentemente.

É neste contexto que vem sendo tratada a questão dos auxílios públicos aos poluidores/às medidas de combate à poluição.

Tendo em conta o conteúdo essencial do PPP por todos reconhecido (imputação dos custos ambientais aos poluidores que lhes deram causa) há quem afirme no PPP uma vertente negativa que consiste na proibição de auxílios públicos[84] aos poluidores/às medidas de combate (em sentido geral) à poluição.

A verdade é que esta proibição é fértil em excepções (consideradas) permitidas, demonstrando essa natureza principiológica do PPP.

---

[83] J. McLoughin e E.G. Bellinger, *op. cit.*, p. 147-148. Para justificarem a sua posição estes Autores sustentam que não é a não imputação dos custos ambientais que viola o PPP. A violação está na falha das autoridades em impor/fazer cumprir os *standards* decididos pelo Estado, ou na não fixação dos *standards* de qualidade em níveis considerados adequados.

[84] Como afirma ALEXANDRA ARAGÃO, não só os subsídios públicos serão excepções ao PPP. Estas existirão em dois tipos de situações: (i) quando o poluidor não paga (não são aplicadas as normas ou são criadas isenções e as medidas de protecção ao ambiente são suportadas pelo orçamento geral); (ii) «os casos em que o poluidor paga, mas também recebe.» (ex. os subsídios), cfr. Alexandra Aragão, *op. cit.*, p. 203.

Não cabe no âmbito deste trabalho uma análise crítica às várias excepções[85] (consideradas) admitidas, nem à evolução que têm sofrido nos textos das duas organizações internacionais que sobre elas mais têm elaborado (OCDE e CE). Importa, contudo salientar que as tais ajudas públicas só poderão ser aceites se (mesmo em contradição com o PPP) se fundarem em uma de duas justificações: (i) a tutela de outros valores jurídicos de relevo que, no caso, careçam de tutela, tanto ou mais, que os valores que fundam o PPP (serão exemplos, os subsídios públicos destinados a evitar o encerramento de empresas evitando com isso a criação de situações de miséria social e humana – protecção dos valores da dignidade da pessoa humana e da paz social, os subsídios dados aos poluidores de países ou regiões menos desenvolvidos – realização do valor da solidariedade); e, (ii) a promoção acelerada de comportamentos de excelência ambiental[86] (que poderá passar por subsidiar a aceleração da investigação e implementação de processos e tecnologias anti-poluentes).

Ponto é que estas excepções sejam temporárias, dirigidas a um número de pessoas e a um espaço geográfico limitados e que, verdadeiramente, estejam ao serviço de um daqueles dois propósitos.

A verdade é que na maioria dos casos as ajudas são atribuídas sem que seja verificado se estas condições foram satisfeitas e se existem razões sócio-económicas que tornem imperiosas as ajudas. Significa tudo isto que, na prática, a internalização total dos custos raramente é aplicada[87].

2.5. *Força jurídica*

O problema da força jurídica do PPP levanta três questões: (i) a aplicabilidade directa face aos particulares; (ii) o PPP como parâmetro

---

[85] Sobre este ponto ver, entre outros, OCDE, The Polluter-Pays Principle as it relates..., Alexandra Aragão, Henri Smets, Menezes Cordeiro, também Isabel Marques da Silva, que propõe a distinção entre excepções e derrogações ao PPP, e ainda Cláudia Dias Soares, que afirma que a própria realização do PPP no longo prazo pode justificar a admissão de isenções ou excepções, *op. cit.*, p. 198.

[86] ALEXANDRA ARAGÃO recusa que «razões ambientais possam justificar excepções à aplicação do PPP.» Na sua opinião a aplicação do PPP «deve obedecer a uma regra de razoabilidade, sendo admitidas excepções pontuais por motivos económicos, sociais, laborais, de desenvolvimento regional, ou outros motivos relevantes.» Cfr., Alexandra Aragão, *op. cit.*, p. 195.

[87] Neste sentido Henri Smets, *op. cit.*

de validade das actuações dos poderes públicos; (iii) o PPP como imposição legiferante.

Quanto à primeira, parece ser unânime a opinião de que o PPP não tem, tanto no plano comunitário como no nacional, aplicabilidade directa face aos particulares[88], isto é, não é possível apenas como base nele (sem a mediação de qualquer acto legislativo concretizador) exigir-se um pagamento a um qualquer poluidor[89].

Quanto às segunda e terceira questões, a maioria da doutrina tem vindo a sustentar que os reflexos do PPP sobre as autoridades públicas são de dois tipos[90]: (i) é parâmetro de legalidade das actuações públicas (assim, o legislador não pode criar uma norma, a administração não pode impor um comportamento e o juiz não pode decidir um litigio com sentidos tais que contrariem o PPP, para além das situações de excepção acima referidas – o PPP, como princípio constitucional comunitário, e princípio básico do Direito do Ambiente nacional, constitui «um fundamento, um limite e um programa para a actuação dos poderes públicos»[91]); e, (ii) impõe a intervenção concretizadora do legisla-

---

[88] Neste sentido, LUDWIG KRAMER, que parece limitar o papel do PPP a norma de competência, recusando que possa servir de padrão de validade material das actuações dos poderes públicos. Cfr. Ludwig Kramer, EC Environmental Law, Sweet & Maxwell, 4ª ed. London.

[89] No plano nacional seria da mais duvidosa constitucionalidade um acto administrativo que, fundamentando-se exclusivamente no PPP, ordenasse ao proprietário e explorador de uma determinada fábrica que colocasse (suportando o respectivo custo) um revestimento de determinado material nas paredes da fábrica de modo reduzir as elevadas emissões de ruído gerado pela maquinaria ali existente. Tal acto administrativo afrontaria o direito à propriedade privada e a liberdade de iniciativa privada que, tendo natureza constitucional análoga aos direitos, liberdades e garantias, gozam da protecção conferida pelos números 2 e 3 do artigo 18.º da Constituição. Assim, este acto administrativo seria qualificável como uma restrição inadmissível daqueles direitos fundamentais do proprietário da fábrica (pelo menos) por violação da reserva de lei, sendo por isso inválido.

Mesmo na ausência de lei concretizadora do PPP, esta conclusão poderia ser diversa, caso a decisão administrativa se fundamentasse na resolução de um conflito de direitos (apelando, por exemplo, ao direito fundamental ao ambiente).

[90] Neste sentido, Vasco Pereira da Silva, *op. cit.*, p. 65.

[91] Cfr. Cláudia Dias Soares, *op. cit.*, p. 376. Na plano comunitário, a adopção pelos Estados-Membros de políticas ou medidas contrárias ao PPP pode dar lugar a acção por incumprimento, como sustentou o Advogado-Geral Lenz nas suas conclusões apresentadas no Caso Peralta (T.J.C.E., 14 de Julho de 1994, Peralta, Processo C-379/92, Col. 1994 I-03453).

dor, no sentido de definir o âmbito subjectivo, o conteúdo, a extensão e os limites das obrigações dos poluidores.[92]

Atentas a indefinição jurídica do PPP e as limitações que lhe advêm da sua natureza principiológica, a concretização legislativa do PPP torna-se uma necessidade premente, levando McLoughin e Bellinger a defender que na falta de atribuição de poderes às autoridades para impor aos poluidores o pagamento de encargos em determinado caso (e por oposição aos casos em que eles foram expressamente atribuídos), o PPP não se aplicará[93].

Foi em resposta a esta premência que surgiu neste ano de 2004 a nova Directiva comunitária relativa à responsabilidade ambiental, embora, adiante-se já, realizando apenas uma implementação parcial do PPP.

3. Análise do Conteúdo do PPP

Para terminar este percurso de apresentação do PPP cumpre, agora, responder a três questões essenciais para que se possa compreender o seu conteúdo: (1) quem é o poluidor a que o PPP impõe a suportação dos custos ambientais? (2) O que paga o poluidor (que custos ambientais são esses que o poluidor tem de suportar)? (3) Como paga o poluidor (quais os instrumentos concretizadores do PPP)?

3.1. *Quem é o poluidor? (de entre os envolvidos, quem é o escolhido)*

Antes de avançar com um critério que permita responder a esta questão, há uma dúvida prévia sobre a qual há que tomar posição: se quem paga é quem polui, o que é poluir?

A economia deste trabalho não permite muito mais do que expressar a opinião de que o conceito de poluição engloba não só a degradação real do ambiente, mas também, os riscos de degradação[94].

---

[92] Neste sentido, Alexandra Aragão, *op. cit.*, p. 65.
[93] J. McLoughin e E.G. Bellinger, *op. cit.*, p. 156.
[94] Quanto aos riscos de degradação, parece ser hoje posição maioritária a de que o conceito de poluição também os inclui, sendo avançadas as seguintes justificações: (i) o papel e a influência do princípio da precaução no Direito do Ambiente levam

Ainda quanto à degradação, julgo que será de toda a conveniência considerar que a degradação do ambiente pode ser causada não só por emissões poluentes mas também pela utilização degradante dos recursos naturais[95].

a) *Critério para escolha do poluidor*

A opção por um critério de imputação tem de passar por uma análise das funções do PPP. Se o que se pretender é prevenir a poluição, há que fazer recair os custos sobre aquele que tenha poder (em termos de condução do processo poluente) para fazer cessar a actividade ou o processo poluente, ou, então, tomar medidas para reduzir ou eliminar a poluição gerada.

Como o PPP se funda, também, numa lógica equitativa de redistribuição dos custos ambientais, há que imputá-los àquele que retira benefícios da actividade.

Se o PPP visa garantir a reparação de lesões ambientais, terá que ser escolhido aquele que, de algum modo, causou tais lesões.

---

a que a definição de poluição inclua o risco de degradação; (ii) deverão ser os poluidores, e ainda que não poluam de facto, a fazer os pagamentos para garantir que as autoridades públicas cumprem as suas tarefas de controlo e vigilância.

Vejam-se neste sentido as definições dadas pela: (a) Recomendação da OCDE de 14 de Novembro de 1974 ("que possa pôr em perigo") e pela Directiva 96/61/CE do Conselho de 24 de Setembro de 1996 relativa à prevenção e controlo integrados da poluição (Jornal Oficial n.º L 257 de 10/10/1996 p. 26-40), que define a poluição como «a introdução directa ou indirecta, por acção humana, de substâncias, vibrações, calor ou ruído no ar, na água ou no solo, *susceptíveis* de prejudicar a saúde humana ou a qualidade do ambiente e de causar deteriorações dos bens materiais ou deterioração ou entraves ao usufruto do ambiente ou a outras utilizações legítimas deste último».

[95] Não fará, assim, sentido dizer que o PPP visa apenas as emissões poluentes, enquanto que para lidar com os problemas relativos à mera utilização dos recursos naturais se deve recorrer ao princípio do utilizador pagador. Não se vê que ganhos possam justificar os inconvenientes da distinção destes dois princípios, logo porque é uma distinção desprovida de significado útil, visto que o conteúdo essencial (imputação dos custos gerados ao seu causador) e as funções (preventiva, distributiva e equitativa) são comuns a ambos os princípios. Depois, porque a autonomização deste princípio do utilizador pagador que impõe pagamentos pela utilização dos recursos naturais geraria confusão com outro princípio do utilizador pagador (muito em voga na linguagem política) que impõe pagamentos pela utilização de serviços públicos (incluindo serviços de despoluição).

Assim sendo, a escolha do poluidor tem de assentar em dois critérios e respeitar (sempre) um pressuposto. Os critérios são o do controlo[96] e o do benefício. Normalmente, o funcionamento de ambos dita o mesmo resultado quando comparadas as intervenções e papéis dos sujeitos que intervieram, de uma forma ou de outra, no processo ou actividade poluente. E, tendencialmente, esse resultado comum é a escolha do produtor. Mas, caso a pessoa que maior controlo tem sobre o processo produtivo seja diferente daquela que mais beneficia com o processo poluente[97], a função preventiva do PPP impõe que a preferência seja dada ao critério do controlo[98].

Mas, a escolha tem de respeitar sempre um pressuposto que é o da existência de nexo de causalidade entre a conduta do agente escolhido à luz daqueles critérios, e os custos a suportar. Remete-se para o que acima se disse sobre o nexo de causalidade, mas deixando-se aqui a advertência que grande parte das dificuldades que a doutrina costuma apontar à escolha de um poluidor têm mais a ver com a dificuldade de estabelecimento ou prova de um nexo causal do que com a definição de critérios válidos para escolha do poluidor. Assim será, por exemplo, nas situações de causalidade alternativa[99].

---

[96] Neste sentido, OCDE, The Polluter-Pays Principle as it relates..., *cit.*, e Alexandra Aragão, *op. cit.*, p. 136.

[97] Dê-se o exemplo de um fábrica em que o responsável pela exploração (que foi escolhido pela sua capacidade operacional e criatividade produtiva) não é, nem o proprietário dos meios de produção, nem o titular dos direitos de propriedade intelectual (marcas dos produtos vendidos pela fábrica). No contrato de gestão, o proprietário deu grande autonomia ao "explorador", nomeadamente quanto aos processos produtivos, às matérias-primas a utilizar e à implementação de novos instrumentos tecnológicos. Ora, traçado este cenário parece óbvio que quem tem maior poder para corrigir os aspectos poluentes do processo produtivo ou instalar equipamentos ou tecnologias amigas do ambiente é o "explorador" – assim, o critério do controlo manda que se imputem os custos a este. Já o mais beneficiado será o proprietário (mais até pela propriedade intelectual, que em certos sectores é altamente valiosa, do que pela propriedade da fábrica e instrumentos). Como se vê, os dois critérios ditam, neste caso, soluções diversas.

[98] O que não significa que se possa ignorar o critério do benefício. Este será relevante quer nas situações em que vários agentes detêm o mesmo grau de controlo e possa ser necessário optar por um deles, quer nas situações em que não é possível apurar o grau de controlo de cada sujeito.

[99] Quando aparece uma lagoa contaminada com um produto que só é emitido por duas fábricas ali localizadas, duas questões se colocam: Quem é o poluidor? Quem

b) *Dificuldades na aplicação dos critérios*

Se é verdade que a aplicação destes critérios apontará, normalmente, para a escolha do produtor, a sua aplicação não é isenta de dúvidas.

Para enfrentar tais dificuldades, a CE[100] sugeriu a utilização de dois critérios: (a) o da eficiência económica e administrativa da imputação; (b) o da capacidade de internalização dos custos pelos visados.

Repare-se que no mesmo texto se afirma a natureza subsidiária destes dois critérios (só se aplicariam quando «a determinação do poluidor se revele impossível ou muito difícil») e a sua aplicação parcial (reserva-os para as situações de poluição cumulativa ou de cadeias de poluidores). Assim, se estes critérios, além de parciais, são subsidiários[101], significa que terão de existir critérios principais – e, aqui, entram os critérios acima propostos.

Mas, regressemos às dificuldades de aplicação dos critérios acima indicados agrupando as situações problemáticas conforme a poluição resulte: (i) da conjugação simultânea de várias causas – poluição cumulativa; (ii) da sucessão de várias dessas causas – poluição em cadeia; (iii) (só) do consumo do produto ou serviço; e, (iv) da conjugação de várias causas, mas contribuindo cada uma delas, de forma praticamente insignificante (poluição difusa).

Apesar das dificuldades[102], os critérios acima propostos são aptos a funcionar nestas situações e, assim, servir de critério para a escolha do poluidor.

é, para efeitos de PPP, o poluidor que causou aquela contaminação? À primeira questão respondem os critérios aqui enunciados, apontando (normalmente) para os exploradores das fábricas. À segunda questão responde o nexo de causalidade. A diferença entre ambas as questões é subtil, já que em ambas há que raciocinar *in concreto*, (*i.e.*, tendo em conta as características e posições de cada agente), porém, só a segunda pergunta se preocupa com a questão causal.

[100] Comunicação anexa à Recomendação do Conselho 75/436, de 3 de Março de 1975.

[101] A própria admissão destes critérios não é isenta de dúvidas. Note-se que eles estão historicamente datados, de um tempo em que a CE estava ainda longe de ver o PPP como princípio de imputação total dos custos, marcado não só por uma função preventiva, mas, também reparadora, e fundado menos em razões económicas, do que em motivos ambientais e de equidade. Qualquer cedência que hoje se fizesse a esses critérios não poderia passar nunca por abdicar da existência de um nexo de causalidade nos termos acima propostos.

[102] Que, recorde-se, não se devem aqui confundir com aquelas colocadas pela necessidade de demonstração da existência de um nexo de causalidade.

No caso de poluição cumulativa tudo o que acima se disse se mantém[103]. Havendo vários agentes a desenvolver comportamentos poluentes em paralelo, no processo produtivo em que cada um se insere será possível encontrar o agente ou agentes que detêm o controlo decisivo do processo causal e aquele ou aqueles que beneficiam em maior medida.

Maiores complicações poderiam surgir nas hipóteses (ii) e (iii), em que o eventual problema será o mesmo: num processo produtivo (em sentido lato, incluindo a fase do consumo do produto ou serviço) com várias fases, a poluição pode ocorrer, apenas ou também, numa fase que não a da produção (todos aqueles casos em que é a própria utilização do produto, os resíduos dela resultantes ou, o não tratamento das embalagens, que geram a poluição), estando, por isso, fora do controlo directo do produtor. Será que nestes casos os critérios apontados são inaptos a concretizar o PPP? Nem por isso. A utilização destes critérios permitirá, conforme cada tipo de processo produtivo, optar pela imputação ao produtor[104] ou ao consumidor (ou, possuidor dos resíduos ou das embalagens), conforme for mais eficaz do ponto de vista da prevenção de lesão ambiental. Estes critérios permitem a imputação ao produtor naqueles casos em que o comportamento dos consumidores não é muito relevante por ausência de alternativas ao consumo daquele bem – nesses casos, e porque há um controlo indirecto, mas decisivo, do produtor, deverá ser este a pagar.

---

[103] A canalização da imputação para parte dos poluidores, ao abrigo de um regime de solidariedade, pode ser útil para garantir a eficácia do funcionamento da imputação. Dir-se-ia que, nas situações de poluição cumulativa ou difusa será mais compatível com o PPP fazer a imputação de todos os custos ambientais a um dos concausadores, do que não imputar nenhum custo relevante a nenhum deles, deixando a suportação de tais custos para a colectividade. Agora, não se afirme sem mais o funcionamento do imputação solidária dos custos ambientais, pois tal pode tornar-se absolutamente desastroso – imagine-se o que seria a Câmara de Lisboa exigir a um automobilista que diariamente entra em Lisboa pelo Viaduto Duarte Pacheco o pagamento de todos os custos de prevenção e controlo da poluição atmosférica causada por todos os automóveis que entram em Lisboa por aquele local. Como se vê, esta partilha de responsabilidade não pode deixar de ser fortemente temperada pelos princípios da proporcionalidade e da justiça.

[104] Neste sentido, Alexandra Aragão justificando que, «com as devidas adaptações, aplicamos aqui as teorias justificativas da responsabilidade sem culpa, baseadas na ideia de *risque d'activité* e *risque profit*.», *op. cit.*, p. 141 nota 342.

Caso a autonomia dos consumidores for superior, é possível dizer que o controlo destes sobre a actividade poluente é não só directo, mas realmente decisivo, e então, dever-se-á escolhê-los para pagadores.

No caso da poluição difusa, os critérios serão também viáveis e permitirão uma opção de imputação adequada a cada processo produtivo poluente. Veja-se o caso da poluição atmosférica causada pelos automóveis: é possível, em alguma medida, realizar o PPP através do aumento do preço dos combustíveis – imputando-se parte dos custos ao utilizador estar-se-á a desincentivar o uso deste meio poluente. Mas, a indispensabilidade do automóvel nas sociedades modernas demonstra que, por mais que se sobrecarregue os utilizadores, subsiste um certo grau de utilização que não é possível eliminar. Nestes casos, só uma intervenção dos fabricantes, instalando tecnologias menos poluentes, permitirá reduzir os níveis de poluição ainda mais. Assim, dir-se-á que neste caso de poluição difusa, o critério do controlo imporá que parte dos custos sejam suportados pelo utilizador (na medida em que este pode, razoavelmente, modificar a sua conduta) e, a outra parte, ao produtor (na medida em que só este controla as condições técnicas do meio poluente). Também o critério do benefício permite a imputação dos custos ambientais a ambas as categorias de agentes, visto que, quer utilizadores, quer fabricantes, retiram benefícios da poluição produzida pelos automóveis – os primeiros têm o benefício da utilização, e os segundos o benefício das receitas da venda (e, em muitos casos, de serviços pós-venda) dos automóveis.

c) *Repercussão – aceitável?*

O facto de o poluidor escolhido ter de pagar pelos custos ambientais (em vez de os evitar) não significa que seja necessariamente ele, quem, em última linha, suporta estes custos. Muitas vezes, os custos da poluição são repercutidos pelo produtor[105] (quando imputado como poluidor) no consumidor (repercussão externa) ou nos trabalhadores ou outros factores de produção (repercussão interna)[106]. Julgo que se pode mesmo dizer que só não existirá repercussão externa caso

---

[105] Neste sentido, entre muitos outros, Jean Duren, *op. cit.*, p. 144, Henri Smets, *op. cit.*, p. 354-5.

[106] Propondo esta útil distinção entre repercussão interna e externa, Alexandra Aragão, *op. cit.,* p. 189.

a situação do mercado não permita que os custos sejam total ou parcialmente reflectidos no preço dos produtos ou serviços[107].

E, não se diga que esta vicissitude subjectiva na imputação dos custos não é admissível. O fenómeno da repercussão dos custos ambientais não só não é contrário ao PPP[108], como apresenta algumas consequências vantajosas, quer ao nível ambiental (o aumento do preço irá contribuir para a contracção da procura do bem ou serviço, que é em si mesmo poluente ou cuja produção gera poluição), quer ao nível económico (impedindo que uma política de ambiente muito rigorosa leve as empresas à ruptura financeira).

Mais, do ponto de vista da equidade, a repercussão é também admissível. É que, consumidores, patrões e trabalhadores, todos beneficiam e estimulam a produção do bem ou serviço poluente, ao ponto de se poder dizer, com JEAN DUREN, que se tornam cúmplices "objectivos" quando esteja em causa manter actividades industriais, de salvaguardar o emprego e o poder de compra, mesmo em detrimento do ambiente[109].

Em geral, as poluições são difusas e são admitidas tanto pelos consumidores como pelos trabalhadores que, por este facto, assumem uma certa "cumplicidade" ao aceitar consumir e fabricar os produtos poluentes produzidos por uma indústria poluente.

Em suma, o recurso às teorias da comparticipação em direito penal (entendidas com as adaptações necessárias) poderá contribuir para a fundamentação da admissibilidade jurídica da repercussão dos custos ambientais em outros agentes económicos.

3.2. *O que paga o poluidor? (que custos têm que ser imputados)*

A primeira observação a fazer é sobre o que se entende por "pagamento".

Compreenderá apenas as transferências de recursos financeiros para a entidade (normalmente pública) que suportou os custos, ou implicará, também, a realização pelo poluidor de prestações fácticas,

---

[107] Neste sentido Jean-Philippe Barbe, *op. cit.*, p. 31.
[108] No mesmo sentido, Marie-Louise Larsson, *op. cit.*, Isabel Marques da Silva, *op. cit.*, p. 113, Alexandra Aragão, *op. cit.*, p. 190.
[109] Cfr. Jean Duren, *op. cit.*, p. 144.

por exemplo, de reparação dos danos ecológicos? Se a função redistributiva do PPP ficaria satisfeita simplesmente com o pagamento *in pecunia*, a verdade é que, em linguagem jurídica, "pagamento" pode traduzir outros modos de cumprimento de uma obrigação que não apenas as entregas monetárias. Os custos a que os poluidores podem ser sujeitos podem ser de dois géneros:

a) Novos custos, por exemplo em: novos investimentos em bens ou equipamentos; aquisição de bens ou serviços a terceiros, privados ou públicos (como sejam, matérias primas mais caras, serviços depuradores, ou serviços de tratamento de resíduos), pagamento de taxas ou simples pagamentos sem contrapartidas directas (como será o caso dos impostos ecológicos);

b) Lucros cessantes (diminuição dos ganhos esperados/estimados), caso, por exemplo, o poluidor tenha de se conformar com uma norma de qualidade ambiental que implique uma redução ou a cessação da actividade poluente.

Em suma, a obrigação de o poluidor pagar um custo ambiental tanto inclui a entrega ao Estado de uma soma pecuniária correspondente ao valor da acção preventiva ou reparadora que este realizou em substituição do poluidor[110], como a redução da produção de uma fábrica de modo a respeitar um valor máximo de emissão, implicando, assim, a diminuição das receitas do poluidor.

Quanto aos tipos de custos que têm de ser imputados ao poluidor, já se deu conta acima (III, 1 b), que a definição moderna (e mais ampla) de PPP inclui todos os custos ambientais[111-112], *i.e.*, todos os

---

[110] Assim, no artigo 8.° n.° 2 da nova Directiva comunitária sobre responsabilidade ambiental.

[111] Refiram-se aqui, mais alguns textos internacionais que afirmam este alargamento: Recomendação do Conselho sobre o uso de Instrumentos Económicos na Política Ambiental, C (90)177/FINAL, OCDE, 1991, Estratégia Ambiental da OCDE para a primeira década do século XXI", ENV/EPOC(2000)13/REV3, parágrafo 13, aprovado em reunião dos Ministros do Ambiente a 16 de Maio de 2001, Decisão N.° 2850/ /2000/CE de 20 de Dezembro de 2000 publicada no J.O.C.E., L 332, de 28 de Dezembro de 2000, e posições da Comissão Europeia publicadas no J.O.C.E., C 72, 3/9, de 10 de Março de 1994, e J.O.C.E., C 37, 1/15, de 3 de Fevereiro de 2001.

[112] Não se abordará aqui, por razões de economia do trabalho, o complexo problema da avaliação/cálculo económico dos custos. Para algumas sugestões neste ponto leia-se J. McLoughin e E.G. Bellinger, *op. cit.*, p. 60 e 61. Problema semelhante, mas

custos que possam ser ligados por meio de um nexo causal à conduta poluente do poluidor – sejam os custos das medidas de prevenção da degradação do ambiente, os custos administrativos de fiscalização, análise, avaliação, e outros, relacionados com o comportamento degradante ou potencialmente degradante do ambiente, os custos das medidas de controlo da poluição e os custos da reparação (no sentido mais lato) dos danos que sejam causados por poluição ilícita continuada, residual ou incidental. Ora bem, mas esse nexo causal é possível de estabelecer nas medidas de prevenção?

Para não restarem dúvidas de que tal é possível, tomem-se três exemplos de custos de medidas preventivas que o poluidor é obrigado a suportar: (i) o lucro cessante resultante da redução da produção em determinada fábrica para cumprimento de um valor máximo de emissão fixado; (ii) o custo da instalação de determinado filtro numa fábrica por imposição pública; (iii) os custos das medidas preventivas tomadas pelo autoridade pública competente nos termos da alínea d) do n.º 3 do artigo 5.º da nova Directiva comunitária sobre responsabilidade. Em qualquer dos três casos referidos, o poluidor será obrigado a fazer o *pagamento,* porque se considera que a sua conduta é adequada a causar o dano[113].

Para terminar este ponto, e analisada a *qualidade* (tipos) de custos a suportar, cumpre dizer umas palavras sobre a *quantidade,* o que neste caso significa averiguar se há algum limite, mínimo ou máximo de custos imputáveis.

Quanto aos limites mínimos a resposta deve ser sensata. Se o PPP exige a imputação de todos os custos, a verdade é que é nas situações em que os valores em causa são tão reduzidos que as despesas processuais e formais absorvem as vantagens de os tentar recuperar[114], insis-

---

também não tratado aqui, é o dos critérios para o estabelecimento dos níveis máximos de poluição/limiares de aceitabilidade.

[113] Recorde-se que o nexo de causalidade no PPP abdica da *conditio sine qua non*, pelo que não é necessária a causação real aferida *a posteriori*, podendo, nestes casos, bastar um raciocínio de prognose que conclua pela existência de uma «ameaça iminente» (artigo 5.º, n.º 1 da nova Directiva sobre a responsabilidade ambiental), consubstanciada numa «probabilidade suficiente da ocorrência de um dano ambiental num futuro próximo» (artigo 2.º, n.º 9 da mesma Directiva).

[114] Repare-se que este raciocínio não é linear, pois em casos de actuações massa, um número muito grande de pequenas somas, significa um produto final de valor considerável. Assim sucede, por exemplo, com os instrumentos fiscais.

tir na sua exigência seria irracional. Aliás, é esta a lógica do Direito, que tendencialmente recusa a relevância das chamadas bagatelas jurídicas. Assim, o que se poderá dizer é que por princípio não deverão existir limites mínimos, mas situações existem em que se deverá abdicar da imputação de determinados custos por tão irrelevantes que são.

Quanto aos limites máximos, recuperem-se as palavras de GOMES CANOTILHO E OUTROS ao afirmarem que «o montante dos pagamentos a impor aos poluidores não deve ser proporcional aos danos provocados mas antes aos custos de precaução e prevenção dos danos ao ambiente. (...). Só assim os poluidores serão motivados a escolher entre poluir e pagar (ao Estado) ou pagar para não poluir (investindo, por exemplo, em processos produtivos ou matérias primas menos poluentes, ou em investigação de novas técnicas e produtos alternativos»[115]. Ainda que marcadas por uma visão já historicamente ultrapassada do PPP (que não abrange todos os custos ambientais), estas palavras são um bom ponto de partida, suscitando a seguinte questão: qual o valor máximo que o poluidor deverá pagar? O valor total dos custos, o valor total do benefício que retirou da actividade poluente, ou, apenas, o custo das medidas razoavelmente tomadas?

A resposta não poderá ser unívoca, variando conforme o tipo de instrumento em causa e o tipo de poluição causada.

Quanto ao tipo de instrumento dir-se-á que a resposta poderá variar conforme se trate de um instrumento de comando e controlo ou de um instrumento económico. No primeiro caso, como o pagamento se fará por acções de execução como sejam a redução da produção (poluente), a instalação de determinada tecnologia ou a aquisição de determinada matéria-prima, o cumprimento do objectivo ambiental (e por isso da função preventiva) é alcançado com a realização pelo poluidor da conduta prescrita pela autoridade pública. Assim, o custo a suportar coincidirá com o custo real de cumprimento da obrigação.

Já se estiverem em causa instrumentos económicos, a resposta poderá ser diversa, colocando-se a questão de saber se, nos casos em que o valor dos custos ambientais reais é inferior ao valor do benefício obtido pelo poluidor, é possível obrigar o poluidor a pagar o valor do benefício, e não apenas o dos custos. Ora, cumpre distinguir aqui as situações de poluição proibida e permitida. É que, nos casos de polui-

---

[115] *In* Gomes Canotilho (coord.), *op. cit*, p. 52.

ção permitida, a lógica preventiva, em princípio, não funciona, pois o poluidor está a respeitar os níveis de poluição estabelecidos pelo legislador como aceitáveis. Assim, se ainda se justifica imputar ao poluidor o valor dos custos (como acima se demonstrou), já não é justificável à luz do PPP a absorção de todos os benefícios retirados pelo poluidor de uma actividade que os poderes públicos aceitam como lícita. Já assim não será no caso da poluição proibida. Aqui, só a imposição de um pagamento que absorva o benefício retirado pelo poluidor irá incentivar este a reduzir os seus níveis de poluição para o valor permitido. Assim, a realização da função preventiva do PPP obriga a que, neste caso, seja imposto ao poluidor o pagamento de um valor superior ao dos custos (mas, que não poderá ser superior ao do benefício, sob pena de violação do princípio da proporcionalidade na vertente da necessidade[116]).

Esta conclusão poderá ter implicações importantes no objecto deste trabalho, pois, aceitando-se a "paternidade" do PPP relativamente à responsabilidade ambiental, permitirá fundamentar a condenação dos poluidores no pagamento de indemnizações em valor superior ao do dano causado – algo na linha dos *punitive damages*, mas numa lógica não tanto punitiva, mas bastante mais preventiva.

3.3. Como paga? (quais os instrumentos do PPP)

A natureza principiológica do PPP significa que a sua aptidão regulativa de casos concretos está dependente da criação de instrumentos concretizadores que, prevendo regras de aplicação imediata aos sujeitos, possam realizar as suas funções e conteúdo.

É já clássico agrupar os instrumentos concretizadores do PPP em duas categorias[117], cuja aplicação é, muitas vezes, conjugada, e que,

---

[116] No caso contrário, de o valor dos custos ser superior ao valor do benefícios obtidos pelo poluidor, o montante a pagar é, naturalmente, o dos custos.

[117] Não parece muito correcto pretender que o PPP se realiza, apenas ou tendencialmente, por uma dessas categorias ou tipos de instrumentos, tal como parece resultar das posições de VASCO PEREIRA DA SILVA, quando afirma que o PPP «se realiza através dos mais diversos instrumentos financeiros, nomeadamente impostos (directos ou indirectos), taxas, políticas de preços, benefícios fiscais», *in*, Vasco Pereira da Silva, *op. cit.*, p. 75, e de, SOUSA FRANCO, quando se refere ao PPP como um princípio de tributação, *in*, Ambiente e Desenvolvimento, in Textos – Ambiente, Centro de Estudos Judiciários, Lisboa, 1994.

correspondem aos seguintes tipos de mecanismos: (i) os instrumentos de comando e controlo, do tipo regulatório; e (ii) os instrumentos económicos.

Deixando para já de lado a consideração da responsabilidade ambiental, olhemos por uns instantes para cada uma daquelas duas categorias de instrumentos concretizadores do PPP, que podem ser qualificados como tal em virtude da sua capacidade de realização das funções do PPP[118].

a) *Instrumentos de Comando e Controlo*

Os instrumentos impositivos (também designados por regulamentação directa) consistem na imposição, legal ou administrativa, aos poluidores, de obrigações de conformidade com normas ou actos que regulam directamente o se e o como do exercício da actividade poluente[119].

É possível identificar os seguintes tipos de instrumentos de comando e controlo: (i) Padrões – que incluem os padrões de qualidade ambiental (especificam as características do estado ambiental devido de cada recurso natural), padrões de processo (especificam o tipo de processo, de tecnologia ou de equipamento de redução de poluição que cada agente deverá instalar ou implementar) e os padrões de produto (definem as características aceitáveis de produtos potencialmente poluentes ou de matérias-primas, ou aprovam sistemas de homologação); (ii) Valores Máximos – normas ou actos que definem os valores limite para as emissões de dado poluente[120]; e, as (iii) Proibições – mais apropriadas para as situações de emergência ou para

---

[118] É esta capacidade para realizar as funções do PPP, bem como a adopção dos traços essenciais do PPP que, de entre os instrumentos de protecção do ambiente indicados *supra* em II, 1.2., distingue aqueles que se podem ser considerados como concretizadores do PPP.

[119] Cfr. Alexandra Aragão, *op. cit*. No mesmo sentido ver, entre outros, Jean--Philippe Barbe, *op. cit.,* p. 7, Isabel Marques da Silva, *op. cit.*

[120] A definição dos limites é uma tarefa muito complexa por força da falta de dados científicos (seguros), sendo as quantidades máximas muitas vezes fixadas arbitrariamente «tendo como única referência os valores médios dessas emissões verificados aquando da intervenção regulamentadora ou, frequentemente, estabelecidas com base no nível de controlo conseguido através da instalação da melhor técnica disponível» *in* Cláudia Dias Soares, *op. cit*., p. 129.

aplicação transitória durante o período em que dado instrumento económico está a demorar a surtir efeito.

O funcionamento destes instrumentos de comando e controlo é compatível com o PPP pois implica que os poluidores (escolhidos como destinatários das normas ou actos por força dos critérios e pressupostos acima designados) custeiem o cumprimento destas normas ou actos, seja suportando as despesas das medidas materiais de execução, seja aceitando a diminuição de proveitos resultante da redução ou eliminação da actividade com efeitos poluentes.

b) *Instrumentos Económicos*

Os Instrumentos Económicos ("IE's") funcionam através do envio de sinais ao mercado[121] por meio da modificação dos preços relativos e/ou da transferências financeiras.

A característica essencial dos IE's é a sua flexibilidade para os poluidores, dando margem de decisão ao agente económico quanto ao modo de cumprimento da legalidade – desde logo tem a opção entre *pagar* ou tomar as medidas necessárias para cumprir o estado ambiental pretendido. Depois, dá ainda ao agente flexibilidade quanto a essas medidas a tomar: pode diminuir o número de horas de funcionamento, alterar o seu processo produtivo, introduzir tecnologias que eliminem a poluição gerada...

Em princípio, a opção do agente económico será pela solução mais eficiente[122], que pode não ser a solução mais eficaz do ponto de vista ambiental (assim será, por exemplo, quando a taxa de imposto estiver fixada a um nível de tal forma baixo que torna financeiramente

---

[121] A intervenção do Estado não deixa aqui de se fazer sentir, sendo este que cria (e, em muitas das situações, controla e mantém) as estruturas de suporte ao funcionamento dos IE's.

[122] No entanto, sucede que, por vezes, mesmo que a taxa seja fixada num nível suficientemente elevado para produzir um efeito dissuasor, a redução da poluição não é conseguida. É que, em tecidos empresariais (como o português) em que são frequentes as referências à falta de formação e preparação dos gestores para as tarefas de gestão, o raciocínio de ponderação entre o custo do pagamento do eco-imposto ou da eco-taxa e o custo de implementação de estratégias de redução ou eliminação de poluição é algo para que nem todos os gestores estão atentos e preparados. Em todos estes casos a internalização dos custos da poluição é conseguida, mas o objectivo essencial de redução dos níveis de poluição não o é.

compensador para o agente poluidor continuar a pagar o imposto, mantendo, assim, o nível de poluição).

Podem ser considerados concretizadores do PPP os seguintes tipos de IE's:

a) Impostos ou taxas sobre as emissões[123] – pagamentos sobre a quantidade e qualidade do poluente descarregado;

b) Taxas de utilização – pagamentos pelo custo de determinado serviço prestado por uma entidade pública, como seja, a taxa paga pela utilização do sistema de recolha e tratamento de lixo e esgotos[124];

c) Impostos ou taxas sobre os produtos – são aplicados sobre os produtos que geram poluição na sua fabricação, consumo ou abandono;

d) Taxas administrativas – utilizáveis para financiar o sistema de licenciamento e de fiscalização de licenças (por exemplo, na Noruega é cobrada uma taxa no registo de novos produtos químicos);

e) As coimas e multas por violação das regras de comando e controlo (na Suécia as *"penalties for non compliance"* são vistas como aplicações do PPP);

g) Os sistemas de consignação – «traduz-se no pagamento de um determinado valor, realizado pelo adquirente de um produto ao qual estão associados danos potenciais para o ambiente, no momento da sua compra, o qual é reembolsado aquando da devolução do produto em si ou da embalagem a determinada entidade»[125].

h) Os Fundos Ecológicos – consistem na criação de patrimónios autónomos, que podem ser de natureza pública, privada ou mista, financiados através de impostos ambientais, coimas

---

[123] Note-se que só faz sentido a imposição de eco-impostos e eco-taxas caso os poluidores tenham alternativas de comportamento. Caso não lhes seja possível implementar um processo, instalar um equipamento ou adquirir um produto equivalente, mas ambientalmente mais favorável, estes instrumentos económicos perdem o seu efeito incentivador da redução da poluição e, consequentemente, a sua valia ambiental.

[124] Na Lei das Finanças Locais (Lei n.º 42/98, de 6 de Agosto) no n.º 1 do seu artigo 20.º é dada competência aos municípios para fixar as tarifas para alguns serviços não administrativos com implicações ambientais.

[125] Cfr. Cláudia Soares, *op. cit.*, p. 186 e 187.

e multas, contribuições periódicas e obrigatórias estabelecidas com base no risco ambiental criado, ou dos montantes das indemnizações de interesses cujos titulares não sejam indivíduos determinados. Estes fundos podem funcionar como fundos de garantia (para as situações em que não se consegue identificar um responsável ou em que este não tenha capacidade económica para suportar a indemnizar a lesão), de indemnização (para financiar as actividades de particulares quando estas não lhe são impostas por lei), ou como meios complementares (quando o valor do dano ultrapassa o montante máximo de indemnização que é possível obter).

i) Seguros – o recurso pelo poluidor a seguros destinados a cobrir os custos ambientais que lhe venham a ser imputados não é sempre conforme com o PPP. Em primeiro lugar, diga-se que, em regra, só serão celebrados contratos de seguro para cobertura de custos resultantes de poluição acidental – nos casos de poluição crónica ou permanente as regras do mercado segurador não admitem a cobertura dos respectivos custos por se tratarem de situações conhecidas e já existentes. Coloca-se, depois, o problema de o recurso a seguros poder eliminar absolutamente o efeito incentivador à adopção de condutas amigas do ambiente, já que o poluidor, tendo transferido o risco, não se sente ameaçado pelas possíveis consequências da manutenção da actividade poluente. Por último, poder-se-ia dizer que uma aplicação pura do PPP implicaria não permitir que o autor da poluição recorresse a seguros pois estes assentam na repartição dos riscos financeiros por um grande número de pessoas (os vários segurados e tomadores de seguros daquela companhia de seguros).

Apesar destes obstáculos, será ainda possível que os seguros se assumam como instrumentos compatíveis com o PPP, desde que se preveja um sistema de agravamento do prémio a pagar pelo agente que for judicialmente accionado para indemnizar as vítimas que lesou com a sua actividade poluente, e se se permitir o direito de regresso da companhia de seguros contra o poluidor em caso de dolo ou negligência deste.

Nestes casos poder-se-á dizer que o incentivo característico da função preventiva do PPP se mantém e que, o recurso ao mercado segurador não contraria o PPP, visto que, o sujeito económico contribui para o custo médio das medidas de controlo da poluição através dos pagamentos que realiza à entidade que assume esse risco.

Nos casos em que os poluidores são insolventes e o funcionamento dos seguros permite garantir que os custos não irão ser suportados pela colectividade em geral, os seguros poderão mesmo ser considerados a solução mais conforme com o PPP.

Fica a faltar a análise da possibilidade de qualificar os subsídios públicos aos poluidores e, os mercados de títulos de poluição transaccionáveis, como instrumentos concretizadores do PPP. Quanto aos primeiros, já acima se demonstrou que os subsídios são um instrumento económico que não é compatível com PPP, pelo facto de assentar no princípio contrário a este (o da repartição comunitária dos custos ambientais), sem prejuízo de em algumas situações excepcionais ser admitida a sua existência ser aceite *apesar* do PPP.

Quanto aos mercados de títulos de poluição transaccionáveis[126], vários Autores defendem a sua conformidade com o PPP[127].

É, porém, muito duvidoso que tal seja defensável sem mais, porque (i) a possibilidade de transacção dos títulos de poluição pode gerar uma distribuição irracional e perigosa (por excessos localizados) das emissões, (ii) de todos os pagamentos feitos pelos poluidores adquirentes das licenças, só o valor do primeiro pagamento feito à entidade pública emitente dos títulos se destinará à suportação de custos ambientais. Os restantes pagamentos beneficiam apenas aqueles que os transmitem em segunda, terceira ou mais "mãos"; (iii) a limitação dos valores máximos de emissão de determinado poluente por cada poluidor é já calculada por medidas legislativas ou administrati-

---

[126] Os EUA são o país onde este sistema encontrou maior e melhor aplicação. Refiram-se os casos do *"bubble concept"* (simula um sistema de licenças comercializáveis no qual um poluidor pode adquirir um direito a aumentar as suas emissões numa determinada fonte de poluição de uma fábrica, desde que garanta uma diminuição compensatória em qualquer outra fonte na mesma fábrica) e da *"offset policy"*(que, criada para a poluição do ar, deu corpo ao primeiro verdadeiro mercado de licenças de poluição nos EUA, no qual uma nova empresa que pretendesse produzir fazendo para isso emissões poluentes, só o pudesse fazer caso adquirisse a outra empresa os direitos de poluir desta. A empresa adquirente só poderia poluir na medida dos direitos que adquiriu e, a empresa vendedora passava a poder poluir apenas na medida dos direitos com que havia ficado após a venda. Isto significava que, a partir destes limites com que cada uma ficara, aquelas empresas só poderiam aumentar a sua produção caso o conseguissem fazer sem aumentar as emissões poluentes – o que implicaria, normalmente um investimento em novas técnicas e tecnologias). Neste sentido, J. McLoughin e E.G. Bellinger *op. cit.,* p. 58 e 59.

vas, enquadráveies nos instrumentos de comando e controlo já mencionados[128-129].

Reconhecendo a este sistema algumas virtualidades[130], termino este capítulo com algumas propostas para a implementação destes mercados, as quais visam obviar as desvantagens indicadas, e, principalmente, permitir o seu funcionamento em conformidade com o PPP:

---

[127] Neste sentido, Isabel Marques da Silva, *op. cit.*, p. 117, Alexandra Aragão, *op. cit.*, e Cláudia Dias Soares, *op. cit.*

[128] Apesar de tudo, não se diga que não há diferença entre, estabelecer (por meio de regulamentação) um valor máximo limite de emissões de um determinado poluente e, criar um mercado de títulos de poluição daquele mesmo poluente. Esta diferença estará, essencialmente, no facto de pelo mercado de títulos o agente que reduzirá as suas emissões será aquele que o fizer a um custo inferior (isto porque, partindo do pressuposto de um mercado bem informado, a empresa que reduzir as emissões por um custo inferior – ex.: 10, irá vender o seu título de emissão por 18 àquela empresa que só consegue reduzir as suas emissões por um preço de 20 e que por isso prefere adquirir o título, visto que lhe sai mais barato. Quanto à empresa que vendeu o título, recebeu 18 e só vai gastar 10 para reduzir as suas emissões na quantidade necessária para conseguir manter a mesma produção, enquanto que no caso da adopção de normas que estabeleçam valores limite, quem terá de reduzir (ou mesmo eliminar) as suas emissões será o novo produtor (que começou a produzir mais tarde quando os valores máximos limite já foram atingidos) ou aquele que decidir, mais tarde, aumentar a sua produção. Assim, a vantagem dos mercados de títulos de emissões é puramente de eficiência económica.

[129] Como desvantagens deste sistema acrescentem-se: (i) as dificuldades administrativas de fiscalização; (ii) para actualização das quantidades de poluição permitida, a recolha dos títulos vai encontrar forte resistência dos poluidores (recolha esta que terá de ser feita sem custos para o Estado, sob pena de desrespeito do PPP); (iii) dá preferência às fábricas com tecnologias velhas e com maiores emissões (que estarão a ser indirectamente subsidiadas ao terem mais direitos de poluição para vender); (iv) a tarefa de encontrar compradores dos títulos implica elevados custos de transacção; (v) não constitui qualquer incentivo à redução da poluição, mas apenas à sua distribuição e relocalização.

[130] Vantagens deste sistema: (i) o nível de qualidade do ambiente fixado pelas autoridades públicas ser automaticamente atingido; (ii) a relativa flexibilidade de permitir a cada agente económico uma adaptação progressiva às exigências postas; (iii) a facilidade que o Estado tem em actualizar os níveis de qualidade, simplesmente recolhendo ou adquirindo (gratuitamente) títulos de poluição no mercado; (iv) a eficiência (o mercado de títulos parece não ser mais eficaz que as medidas de restrição quantitativa, mas permite que a redução total das emissões se realize com menor dispêndio de recursos e com ganhos para todos os intervenientes na transacção); (v) a maior aceitação quando comparado com os instrumentos de natureza administrativa.

(a) a criação de regras que proíbam (perigosas) concentrações de títulos em espaços geográficos limitados; (b) a imposição, aos poluidores possuidores de títulos, de pagamentos periódicos à entidade pública gestora do mercado, por exemplo, como comissão de custódia dos títulos, taxa de registo, comissão de manutenção; (c) em cada transmissão efectuada no mercado, ser pago um certo valor para um fundo ecológico gerido pela entidade pública responsável pela prevenção e/ou controlo da poluição resultante dos títulos em mercado (este valor poderia corresponder à totalidade da mais-valia recebida pelo anterior titular ou a uma percentagem fixa do valor da transacção ou da mais--valia); (d) qualquer possibilidade de recolha de títulos pelo Estado (com vista a actualizar os níveis de poluição permitida) não poderá implicar custos para o Estado[131]; (e) criação de um sistema de registo//troca de informações sobre os poluidores proprietários de títulos.

IV. A RESPONSABILIDADE AMBIENTAL

1. A Inevitabilidade da Responsabilidade Ambiental

Acabaram de se enunciar um conjunto de instrumentos que servem a protecção do ambiente em concretização do PPP. Contudo, mesmo impondo normas legais e administrativas que determinem padrões, limites ou proibições e seja induzindo os comportamentos dos agentes, por meio de instrumentos económicos que dão sinais ao mercado, a verdade é que a verificação de danos ao ambiente é inevitável[132]

---

[131] Como não parece justo onerar apenas um (ou alguns) poluidor (es) com a actualização, recolhendo apenas o(s) título(s) deste(s) sem mais, propõem-se dois sistemas (que garantiriam a compatibilidade da opção de recolha com o PPP): ou, a recolha dos títulos é feita por uma diminuição proporcional em todos os títulos do mercado (com re-emissão dos títulos já diminuídos), ou, é recolhido um dos títulos e nesse caso é exigido a cada poluidor que continuará possuidor do seu título, o pagamento de um valor proporcional que servirá para compensar o poluidor titular do título recolhido.

[132] Afirmam, também, a inevitabilidade do dano, Edward Brans e Mark Uilhoorn, Liability for Damage to Natural Resources, Background Paper for EU White Paper on Environmental Liability, Setembro de 1997, p. 21, José de Souto Moura, Crime de Poluição, in Textos.Ambiente, Centro de Estudos Judiciários, 1994, p. 14, e João Menezes Leitão, op. cit., p. 50.

– o desrespeito das regras e ocorrência de lesões ambientais, ainda que apenas acidentais, são dados históricos, estatísticos e sociológicos incontornáveis e indesmentíveis.

Como tal, o instrumentário de concretização do PPP não se pode considerar completo – é, ainda, necessário um instrumento que permita realizar dois propósitos em simultâneo: (i) a reparação dos danos causados, sendo os respectivos suportados pelo seu causador, bem à maneira do PPP; (ii) a cominação de consequências para o causador do dano que façam perceber, ao agente infractor e aos restantes agentes que estejam em condições de adoptar comportamentos lesivos semelhantes, que aqueles comportamentos lesivos são de evitar, visto que, a susceptibilidade de aplicação de consequências nefastas faz pender a balança custos-benefícios para o lado negativo.

Ora, a responsabilidade ambiental é "o" instrumento mais adequado a realizar estes propósitos e, ao tornar-se parte do conjunto dos instrumentos concretizadores do PPP, torna este princípio completo e apto para as várias situações eventuais da vida ambiental.

2. Um regime Unitário de responsabilidade

Falar na aplicação da responsabilidade ao Direito do Ambiente significava, tradicionalmente, falar da aplicação do regime privatístico da responsabilidade[133], designado por responsabilidade civil.

Ora, as limitações da tutela privada do ambiente e a necessidade de uma intervenção estadual na protecção do ambiente que acima se observaram, fazem-se sentir, também, na aplicação do instituto da responsabilidade no contexto ambiental.

Nestes termos, são necessárias soluções publicizantes da responsabilidade, que passem por: uma intervenção estadual que garanta que a reparação dos danos ao ambiente não deixa de ser feita e que os respectivos custos são imputados aos poluidores (tal como manda o PPP);

---

[133] Neste sentido, leiam-se, João Menezes Leitão, *op. cit.*, Pedro Silva Lopes, Condicionantes..., *cit.*, Pedro Silva Lopes, Dano Ambiental..., *cit.*, Menezes Cordeiro, *op. cit.*, Henrique Sousa Antunes, *op. cit.*, Branca Martins da Cruz, Responsabilidade civil pelo dano ecológico – alguns problemas, *in* Actas do I Congresso Internacional do Direito do Ambiente da Universidade Lusíada, *in* Lusíada – Série de Direito, Número Especial, Porto, 1996, p. 187 a 227.

e, pela consagração de pretensões indemnizatórias jurídico-públicas relativas aos chamados danos ecológicos[134].

O artigo 48.º n.º 2 da Lei de Bases do Ambiente e os artigos 6.º, n.º 2 e) e n.º 3, e 8.º n.º 2 da nova Directiva comunitária sobre responsabilidade ambiental positivam esta intervenção estadual, dando competência a autoridades públicas para, na falta de intervenção do responsável, procederem às acções reparadoras dos danos e, subsequentemente, exigirem ao poluidor-responsável que pague os custos daquelas acções reparadoras[135].

Esta evolução em sentido publicizante[136] não poderá significar uma desintegração ainda maior ao nível do regime da responsabilidade. É que, já hoje, «o problema da responsabilidade civil no domínio do ambiente (...) parece ser antes marcado pela ideia de fragmentação. E isto a dois níveis: do regime jurídico, em que se verifica um tratamento diferenciado da responsabilidade civil da Administração e dos particulares no domínio do ambiente, para além da própria regulação da responsabilidade administrativa não ser uniforme (...); do tribunal competente»[137].

---

[134] Neste sentido, CUNHAL SENDIM afirma a publicização da responsabilidade civil por danos ecológicos como resultado da natureza pública do dano ecológico. Cfr. José Cunhal Sendim, Responsabilidade Civil por Danos Ecológicos, Coimbra Editora, 1998, p. 59 nota 102.

[135] O mesmo tipo de resposta era já dada pelo artigo 23.º n.º 2 do Decreto-Lei n.º 403/82, de 24 de Setembro, com a redacção que lhe foi dada pelo Decreto-Lei n.º 164/84, de 21 de Maio: «Se os infractores não cumprirem a obrigação referida no número anterior [«Os infractores, incluindo pessoas colectivas, são obrigados, solidariamente, a todo o tempo, a repor a situação anterior à infracção»] no prazo que lhes for indicado, a Direcção-Geral dos Recursos e Aproveitamentos Hidráulicos ou o município mandará proceder às demolições, obras e trabalhos necessários à reposição da situação anterior, apresentando nota das despesas efectuadas, para cobrança, aos infractores».

[136] Notada por MARIE-LOUISE LARSSON que se refere a três gerações de responsabilidade: 1ª geração a responsabilidade extra-contratual de direito civil, orientada para o futuro mas também aplicável a danos já ocorridos; 2ª geração a responsabilidade administrativa absoluta ao abrigo do direito público, parcialmente focada nos riscos para a saúde pública e para o ambiente e parcialmente dirigida às ocorrências históricas; e, 3ª geração que para uns seria a responsabilidade consubstanciada nos impostos e taxas ambientais, mas que para a Autora consiste na obtenção de compensações pagas por esquemas voluntários, como sejam os seguros privados. Cfr. Marie--Louise Larsson, op. cit., p. 119.

[137] Cfr. Vasco Pereira da Silva, op. cit., p. 250 e 251.

A concretização das tais soluções publicizantes[138] não pode agravar este estado de fragmentação.

Pelo contrário, o bom caminho é o da regulamentação unitária de todo o regime da responsabilidade ambiental, «indiferentemente de estar em causa uma actividade danosa realizada por uma entidade pública ou privada»[139], de se tratarem de danos verificados no direito público[140] e no direito privado, e de o Estado poder ou não intervir autoritariamente na relação indemnizatória.

Não se ignoram as especificidades de algumas das situações identificadas[141], mas a necessidade de uma resposta coerente e completa, que resolva os pontos de sobreposição e conflito[142], determina a cria-

---

[138] Tanto as regras de responsabilidade da LBA como as da nova Directiva comunitária sobre responsabilidade aguardam concretização: as primeiras esperam diploma regulamentador, e as segundas, acto legislativo de transposição.

[139] Cfr. Vasco Pereira da Silva, *op. cit.*, p. 256.

[140] Partindo da natureza pública do dano ecológico., CUNHAL SENDIM, *in op. cit.*, recorda que a indemnização dos danos ecológicos se pode fazer quer através do alargamento das pretensões indemnizatórias privadas aos bens ecológicos (como parece ser o exemplo do §16 da Lei Alemã sobre responsabilidade por danos ambientais de 1990, que permite que o particular, que actue em protecção da sua propriedade afectada, possa pedir indemnização por danos à natureza e paisagem), quer através de estruturas de imputação mais complexas (em correspondência com a natureza colectiva dos bens lesados), nas quais se defina uma pretensão jurídico-pública ao ressarcimento dos danos ecológicos (é a solução adoptada pelo §307 do CERCLA e pelo §1006 do Oil Pollution Act dos EUA, pelo artigo 18.º da Lei Italiana n.º 349, de 8 de Julho de 1986 e pela Convenção de Lugano).

[141] Quando está em causa a responsabilização da Administração, as situações de responsabilidade por omissão põem-se com especial pertinência, designadamente quando estão em causa medidas de "polícia administrativa", da qual poderá resultar um problema pertinente, cuja análise extravasa este estudo, que é o da conjugação desta responsabilidade por omissão da Administração com a responsabilidade do particular que foi autor directo do dano ao ambiente. Levanta, entre outras, as seguintes questões: (i) qual a repartição de responsabilidades entre ambos, quer quantitativamente, quer qualitativamente – conjunção ou solidariedade? (ii) no caso de restauração natural, sabendo que esta deve ser feita unitariamente, quem a deverá fazer? (iii) quais os procedimentos e meios de tutela disponíveis ao lesado para que este não acabe por ficar sem nenhum "pássaro na mão"? Esta problemática é bem demonstrativa da necessidade do tal tratamento unitário da responsabilidade ambiental.

[142] Refiram-se algumas das questões colocadas pela publicização da responsabilidade: (i) qual a entidade administrativa competente para exigir? (ii) como resolver os conflitos de pretensões jurídico-públicas? (iii) como articular estas pretensões com as privadas e públicas deduzidas por via judicial?

ção de um regime unitário de responsabilidade ambiental, no qual as tais especificidades sejam tratadas de forma conjugada.

Em suma, assiste-se, hoje, a uma mudança de paradigma na responsabilidade ambiental, marcada por uma evolução de um modelo puramente liberal (assente no dogma da vontade e na culpa, tendo como principal função a defesa da ordem social e económica) para um modelo social (é um instrumento de realização da justiça material e de concretização dos direitos fundamentais)[143] que, ao nível português, encontra reflexo na disparidade de soluções legais dadas pelo autêntico "triângulo das Bermudas" da responsabilidade que é formado pela Lei de Bases do Ambiente, a Lei de Acção Popular e o Código Civil[144].

Esta evolução, que mais não pretende do que a adaptar o instituto da responsabilidade aos desafios colocados pelos problemas ambientais, não pode deixar de culminar na criação de um regime unitário de responsabilidade que, compatibilizando as soluções publicistas e civilísticas, tenha em conta as respectivas especificidades e as trate conjugada e coerentemente.

3. A Operacionalização da Responsabilidade

O caminho de evolução do instituto da responsabilidade ambiental passa não apenas por uma unificação dos regimes existentes, mas, igualmente, pela adaptação das soluções dadas pelos regimes mesmos no sentido da operacionalização[145] das soluções da responsabilidade, que lhes permita uma maior eficácia na protecção do ambiente.

---

[143] Sustenta também esta evolução, José Cunhal Sendim, *op. cit.*

[144] A nova Directiva comunitária sobre a responsabilidade ambiental não trouxe ainda a acalmia necessária a esta viagem evolutiva, deixando mais questões por resolver do que pontos arrumados.

[145] Cuja necessidade é inquestionável face ao «desgaste a que foram sujeitos os alicerces da responsabilidade civil edificados segundo modelos clássicos: da culpa, da ilicitude e do nexo de causalidade», *in* Pedro Silva Lopes, Dano Ambiental..., *cit.*, p. 41.

3.1. As dificuldades

As dificuldades enfrentadas pelo instituto da responsabilidade, em função das especificidades do fenómeno ambiental, começam logo com o tipo de dano. É hoje comum distinguir-se a existência de danos ambientais e danos ecológicos[146], sendo que as características destes últimos agudizam de sobremaneira as dificuldades já sentidas em sede de responsabilidade[147].

Sabendo que o objecto deste trabalho não é o instituto da responsabilidade civil *per si*, é desaconselhável fazer mais do que uma breve incursão sobre esta revisão científica em curso no domínio da responsabilidade ambiental. Diga-se, assim, que as principais dificuldades (pontos em revisão) da responsabilidade ambiental são: (i) a opção por um esquema de imputação (responsabilidade com base na culpa vs. responsabilidade objectiva ou pelo risco); (ii) a definição do tipo de danos ressarcíveis; (iii) o nexo de causalidade (definição e prova); (iv) o concurso de imputações (responsabilidade conjunta ou solidária); (v) a poluição lícita (em especial o problema dos efeitos do acto administrativo que autorizou a conduta poluente); (vi) o modo de reparação do dano (preferência pela restauração natural?); (vii) a avaliação do dano; (viii) a determinação do titular do direito de indemnização; (ix) as poluições transfronteiriças.

---

[146] CUNHAL SENDIM vai mais além, estabelecendo uma tripartição dos tipos de dano em matéria de ambiente: os danos ecológicos (que afectam os interesses ambientais públicos), os danos ambientais (afectam direitos subjectivos, como os bens de personalidade ou os bens patrimoniais) e os danos que afectam interesses individuais protegidos (reflexamente) por normas jus-ambientais. Contudo, como nestes últimos estão em causa interesses individuais, os titulares da indemnização podem ser identificados e os danos são tendencialmente imputáveis através do sistema geral de responsabilidade civil.

[147] CUNHAL SENDIM considera mesmo existirem problemas de responsabilidade que são específicos dos danos ecológicos (ou, pelo menos, mais problemáticos quanto a estes). Assim, a obrigação de indemnizar (a restauração natural como regime regra; a avaliação económica do dano visto se tratarem de bens públicos e semi-públicos), a titularidade do direito à indemnização, e, as formas de tutela (visto o carácter público do bem lesado, justifica-se a existência de mecanismos de tutela administrativa).

3.2. Evoluções na Responsabilidade

Já lá vão mais de 20 anos desde que LEITE DE CAMPOS afirmou que «a evolução do instituto da responsabilidade civil é um percurso ainda hoje largamente inacabado, que exige a revisão em largos domínios, dos pressupostos tradicionais da responsabilidade, e da própria estrutura da obrigação de indemnizar, que passam a estar centrados mais no imperativo de reparar o dano do que na busca da censura do seu responsável»[148]. A verdade é que esta revisão está ainda, no essencial, por terminar.

Contudo, para efeitos deste trabalho, releva sobretudo dizer que (i) não é por força das dificuldades apontadas que se deixará de acreditar nas potencialidades da responsabilidade no domínio do ambiente – deverá, aliás, começar por ser por «dentro do instituto que a solução de tais dificuldades deve ser procurada, através de uma elaboração dogmática contínua, capaz de acompanhar a evolução da sociedade»[149]; e, que (ii) a busca de soluções para estes problemas deve fazer-se à luz do PPP.

Seguem-se, então, umas pequenas notas sobre o *estado-da-questão* relativamente a vários dos problemas acima enunciados.[150]

3.2.1. *A opção pela responsabilidade objectiva*

Tradicionalmente, a ilicitude e a culpa eram pressupostos básicos da responsabilidade civil. Contudo, fazer depender a imputação dos

---

[148] Cfr. Diogo Leite de Campos, Poluição Industrial e Responsabilidade Civil, Revista da Ordem dos Advogados, Ano 42, 1982, p. 708.

[149] Cfr. Branca Martins da Cruz, *op. cit.*, p. 226. Diga-se que esta evolução não passará apenas pela solução das dificuldades acima apontadas. É necessário procurar novas propostas e caminhos a explorar, como sejam a possibilidade de admissão selectiva do princípio da responsabilização retroactiva e a criação de um sistema de garantia financeira para os riscos ambientais.

[150] Dos nove problemas focados, apenas o das poluições transfronteiriças não merecerá mais atenção *infra*. Não que seja um problema menor (LUDWIG KRAMER, por exemplo, afirma que este é o maior e mais complexo de todos os problemas que enfrenta a responsabilidade ambiental, *in* Ludwig Kramer, La responsabilité civile dans le domaine de l'environnement – Sujet de la réglementation communautaire, in Actas do I Congresso Internacional do Direito do Ambiente da Universidade Lusíada, in Lusíada – Série de Direito, Número Especial, Porto, 1996, p. 131), mas porque a sua abordagem obrigaria à consideração de demasiadas questões conexas que não cabem na economia deste trabalho.

danos da existência (e demonstração) de uma posição subjectiva do poluidor levanta enormes dificuldades. Perante a necessidade de facilitar a imputação dos danos surgiu a responsabilidade objectiva, que consiste em responsabilizar o agente, não por uma violação censurável de um direito de outrem ou de uma norma jurídica destinada a proteger interesses alheios (assim a responsabilidade subjectiva ou baseada na culpa), mas pelo facto de controlar uma fonte geradora de risco relevante.

Assim, coloca-se a opção ao "legislador ambiental": qual destes sistema de responsabilidade aplicar no domínio ambiental?

A opção pela responsabilidade pelo risco (que implica, "apenas", a demonstração da ocorrência do facto e do dano e do nexo de causalidade entre ambos) tem sido a escolhida, pelo facto de facilitar a imputação dos custos (visto ser desnecessário demonstrar a culpa), contribuindo, assim, para a melhor realização do PPP.

Um olhar para o panorama positivo parece demonstrar esta preferência, mas sem, com isso, significar uma exclusão da responsabilidade por culpa do Direito do Ambiente. É neste sentido que a nova Directiva sobre responsabilidade ambiental consagra ambos os regimes lado-a-lado (notando-se, porém, uma secundaridade da responsabilidade por culpa[151]).

O caso do direito português é sintomático da evolução do instituto da responsabilidade ambiental. Apesar de serem (ainda) aplicáveis as regras do Código Civil, que no seu artigo 483.º dão clara preferência à responsabilidade por culpa[152], a verdade é que a Lei de Acção Popular já consagra ambas as opções em paralelo (artigos 22.º e 23.º), e a Lei de Bases do Ambiente parece, mesmo, querer tornar a responsabilidade objectiva o regime regra (artigo 41.º[153]).

---

[151] Na alínea b) do n.º 1 do artigo 3.º da Directiva, é prevista a aplicação de responsabilidade por culpa, mas apenas a actividades não listadas no Anexo III (que inclui as mais perigosas e mais relevantes), às quais se aplica, apenas, a responsabilidade objectiva.

[152] O Código Civil faz depender a responsabilidade objectiva de previsão expressa (483.º n.º 2), e contempla algumas situações de responsabilidade objectiva aplicável aos danos ao ambiente (509.º).

[153] São conhecidas as divergências quanto à vigência deste artigo 41.º, entre os que defendem que o preceito está paralisado à espera de regulamentação, e os que defendem a sua aplicabilidade directa e o recurso às normas do Código Civil para definição do *quantum* indemnizatório.

Enfim, apesar de todas as complicações envolvendo a compatibilização destes preceitos[154], parece seguro que o ordenamento jurídico-ambiental está no bom caminho[155].

3.2.2. Os danos ressarcíveis

Uma das questões mais polémicas do Direito do Ambiente é a da ressarcibilidade dos danos causados ao ambiente enquanto bem jurídico autónomo – os chamados danos ecológicos[156]. Já acima se defendeu uma resposta positiva a este problema que é conhecido a nível internacional, comunitário e nacional.

Enquanto que a nível comunitário a questão teve uma resposta clara com a nova Directiva sobre responsabilidade ambiental, que tem como objecto central o problema dos danos ecológicos, já ao nível dos direitos nacionais dos Estados-Membros a ressarcibilidade dos danos ecológicos não parece ser opção maioritária[157-158].

---

[154] Em especial, a dos artigos 41.º da LBA e 23.º da LAP, relativos à responsabilidade objectiva.

[155] Podemos encontrar outros exemplos não unívocos de previsão de regimes de responsabilidade no artigo 37.º do DL 194/2000, de 21 de Agosto (o n.º 3 estabelece uma espécie de imputação administrativa), no artigo 73.º n.º 1 da Lei das Águas, Decreto-Lei, n.º 236/98, de 1 de Agosto ("regressa" ao regime da responsabilidade com base na culpa) e no artigo 10.º do Decreto-Lei n.º 348/89, de 12 de Outubro (radiações ionizantes) que estabelece um regime de responsabilidade objectiva.

[156] Profundas análises são feitas a este problema em Edward Brans e Mark Uilhoorn, *op. cit.*, Edward Brans, Liability for damage to public natural resources, Kluwer Law International e José Cunhal Sendim, *op. cit.*

[157] Neste sentido, Livro Branco sobre Responsabilidade Ambiental, COM (2000) 66 Final, de 9 de Fevereiro de 2000, p. 17, Questions and Answers Environmental Liability Directive, MEMO/04/78, Bruxelas, 1 April 2004, e Edward Brans e Mark Uilhoorn, *op. cit.*, p. 22.

[158] Nos EUA a matéria da responsabilidade é regulada quer por direito positivo (a chamada *statues law*) quer pelo direito costumeiro de base jurisprudencial (*common law*). No caso do direito positivo os primeiros *statues* (*Clean Air Act* e o *Clean Water Act*) funcionam num esquema de responsabilidade contra-ordenacional, não prevendo o pagamento de qualquer indemnização quer por danos pessoais (patrimoniais ou não patrimoniais) quer por danos aos recursos naturais de propriedade pública. Porém, já ao abrigo do *Comprehensive Environmental Response, Compensation and Liability Act* de 1980 ("CERCLA"), quer as autoridades (a *Environmental Protection Agency*), quer os proprietários vizinhos, podem impor a um ou mais responsáveis que procedam à recuperação (*clean up*) dos locais contaminados, ou que paguem o custo da recuperação que aqueles realizaram (directa ou indirectamente). O Congresso americano

Quanto a Portugal, parece ser hoje claro que os danos ecológicos são autonomamente ressarcíveis à luz do artigo 53.° n.° 3 da Constituição (ao prever o direito de requerer para o lesado, ou lesados, a indemnização de danos ao ambiente), depois concretizado pelos artigos 41.° e 48 da LBA e pelos artigos 22.° e 23 da LAP (onde se determina, essencialmente, a obrigação de reparar o dano ecológico através da restauração natural, ou por meio de indemnização especial, caso a indemnização específica não seja possível).

Não se pense, porém, que a afirmação da ressarcibilidade dos danos ecológicos torna tudo mais claro. Pelo contrário, levanta um mundo de dificuldades que infelizmente não cabe aqui analisar.

3.2.3. Nexo de causalidade

Tal como se disse a propósito do PPP, a exigência de demonstração da existência de um nexo causal entre facto e dano coloca enormes dificuldades, que são especialmente evidentes nas situações de poluição difusa, poluição cumulativa e de danos futuros não previsíveis.

É frequente a doutrina confundir os problemas jurídicos subjacentes, tomando os problemas de prova como problemas de critério/tipo de causalidade. A verdade é que o problema não será tanto de causalidade, mas mais de dificuldade de prova. Aliás, várias das chamadas novas teorias da causalidade «mais não são do que fórmulas destinadas à obtenção da prova»[159] (assim será com as presunções de causalidade e as inversões do ónus da prova).

Julgo ser possível distinguir três momentos lógicos diversos na apreciação da questão da causalidade: (i) apreciar se determinado facto é adequado (num juízo de normalidade diligente) a causar aquele dano;

---

parece ter optado por remeter a reparação dos danos causados às pessoas (danos pessoais, doenças, diminuição de valor do património imobiliário ou lucros cessantes) para a *common law* (em especial, ao seu ramo de *tort law*). Assim, os tribunais foram admitindo as mais variadas pretensões indemnizatórias (*nuisance, trespass, negligence, strict liability, emotional distress, medical monitoring*) a favor das vítimas da poluição, quer baseadas na responsabilidade por culpa quer na responsabilidade pelo risco. Não obstante, o *Oil Pollution Act* de 1990 parece permitir indemnizações por danos patrimoniais, mas já não por danos pessoais não patrimoniais. Cfr. Findley. Roger, Civil Liability and protection of the environment in the United States, in Actas do I Congresso Internacional do Direito do Ambiente da Universidade Lusíada, in Lusíada – Série de Direito, Número Especial, Porto, 1996, p. 175 a 183.

[159] Cfr. Branca Martins da Cruz, *op. cit.*, p. 217.

(ii) caso o seja, decidir se há ligação real/natural entre o facto e o dano;
(iii) provar que existiu essa ligação.

Quanto ao primeiro momento, as considerações feitas *supra*, em defesa da manutenção da exigência deste juízo de adequação, são válidas aqui.

Detenhamo-nos, porém, mais um pouco nos segundo e terceiro momentos.

Repare-se que a sua distinção é subtil, mas existe. No segundo, a revisão científica a fazer é no sentido de se saber se continua sendo necessário haver: (a) causalidade real; e, (b) certeza sobre a causalidade. No terceiro, a questão é de saber a que meios de prova é possível recorrer para facilitar a demonstração em juízo de que o nexo de causalidade exigido por lei existe de facto.

Uma revisão deste segundo momento deverá ir no sentido de prescindir de um critério do tipo *conditio sine qua non*, bem como de abdicar de uma causalidade de certeza, em benefício de uma causalidade de probabilidade[160]. Só assim será possível a imputação conjunta em situações de multicausalidade, causalidade alternativa[161] e de responsabilização segundo a quota de mercado[162].

Em suma, é abandonada a lógica da causa como *conditio*, para ser tomada uma outra em que, ao lado da adequação, basta haver probabilidade. O objectivo de obrigar à suportação dos custos pelos poluidores "adequados" (*i.e.*, que podem ter causado) e não pela vítima, tornou-se mais importante que a necessidade de existir certeza na causalidade, o que é um evidentíssimo reflexo do PPP.

---

[160] Repare-se que o artigo 563.º do Código Civil, que dispõe sobre o nexo de causalidade, afirma que «a obrigação de indemnização só existe em relação aos danos que o lesado *provavelmente* não teria sofrido se não fosse a lesão», dando espaço à lógica da probabilidade.

[161] Segundo Nicolas de Sadeleer, *op. cit.*, os tribunais franceses já admitiram a extensão da responsabilidade solidária a todos os caçadores de um determinado grupo por não ser possível identificar qual deles fez o disparo, e, um tribunal alemão, perante uma descarga de águas residuais cujo responsável não conseguiu identificar, considerou responsáveis as duas únicas empresas da zona, pois se nenhuma delas o tivesse feito, a descarga não haveria ocorrido.

[162] O Tribunal Supremo da Califórnia (Caso Sindell c. Abott Laboratories, 607 P. 2 D 924 1980) condenou todas as farmacêuticas que vendiam medicamentos com determinado composto químico danoso (DES) como responsáveis na medida das suas quotas de mercado, visto que não conseguia apurar em que medida cada empresa havia contribuído para cada dano infligido a cada vítima.

É, aliás, a "ordem de valores" inerente ao PPP que permite e justifica esta evolução, a qual, diminuindo a tutela do agente económico poluidor (que tem sempre a opção de reforçar as suas medidas de protecção ambiental, e, em última análise, provar em tribunal que os seus comportamentos, processos, instalações e equipamentos, não seriam adequados a causar o dano, visto que as devidas medidas preventivas haviam sido tomadas), aumenta a operacionalidade do instituto da responsabilidade, e, assim, contribui para que o poluidor seja, mesmo, o pagador.

Quanto à prova do nexo de causalidade, o objectivo é também o da facilitação. Para tal, são defensáveis as presunções de causalidade[163], o mecanismo de inversão do ónus da prova nas situações em que os agentes não cumpram as normas impositivas de sujeição regular a eco-auditorias, e a adopção de regras mais flexíveis quanto ao valor e exigências relativas aos meios de prova[164].

3.2.4. *Responsabilidade partilhada*

Conhecidas as dificuldades em identificar os responsáveis das lesões ambientais e em estabelecer e provar um nexo de causalidade entre conduta do agente e o dano, coloca-se a questão de saber se, nos casos de responsabilidade partilhada (que pode ocorrer quer por concurso paralelo de intervenções lesivas, quer por comparticipação em determinada lesão), será possível imputar a um ou alguns dos responsáveis a totalidade dos danos que foram causados pelos vários agentes.

A resposta afirmativa implica a instituição de um regime de responsabilidade solidária.

---

[163] A lei alemã de 10 de Dezembro de 1990 relativa à responsabilidade civil em matéria de ambiente consagra já uma presunção de causalidade em casos de acidente ou incidente na instalação. A presunção não se aplica se a instalação funcionou normalmente, as regras impostas para o seu funcionamento foram respeitadas e não houve incidentes. O titular das instalações pode elidir a presunção se provar que segundo os dados do caso, outra circunstância pode ter sido a causa do dano.

[164] No caso Ferebee c. Chevron Chemicals Co., 736 F. 2 d 1529 (D.C. Circ. 1984) o Tribunal Federal de Apelação de Washington considerou provada a causalidade (lesões causadas por contaminações químicas) simplesmente com base em opiniões de médicos especialistas, mesmo sem base em qualquer estudo epidemiológico ou prova estatística.

A solução da responsabilidade solidária vale nos EUA[165] e foi estabelecida na Convenção de Lugano[166] Em Portugal, além de acolhida no artigo 73.º n.º 4 da Lei das Águas, a responsabilidade solidária é estabelecida como a regra geral em casos de responsabilidade pelo risco no artigo 507.º, n.º 1 do Código Civil.

Em sentido contrário pronunciou-se o Parlamento Europeu durante a discussão da proposta de Directiva sobre responsabilidade ambiental[167].

---

[165] Nos EUA, ao abrigo do CERCLA, sempre que o responsável (que pode ser o operador, o gerador, o proprietário ou o transportador) seja uma sociedade comercial, a responsabilidade pode ser estendida quer aos seus directores e funcionários, quer a uma sociedade dominante, uma subsidiária ou até a um financiador (por exemplo, bancos). Mais, os tribunais têm afirmado a responsabilidade solidária na maioria dos casos, o que só não sucederá caso o lesante demonstre que o dano causado pela poluição produzida é divisível. Em contrapartida, é também afirmado o direito de regresso contra os restantes poluidores, procedendo os tribunais, nesses casos, a uma repartição equitativa dos custos. Cfr. Roger Findley. Roger, *op. cit.* p. 180.

Em caso de danos ecológicos que gerem responsabilidade estrita ao abrigo do CERCLA, a EPA tem o poder de designar os "potenciais responsáveis". A estes é dada a oportunidade de negociarem com a administração (as acções restauradoras e o respectivos custos) e entre si (a repartição dos custos que lhe foram impostos), mas, caso não haja acordo, a EPA tem o poder de designar um desses "potenciais responsáveis" como o responsável que suportará a totalidade dos custos da acção restauradora. Ao abrigo do Resource Conservation and Recovery Act (42 USC 6910, de 1976) as autoridades podem impor às entidades que produziram determinados resíduos tóxicos a sua responsabilização por tais resíduos desde a sua produção até à sua completa eliminação. Cfr. Francis Joseph Veale Jr., *op. cit.*, p. 326.

[166] Se bem que o mesmo artigo 11.º da Convenção de Lugano permita ao responsável demonstrar que apenas causou uma parte do dano, e, nesse caso, apenas será responsabilizado por essa parte.

[167] O Parlamento Europeu considerou que «a responsabilidade determinada numa base proporcional é preferível por razões de razoabilidade e equidade. O poluidor deve ser responsável pela parte de danos que causou, não pela sua totalidade. Ademais, é virtualmente impossível, com o ónus da prova invertido, provar que outro poluidor é responsável por parte dos danos. Por último, existem também razões técnicas relacionadas com o seguro. Os peritos alegam que os prémios de seguro seriam desproporcionalmente mais elevados se a responsabilidade não fosse determinada numa base proporcional», *in* Recomendação do Parlamento Europeu para Segunda Leitura referente à posição comum adoptada pelo Conselho tendo em vista a adopção da directiva do Parlamento Europeu e do Conselho relativa à responsabilidade ambiental em termos de prevenção e reparação de danos ambientais FINAL A5--0461/2003, p. 16.

Já acima se afirmaram os excessos em que pode cair o regime de solidariedade. Assim, para além do temperamento por força dos princípios da proporcionalidade e justiça, seriam bons meios de tutela do responsável lesante a previsão do direito de regresso relativamente aos restantes responsáveis e a possibilidade de, provando os exactos danos que causou, ser limitada a responsabilização aos danos efectivamente causados.

3.2.5. Poluição lícita

A poluição lícita ou permitida compreende quer os danos causados por actividades licenciadas ou autorizadas por meio de acto administrativo[168], quer as lesões causadas por comportamentos conformes à lei, como é o caso das emissões cujos valores sejam inferiores aos valores máximos permitidos.

Não serão enquadráveis na responsabilidade ambiental por actos lícitos duas situações designadas por CUNHAL SENDIM como responsabilidade *ex-ante*: medidas mitigadoras e compensatórias a adoptar de acordo com as conclusões dos processos de avaliação de impacto ambiental (artigo 10.º n.º 3 do Decreto-Lei n.º 140/99, de 24 de Abril); e, (ii) restrições impostas por relações de vizinhança (artigos 1346.º e 1347.º do Código Civil)[169].

Voltando às situações de poluição permitida, justifica-se obrigar os seus autores a suportarem os danos que dela resultam?

LUCAS BERGKAMP considera que não, visto que tal significaria que, primeiro, se diz ao poluidor o que deve fazer e exige-se-lhe um pagamento por isso, e depois, quando as medidas que lhe foram impos-

---

[168] Ou, naturalmente, por contrato administrativo com os mesmos efeitos.

[169] Será forçado afirmar que se tratam de situações de pagamento de indemnização. Na verdade, são apenas (i) medidas mitigadoras e compensatórias que a Administração impõe ao operador aquando e como condição para deferir determinado pedido de licença ou autorização e (ii) poderes que os proprietários têm para se opor a determinadas emissões provenientes do prédio vizinho. Nenhuma delas implicará necessariamente pagamentos monetários nem acções de reparação de recursos naturais. Responsabilidade é algo de juridicamente distinto dos ónus e encargos. Já parece mais correcto considerar esta "responsabilidade *ex-ante*" como mais uma solução concretizadora do PPP, pois consiste, independentemente do dano, na imposição de encargos ou sujeições ao poluidor em virtude de uma situação de impacto negativo expectável sobre o ambiente.

tas se mostram ineficazes, exige-se-lhe que pague pelos danos que daí resultem. Será, assim, insatisfatório um sistema que combina encargos e cancela benefícios[170].

Também o Parlamento Europeu, em resposta a uma proposta do Conselho, considerou que, por razões de segurança jurídica[171], seria indispensável que a Directiva sobre responsabilidade ambiental consagrasse uma exclusão de responsabilidade para os casos de danos causados por actividades autorizadas ou licenciadas, e caso isso não sucedesse, tal circunstância deveria ser prevista como atenuante da responsabilidade.

Contudo, não é esta a posição maioritária na doutrina. Entende-se que o facto de uma entidade administrativa ter autorizado o comportamento poluente ou de a mesma ter uma qualquer obrigação legal de agir, não deve exonerar o autor dos factos danosos da sua responsabilidade e consequente obrigação de indemnizar as vítimas. Não se deve considerar que a intervenção das autoridades públicas, seja autorizando a conduta, seja num esforço de parar a actividade danosa, interrompe o nexo causal.

Afirma GOMES CANOTILHO que «o acto administrativo autorizativo praticado em conformidade com as disposições legais[172] tem uma intensa eficácia conformadora das relações privadas, precludindo quaisquer pretensões jurídicas de terceiros em termos jurídico-civilísticos (efeito preclusivo do acto autorizativo). (...) Mas, o acto administrativo com efeitos justificativos e preclusivo não exclui nem podia constitucionalmente excluir o direito de compensação dos danos por

---

[170] O Autor refere que nos casos de actos autorizados ou licenciados, a indemnização por danos lícitos pode significar a imposição aos poluidores de um duplo pagamento. O primeiro no momento em que suporta os custos administrativos para obtenção da licença ou autorização e suporta os custos das medidas que teve que implementar de modo a cumprir as exigências legais e regulamentares para a concessão da licença ou autorização. O segundo pagamento ocorrerá no pagamento da indemnização por acto lícito. Cfr. Lucas Bergkamp, *op. cit.*, p. 337.

[171] «A autorização de exploração deve constituir uma segurança jurídica para o operador; a disposição da posição comum permitiria, contudo, que essa segurança fosse posta em causa em qualquer momento. Isso seria o mesmo que considerar que as autorizações emitidas pelos poderes públicos não teriam qualquer valor jurídico, o que não é admissível» *in* Recomendação do Parlamento Europeu..., *cit.*, p. 32.

[172] Já o acto nulo, por não ser eficaz, não produz quaisquer efeitos justificativos, ao passo que, o acto anulável produzirá tais efeitos após consolidado.

parte dos terceiros lesados»[173]. Por força dos princípios da exigibilidade e da proporcionalidade, "o dever de suportabilidade de efeitos preclusivos" tem limites.

Se assim não fosse, o efeito justificativo da ilicitude do acto licenciador, conduziria, à neutralização do PPP[174].

Questionando-se sobre a quem se deve dirigir o "terceiro" lesado, GOMES CANOTILHO defende que o pedido de indemnização deve ser dirigido contra os titulares do órgão da Administração responsável pela prática do acto autorizativo, nos casos em que a actividade se destina a satisfazer finalidades públicas (exemplo: construção de uma auto-estrada), sendo que nos restantes casos deve ser dirigido contra o titular do estabelecimento directamente causador do dano[175].

Esta resposta merece algumas reservas: o lesado só deverá poder dirigir-se exclusivamente à Administração quando o responsável-particular esteja em missão altruísta ou a realizar uma actividade sem proveito próprio. De outro modo, o que se poderá aceitar é uma repartição das responsabilidades proporcionalmente ao benefício retirado por cada um (*i.e.*, os benefícios públicos e os do particular). É que o PPP só permitirá que a colectividade suporte aquilo que não deva ser suportado pelo poluidor particular.

3.2.6. *Modo de reparação*

Perante a ocorrência de um dano, são, em tese, várias as possibilidades de reparação[176].

---

[173] J.J.Gomes Canotilho, Actos Autorizativos jurídico-públicos e responsabilidade por danos ambientais, *in* Boletim da Faculdade de Direito da Universidade de Coimbra, 1994, vol. 69.

[174] No mesmo sentido, afirma Henrique Sousa Antunes que «apesar de a actividade ser autorizada pela entidade administrativa, a responsabilidade permanece no particular que a exerce, a fim de não transformar o princípio do poluidor-pagador no princípio do Estado pagador de poluições autorizadas», *in* Henrique Sousa Antunes, *op. cit.*, p. 163.

[175] Cfr. J.J.Gomes Canotilho, Actos Autorizativos..., *cit.*, p. 52.

[176] Está aqui em causa a reparação dos danos verificados, sem incluir referências a quaisquer formas de *punitive damages*, que são admitidas em vários ordenamentos jurídicos e que alguns consideram estarem consagrados no n.º 5 do artigo 40.º da LBA. A função destas "indemnizações suplementares" não é reparadora, mas punitiva e, mediatamente, preventiva. Como forma de anular os benefícios retirados pelo poluidor da actividade danosa, poderão mostrar-se soluções conformes com o PPP.

No caso dos danos ecológicos é clara a preferência pela restauração natural[177] – assim dispõem a nova Directiva sobre responsabilidade ambiental (que lhe dedica o Anexo II)[178] e o artigo 48.º da Lei de Bases do Ambiente.

A verdade é que nem sempre a restauração natural é possível, de todo, ou em termos satisfatórios. Nesses casos, a chamada compensação ecológica deverá ser considerada uma solução sucedânea (consiste na criação de um "espaço ambiental" com características e funções semelhantes, mas, com recurso a outros elementos naturais e, se necessário, noutro local).

Só no caso de não ser possível realizar, com sucesso, estas medidas reparadoras, é que será possível ao lesado (ou requerente de reparação) exigir o pagamento de indemnização[179].

Apesar da natureza pessoal dos danos ambientais, também a estes se aplica a prioridade da restauração natural. Parece ser essa a solução acolhida pelo artigo 566.º n.º 1 do Código Civil e a mais compatível com a importância da tutela ambiental[180].

Reforce-se a ideia de que em caso de conflito de pretensões reparatórias, deverá, em princípio, prevalecer a solução da restauração natural[181].

---

[177] Não é unânime o fim visado pela restauração natural. Na nova Directiva visa-se alcançar o "estado natural", HENRIQUE ANTUNES considera que o objectivo é alcançar um estado ambiental capaz de auto-regeneração, e EDWARD BRANS considera que o objectivo das medidas de restauração natural não é, necessariamente, repor o ambiente no estado pré-lesão, mas "apenas" na situação em que as suas funções mais importantes se mantenham, Edward Brans, Liability..., *cit.*, p. 405.

[178] Que divide as medidas de reparação em medidas de reparação primária, reparação complementar e reparação compensatória das perdas transitórias.

[179] Devem considerar-se inadmissíveis os acordos entre credor e devedor no sentido de substituir a restauração natural por indemnização.

[180] A função social da propriedade justificará a sujeição do proprietário dos bens sobre os quais se produziu o dano ambiental à restauração natural.

[181] Apenas nos casos de grande desproporção entre os custos de restauração (sendo estes muitíssimo mais elevados) e o valor dos bens ambientais lesados (e caso se trate de responsabilidade objectiva ou por actos lícitos) é que será possível moderar esta prioridade da restauração natural, permitindo nessas situações de enorme desrazoabilidade dos custos da restauração, que esta seja substituída pelo pagamento de indemnização.

3.2.7. Avaliação do dano

A tarefa de avaliação do dano ambiental apresenta sérias dificuldades[182].

Caso o dano seja passível de restauração natural, a solução será menos complexa pois o valor do dano ecológico deverá tendencialmente coincidir com o dos custos da reintegração (incluindo os gastos com os estudos e avaliações prévios necessários) e, caso se aceite a sua consideração, o valor das perdas transitórias[183].

O cenário complica-se no caso de se tratarem de danos irreparáveis, pois a tarefa de cálculo do valor dos recursos naturais e das respectivas funcionalidades está longe de estar estudada e preparada cientificamente.

3.2.8. Titularidade do direito ao ressarcimento

Este problema coloca-se relativamente aos danos ecológicos, já que, quanto aos danos ambientais as dúvidas que possam surgir têm a ver, não com a titularidade do direito ao ressarcimento do dano (pois pertencerá a cada vítima determinada ou determinável, titular do bem jurídico lesado), mas com a legitimidade para o exigir (colocando-se o problema da articulação de acções individuais e colectivas).

O problema da titularidade do direito ao ressarcimento por danos ecológicos resulta da natureza jurídico-pública do bem jurídico ambiente, tornando-se um problema mais sério no caso do pagamento de indemnizações por danos ecológicos – a resposta a este problema (que, infelizmente, a economia deste trabalho não permite aprofundar aqui) é decisiva para a decisão do destino a dar ao montante da indemnização paga nesse caso.

---

[182] Afirma CLÁUDIA DIAS SOARES que por vezes, o cálculo do dano gerado pela poluição é mesmo impossível de realizar porque: (i) a integração dos elementos poluentes nas cadeias sistémicas terá um efeito a longo prazo que não pode ser avaliado no presente; (ii) as cargas poluentes acumuladas e as *overdoses* ambientais criam situações de resultados imprevisíveis; (iii) não existe uma relação linear e constante entre a concentração de substâncias poluentes no meio e a ocorrência de danos ambientais; e (iv) o cálculo destes danos «envolve juízos subjectivos marcados por concepções sociais temporal e espacialmente condicionadas (ex.: lesões paisagísticas)», Cfr. Cláudia Dias Soares, *ob. cit.*, p. 214.

[183] Neste sentido, na Europa a nova Directiva comunitária sobre responsabilidade ambiental e nos EUA o CERCLA e o Oil Pollution Act.

BRANCA MARTINS DA CRUZ afirma que «embora o ambiente (...) constitua um bem que integra a esfera jurídica de cada um dos cidadãos, gerando aí um verdadeiro direito subjectivo, a sua violação consubstancia uma ofensa a um bem social que ultrapassa a dimensão simplista de um direito subjectivo individual.» Trata-se de um bem jurídico indivisível, pelo que, «é inaceitável que a respectiva ofensa possa carrear o enriquecimento de um património individual»[184]

Nesta linha, o artigo 73.° n.° 1 da Lei das Águas, e o artigo 23.° n.° 4 do Decreto-Lei n.° 403/82, de 24 de Setembro, com a redacção que lhe foi dada pelo Decreto-Lei n.° 164/84, de 21 de Maio, estabelecem que o responsável deve indemnizar o Estado.

No plano prático, tão importante como a questão da titularidade do direito ao ressarcimento, é a da titularidade do direito de acção[185], que no direito português tem tratamento disperso pela LBA e pela LAP.

Termine-se este excurso por algumas das dificuldades da responsabilidade ambiental, com uma referência à possibilidade de ocorrência de conflitos entre pretensões ressarcitórias (públicas e/ou privadas) ou entre tipos de danos (ecológico ou ambiental), à qual CUNHAL SENDIM responde no sentido da prevalência do ressarcimento dos danos ecológicos[186]. Sobre este ponto, a nova Directiva sobre a responsabilidade ambiental, no n.° 2 do seu artigo 16.°, abriu a porta a que cada Estado-Membro adopte as medidas adequadas para evitar a proibição

---

[184] Cfr. Branca Martins da Cruz, *op. cit.*, p. 224.

[185] Nos EUA optou-se por atribuir o direito de exigir as indemnizações a autoridades públicas ou ONGA's (é a solução do CERCLA e do OPA, que criam a figura dos *"trustees"*, mas que apenas podem deduzir pedidos relativamente à lesão de recursos naturais que de alguma forma estejam submetidos ao controlo ou gestão pública. Os danos aos restantes recursos são puramente privados). Na nova Directiva comunitária sobre responsabilidade ambiental são as autoridades competentes dos Estados-Membros que exigem (unilateralmente) aos responsáveis, a realização de medidas de reparação ou a suportação dos respectivos custos. As ONGA's e os particulares interessados apenas poderão dirigir pedidos à autoridade competente, sem poderem dirigir-se directamente aos responsáveis para obter a reparação dos danos ecológicos em causa.

[186] Considera o Autor que o ressarcimento dos danos ecológicos «exprime um regime especial cuja intenção normativa específica é tutelar o interesse público na conservação do bem ecológico» A reparação do dano ambiental terá então que se adaptar ao imperativo da restauração natural que pesa sobre o dano ecológico. Cfr. José Cunhal Sendim, *op. cit.*, p. 262.

de dupla cobrança de custos eventualmente resultante de acções concorrentes movidas pela autoridade pública competente e por qualquer lesado.

4. As Limitações da Responsabilidade

Apesar dos muitos avanços que o instituto da responsabilidade pode sofrer nos vários aspectos atrás referidos, a verdade é que este instituto tem limitações que muitos consideram impossíveis de ultrapassar. Apesar de excessiva, esta consideração recorda que o recurso a instrumentos complementares (também conformes com o PPP) poderá ser muito útil de modo a garantir que não ficam danos por restaurar, nem sobram custos de reparação para imputar à colectividade.

Nas situações em que não se consiga identificar o responsável, ou provar o nexo de causalidade à luz dos critérios da responsabilidade, e naquelas situações em que há uma impossibilidade congénita ou ontológica de, por intermédio do instituto da responsabilidade ambiental, operar uma removibilidade absoluta do dano ecológico, o recurso a outros instrumentos tem que ser defendida, sob pena de o PPP ficar por efectivar. A fiscalidade ecológica, os seguros e os fundos ecológicos parecem ser boas soluções para obviar às limitações da operacionalidade do instituto da responsabilidade[187] na realização da função reparadora do PPP[188].

Em suma, o sistema português de responsabilidade por danos ambientais e ecológicos é um sistema inacabado (faltam, por exemplo,

---

[187] A própria Directiva comunitária sobre responsabilidade ambiental reconhece no seu Considerando 13 que «nem todas as formas de danos ambientais podem ser corrigidas pelo mecanismo da responsabilidade. Para que este seja eficaz, tem de haver um ou mais poluidores identificáveis, o dano tem de ser concreto e quantificável e tem de ser estabelecido um nexo de causalidade entre o dano e o ou os poluidores identificados. Por conseguinte, a responsabilidade não é um instrumento adequado para tratar a poluição de carácter disseminado e difuso, em que é impossível relacionar os efeitos ambientais negativos com actos ou omissões de determinados agentes individuais.»

[188] Por tudo o que se disse, mostra-se inaceitável a posição de Cunhal Sendim quando admite que as soluções complementares aos mecanismos de responsabilidade podem ser juridicamente ancoradas, tanto no PPP como no princípio da repartição comunitária, ou – no que toca a danos individuais – na regra básica de suporte dos danos pelo lesado. Cfr. José Cunhal Sendim, *op. cit.*, p. 59 nota 100.

as regulamentações de vários preceitos da LBA como os artigos 41.º e 48.º), e incompleto (um núcleo substancial de problemas não teve ainda resposta: prova do nexo de causalidade, concurso de imputações, delimitação espacial e temporal das normas, acesso à informação, concurso entre pretensões indemnizatórias), onde surgem várias incoerências (a responsabilidade por culpa prevista na Lei da Água em contraposição ao regime de responsabilidade objectiva consagrado na LBA) e no qual vários modelos de decisão fundamentais são "fluidos" e imprecisos recorrendo a conceitos vagos[189].

V. A RELAÇÃO ENTRE A RESPONSABILIDADE E O PPP

Já acima se deu conta do facto de a grande maioria dos Autores que se pronunciam sobre esta relação entre o PPP e a responsabilidade ambiental o fazerem no plano da identificação. Não se estranha, assim, serem tantos os que recusam a relação entre ambos.

Uma segunda razão que condiciona as respostas é o facto de muitos desses Autores tomarem posições com base em conceitos (de PPP ou de responsabilidade) historicamente datados. Como se demonstrou acima, qualquer dos dois passou (e passa ainda) por grandes evoluções no sentido de um alargamento e, de uma adaptação às especificidades do fenómeno ambiental. Não se estranha, assim, que uma resposta dada hoje, tendo em conta tais evoluções, seja diferente daquelas que não tiveram em conta tais factores.

Compreendem-se, assim, as respostas negativas[190] dadas à questão central deste trabalho, mostrando-se, por isso, ainda mais necessária uma reanálise do problema à luz destes novos dados.

---

[189] Cfr. José Cunhal Sendim, Responsabilidade Civil por Danos Ecológicos, Cadernos CEDOUA, Almedina, 2002, p. 25.

[190] Estas repostas negativas foram justificadas por algumas das seguintes ideias: o PPP visa meramente a internalização dos custos (é um princípio meramente económico desligado de preocupações de equidade e do objectivo de identificar um responsável); PPP e responsabilidade desempenham funções diversas (o primeiro as funções preventiva e redistributiva dos custos, e a segunda a função reparadora dos danos).

1. O instituto da responsabilidade ambiental é um instrumento concretizador do PPP

Ora, o resultado desta reanálise aponta no sentido de que o PPP e a responsabilidade não são dois estranhos, nem figuras jurídicas que convém manter afastadas.

Os traços comuns e a coincidência de funções, de fundamentos e de objectivos, demonstram a existência de uma grande proximidade entre ambos.

Ora se o PPP é um princípio, que se concretiza através de variados tipos de instrumentos, é de concluir que o PPP é algo de mais abrangente que a responsabilidade ambiental[191].

A relação não é, assim, de identificação/sobreposição, mas de princípio-concretização. O PPP tem natureza principiológica, de conteúdo à espera de concretização. A responsabilidade surge aí, ao lado de outros mecanismos, para concretizar o conteúdo material do PPP.

Numa linguagem figurada, pode apresentar-se o PPP como o pai jurídico, logicamente anterior[192], definidor das marcas genéticas e do rumo a seguir no caminho da protecção ambiental. A responsabilidade ambiental é um (dos) filho(s), cujas características revelam a sua filiação, e cujos caminhos de evolução passam por escutar a voz paterna[193].

Antes de se avançar na demonstração desta relação de paternidade-filiação entre o PPP e a responsabilidade ambiental, lembrem-se

---

[191] Neste sentido, LUCIANO DI BUTTI que afirma que a tendência corrente para não reduzir o PPP a aspectos preventivos «implica a gradual colocação em prática de um sistema completo de garantias cujos custos deverão ser progressivamente imputados aos titulares das actividades potencialmente poluentes com base no princípio do risco, e consequentemente prescindindo em certas situações da demonstração de responsabilidade dolosa ou culposa» Luciano di Butti, L'Ordinamento Italiano ed il Princípio "Chi Inquina Paga", Rivista Giuridica dell'Ambiente, 3 anno V, p. 414.

[192] Reconheça-se, porém, que dificilmente se poderá alegar que o seu aparecimento é, também, cronologicamente anterior.

[193] Ao dizer-se que o PPP é pai, mas não também mãe, pretende-se fazer notar que a responsabilidade ambiental não é exclusivamente influenciada pelo PPP. Outros princípios e valores do ordenamento jurídico (e não apenas do Direito do Ambiente) contribuem para a formação e identidade deste instituto (a título exemplificativo refiram-se os princípios da justiça e da prevenção).

algumas das vozes que defendem a aproximação entre ambos[194]: JEAN DUREN afirma que «o princípio do poluidor-pagador responde à ideia de responsabilidade: aquele que é o autor de uma poluição deve suportar as respectivas consequências traduzidas em termos de custos»[195], ARAÚJO DE BARROS diz que «é justo que quem beneficia dessas actividades deva responder, independentemente de culpa, pelos danos com elas causados. Aliás, e como manifestação do mesmo fenómeno, refira-se o princípio do poluidor-pagador, regra basilar em matéria ambiental»[196], FRANCO GIAMPETRO considera que «a responsabilidade civil por danos ao ambiente é a mais fiel aplicação do princípio comunitário do "poluidor pagador"» e MARTINE REMOND-GOUILLOUD declara que «o princípio [do poluidor pagador] corresponde à evolução da responsabilidade civil em matéria de actividades criadoras de risco»[197].

Foi, porém, a nova Directiva sobre responsabilidade ambiental[198] que veio deixar claramente positivada esta relação entre o PPP e a responsabilidade ambiental. Senão leia-se o artigo 1.º da dita Directiva: «A presente directiva tem por objectivo estabelecer um quadro de responsabilidade ambiental baseado no princípio do «poluidor-pagador», para prevenir e reparar danos ambientais.»

2. Desmontar as supostas diferenças

Seguindo uma linha de fundamentação, começa-se por tentar desmontar os argumentos que pretendendo demonstrar uma radical diferença entre o PPP e a responsabilidade ambiental, foram utilizados na negação da relação entre ambos, para, só depois, demonstrar a "con-

---

[194] Muitas delas, também, numa lógica de saber se há ou não identificação entre ambos.

[195] Cfr. Jean Duren, *op. cit.*, p. 144.

[196] Cfr. Araújo de Barros, Direito Civil e Ambiente, *in* Textos – Ambiente, Centro de Estudos Judiciários, 1994.

[197] Cfr. os dois últimos Autores em Alexandra Aragão, *op. cit.*, p. 109 nota 242.

[198] Ainda em sede de discussão da proposta de Directiva destaquem-se as palavras do Conselho: «a proposta baseia-se no princípio do «poluidor-pagador»: o operador cuja actividade tenha causado danos ambientais ou a ameaça iminente de danos ambientais será responsabilizado financeiramente pelas medidas de prevenção ou reparação a tomar» (Exposição de motivos, página 27).

sanguinidade" de ambos que justifica a afirmação desta relação de parentesco em linha recta.

2.1. *Dependência De Dano*

O primeiro argumento normalmente utilizado contra é o de que enquanto o funcionamento da responsabilidade depende do dano, já assim não é com o PPP, que funcionaria com total independência deste.

A verdade é que, a responsabilidade não funciona apenas com base no dano[199]. Comecemos por recordar as situações em que a responsabilização depende do perigo e não do dano. É neste sentido que na responsabilidade de cariz administrativo as ordens para tomada de medidas de prevenção/a imposição da suportação dos custos das medidas de prevenção são já responsabilidade – ao abrigo da nova Directiva sobre responsabilidade ambiental é possível a imputação de custos de medidas preventivas a um operador com base no facto de este ter causado uma situação de perigo (ameaça iminente)[200]. Esta mesma lógica da responsabilidade independentemente do dano está presente no Direito Penal relativamente aos crimes de perigo (abstracto e concreto).

Depois, lembre-se que a responsabilidade funciona brutalmente *a priori*, como incentivo a condutas "amigas do ambiente". A susceptibilidade de responsabilização tem mesmo maior potencial dissuasor sobre os comportamentos poluentes do que a mera existência de um limite legal. A força conformadora que tem a previsão juntamente com a mera susceptibilidade de estatuição não pode ser negligenciada. Seria um erro considerar que uma norma jurídica só tem efeitos conformadores das condutas quando há execução da sua estatuição. Na verdade, é muitíssimo relevante o efeito conformador de comportamentos da mera previsão reforçada pela susceptibilidade de execução da estatuição e de aplicação de sanção.

---

[199] As situações de responsabilidade *ex-ante* sugeridas por CUNHAL SENDIM (as condições e medidas mitigadoras contidas na Decisão de Impacto Ambiental e as restrições no âmbito das relações de vizinhança) seriam situações de responsabilidade sem dano. Contudo, já se afirmou *supra* que não se tratam de situações de verdadeira e pura responsabilidade, mas sim de sujeição a ónus ou encargos.

[200] Artigos 5.° e 8.° n.° 1 da referida Directiva.

Por último, refira-se que o PPP também funciona com dependência/em reposta ao dano. Assim sucede na função reparadora ou curativa do PPP, a qual se dirige e é realizada após as situações de ocorrência de danos ao ambiente, visando impor ao poluidor a sua suportação.

Conclui-se, assim, que tanto a responsabilidade tem virtualidades independentes do dano, como o PPP funciona (e não só através da responsabilidade – veja-se o exemplo dos fundos ecológicos), na sequência, e por causa, do dano.

2.2. *A responsabilidade para os danos pessoais, o PPP para os danos ecológicos*

Há quem recuse que a responsabilidade possa funcionar nos danos ecológicos (assim será naqueles países europeus que não consagram a ressarcibilidade autónoma dos danos ecológicos por meio do mecanismo da responsabilidade). Ao mesmo tempo, houve quem defendesse que os danos pessoais às vítimas da poluição não caberiam no âmbito do PPP. Conclusão: as duas figuras não se misturariam, visto que a responsabilidade funcionaria para os danos pessoais, enquanto que o PPP funcionaria para os danos ecológicos.

A verdade é que as evoluções ocorridas em ambas as figuras jurídicas, de que acima se deu conta, demonstram que esta separação não mais faz sentido. O PPP visa uma internalização completa dos custos (cobrindo também os custos de reparação dos danos pessoais causados às vítimas da poluição), e quanto à responsabilidade, está na ordem do dia a sua aplicação à reparação dos danos ecológicos – recorde-se, apenas, a nova Directiva sobre responsabilidade ambiental.

2.3. *Os Custos de Reparação*

Face à definição inicial do PPP, que não incluía a cobertura dos custos de reparação dos danos causados pela actividade poluente, fazia sentido recusar a proximidade do PPP e da responsabilidade já que os custos que esta cobria na altura eram apenas esses mesmos custos de reparação.

Contudo, face à evolução já acima notada, não é mais possível afirmar que cada uma das figuras se dirige ao "tratamento" de tipos de custos diferentes, sem sobreposição.

Hoje, quer PPP, quer responsabilidade, cobrem os custos de reparação dos danos causados pela poluição, desaparecendo, por aqui, a justificação para recusar a solução proposta.

2.4. *Funcionamento apriorístico vs. funcionamento a posteriori*

O que já se disse permite perceber que um dos argumentos utilizados na negação de uma relação que envolva sobreposição entre PPP e responsabilidade passa pela distinção dos momentos de funcionamento de cada um deles.

Tomando a ocorrência de lesão ambiental como ponto de referência, dir-se-ia que o PPP funciona aprioristicamente, *i.e.*, antes da ocorrência da lesão, e que, a responsabilidade actuaria no momento pós-ocorrência da lesão.

Ora, foi já dito que, tanto o PPP actua aposterioristicamente (de que é exemplo cabal a preocupação do PPP com os custos do tratamento da poluição passada), como a responsabilidade ambiental funciona, também, aprioristicamente em relação à ocorrência de lesão (quer como elemento dissuasor de comportamentos agressivos para o ambiente, quer mesmo quando se trata de responsabilidade pela causação de perigo e, não ainda, de dano).

2.5. *A responsabilidade implica um rígido esquema lesado--lesante*

Era frequente ler-se que não haveria similitude entre o PPP e a responsabilidade ambiental porque enquanto o primeiro não visava a identificação de um responsável[201], a segunda implicaria um rígido esquema lesante-lesado[202].

Ora, também aqui as evoluções demonstram que se tratam de posições já ultrapassadas. Quanto à primeira afirmação relativa ao PPP, recorde-se o que acima se afirmou sobre a identificação do polui-

---

[201] Neste sentido, Henri Smets, *op. cit.*, p. 357, e Henrique Sousa Antunes, *op. cit.*, p. 151.

[202] Neste sentido Ludwig Kramer, La responsabilité civile..., *cit.*, J. J. Gomes Canotilho, A responsabilidade por danos ambientais – Aproximação Juspublicística, 1994, p. 403.

dor (isto é, o responsável da poluição): não se pode abdicar da busca de critérios para escolha do poluidor, e esta escolha terá que passar pelo crivo da causalidade (tal como no processo de escolha do responsável) – assim, dever-se-á afirmar hoje que um PPP juridicamente definido não prescinde da escolha de um poluidor-responsável.

Quanto à afirmação relativa à responsabilidade, diga-se que esta é uma das grandes mudanças inerentes à mudança de paradigma de responsabilidade. Quando está em causa a reparação de bens jurídicos públicos, relativamente aos quais nenhuma pessoa jurídica (nem mesmo o Estado) deve poder afirmar uma soberania privatística, a consideração da responsabilidade como um esquema bilateral é, essencialmente, errada. Senão, veja-se o papel desempenhado pelas autoridades públicas ou pelas ONGA's que, actuando como *trustees* em pura defesa do objecto lesado, tomam as rédeas das pretensões reparadoras, independentemente da consideração da posição do lesado (se é que é possível este ser identificado juridicamente). E, tal não se passa apenas com os danos ecológicos, mas também com todos os fenómenos de acção colectiva.

Aquele esquema bilateral não pode mais ser considerado característica de um regime unitário de responsabilidade como aquele que se defende, no presente trabalho.

2.6. *Funções diferentes*

A distinção das funções desempenhadas pelo PPP e pela responsabilidade ambiental é, normalmente, o ponto essencial da argumentação contrária à afirmação do relacionamento destas duas figuras jurídicas.

A distinção assenta em duas considerações que a meu ver são correctas: (i) o PPP não desempenha qualquer função reparadora (apenas as preventiva e redistributiva); e (ii) a responsabilidade ambiental não desempenha qualquer função preventiva (apenas a reparadora e, eventualmente, também a redistributiva).

Relativamente à primeira asserção, remete-se para o dito *supra*, demonstrando que o PPP, após a evolução sofrida, compreende uma importante função reparadora (a lógica de imputação total dos custos assim o determina).

Cabe, então, esclarecer se a responsabilidade ambiental desempenha, ou não, uma função preventiva.

ALEXANDRA ARAGÃO escreve que «no âmbito da responsabilidade por actos de poluição, a intervenção do juiz não tem o resultado de incitar o responsável a "não cometer novamente o ilícito" (...) Recusamos por manifesta insuficiência no domínio da protecção do ambiente, o efeito preventivo das sanções civis»[203].

A justificação apresentada para esta recusa assenta nas ideias de que a responsabilidade funcionando *a posteriori,* não pode ter efeitos preventivos e, de que as indemnizações são vistas pelos poluidores como custos de produção de pagamento diferido, que não impedem que a actividade poluente seja lucrativa.

Ora, quanto à primeira das ideias, já se sustentou que a previsão da norma jurídica acompanhada da mera susceptibilidade de aplicação da sanção tem um elevado efeito conformador das condutas dos potenciais destinatários das normas. Se repararmos na postura defensiva e diligente das empresas norte-americanas, que estão sujeitas a elevadíssimas indemnizações por danos ambientais, perceberemos este efeito preventivo[204]. A importância da função preventiva da responsabilidade é explicada pela natureza humana que, na maioria dos casos, só obedece às normas que se lhe destinam caso o respectivo incumprimento seja sancionado (e, sancionado de forma que o torne realmente desvantajoso).

DIANNE SAXE afirma mesmo que: «nenhuma lei será eficaz sem uma ameaça credível de detecção e punição dos infractores. Em média, 10 por cento dos destinatários das normas irão cumpri-las porque elas existem e outros 10 por cento não irão fazê-lo a não ser que a isso sejam forçados. É fundamental que as autoridades detectem e punam

---

[203] Cfr. Alexandra Aragão, *op. cit.*, p. 113. Também LUCAS BERGKAMP se pronuncia no mesmo sentido, *in* Lucas Bergkamp, *op. cit.*, p. 298.

[204] As empresas norte-americanas, em geral, adoptaram o hábito de não adquirir outras empresas ou terrenos sem antes realizarem uma auditoria ambiental profunda que lhes garanta que não existem situações que possam gerar a sua responsabilização ambiental, retroactiva ou futura. A solução vigente de permitir a extensão da responsabilidade aos administradores e funcionários da empresa, bem como aos bancos e instituições que financiem investimentos em actividades poluentes, levou a que muitos bancos passassem a incluir como condição prévia à concessão dos financiamentos, a realização de auditorias ambientais, cfr. Francis Joseph Veale Jr., *op. cit.* Esta prática começa a ser muito comum, também, nas transacções (de maior valor) realizadas em Portugal, envolvendo um esforço (que deve ser conjugado) de advogados e de técnicos do ambiente.

estes últimos, porque não só estes podem ser responsáveis por um dano significativo, como também se tal não for feito, os sujeitos que se situam entre os dois grupos não vislumbrarão nenhum motivo para cumprir»[205].

A teoria dos fins das penas em Direito Penal, prevendo as funções preventivas geral e especial, apontam no mesmo sentido.

Quanto à segunda justificação dada (a do lucro obtido com a actividade poluente), há que dizer que a capacidade da responsabilidade induzir os comportamentos dos poluidores será tanto maior quantos mais forem os custos imputados ao responsável. É nesta linha que se enquadra a proposta de permitir ao juíz (ou ao órgão competente para determinar o montante dos custos a imputar) que ultrapasse o montante real do prejuízo e fixe as indemnizações de modo a absorver o lucro retirado pelo lesante[206].

Dito isto, conclui-se que tanto PPP como responsabilidade ambiental desempenham as mesmas funções preventiva, redistributiva (equidade) e reparadora.

3. Os mesmos genes

As evoluções ocorridas nos conteúdos e definições, quer do PPP, quer da responsabilidade ambiental, marcam definitivamente o modo de encarar a relação entre as duas figuras jurídicas. A situação até há pouco verificada, ao nível do leque de custos cobertos, do tipo de danos abrangidos, dos momentos de actuação, e, ainda, das funções desempenhadas, permitia a conclusão de que as duas figuras jurídicas

---

[205] *Apud* Cláudia Dias Soares, p. 125, nota 439, Dianne Saxe, Voluntary Compliance: How can Regulators make it work, Environmental Liability, Vol. 5, Issue 4, 1997, p. 79 e ss.

[206] Esta opção de consideração do valor do benefício retirado pelo lesante parece ser admitida no n.º 3 do artigo 73.º da Lei da Águas onde se diz que «quando não seja possível quantificar com precisão o dano causado, o tribunal fixará, com recurso a critérios de equidade, o montante da indemnização, tomando em consideração, nomeadamente, a lesão do componente ambiental, o custo previsível da reposição da situação anterior à prática do acto danoso e o *proveito económico eventualmente angariado mediante a prática da infracção*». Sobre os problemas e propostas para a admissibilidade deste limite de imputação, remete-se para o escrito acima (III 3.2.)

funcionariam paralela e complementarmente. Não existiriam sobreposições, tratando cada uma à sua maneira dos problemas ambientais que lhes estavam adstritos.

Por força das evoluções por que passaram PPP e responsabilidade ambiental estes espaços de não contacto desapareceram. As sobreposições delas resultantes tornaram inegável que a relação não pode mais ser qualificada como de paralelismo e complementaridade.

O que hoje encontramos é uma comunhão de genes, exemplificada nos vários traços distintivos que em seguida se enunciam.

3.1. *Fundamentos – justiça distributiva e protecção ambiental*

Para começar, os valores essenciais que fundamentam o conteúdo de ambas as figuras jurídicas são comuns, e são, essencialmente, dois: a justiça distributiva e a protecção ambiental.

A justiça distributiva[207], porque determina que as consequências das acções ou omissões sejam suportadas por aqueles que as causam e delas beneficiam. É nesta linha que Cláudia Dias Soares afirma que o PPP «pode ser considerado como um reflexo da dimensão fundamental do clássico princípio da igualdade perante os encargos públicos, traduzida na proibição de que sejam impostos unilateralmente sacrifícios a uns a favor de outros. Na medida em que, ao obrigar o poluidor/agente económico a suportar os custos (ecológicos) a que dá causa, impede que tenha que ser toda a comunidade a fazê-lo em seu benefício, já que a poluição é a contrapartida da obtenção de lucro/utilidade por parte daquele sujeito.»

A protecção ambiental, porque o resultado material visado por ambas as figuras jurídicas é a redução (e, se possível, a eliminação) da poluição e dos respectivos efeitos negativos.

---

[207] Não se pense, com isto, que o valor Justiça só poderá ser realizado no domínio ambiental através solução do PPP. Muitas vezes, a ideia de Justiça exigirá que na imputação dos custos se atenda não à causalidade dos danos, mas (também, ou preferencialmente) à capacidade económica dos sujeitos. Enquanto que no PPP se descortina uma justiça de tipo causal, é possível afirmar, também, a existência de uma justiça social que pode impor uma opção de imputação dos custos diferente (por exemplo, aos mais ricos). Esta pode ser realizada através da fixação de taxas de imposto progressivas e da concessão de auxílios aos sujeitos com menor capacidade económica, sendo que, qualquer uma destas propostas conduz a resultados (economicamente) ineficientes.

É ainda possível conceder a existência de um fundamento económico (a internalização das externalidades ambientais) presente quer no PPP quer na responsabilidade ambiental.

3.2. *Funções – preventiva, redistributiva e reparadora*

Remete-se aqui para o que se escreveu acima (em especial o ponto V 2.6) demonstrando que PPP e responsabilidade ambiental desempenham as mesmas funções: preventiva, redistributiva e reparadora.

3.3. *Subsidiariedade da Intervenção Pública*

Defendeu-se acima (III 2.2) que a subsidiariedade da intervenção pública no domínio ambiental é traço essencial do PPP.

O mesmo raciocínio deve valer para a matéria da responsabilidade, e, se dúvidas houvessem, a nova Directiva sobre responsabilidade ambiental veio confirmar esta posição.

Por proposta do Parlamento Europeu, ficou estipulado no n.º 3 do artigo 6.º da Directiva que as autoridades públicas só devem tomar, elas próprias, as medidas de reparação como último recurso, caso falhe a reparação pelo responsável[208].

As razões para defender a subsidiariedade da intervenção pública na reparação dos danos através da responsabilidade são as mesmas que as apresentadas acima para o PPP.

No essencial, a rapidez e eficiência que marcam o "jogo privado" justificam a sua preferência, quando a ele seja possível recorrer.

3.4. *Imputação ao Poluidor dos Custos da Poluição Lícita*

Quer a propósito do PPP quer a propósito da responsabilidade ambiental foi defendida a aplicação de ambas as figuras jurídicas às situações de poluição lícita. Seria dificilmente explicável uma relação

---

[208] Diz o preceito que «a autoridade competente deve exigir que as medidas de reparação sejam tomadas pelo operador. Se o operador não cumprir as obrigações previstas no n.º 1 ou nas alíneas b), c) ou d) do n.º 2, não puder ser identificado ou não for obrigado a suportar os custos ao abrigo da presente directiva, pode ser a própria autoridade competente a tomar essas medidas, como último recurso.»

de parentesco em linha recta caso alguma destas duas figuras não o fizesse, pois tal demonstraria uma grande diferença de pontos de vista quanto à lógica de imputação dos custos.

3.5. *A lógica de imputação causalística*

O reconhecimento de que a verificação de um nexo de causalidade é pressuposto da imputação dos custos da poluição é, provavelmente, um dos dados mais relevantes para a afirmação da consanguinidade das duas figuras jurídicas em análise.

Enquanto que na responsabilidade a afirmação do nexo de causalidade como um pressuposto é um facto mais do que consolidado[209], no PPP a tal afirmação está ainda a ganhar força. Caso se considerasse que no PPP a imputação poderia ser feita sem base em qualquer raciocínio causal (hipótese que já foi fundadamente recusada *supra*), toda a alegação de uma proximidade com a responsabilidade cairia por terra.

A causalidade é a espinha dorsal destes esquemas de imputação, sendo que toda a construção dos respectivos conteúdos e a opção pelas funções desempenhadas perderiam o sentido caso a existência de causalidade deixasse de ligar o poluidor aos custos a imputar.

Mas, aproveite-se para dizer que o nexo de causalidade é dos domínios onde se nota mais fortemente a consequência de se considerar que esta é uma relação de princípio-concretização e não de identificação, em virtude de os critérios causalísticos poderem e deverem ser adaptados às especificidades de cada um dos instrumentos concretizadores do PPP.

3.6. *Possibilidade de repercussão*

A propósito do PPP foi abordado o problema da repercussão dos custos que o poluidor escolhido como pagador pode fazer sobre outros elementos do ciclo produtivo, tendo-se ali concluído que esta repercussão não violaria o PPP, podendo mesmo encontrar-se fundamento jurídico para tal fenómeno.

Relativamente à responsabilidade, o problema não é diferente, tal como não o será a resposta encontrada. A verdade é que o agente que

---

[209] Embora de conteúdo e contornos em revisão.

é responsabilizado nos termos da responsabilidade ambiental dificilmente deixará de repercutir os custos de reparação que seja obrigado a suportar, em outros elementos do ciclo produtivo em que ele se insere.

Tome-se o exemplo de uma empresa que, num dado ano, teve que gastar 1 milhão de euros em indemnizações. Ela não deixará de tentar fazer a repercussão de tal custo de modo a manter as contas da sociedade equilibradas. Se puder, aumenta o preço dos produtos que vende, e, se não o conseguir, tentará reduzir as despesas com os factores de produção (por exemplo, não distribuindo prémios de produtividade aos directores ou aos trabalhadores no final desse ano ou adquirindo matérias primas mais baratas). Só mesmo em último recurso o custo será totalmente suportado pela empresa (*i.e.*, pelos seus accionistas), causando uma redução dos resultados.

Para terminar, diga-se que todos estes genes aqui analisados (que marcam a identidade mais profunda das duas figuras jurídicas) são comuns ao PPP e à responsabilidade ambiental. Dado que a "consanguinidade" é evidente e que as respectivas naturezas jurídicas demonstram a maior abrangência do primeiro, parece segura a conclusão de que entre ambos existe uma relação de parentesco em linha recta.

4. Tal Pai Tal Filho: conheces um melhor perceberás o outro

E agora? Chegados ao fim do percurso dedutivo, tendo concluído e tentado demonstrar que a relação que se deve estabelecer entre o PPP e a responsabilidade é uma relação de princípio-concretização, o que é que é possível retirar daí?

Dois grupos de extrapolações podem ser feitas a partir da reposta encontrada para a questão central deste trabalho. No primeiro grupo, incluído ainda neste capítulo, surgem os ensinamentos para os próprios "parentes".

Num segundo grupo, colocam-se as pistas que desta resposta se podem tirar para outros efeitos: conjugação dos instrumentos do PPP, interpretação da nova directiva, exortação ao legislador português.

Quanto ao primeiro grupo de extrapolações, são subdivisíveis em dois tipos: (i) a contribuição que a identificação desta relação pode dar na busca da definição jurídica do PPP; (ii) o auxílio que a assumpção desta relação pode trazer ao traçar dos caminhos de evolução para a responsabilidade ambiental.

Relativamente ao PPP, é conhecido, e foi já repetido, o seu estado de falta de definição jurídica completa. A sua evolução fez-se com muitos contributos políticos, mas não com os contributos jurídicos suficientes – faltou, durante largo período, o contributo da ciência jurídica de raiz continental, mais virada para o aprofundamento (sempre necessário) dos aspectos dogmáticos.

Ora, é neste cenário que o reconhecimento da integração da responsabilidade no grupo familiar do PPP pode trazer grandes avanços. As soluções jurídicas da responsabilidade, já profundamente trabalhadas, poderão ser muito úteis na busca de uma definição jurídica clara para o PPP.

Os dois pontos em que os conhecimentos juscientíficos da responsabilidade mais poderão ser úteis são os relativos à identificação do poluidor e à afirmação da exigência de nexo de causalidade.

Quanto ao primeiro problema, muito do que acima se escreveu resultava de contributos da responsabilidade. Assim sucede com a proposta de adopção dos critérios do controlo e do benefício, inspirados nas teorias de fundamentação da responsabilidade objectiva.

Em relação ao nexo de causalidade o mesmo se aplica. A preocupação de o afirmar como pressuposto de funcionamento do PPP é uma solução claramente inspirada na dogmática da responsabilidade que desde há muito o toma como pressuposto indispensável. Mesmo a preocupação de perspectivar o nexo causal com flexibilidade é um reflexo dos mais recentes debates que têm sido tidos ao nível da responsabilidade.

Pode, ainda, acrescentar-se que o PPP se socorreu da análise juscientífica e dos fundamentos da responsabilidade por actos lícitos para justificar o alargamento do seu âmbito às situações de poluição permitida.

Relativamente às influências do PPP sobre a responsabilidade, comece-se por recordar as palavras de PEREIRA DOS REIS ao afirmar que «a aplicação do princípio do poluidor-pagador, enquanto princípio jurídico e não exclusivamente económico, implica alterações profundas em diversos institutos preexistentes e exige a adopção de novos instrumentos legais. Desde logo no tocante à responsabilidade civil forçoso é consagrar os mecanismos adequados a tornar efectiva a obrigação do poluidor de reparar os danos que causar ao ambiente»[210]. No

---

[210] Cfr. João Pereira Reis, Contributos para uma Teoria do Direito do Ambiente, O ambiente e o homem, Lisboa, 1989.

mesmo sentido, NICOLAS DE SADELEER afirma que o PPP põe em causa as soluções (já antes contestadas pela doutrina) e sugere melhoramentos ao nível do direito da responsabilidade civil.

Diria, então, que o PPP poderá conformar as opções da responsabilidade ambiental quanto aos seguintes pontos:

(a) esquema de imputação. Como afirma NICOLAS DE SADELEER, «a opção por um regime de responsabilidade com culpa poderá pôr em causa a realização das funções do PPP, já que, as vítimas da poluição, além da dificuldade de demonstrar a ilicitude da conduta do poluidor, terão que provar (pois é a elas que cabe o ónus da prova) a culpa – o que é extremamente difícil vista a imprevisibilidade da ocorrência e da extensão dos danos e a possibilidade de o poluidor invocar causas de justificação como sejam o erro incontornável, o estado de necessidade ou a força maior»[211-212].

Ora, na medida em que permite ao poluidor "fugir" à responsabilidade por falta de prova da sua culpa, o sistema de responsabilidade com base na culpa mostra-se menos garantístico da indemnização dos danos causados ao ambiente e, por isso, menos conforme ao PPP[213]. Esta preferência do PPP pela responsabilidade objectiva fica mais clara se tivermos em conta que para o PPP é indiferente a vontade/culpabilidade do poluidor e que o importante é (i) que não seja a colectividade a suportar os encargos com a reparação dos danos causados e, que (ii) tais encargos sejam suportados, na medida do possível, pelos autores da conduta danosa.

---

[211] Cfr. Nicolas de Sadeleer, *op. cit.*, p. 90. Parecem afirmar, também, esta preferência do PPP pela responsabilidade objectiva, a Convenção de Lugano e os Livros Verde e Branco da Comissão sobre responsabilidade ambiental.

[212] Porém, em sentido diverso, LUDWIG KRAMER considera que «o princípio poluidor-pagador nada tem a dizer nas questões respeitantes à responsabilidade com culpa ou sem culpa por danos ambientais. O legislador comunitário é livre no que respeita à definição das regras de responsabilidade por dano ambiental», *in* Ludwig Kramer, Focus on European Environmental Law, Sweet & Maxwell, Londres, 1992, p. 257.

[213] Neste sentido parece pronunciar-se, também, MENEZES CORDEIRO, ao afirmar que o PPP «determina que, pelos danos ambientais, responda quem lhes deu origem. Na sua simplicidade este princípio põe de lado os fundamentos clássicos da responsabilidade civil, assentes na culpa e na ilicitude» *in* Menezes Cordeiro, *op. cit.*, p. 380.

(b) alargamento do nexo causal. Já se afirmou *supra* (IV 3.2.3) que a ordem de valores inerente ao PPP justifica as evoluções que têm sido defendidas em sede de nexo de causalidade. Recusar uma flexibilização ao nível do nexo de causalidade (quer quanto aos critérios, quer quanto à prova) seria dificultar a imputação dos custos da reparação ao poluidor que os causou, e contribuir para que eles acabassem por ser suportados pela colectividade ou pela própria vítima – ora, o que pode ser mais contrário ao PPP?

(c) alargamento dos danos ressarcíveis. O PPP, guiado pelo seu objectivo de imputação da totalidade dos custos, contribui activamente para a tendência clara, ao nível da responsabilidade ambiental, para o alargamento dos danos ressarcíveis. Nesse sentido são equacionados: a imposição (ao responsável) da reparação das chamadas perdas transitórias e do pagamento das despesas de avaliação dos danos e de *punitive damages*; o fim dos limites máximos de indemnização, e, principalmente, a ressarcibilidade dos danos ecológicos.

(d) preferência pela restauração natural. À primeira vista poder-se-ia dizer que o PPP imporia a reparação por indemnização (em detrimento da restauração natural ou da compensação ecológica), pois, assim, estaria garantida a transferência de recursos financeiros. Contudo, já se afirmou que na linguagem jurídica o *"pagamento"* pode corresponder a uma prestação fáctica, que é, neste caso, a restauração natural. A restauração natural será mesmo a solução mais querida pelo PPP, visto que assegura a reposição do estado natural (quando isso for possível, claro) ao passo que a reparação por indemnização permite a manutenção da actividade poluente em troca do pagamento de uma compensação monetária pelos prejuízos causados (o que levanta, mais uma vez, a questão da compra do direito a poluir e põe em causa o propósito de eficácia ambiental que também sustenta o PPP).

(e) admissibilidade da responsabilidade solidária. Foram várias as vozes que contestaram, e assim o próprio Livro Verde da Comissão, que a responsabilidade solidária seja a solução mais conforme ao PPP, visto que imputa sobre um poluidor (provavelmente aquele com maior capacidade financeira) o custo da reparação dos danos causados pelos vários poluidores. Contudo, não será mais conforme ao PPP fazer impender sobre um dos poluidores o risco da insolvência (ou qualquer outra causa que leve ao não pagamento da indemnização devida) dos outros poluidores, do que fazer pender tal risco sobre a vítima?

A canalização da responsabilidade (*i.e.*, a possibilidade de a vítima agir apenas contra um poluidor, facilmente identificável e normalmente com capacidade financeira) responderá quer à função redistributiva quer à função preventiva do PPP.

(f) aplicação às situações de poluição permitida. A poluição permitida é um caso de influência mútua entre pai e filho. Se já se disse que a análise juscientífica e a fundamentação dogmática da responsabilidade por actos lícitos contribuiu para a justificação do alargamento do PPP às situação de poluição permitida, a verdade é que a ordem de valores ínsita no PPP constitui um fortíssimo apelo para que a responsabilidade não abandone, apesar das recentes ameaças[214], a imputação ao responsável dos danos causados pela poluição permitida.

(g) criação de um sistema de garantia financeira da responsabilidade. A evolução do instituto da responsabilidade não passa, apenas, pela revisão dos seus pressupostos nem pelo alargamento a novas realidades poluentes. O problema da responsabilidade, vista à luz do PPP, é também uma questão de eficácia reparadora. É nesse contexto que as garantias financeiras (sejam seguros, sejam fundos ecológicos, sejam garantias bancárias, cartas de conforto em grupos de sociedades) assumem um relevo crescente que surge, essencialmente, como uma imposição do PPP, o qual recusa que causas como a insolvência do responsável possam conduzir à imputação dos custos de reparação à colectividade ou ao próprio lesado.

---

[214] Vejam-se, *supra* (IV 3.2.5.), as posições do Parlamento Europeu sobre este assunto no processo de elaboração e aprovação da nova Directiva sobre a responsabilidade ambiental.

VI. CONCLUSÕES

1. Uma Aplicação Conjugada dos Instrumentos Concretizadores do PPP

Poder-se-ia pensar que como conclusão de todo este trabalho, se faria agora uma profissão de fé inabalável na responsabilidade ambiental. Algo que se assemelhasse à defesa da responsabilidade como "o fio de Ariadne"do direito do ambiente...

É um pouco nesta linha que BRANCA MARTINS DA CRUZ assinala «ao instituto da responsabilidade civil um papel preponderante e preferencial na protecção do ambiente»[215] e que SPIROS SIMITIS chegou a considerar que a responsabilidade civil é «o cerne de qualquer discurso sobre o ambiente»[216].

Ora, não é esta a minha "crença". Provavelmente, o corolário mais importante a extrair da resposta dada à questão central deste trabalho é a conclusão de que a responsabilidade ambiental é apenas um dos instrumentos concretizadores do PPP, cuja aplicação e revisão têm de ser feitas à luz dos genes familiares e em conjugação com as características próprias de cada um dos filhos concretizadores do PPP.

As limitações que acima se apontaram[217] ao funcionamento do instituto da responsabilidade ambiental demonstram que este filho não consegue "fazer sozinho a guerra em que o pai se meteu".

Tem enormes qualidades que, dentro do seu espaço de actuação, o tornam capaz e apto de resolver as funções a que se propôs, mas, querer centrar toda a protecção ambiental apenas neste filho, significaria estar a desaproveitar as restantes (valiosas) soluções familiares e a hipotecar, até, o funcionamento da responsabilidade.

Senão, repare-se nos instrumentos de comando e controlo, os quais são indispensáveis ao funcionamento da responsabilidade. Na verdade, não é possível responsabilizar sem existirem regras ou parâmetros ambientais passíveis de ser violados, estados ambientais devidos susceptíveis de serem lesados ou actividades ou instalações nor-

---

[215] Cfr. Branca Martins da Cruz, *op. cit.*, p. 226.
[216] *Apud* Menezes Cordeiro, *op. cit.*, p. 288.
[217] Essencialmente em IV 4.

mativamente classificadas como perigosas[218]. É aí que surgem as normas (instrumento típico de comando e controlo), lógica e cronologicamente anteriores ao funcionamento da responsabilidade, pressuposto da responsabilização[219].

Nem a função preventiva nem a função reparadora do PPP se bastam com a actuação da responsabilidade. Em ambas, a responsabilidade é demasiado limitada para actuar nas situações de poluição difusa e crónica em que não se consegue identificar claramente o responsável a quem imputar a generalidade dos danos, nem estabelecer um nexo de causalidade suficiente para efeitos de responsabilidade ambiental. Nestes casos, os outros instrumentos de concretização do PPP serão essenciais, visto que as exigências que colocam quanto a estes pressupostos que aqui falham não são tão rígidas quanto na responsabilidade.

O que se acabou de dizer quanto à incapacidade da responsabilidade para "reinar sozinha"[220] aplica-se cabalmente a qualquer outro dos instrumentos concretizadores. Merecem assim concordância as palavras de ALEXANDRA ARAGÃO, ao afirmar que, «dentro dos instrumentos compatíveis com o PPP, não há um instrumento claramente preferível em relação aos outros. Todos têm vantagens e inconvenientes que devem ser ponderados pelos poderes públicos, no caso concreto»[221].

As taxas e impostos, por exemplo, não podem dispensar o poluidor da sua responsabilidade por danos determinados causados a pes-

---

[218] Só haverá dano, mesmo na responsabilidade objectiva, se existir um conjunto de bens jurídicos protegidos, normativamente definidos (ainda que nem sempre com toda a clareza). Exigindo-se ilicitude, é necessário existirem normas que definam (directa ou indirectamente) o ilícito. E, no caso de responsabilidade objectiva, é necessário existirem critérios normativos (normalmente, listas aprovadas) que fixem as actividades perigosas cujo risco possa gerar responsabilização.

[219] Podendo questionar-se se a previsão da norma jurídica da responsabilidade não é ela própria, pelo menos em parte, um instrumento de comando e controlo.

[220] O que, repita-se, não significa negar as vantagens que tem quando funciona no seu espaço próprio de actuação. Recordem-se, apenas, algumas: o seu funcionamento flexível depender apenas da iniciativa do cidadão, individualmente ou agrupado; descentralizar a fiscalização ou o controlo da legalidade, tornando cada cidadão responsável, de facto, por assegurar o respeito pela legalidade e a qualidade do meio ambiente.

[221] Cfr. Alexandra Aragão, *op. cit.*, p. 172.

soas ou a bens jurídicos determinadas. Mais, se ao poluidor for imposto o pagamento de uma taxa ou imposto *a priori,* dificilmente ele será simultaneamente obrigado a adoptar medidas preventivas.

Os instrumentos de comando e controlo são os que, com maior clareza, mostram aos agentes quais os comportamentos ambientalmente desejáveis. Contudo, não conseguem evitar a ocorrência de danos e, por isso, a necessidade da sua reparação.

A responsabilidade civil desempenha uma função preventiva, mas que será posta em causa se as indemnizações arbitradas forem demasiado baixas e não constituírem um incentivo para os poluidores abandonarem as suas actividades poluentes.

Os fundos ecológicos, apresentados como os complementos milagrosos para as falhas da responsabilidade, também não estão isentos de dificuldades. Senão, vejam-se alguns dos seus inconvenientes: (a) ao diluírem os encargos, não exercem pressão sobre cada poluidor, dissipando-se, por isso, parte substancial do efeito de incentivo à redução da poluição; (b) a capacidade de intervenção dos fundos está *plafonada,* o que impede a reparação total dos danos; (c) apenas beneficiam da garantia dos fundos as pessoas que são convidadas ou, de outro modo nelas incluídas, ficando muitas vezes de fora os poluidores que realmente provocam a poluição.

Estes rápidos exemplos demonstram que, de facto, todos os tipos de instrumentos – responsabilidade, instrumentos de comando e controlo e instrumentos económicos – têm vantagens[222] e inconvenientes[223], pelo

---

[222] São, geralmente, apontadas as seguintes vantagens aos instrumentos de comando e controlo: (I) a grande experiência e tradição que existe na utilização deste tipo de instrumentos em outros domínios públicos tais como a saúde, segurança, trabalho, etc., podendo, por vezes, aproveitar-se as estruturas e instituições já existentes; (II) são meios eficazes para prevenir efeitos perigosos e irreversíveis que exigem proibições e controlo excessivamente severos; (III) a clareza com que são fixados os objectivos a atingir e os meios considerados adequados; (IV) o efeito simbólico (são as medidas administrativas as que melhor respondem à percepção pública de que a poluição é má e deve ser proibida); (V) os programas legislativos, pelo menos numa primeira fase, são mais fáceis de desenhar, implementar e impor; e (VI) têm maior aceitabilidade social – têm a preferência da indústria (porque alguns tipos de regulamentação podem, mesmo, gerar um aumento do lucro, através da criação de barreiras à entrada e porque este tipo de instrumentos só a obrigam a suportar o custo de restringir a poluição gerada, e já não a realizar um pagamento pelas emissões residuais libertadas como sucede com os instrumentos económicos), das autoridades políticas e dos burocratas (que estão mais habituados à utilização de mecanismos de natureza

administrativa), dos sindicatos (porque os mecanismos de natureza administrativa tendem a não colocar em causa a viabilidade económica das empresas geradoras de poluição), dos consumidores (porque a influência dos instrumentos económicos sobre os preços é mais evidente) e dos grupos ambientalistas (em virtude de os custos dos danos ambientais serem difíceis de calcular e de os instrumentos económicos terem dificuldade em resolver problemas localizados de poluição e geraram o temor de que os ricos venham a "comprar" o ambiente.).

Já aos instrumentos económicos, atribuem-se, comummente, os seguintes pontos fortes: (A) a eficiência (são *a priori* a opção com menores custos para melhorar a qualidade ambiental); (B) o incentivo (geram um incentivo permanente à adopção de comportamentos amigos do ambiente); (C) a flexibilidade (para as autoridades é, normalmente, mais fácil mudar a taxa de imposto do que a regulamentação; para os particulares, eles podem escolher qual o método de ajustamento que preferem); (D) a maior capacidade de adaptação às evoluções técnicas; e, (E) o facto de gerarem receitas (as quais podem ser aproveitadas e consignadas tanto à protecção ambiental quanto ao orçamento geral).

[223] Os instrumentos de comando e controlo apresentam as seguintes debilidades: (I) a fraca execução das regulamentações (a ineficácia dos aparelhos, regimes jurídicos e agentes responsáveis pela fiscalização e por fazer cumprir as regras que impõem proibições, limites ou constrangimentos aos cidadãos e empresas); (II) consubstanciam uma solução estática (visto que não estimulam o melhoramento da qualidade do ambiente para além dos níveis legais de qualidade do ambiente) e que dá pouco incentivo para o melhoramento técnico; (III) difícil adaptação às mudanças tecnológicas e às novidades científicas, sociais, económicas e culturais (a adaptação/modificação das regras legais e regulamentares não é fácil por força da complexidade técnica e dos duros obstáculos negociais que envolve); (IV) são mais susceptíveis de negociação do que os instrumentos económicos; (V) são uma solução mais cara (não só por força dos custos com a sua aplicação mas, também, porque não é eficiente em termos económicos); (VI) criam a ilusão de que até um certo nível de poluição não há qualquer inconveniente em poluir; e que a partir desse ponto, a poluição já é considerada relevante ou até grave; (VII) os agentes económicos que cumpram critérios mais rigorosos do que aqueles que a lei impõe são punidos (visto que o investimento suplementar que os mesmos realizem não poderá ser compensado através de uma acrescida poupança de custos relativamente aos demais sujeitos que se fiquem pelo estrito cumprimento da lei).

Quanto aos instrumentos económicos, é frequente apontar-se-lhes os seguintes inconvenientes: (A) incapacidade de resposta rápida; (B) incapacidade de resolução de problemas localizados; (C) menor aceitação política; (D) valor demasiado baixo (os impostos ambientais têm sido fixados em valores demasiado reduzidos para serem aptos a promover a mudança comportamental dos agentes económicos); (E) toleram a manutenção da poluição (o poluidor que optar por pagar o custo imposto poderá manter a sua actividade poluente); (F) dificuldade na colocação em prática de muitos dos instrumentos económicos por falta de informação para a realização dos cálculos e estudos necessários à sua concepção, e para a avaliação do seu funcionamento; (G) sentem maiores repercussões das imperfeições de mercado existentes.

que parece correcta a tendência cada vez mais generalizada[224] para se optar por sistemas mistos em que se consagram simultaneamente os vários tipos de instrumentos concretizadores do PPP.

Alcançado o tempo em que se aceitou a intervenção *diversificada*, cabe agora fazer por que chegue o tempo da intervenção *conjugada*.

Não podendo explorar aqui este filão (de como fazer intervir conjugadamente os vários instrumentos concretizadores do PPP) deixem-se, apenas, algumas pistas, algumas ferramentas-critérios a utilizar na escolha do instrumento certo para a função certa: (1) eficácia ambiental (determinada pela capacidade de gerar uma reacção positiva nos poluidores); (2) eficiência económica (obtida com a alocação óptima dos recursos); (3) equidade (justa distribuição dos custos, *i.e.*, imputação aos respectivos causadores); (4) exequibilidade e custos administrativos (a facilidade e custos da fiscalização da implementação e das estruturas de imposição); (5) aceitabilidade (política e social).

Num sentido não muito divergente, CLÁUDIA DIAS SOARES considera que nesta tarefa se deverão ter como objectivos a eficiência, a eficácia e a equidade, e como preocupações a ter em conta: o fornecimento de um incentivo, a necessidade de informação, os custos de administração, a adaptabilidade às descobertas e mudanças, a aceitação política, a urgência na resolução do problema ambiental e o fenómeno da transferência (a escolha apenas adiar o problema)[225].

2. Uma Leitura Para a Nova Directiva

Tal como se foi referindo, a aprovação da nova Directiva comunitária sobre a responsabilidade ambiental foi um momento de grande importância para as matérias que aqui se abordam. Parece, assim, perfeitamente justificado que aqui deixem umas palavras sobre ela, à luz das conclusões retiradas ao longo do trabalho.

Sumariamente, cumpre notar dois aspectos essenciais neste documento: (i) a Directiva «constitui o primeiro documento legislativo

---

[224] Afirmando, também, esta tendência, cfr. Jean-Philippe Barbe, Technical Paper n.º 92, « Economic Instruments in Environmental Policy : Lessons from OECD Experience and their relevance to Developing Economies», Janeiro de 1994.

[225] Cfr. Cláudia Dias Soares, *op. cit.*, p. 221 a 245.

da Comunidade baseado no princípio do "poluidor-pagador"»[226]; (ii) a Directiva consagra um regime administrativo de responsabilidade.

Comecemos, então, por analisar do primeiro destes aspectos. Como a própria União Europeia afirmou, «a nova Directiva de Responsabilidade Ambiental implementa especificamente o princípio do poluidor pagador»[227].

Diga-se, porém, que esta é uma implementação parcial do PPP, não só porque regula e implementa, apenas, um dos vários instrumentos concretizadores do PPP, mas também, porque mesmo o único que foi regulado, só o foi parcialmente.

É bastante evidente que, mesmo ao nível da responsabilidade, a regulamentação não é completa.

Para começar, o âmbito de aplicação da Directiva é limitado em vários sentidos: (a) geograficamente, visto que apenas cobre certas áreas protegidas que correspondem a cerca de 14% do território da União Europeia[228]; (b) temporalmente, pois a Directiva não tem efeitos retroactivos (artigo 17.º); e, (c) materialmente, em virtude de a Directiva não ser aplicável aos danos ecológicos que não cabem no seu artigo 2.º (o qual é estipulado essencialmente com base em remissões), aos efeitos lesivos sobre o ar, «aos casos de danos pessoais, de

---

[226] *In* Relatório do Parlamento Europeu sobre o Projecto Comum, aprovado pelo Comité de Conciliação, de uma Directiva do Parlamento Europeu e do Conselho relativa à Responsabilidade Ambiental em termos de Prevenção e Reparação de danos ambientais, (Pe-Cons 3622/2004 – C5-0079/2004 – 2002/0021(Cod)), Final, A5-0139/2004 de 11 De Março de 2004

[227] Cfr. Questions and Answers Environmental Liability Directive, MEMO/04//78, Bruxelas, 1 April 2004. A Comissão Europeia havia, já antes, declarado que a Directiva «constitui um passo significativo na adopção e desenvolvimento de um regime inovador que permite uma aplicação concreta do princípio do poluidor-pagador tendo em vista a protecção da biodiversidade, do solo e da água na Europa.», *in* Comunicação da Comissão ao Parlamento Europeu nos termos do nº 2, segundo parágrafo, do artigo 251º do Tratado CE respeitante à posição comum adoptada pelo Conselho tendo em vista a adopção da Directiva do Parlamento e do Conselho relativa à responsabilidade ambiental em termos de prevenção e reparação de danos ambientais./* SEC/2003/1027 final – COD 2002/0021.

[228] A justificação apresentada é a importância de começar com um sistema de responsabilidade que seja eficaz e de fácil gestão. Além de que, passados dez anos após a sua entrada em vigor, a definição de locais protegidos (feita por referência às áreas protegidas pela rede Natura 2000 e pelas Directivas dos Habitats e das Aves) será revista.

danos à propriedade privada ou de prejuízo económico», embora não prejudique quaisquer direitos inerentes a danos desse tipo (Considerando 14 e artigo 3.º n.º 3), aos danos cuja responsabilidade ou compensação seja abrangida pelo âmbito de aplicação de alguma das Convenções Internacionais enumeradas no Anexo IV (artigo 4.º n.º 2), aos danos nucleares[229], e «a actividades cujo principal objectivo resida na defesa nacional ou na segurança internacional, nem a actividades cujo único objectivo resida na protecção contra catástrofes naturais» (artigo 4.º n.º 6).

Para além destas limitações ao âmbito de aplicação, são estabelecidas algumas causas de exclusão da responsabilidade, quer imperativas, como sejam as situações em que os danos ou a sua ameaça iminente resultem de determinados acontecimentos independentes do controlo do operador[230], quer deixadas à opção dos Estados, como sejam as situações em que os danos resultem de emissões ou acontecimentos expressamente autorizados e em que os operadores não tenham agido com culpa ou negligência – artigo 8.º n.º 4 a), e as situações em que o potencial dano não pudesse ser conhecido à data de ocorrência do evento ou emissão poluentes.

Se em algumas situações o legislador comunitário parece recusar tomar posição decisiva, como quanto ao regime de responsabilidade partilhada (se conjunta ou solidária – artigo 9.º) e ao tratamento da poluição transfronteiriça (artigo 15.º), noutras assumiu uma posição de timidez, prescrevendo soluções "mínimas", como no caso dos poderes de intervenção das ONGA's e dos particulares interessados[231], aos quais não permite agirem directamente contra os poluidores.

---

[229] A «Directiva não é aplicável a riscos nucleares ou a danos ambientais, nem às ameaças iminentes desses danos, causados pelas actividades abrangidas pelo Tratado que institui a Comunidade Europeia da Energia Atómica ou por incidentes ou actividades relativamente aos quais a responsabilidade ou compensação seja do âmbito de algum dos instrumentos internacionais enumerados no Anexo V» *in* artigo 4.º n.º 4.

[230] Caso o dano tenha sido causado por terceiros e ocorrido apesar de terem sido tomadas as medidas de segurança adequadas – artigo 8.º n.º 4 a), ou tenha resultado do cumprimento de uma ordem ou instrução emanadas de uma autoridade pública que não sejam uma ordem ou instrução resultantes de uma emissão ou incidente causado pela actividade do operador – artigo 8.º n.º 3 b).

[231] Aos cidadãos interessados e às ONGA's é concedido o direito de solicitar a intervenção das autoridades competentes (artigo 12.º), estando estas obrigadas a responder, e, caso não o façam, podendo ser judicialmente accionadas por aqueles (artigo 13.º).

A Directiva peca, também, por passar ao lado da ponderação e reformulação necessárias dos pressupostos da responsabilidade. É sintomático o sucedido com o nexo causal, sobre o qual o Parlamento Europeu propôs um aditamento[232] à Proposta de Directiva, mas que não foi aceite.

Sem prejuízo de tudo isso, parece justa, de facto, a afirmação de que a Directiva pretende implementar o PPP: são consagradas quer medidas preventivas quer reparadoras, os danos ecológicos passam ser ressarcíveis e o Estado poderá intervir para suprir as falhas da acção preventiva e reparadora dos operadores económicos, impondo-lhe, depois, os custos da sua intervenção substitutiva. Contudo, mesmo a implementação do PPP não é feita sem hesitações, pois a Directiva, diferentemente da proposta que lhe deu origem (a qual previa um regime de responsabilidade subsidiária do Estado), afirma que quer a própria intervenção substitutiva[233] quer a imposição dos respectivos custos ao agente responsável[234] são meros poderes (e, já não, obrigações) da autoridade pública competente. A possibilidade de a autoridade não utilizar tais poderes significaria que os danos ambientais seriam suportados pelas vítimas (em caso de não intervenção substitutiva), ou, pela colectividade (em caso de essa intervenção ter lugar, mas a autoridade competente não repercutir os custos sobre o agente responsável). Ora, tal janela de oportunidade será manifestamente contrária ao PPP.

Disse-se, *supra*, que o outro aspecto mais relevante desta Directiva é o facto de ela consagrar um regime administrativo de responsabilidade.

Segundo LUCAS BERGKAMP, a [proposta de] Directiva «tem um nome enganador: não é um regime de responsabilidade civil. Trata-se (...) de um regime de direito administrativo. Este regime centra-se nas obrigações do Estado de emitir ordens de prevenção e reparação»[235].

---

[232] Consistia na afirmação da indispensabilidade da demonstração pela autoridade competente da «existência de um claro nexo de causalidade entre os actos ou omissões do operador e o dano ambiental ou a ameaça iminente de dano.» *in* Recomendação do Parlamento Europeu..., *cit.*, alteração 4, p. 7 e alteração 14, p. 13.

[233] Cfr. Artigos 5.º, n. .º 3 (acções preventivas) e 6.º, n.º 3 (acções reparadoras), referindo ambos que *pode* ser a própria autoridade competente a tomar essas medidas.

[234] Cfr. Artigo 8.º n.º 2 da Directiva.

[235] Cfr. Lucas Bergkamp, *op. cit.*, p. 294. Este Autor considera mesmo que o regime proposto é «governo-cêntrico», *in op. cit.*, p. 329.

O sistema de responsabilidade criado pela Directiva assenta em acções de prevenção (a aplicar quando haja ameaça iminente de dano) – artigo 5.º, e acções de reparação – artigo 6.º, aplicando-se a ambas as mesmas regras: os operadores estão obrigados a tomá-las sempre e logo que se verifiquem os pressupostos; as autoridades competentes podem ordenar ao operador que tome tais medidas, e especificar como o devem fazer[236]; caso os operadores não o façam e, como último recurso, as autoridades públicas podem (por si ou por meio de entidade contratada para o efeito) tomar elas próprias as medidas, devendo os operadores suportar os custos das acções de prevenção e reparação, quer sejam realizadas por si, quer o sejam pelas autoridades públicas em sua substituição.

Não se diga, porém, que este sistema de responsabilidade administrativa[237] será uma completa novidade quando transposto em Portugal. A verdade é que, o artigo 37.º do Decreto-Lei n.º 194/2000, de 21 de Agosto (Licença Ambiental) dispõe[238] no seu n.º 2 que «sempre que o dever de reposição da situação anterior não seja voluntariamente cumprido, a DRA territorialmente competente actuará directamente por conta do infractor, sendo as despesas cobradas coercivamente através do processo previsto para as execuções fiscais.»

Assinalem-se, ainda, as seguintes particularidades do novo regime comunitário: a consagração de um regime duplo de responsabilidade (objectiva e baseada na culpa), o alargamento do conceito geral de custos para abranger os custos de avaliação e as perdas transitórias, e o facto de a Directiva não estabelecer quaisquer limites às indemnizações (por se considerar que isso reduziria os incentivos aos poluidores para adoptarem os comportamentos ecologicamente correctos).

---

[236] Por força do artigo 7.º, as medidas de reparação deverão ser previamente aprovadas pelas autoridades competentes, devendo estas consultar os possíveis interessados antes de tomarem qualquer decisão.

[237] LUCAS BERGKAMP coloca, mesmo, em causa a qualificação deste regime como responsabilidade. Diz este Autor que a [proposta de] Directiva ao não especificar a quem cabe o ónus da prova quanto ao preenchimento dos pressupostos para funcionamento do seu regime (como sejam os conceitos de "ameaça iminente", "probabilidade suficiente" e "futuro próximo") e, concedendo, assim, o poder de fazer tal apreciação à autoridade pública competente, está a estabelecer na verdade um regime regulatório de comando e controlo directo. Cfr. Lucas Bergkamp, *op. cit.*, p. 329.

[238] O artigo 39.º do Decreto-Lei n.º 69/2000 (Avaliação de Impacto Ambiental), de 3 de Maio consagra igual solução.

3. Uma Exortação ao Legislador Português

Para terminar, as últimas palavras não poderiam deixar de ser de esperança e de futuro. Como tal, nada como me dirigir àquele que maior sequência pode dar a tudo o que aqui se disse: o Legislador Português.

Sobre o poder legislativo impendem hoje, relativamente a esta matéria, pelo menos, três obrigações de legislar diferentes: a obrigação mais genérica é a que resulta do próprio PPP que, como princípio-a--concretizar, aguarda, no ordenamento jurídico português, pela chegada do seu dia; outra destas obrigações (uma que até já "barbas" tem) é que resulta da Lei de Bases do Ambiente, afirmada expressamente desde 1987 no artigo 51.° e, cuja falta para muitos determina a paralisação do sistema de responsabilidade objectiva consagrado naquela Lei (artigo 41.°); a mais nova das obrigações de legislar é a que resulta da aprovação da nova Directiva comunitária sobre a responsabilidade ambiental, que impõe ao Estado Português a obrigação de transpor a Directiva até 30 de Abril de 2007 (artigo 19.° n.° 1).

Esperemos que a susceptibilidade de acções de incumprimento à luz do Tratado da Comunidade Europeia exerça pressão suficiente sobre o legislador nacional, de modo a que este não leve o prazo de cerca de três anos para transposição da Directiva tão (pouco) a sério como levou o prazo de um ano dado pela Lei de Bases do Ambiente.

Colocado perante a inevitabilidade jurídica de legislar em matéria de ambiente (e, em especial, de responsabilidade ambiental), o Legislador Português não pode desaproveitar a oportunidade. Na sequência do que já está feito, deve seguir o rumo da Directiva e tomar este próximo acto legislativo ambiental como uma implementação do PPP, não sendo, porém, tão tímido como o legislador comunitário e traçar como meta a implementação total deste princípio.

Como resulta das conclusões alcançadas, isso significa não só regulamentar toda a responsabilidade ambiental, mas também, adoptar e aperfeiçoar outros instrumentos concretizadores do PPP.

Esta oportunidade de realização legislativa do PPP não deve ser desperdiçada, aproveitando o Legislador Português para consagrar legislativamente vários instrumentos económicos concretizadores do PPP: criação de uma política fiscal ambiental[239] eficaz e corajosa

---

[239] Segundo a OCDE existem em Portugal seis impostos ou taxas ambientais:

(impostos com taxas demasiado baixas não produzem qualquer efeito ambiental de relevo), implementação de sistemas de consignação (que são, provavelmente, os sistemas mais eficazes para lidar com o problema das embalagens), criação de fundos ecológicos que actuem onde a responsabilidade não consegue chegar (os quais deverão necessariamente ser financiados com contribuições dos poluidores) e regulamentação do seguro obrigatório previsto no artigo 43.º da Lei de Bases do Ambiente.

Quanto à responsabilidade ambiental, a tarefa é complexa, mas, nem por isso, menos estimulante. Há que ser ambicioso[240], e o Legislador Português não deve deixar de aproveitar o incitamento implícito deixado pela Directiva no seu artigo 16.º, n.º 1 ao afirmar que a Directiva «não impede os Estados-Membros de manterem ou adoptarem disposições mais estritas em relação à prevenção e à reparação de danos ambientais, incluindo a identificação de outras actividades a sujeitar aos requisitos de prevenção e reparação da presente directiva e a identificação de outros responsáveis»[241].

A Lei de Bases do Ambiente, a Convenção de Lugano, e em especial, a nova Directiva sobre a responsabilidade ambiental, são bons retratos (com níveis de nitidez diferentes) do encontro entre Pai e

---

imposto sobre veículos motorizados (pago no momento do registo), imposto municipal sobre os veículos, imposto sobre os combustíveis, imposto de circulação, imposto sobre veículos pesados e licenças de caça e de pesca. Cfr. http://www1.oecd.org/scripts/taxbase/queries.htm.

Segundo Isabel Marques da Silva, existirão em Portugal apenas três ecotaxas: (i) uma taxa para a melhoria da qualidade do ar (art. 2.º/2 b), 30.º e 32.º do DL 352/90), que aguarda implementação há 10 anos; (ii) uma tarifa a aplicar pelos serviços de descargas, recepção e tratamento dos efluentes industriais, lamas oleosas e resíduos industriais recebidos em aterros sanitários (Portaria n.º 1109/93, de 2 Novembro); e (iii) as várias taxas previstas no regime de utilização do domínio público hídrico sob jurisdição do Instituto da Àgua (DL n.º 47/94, de 22 de Fevereiro) que são: uma taxa de utilização do domínio hídrico (em contrapartida pelo uso privativo dos bens do domínio público hídrico), uma taxa de rejeição de águas residuais, e um taxa de regularização (devida pelos beneficiários das obras de regularização da bacia hidrográfica). Cfr. Isabel Marques da Silva, *op. cit.,* p. 122 a 127.

[240] Tal como o foi quando, há dezassete anos, aprovou a Lei de Bases do Ambiente, generalizadamente considerada uma das mais avançadas do seu tempo.

[241] E, assim, não se ficar pela aplicação do regime de responsabilidade ao leque limitado de sítios indicados pela Directiva, nem deixar de fora todas aquelas situações que na Directiva são excluídas do seu âmbito de aplicação.

Filho, que neste trabalho se narrou. Como tal, serão bons pontos de partida para a tarefa legislativa no domínio da responsabilidade ambiental.

Esta (tarefa) passa, essencialmente, pela construção de um regime unitário de responsabilidade em matéria de ambiente, que valha tanto para as actuações de entidades públicas como de particulares, que cubra quer os danos ambientais quer os danos ecológicos e que, regule quer os sistemas de reparação mais clássicos (civis) quer os sistemas administrativos em que se aceita a intervenção de entidades públicas competentes. Todas estas vertentes deverão ser conjugadas e as soluções adoptadas deverão procurar evitar situações de conflito, quer positivo, quer negativo.

Na regulamentação deste regime unitário o Legislador Português deverá, numa lógica de reformulação dos pressupostos da responsabilidade, dar preferência à responsabilidade objectiva face à responsabilidade baseada na culpa, flexibilizar a exigência de demonstração de nexo causal (quer ao nível da apreciação da ligação real, substituindo a certeza pela séria probabilidade, quer ao nível da prova), alargar o conteúdo da prestação reparatória devida pelo lesante (além da consagração da ressarcibilidade dos danos ecológicos, deverá, ainda, impor ao lesante a suportação dos custos das medidas de avaliação do dano e das perdas transitórias, caso existam, e poderá, em caso de poluição ilícita, consagrar os *punitive damages*), definir com precisão as condições de aplicação da responsabilidade solidária e adoptar regras que resolvam as situações de dupla cobrança (em caso de concurso de pretensões indemnizatórias públicas e privadas).

O Legislador Português não poderá, também, escapar ao problema da titularidade dos direitos à indemnização/à reparação e, conexamente, a dar uma resposta integrada ao problema da titularidade do direito de acção[242].

Deve, também, considerar outras propostas, como sejam, a implementação de um sistema de garantias financeiras, a criação de um registo público das actividades poluentes que facilite a identificação dos poluidores, a definição de métodos de avaliação do dano ao ambiente e a previsão expressa da aplicação da doutrina da desconsideração da personalidade colectiva às situações de responsabilidade

---

[242] Pois, como sustenta VASCO PEREIRA DA SILVA, a Lei de Acção Popular regula o problema de forma confusa. Cfr. Vasco Pereira da Silva, *op. cit.*, p. 270.

ambiental, as quais poderão contribuir grandemente para o aumento da eficácia do funcionamento da responsabilidade ambiental.

Esperemos, então, com atenção, a resposta do Legislador Português ao desafio ambiental de promover esta relação familiar...

BIBLIOGRAFIA

- ANTUNES, Henrique Sousa, Ambiente e Responsabilidade Civil, *in* Estudos de Direito do Ambiente, Universidade Católica, Porto, 2003
- ARAGÃO, Maria Alexandra de Sousa, O Princípio do Poluidor Pagador, Studia Iuridica, 23, Coimbra Editora, 1997
- BARBE, Jean-Philippe, Technical Paper n.º 92, «Economic Instruments in Environmental Policy : Lessons from OECD Experience and their relevance to Developing Economies», Janeiro de 1994
- BARROS, Araújo de, Direito Civil e Ambiente, *in* Textos – Ambiente, Centro de Estudos Judiciários, 1994.
- BERGKAMP, Lucas, The Proposed Environmental Liability Directive, *in* European Environmental Law Review, Vol. 11, N.º 11, Novembro 2002
- BRANS, Edward, e Mark Uilhoorn, Liability for Damage to Natural Resources, Background Paper for EU White Paper on Environmental Liability, Setembro de 1997
- BRANS, Edward, Liability for damage to public natural resources, Kluwer Law International
- BUTTI, Luciano di, L'Ordinamento Italiano ed il Princípio "Chi Inquina Paga", Rivista Giuridica dell'Ambiente, 3 anno V, p. 414
- BUCCI, Vittorio Di, Initiatives européennes dans le domaine de la responsabilité environnementale : la convention du Conseil d l'Europe, le livre vert de la Commission Européenne et les perspectives d'une réglementation communautaire, *in* Actas do I Congresso Internacional do Direito do Ambiente da Universidade Lusíada, *in* Lusíada – Série de Direito, Número Especial, Porto, 1996, pp. 137 a 149.
- CORTEZ, Margarida, A responsabilidade civil da Administração por actos administrativos ilegais e concurso de omissão culposa do lesado, Studia Iuridica, 52, Coimbra Editora, 2000
- DUREN, Jean, Le Pollueur-Payeur, l'application et l'avenir du principe, Revue du Marché Commun, n.º 305, Março 1987, pp. 144 e ss.
- FINDLEY, Roger, Civil Liability and protection of the environment in the United States, *in* Actas do I Congresso Internacional do Direito do Ambiente da Universidade Lusíada, *in* Lusíada – Série de Direito, Número Especial, Porto, 1996, pp. 175 a 183.
- GOMES CANOTILHO, J. J., A responsabilidade por danos ambientais – Aproximação Juspublicística, 1994
- GOMES CANOTILHO, J. J. – Actos Autorizativos jurídico-publicos e responsabilidade por danos ambientais, *in* Boletim da Faculdade de Direito da Universidade de Coimbra, 1994, vol. 69.

- GOMES CANOTILHO, José J. (coord.), Introdução ao Direito do Ambiente, Universidade Aberta, 1998
- GOMES, Júlio Vieira, O Conceito de Enriquecimento, o Enriquecimento Forçado e os Vários Paradigmas do Enriquecimento Sem Causa, Porto, 1998.
- HOSTIU, René, La responsabilité de L'État du fait des mesures de protection de l'environnement, *in* L'Effectivité du Droit Européen de l'Environnement, Sandrine Maljean-Dubois (dir.), Centre d'Études et de Recherches Internationales et Communautaires Université d'Aix-Marseiller III
- KISS, Alexandre, Droit international de l'environnement, A. Pedone, Paris, 1989.
- KRAMER, Ludwig, L'Acte Unique Européen et la Protection de l'Environnement, *in* Revue Juridique de l'Environnement, n.º 4, 1987
- KRAMER, Ludwig, La responsabilité civile dans le domaine de l'environnement – Sujet de la réglementation communautaire, *in* Actas do I Congresso Internacional do Direito do Ambiente da Universidade Lusíada, *in* Lusíada – Série de Direito, Número Especial, Porto, 1996, pp. 119 a 133.
- KRAMER, Ludwig – EC Environmental Law, Sweet & Maxwell, 4ª ed. London
- LARSSON, Marie-Louise, The Law of Environmental Damage, Liability and Reparation, Kluwer Law International, Estocolmo, 1998
- LEITE DE CAMPOS, Diogo, Poluição Industrial e Responsabilidade Civil, Revista da Ordem dos Advogados, Ano 42, 1982
- LOBO, Carlos, Imposto Ambiental – Análise Jurídico-Financeira, Revista Jurídica do Urbanismo e do Ambiente, N.º 2, Almedina, 1994
- LOPES, Pedro Silva, Condicionantes da Responsabilidade Civil por Danos Causados ao Ambiente – algumas reflexões, Revista Jurídica do Urbanismo e do Ambiente, n.º 7, Almedina, Junho 1997
- LOPES, Pedro Silva, Dano Ambiental: Responsabilidade Civil e Reparação Sem Responsável, Revista Jurídica do Urbanismo e do Ambiente, n.º 8, Almedina, Dezembro 1997
- K.G. MÄELER, International Environmental Problems, Oxford Review of Economic Policy, 1990, vol. 6, n.º 1, pp. 80.
- MARQUES DA SILVA, Isabel, O Princípio do Poluidor Pagador, Estudos de Direito do Ambiente, Universidade Católica, Porto, 2003.
- MARTIN, Gilles, D'harmonisation européenne, *in* L'Effectivité du Droit Européen de l'Environnement, Sandrine Maljean-Dubois (dir.), Centre d'Études et de Recherches Internationales et Communautaires Université d'Aix-Marseiller III
- MARTINS DA CRUZ, Branca, Responsabilidade civil pelo dano ecológico – alguns problemas, *in* Actas do I Congresso Internacional do Direito do Ambiente da Universidade Lusíada, *in* Lusíada – Série de Direito, Número Especial, Porto, 1996, pp. 187 a 227
- MARTINS, José Eduardo, Palavras de Abertura, *in* Revista de Direito do Ambiente e Ordenamento do Território, n.º 10, Novembro de 2002, pp. 23 a 30.
- MCLOUGHIN, J. e E.G. Bellinger, Environmental Pollution Control, An Introduction to Principles and Practice of Administration, Graham & Trotman/Martinus Nijhoff, 1993
- MEDEIROS, Rui de, *Acções de Responsabilidade,* Principia, Cascais, 1999

- Medeiros, Rui, Apreciação geral dos projectos, *in* Cadernos de Justiça Administrativa, n.º 40, Julho/Agosto 2003
- Menezes Cordeiro, António, Tutela do Ambiente e Direito Civil, Separata de "Direito do Ambiente", INA, 1994
- Menezes Leitão, João, Instrumentos de Direito Privado Para Protecção do Ambiente, Revista Jurídica do Urbanismo e do Ambiente, n.º 7, Almedina, Junho 1997
- Mertens, Isabel, A Perspectiva Portuguesa: introdução ao tema e síntese das principais questões e desafios de um Regime de Responsabilidade Ambiental, *in* Revista de Direito do Ambiente e Ordenamento do Território, n.º 10, Novembro de 2002, pp. 211 a 216
- Moreira da Silva, José Luís, Da responsabilidade civil da Administração por actos ilícitos, *in* Responsabilidade civil extracontratual da Administração Pública (coord. Fausto de Quadros), Coimbra, 1995
- OCDE (Joint Working Party on Trade and Environment), The Polluter-Pays Principle as it relates to international trade, Dezembro de 2003, COM/ENV/TD(2001)44/FINAL
- Pereira da Silva, Vasco – Verdes são também os Direitos do Homem; Responsabilidade Administrativa em matéria de Ambiente, Principia, Cascais, 2000
- Pereira da Silva, Vasco, Verde Cor de Direito, Almedina, 2002
- Pereira da Silva, Vasco, "Era uma vez..." o contencioso da responsabilidade civil pública, *in* Cadernos de Justiça Administrativa, n.º 40, Julho/Agosto 2003
- Pereira Reis, João, Contributos para uma Teoria do Direito do Ambiente, O ambiente e o homem, Lisboa, 1989
- Sadeleer, Nicolas de, Les Principes du Polluer-Payeur, de Prévention et de Précaution, Essai sur la genèse et la portée juridique de quelques principes du droit de l'environnement, Bruylant, Bruxelles, 1999
- Sendim, José Cunhal, Responsabilidade Civil por Danos Ecológicos, Coimbra Editora, 1998
- Sendim, José Cunhal, Responsabilidade Civil por Danos Ecológicos, Cadernos CEDOUA, Almedina, 2002
- Sérvulo Correia, José M., A efectivação da responsabilidade civil extra-contratual da administração pública por actos de gestão pública, *in* La responsabilidad patrimonial de los poderes públicos, Madrid
- Smets, Henri – Le príncipe pollueur payeur, un principe erigé en principe de droit de l'environnement?, Revue General de Droit International Public, 1993, n.º 2, Avril-Juin, pp. 339 e ss.
- Soares, Cláudia Dias, O Imposto Ecológico – Contributo para o estudo dos instrumentos económicos de defesa do ambiente, Boletim da Faculdade de Direito, Studia Iuridica, 58, Coimbra Editora, 2001
- Sousa Franco, Ambiente e Desenvolvimento, Ambiente – Textos, Centro de Estudos Judiciários, Lisboa, 1994, pp. 261 a 278
- Sousa Franco, Ambiente e Economia, Ambiente – Textos, Centro de Estudos Judiciários, Lisboa, 1994, pp. 131 a 148
- Souto Moura, José de, Crime de Poluição, *in* Textos.Ambiente, Centro de Estudos Judiciários, 1994

- VEALE Jr., Francis Joseph, Evaluating Potential Environmental Liabilities, *in* Environmental Liability, Graham & Trotman e International Bar Association, pp. 321 e ss.

OUTROS DOCUMENTOS

Documentos oficiais da OCDE

- *Guiding Principles concerning the international economic aspects of environmental policies,* Recomendação adoptada pelo Conselho da OCDE em 26 de Maio de 1972, Recomendação C (72) 128
- Declaração de Encerramento da Conferência da OCDE sobre os acidentes ligados a substâncias perigosas realizada em Paris nos dias 9 e 10 de Fevereiro de 1988, C (88) 83, OCDE, 1988)
- Recomendação sobre a aplicação do PPP às poluições acidentais", C (89) 88 (Final), OCDE, 1989
- Recomendação do Conselho sobre o uso de Instrumentos Económicos na Política Ambiental, C (90)177/FINAL, OCDE, 1991
- Estratégia Ambiental da OCDE para a primeira década do século XXI", ENV/EPOC(2000)13/REV3, aprovado em reunião dos Ministros do Ambiente a 16 de Maio de 2001.

Documentos oficiais da União Europeia

- Recomendação do Conselho 75/436, de 3 de Março de 1975 relativa à imputação de custos e à intervenção dos poderes públicos em matéria de ambiente (75/436//EURATOM, CECA, CEE)
- Comunicação da Comissão ao Conselho relativa à imputação de custos e à intervenção dos poderes públicos em matéria de ambiente, anexa à Recomendação do Conselho 75/436, de 3 de Março de 1975
- Decisão N.º 2850/2000/CE de 20 de Dezembro de 2000 publicada no J.O.C.E., L 332, de 28 de Dezembro de 2000,
- Directiva 96/61/CE do Conselho de 24 de Setembro de 1996 relativa à prevenção e controlo integrados da poluição (Jornal Oficial n.º L 257 de 10/10/1996
- Livro Branco sobre Responsabilidade Ambiental, apresentado pela Comissão Europeia, COM (2000) 66 Final, de 9 de Fevereiro de 2000.
- Comunicação da Comissão ao Conselho, ao Parlamento Europeu, ao Comité Económico e Social e ao Comité das Regiões, sobre o sexto programa de acção da Comunidade Europeia em matéria de ambiente, "Ambiente 2010: o nosso futuro, a nossa escolha", COM (2001) 31 final, 2001/0029 (COD), Bruxelas, 24 de Janeiro de .2001
- Posição Comum (CE) N.o 58/2003, adoptada pelo Conselho em 18 de Setembro de 2003, tendo em vista a adopção de Directiva relativa à responsabilidade ambiental em termos de prevenção e reparação de danos ambientais, (2003/C 277 E/02)
- Comunicação da Comissão ao Parlamento Europeu nos termos do n° 2, segundo parágrafo, do artigo 251° do Tratado CE respeitante à posição comum adoptada

- pelo Conselho tendo em vista a adopção da Directiva do Parlamento e do Conselho relativa à responsabilidade ambiental em termos de prevenção e reparação de danos ambientais./* SEC/2003/1027 final – COD 2002/0021 */
- Recomendação do Parlamento Europeu para Segunda Leitura referente à posição comum adoptada pelo Conselho tendo em vista a adopção da directiva do Parlamento Europeu e do Conselho relativa à responsabilidade ambiental em termos de prevenção e reparação de danos ambientais, Final A5-0461/2003
- Parecer da Comissão sobre as alterações do Parlamento Europeu à posição comum do Conselho respeitante à proposta de Directiva Do Parlamento Europeu e do Conselho relativa à responsabilidade ambiental em termos de prevenção e reparação de danos ambientais, Bruxelas, 26.1.2004, COM(2004) 55 final.
- Acordo sobre responsabilidade ambiental do Comité de conciliação do Parlamento e do Conselho, C/04/44, Bruxelas, 23 de Fevereiro de 2004, 5910/1/04 (Presse 44)
- Acta da 2574ª sessão do Conselho – Justiça e Assuntos Internos – Bruxelas, 30 de Março de 2004, C/04/76, Bruxelas, 30 de Março de 2004, 7209/04 (Presse 76)
- Relatório do Parlamento Europeu sobre o Projecto Comum, Aprovado Pelo Comité De Conciliação, De Uma Directiva Do Parlamento Europeu E Do Conselho Relativa À Responsabilidade Ambiental Em Termos De Prevenção E Reparação De Danos Ambientais, (Pe-Cons 3622/2004 – C5-0079/2004 – 2002/0021 (Cod)), Final, A5-0139/2004, 11 De Março De 2004
- Questions and Answers Environmental Liability Directive, MEMO/04/78, Bruxelas, 1 April 2004
- Directiva 2004/35/CE do Parlamento Europeu e do Conselho de 21 de Abril de 2004 relativa à responsabilidade ambiental em termos de prevenção e reparação de danos ambientais, Jornal Oficial das Comunidades Europeias de 30 de Abril de 2004

Outros

- Convenção do Conselho da Europa sobre a responsabilidade civil resultante do exercício de actividades perigosas para o ambiente, assinada em Lugano a 21 de Junho de 1993
- Acórdão do T.J.C.E. de 29 de Abril de 1999, Processo C-293/97, Col.1999, p. I--2603
- Acórdão do T.J.C.E. de 14 de Julho de 1994, Processo C-379/92, Col. 1994, I--03453
- http://www1.oecd.org/scripts/taxbase/queries.htm.
- http://www.bbc.co.uk
- http://winslowgreen.com/docs/products/fund_perf.asp
- http://www.seventhgeneration.com/page.asp?id=1457

UM NOVO REGIME DA TITULARIDADE DAS ÁGUAS PÚBLICAS

por *José Robin de Andrade*

1. Foi publicada em 15 de Novembro de 2005 a Lei n.º 54/2005, que estabelece a titularidade dos recursos hídricos, reformulando, sistematizando e unificando o regime jurídico da titularidade das águas públicas no nosso País.

A lei resultou de uma proposta de lei do Governo, que foi aprovada em conjunto com a proposta da Lei Quadro da Água, e que foi discutida e aprovada pela Assembleia da República em conjunto com esta última, tendo ambas sido aprovadas pelos votos concordantes do Partido Socialista, Partido Social Democrata e Partido Popular.

Pretende-se expor, nestas breves linhas, os traços essenciais da reformulação introduzida no regime de titularidade dos recursos hídricos, no que respeita especificamente à definição do que seja o domínio público hídrico, face ao regime que vigorava neste domínio.

As razões que estiveram na origem de reformulação constam em parte do preâmbulo da proposta de lei do Governo, tendo desaparecido do texto da lei, atendendo à lamentável prática legislativa da Assembleia República de não incluir Preâmbulos nas Leis aprovadas. A explicação dessas razões é importante, dado o contributo que pode oferecer para a interpretação dos preceitos e a sua falta pode gerar incompreensões e aplicações deficientes.

A circunstância de ter sido chamado a preparar o ante-projecto deste diploma e de ter acompanhado os debates que antecederam a sua aprovação, leva-me a julgar poder ser útil o testemunho que posso produzir a este respeito, complementado pelo confronto da nova legislação com as variadas disposições legais que regulavam esta matéria.

2. Pode estranhar-se, em primeiro lugar, o título da Lei. Porquê titularidade, e não propriedade ou regime jurídico? Porquê recursos hídricos, e não águas, por exemplo?

A opção pelo conceito de titularidade resulta do facto de as águas que são objecto desta lei serem sobretudo as águas públicas, já que se ressalva expressamente, em vários preceitos, o regime das águas privadas consagrado no Código Civil. Ora, sobre coisas públicas não se constituem, em rigor, direitos de propriedade, já que a figura da propriedade é um instituto da lei civil que recai sobre coisas do comércio jurídico-privado. Os direitos dominiais sobre as coisas públicas e, portanto, sobre as águas públicas podem pertencer a um ou outro titular, e daí o conceito de titularidade.

A Lei n.º 54/2005 visa essencialmente definir, na perspectiva da titularidade dos recursos hídricos, quais os recursos que integram o domínio público, e quais os ónus reais que incidem sobre os recursos hídricos particulares e não a totalidade dos regimes jurídicos que estão associados à utilização e protecção de tais recursos, e que constam da Lei da Água.

Daí a qualificação da Lei n.º 54/2005 como lei de titularidade dos recursos hídricos.

Quanto ao uso da expressão "**recursos hídricos**", em vez de "**águas**", trata-se de uma opção que procura ser consistente com a terminologia da própria Lei da Água. De facto, as questões de titularidade respeitam tanto às águas, entendidas como meio líquido, como aos solos que constituem os respectivos leitos e margens.

Todas estas realidades, funcionalmente relacionadas com as águas, integram os recursos hídricos, sendo certo que se pretende definir a titularidade pública dos direitos sobre as mesmas.

O conceito de recursos hídricos abrange ainda os solos que, localizados em áreas próximas, são por isso sujeitos a regime especial: as zonas adjacentes, as zonas de infiltração máxima e as zonas protegidas. Não se colocam aí questões de titularidade, mas apenas restrições aos direitos reais que sobre elas incidem, configuráveis como ónus reais que recaem sobre os titulares de tais imóveis.

3. As normas que, na nossa ordem jurídica, à data da publicação da Lei da Titularidade dos Recursos Hídricos, regulavam directamente a titularidade das águas públicas constavam da Constituição – o artigo 84.º n.º 1 alínea a) – e de três diplomas, fundamentalmente: o artigo

1.º do Decreto 5787-IIII de 18/05/1919, os Capítulos I e II do Decreto-Lei n.º 468/71 de 5 de Novembro, e finalmente o artigo 4.º do Decreto-Lei n.º 477/80 de 15 de Outubro (o diploma do inventário dos bens do Estado).

Deve assinalar-se que a respeito das águas em sentido estrito regiam a Constituição e os diplomas de 1919 e 1980, pois o Decreto-Lei n.º 468/71 limita sempre o seu âmbito de aplicação aos terrenos, seja dos leitos e margens, seja de zonas próximas de águas públicas.

A verdade, porém, é que o Código Civil, ao regular as águas privadas, contém preceitos que devem ser considerados ao definir a titularidade das águas públicas, nem sempre se mostrando fácil e coerente a articulação de tais preceitos com as regras de 1919 sobre as águas públicas.

Havia pois que empreender uma tarefa de sistematização, clarificação e unificação dos vários regimes, sem a qual ficaria prejudicado, na sua própria base, o propósito da Lei da Água, de se formular um diploma que permitisse enquadrar todo o regime jurídico da água em Portugal.

Não houve o objectivo de introduzir grandes modificações ao regime jurídico da titularidade. Procurou-se antes torná-lo mais claro e consistente, introduzindo-se as alterações que pudessem contribuir para esse fim.

Por outro lado, tendo em conta que muitos dos preceitos legais que deveriam ser revogados, vêm sendo alvo, ao longo dos anos, de interpretação e aplicação pelos autores, pelos tribunais e pela Administração, tendo-se consolidado algumas interpretações que partem da letra de tais preceitos, procurou-se perturbar o mínimo possível a estabilidade de tal conjunto doutrinal e jurisprudencial, mantendo-se intacta a letra dos preceitos, sempre que possível.

4. A Lei da Titularidade classifica o domínio público hídrico em três grandes grupos – o domínio público marítimo, o domínio público lacustre e fluvial e o domínio público das restantes águas – organizando a seguir, separadamente, para cada um destes grupos, as normas jurídicas sobre a titularidade do domínio público hídrico.

De harmonia com a Constituição (artigo 84.º n.º 2), esta titularidade *pertence* sempre a uma pessoa colectiva pública de base territorial, seja ela o Estado, a Região Autónoma ou a Autarquia local – Município ou Freguesia –, sem prejuízo de a lei poder afectar a sua administração a diferentes pessoas colectivas públicas de base institucional, e sem prejuízo, sobretudo, da jurisdição que sobre todas as águas públicas em especial, e sobre os recursos hídricos em geral, passa a caber ao Instituto da Água, como Autoridade Nacional da Água.

A unificação do regime jurídico da titularidade da água foi um dos propósitos desta lei, pondo termo ao "**dualismo**" de fontes do direito da água – por um lado, a legislação reguladora do domínio "**hidráulico**" ou não marítimo, por outro lado o Decreto-Lei n.º 468//71, aplicável unicamente às águas marítimas.

Essa unificação era indispensável para que uma única Autoridade Nacional respondesse perante a União Europeia pelo compromisso assumido pelo nosso País quanto à aplicação das normas europeias de protecção e gestão das águas, atribuindo-lhe jurisdição sobre os vários tipos de águas a que se aplica a Lei da Água, a saber, todas as águas superficiais – interiores, de transição e costeiras – e ainda as águas subterrâneas.

Note-se, a este respeito, que a Lei da Titularidade tem um âmbito de aplicação mais vasto do que a Lei da Água, porque, regulando todo o domínio público hídrico, abrange também, para além das águas costeiras, as águas territoriais e ainda os fundos marinhos contíguos da plataforma continental, abrangendo toda a zona económica exclusiva. Esta diferença de âmbito, justificaria, só por si, a necessidade de uma Lei formalmente autónoma.

Por outro lado, o facto de se tratar de lei de valor reforçado, porque emanada no exercício de uma competência exclusiva da Assembleia da República, para além da importância que assume, por força da própria Constituição, a definição de toda uma categoria de bens do domínio público, sempre recomendaria também essa autonomia formal.

5. A definição do domínio público marítimo no artigo 3.º da Lei tem diversas origens.

5.1. A alínea a), reportando-se às "águas costeiras e territoriais", baseia-se no artigo 84.º n.º 1 alínea a) da Constituição da República Portuguesa no que respeita às águas territoriais, ou seja às águas sitas entre a "**linha de base**" que representa o limite das águas costeiras, e as 12 milhas náuticas a partir dessa linha, fixadas na Lei n.º 33/77 de

28 de Maio e conformes com a Convenção de Montego Bay; e baseia-
-se no artigo 4.º n.º 1 alínea a) do Decreto-Lei n.º 477/80 de 15 de
Outubro, no que concerne ás águas costeiras, designadas neste diploma
por "**águas marítimas interiores**", sendo certo que já o artigo 1.º n.º
1 do Decreto n.º 5787-IIII de 18 de Maio de 1919 integrava no domínio público as "**águas salgadas das costas, enseadas, baías, portos
artificiais, docas, fozes, rias, esteiros (...)**".

5.2. A alínea b) do artigo 3.º da nova lei, aludindo às "águas interiores sujeitas à influência das marés, nos rios, lagos e lagoas", baseia-
-se também neste artigo 1.º n.º 1 do Decreto n.º 5787-IIII e no artigo
4.º n.º 1 alínea a) do Decreto-Lei n.º 477/80, dada a abrangência dos
conceitos empregues, sendo certo que a delimitação de águas marítimas feita com base no recurso ao critério de "**influência das marés**"
decorre do artigo 2.º do Decreto-Lei n.º 468/71 de 5 de Novembro ao
definir, a respeito de leito, o que são águas do mar. O conceito de
"águas interiores" aqui utilizado é consistente com o emprego do
mesmo pela Convenção de Montego Bay de 10 de Dezembro de 1982
(aprovada por Resolução da Assembleia da República n.º 60-B/97 rati-
ficada por Decreto do Presidente da República n.º 67-A/97 e publicada
em 14 de Outubro de 1997), cujo artigo 8.º prevê a integração no
domínio público das águas "**interiores**", compreendidas entre a linha
de base do mar territorial e a linha da máxima preia-mar.

5.3. Quanto à alínea c) do artigo 3.º da Lei da Titularidade, que se
refere ao "leito das águas costeiras e territoriais e das águas interiores
sujeitas à influência das marés", a mesma provém directamente do conceito de leito do mar constante do artigo 2.º n.º 2 do Decreto-Lei n.º
468/71 e acolhido no artigo 84.º n.º 1 alínea a) da Constituição da República Portuguesa. Já aliás o artigo 1.º do Decreto n.º 5787-IIII reconhe-
cia a dominialidade dos "**leitos, cais e praias (de águas salgadas) até
onde alcançar o colo da máxima preia-mar das águas vivas**".
Quanto à definição do que seja o leito em geral, e o leito do mar
em especial, o artigo 10.º da Lei da Titularidade reproduz, sem alterações, o teor do artigo 2.º do Decreto-Lei n.º 468/71.

5.4. A alínea d) completa a referência ao leito do mar com uma
indicação autónoma dos "**fundos marinhos contíguos**" às águas territoriais, usando o mesmo conceito que o artigo 84.º n.º 1 alínea a) da

Constituição da República Portuguesa; a inclusão da plataforma continental, por seu lado, constava do artigo 4.º alínea a) do Decreto-Lei n.º 477/80, tendo havido agora o cuidado de a alargar ao fundo marinho de toda a zona económica exclusiva, no entendimento de que, quando este excede a plataforma continental, se considera que a plataforma se deve estender até às 200 milhas náuticas, medidas das linhas de base, ao abrigo do artigo 76.º da já citada Convenção de Montego Bay.

5.5. Finalmente a alínea e), reportando-se às margens das águas costeiras e das águas interiores sujeitas à influência das marés, tem a sua origem próxima no artigo 4.º alínea a) do Decreto-Lei n.º 477/80 de 25 de Outubro, e já antes no artigo 5.º n.º 1 do Decreto-Lei n.º 468/71 de 5 de Novembro. De facto, este último preceito, ao considerar do domínio público do Estado os leitos e margens das águas do mar, não condiciona tal qualificação à condição, enunciada apenas a propósito das águas navegáveis e flutuáveis, de que tais leitos e margens lhe pertençam.

O conceito de margem empregue pela Lei da Titularidade é definido, no seu artigo 11.º, em termos coincidentes com os que constavam do artigo 3.º do Decreto-Lei n.º 468/71, na versão que resultou de alteração introduzida pela Lei n.º 16/2003 de 4 de Junho, tendo utilizado deliberadamente a mesma linguagem, a fim de perturbar o menos possível a estabilidade da jurisprudência e doutrina que entretanto se formou sobre este regime.

5.6. Seguindo a orientação consagrada na jurisprudência do Tribunal Constitucional, o artigo 5.º da Lei declara que o domínio público marítimo pertence ao Estado, excluindo assim a possibilidade de as águas do mar e mesmo os leitos e margens do mar pertencerem às Regiões Autónomas ou às autarquias.

Esta declaração legal que deriva da ligação entre o mar e os atributos do Estado como pessoa colectiva de direito público e base territorial, não impede, no entanto, que parcelas do domínio público marítimo, como aliás do restante domínio público hídrico, sejam afectas por lei à jurisdição e à administração de entidades determinadas, encarregadas da prossecução de interesses públicos específicos, ao abrigo do artigo 9.º da Lei.

Nas Regiões Autónomas, onde por vezes a questão da titularidade do domínio público marítimo é colocada em termos inadequados, a titularidade do Estado não impede também que a jurisdição e a administração de parcelas do mesmo sejam confiadas a serviços regionalizados, tal como decorre do artigo 28.° n.° 2 da Lei da Titularidade, e do próprio Estatuto Político Administrativo de cada uma das Regiões Autónomas.

Assim, do mesmo modo que parcelas do domínio público marítimo no Continente são administrados pelas ARH ou pelas Administrações Portuárias, também nas Regiões Autónomas parcelas do mesmo domínio são também afectos aos Serviços Regionais de Ambiente ou às Administrações dos Portos Regionais.

6. A segunda grande divisão do domínio público hídrico é designada na lei como domínio público lacustre e fluvial e definida no artigo 5.° da Lei da Titularidade.

Examinemos cada uma das categorias de bens que nela se integram e a origem das soluções consagradas na Lei.

6.1. Em primeiro lugar, encontramos os cursos de água navegáveis ou flutuáveis, com os respectivos leitos e ainda as margens pertencentes a entes públicos (alínea a) do artigo 5.°).

A integração no domínio público dos cursos de água navegáveis ou flutuáveis e dos respectivos leitos decorre do artigo 84.° n.° 1 alínea a) da Constituição, sendo aliás já proveniente do artigo 1.° n.° 3 do Decreto n.° 5787-IIII que referia também as respectivas margens. Já o Decreto-Lei n.° 468/71, no seu artigo 5.°, apenas considerava do domínio público do Estado os leitos e margens de quaisquer águas navegáveis ou flutuáveis mas apenas *sempre que* tais leitos e margens lhe pertençam. Por seu lado, o Decreto-Lei n.° 477/80, no seu artigo 4.°, alínea b), integra também no domínio público os cursos (ou correntes na terminologia de 1919) de águas navegáveis ou flutuáveis *com os* respectivos leitos e margens.

Apesar do condicionamento introduzido pelo Decreto-Lei n.° 468//71, entendeu-se que o mesmo deverá ser entendido como mera ressalva dos direitos privados históricos, já que a integração dominial da margem das correntes navegáveis ou flutuáveis já constava do Decreto n.° 5787-IIII e veio aliás a ser reafirmado pelo Decreto-Lei n.° 477/80. Foi, no entanto, muito controvertida pela doutrina e pela jurisprudência a amplitude das margens. Só, de facto, o Decreto-Lei n.° 468/71 definiu a margem como sendo de 50 metros nas águas marítimas e demais águas na jurisdição de autoridades marítimas e portuárias, e de 30 metros nas restantes, sendo certo que a Constituição não refere expressamente as margens das águas navegáveis ou flutuáveis como parte do domínio público.

A Lei de Titularidade adopta, quer a definição de margem do Decreto-Lei n.º 468/71, quer o condicionamento que dele constava.

6.2. O que se expôs a respeito dos cursos de água navegáveis ou flutuáveis, aplica-se aos lagos e lagoas navegáveis ou flutuáveis e respectivos leitos e margens: de facto, a sua integração dominial constava do artigo 1.º n.º 1 do Decreto n.º 5787-IIII de 1919, que refere aliás também os canais e valas, apesar do seu carácter artificial. O Decreto-Lei n.º 468/71 omite uma referência específica às águas de lagos e lagoas mas alude, como atrás se refere, a *quaisquer* aguas navegáveis ou flutuáveis e seus leitos, condicionando a dominialidade das margens a que as mesmas pertençam a entes públicos. O Decreto-Lei 477/80, por seu lado, considerou integrados no domínio público os lagos, lagoas navegáveis ou flutuáveis com os respectivos leitos e margens, sem qualquer condicionamento, revertendo assim à formulação de 1919.

6.3. Na sua alínea c), o artigo 5.º da Lei da Titularidade considera integrados no domínio público os cursos de água não navegáveis nem flutuáveis com os respectivos leitos e margens desde que localizados em terrenos públicos, ou os que por lei sejam reconhecidos como aproveitáveis para fins de utilidade pública, como a produção de energia eléctrica, irrigação ou canalização de água para consumo público.

A primeira categoria tem a sua origem no artigo 1.º alínea 3.ª do Decreto n.º 5787-IIII ao considerar do domínio público "**as correntes de água não navegáveis nem flutuáveis bem como os respectivos leitos nos troços em que atravessem terrenos públicos, municipais ou da freguesia**".

Deve notar-se que, já na legislação de 1919, ainda que o terreno público não fosse do domínio público – porque pertencente ao património das autarquias ou de entidade publica proprietária ou aos baldios – as águas que nele corressem eram dominiais.

E ainda que tais terrenos públicos pertencessem à autarquia, as águas dominiais que nele corressem seriam administradas, não pelas autarquias, mas pelo Estado (artigo 1.º § 2).

Apenas no caso de águas que corressem em terrenos baldios, municipais ou paroquiais, as águas que nele corressem seriam, não dos baldios, mas do domínio público da respectiva autarquia, e por esta administradas.

O Decreto-Lei n.º 468/71 retoma a definição de 1919 no seu artigo 5.º, mas apenas integra no domínio público do Estado os leitos e margens de águas navegáveis ou flutuáveis sempre que tais leitos e margens pertençam ou estas atravessem terrenos públicos do Estado.

Retira-se da solução consagrada em qualquer destes dois diplomas, o princípio de que as águas que em si não seriam dominiais, porque não navegáveis nem flutuáveis, passarão a sê-lo se atravessarem terrenos de entidades do sector público, quer tais terrenos sejam ou não dominiais, e passando por força de tal dominialização a ser administrados pelo Estado.

Este princípio foi acolhido na Lei da Titularidade na alínea c) do artigo 5.º.

Quanto à segunda parte do preceito, a dominialidade das águas em tais circunstâncias, foi reconhecido pelo artigo 4.º alínea b) do Decreto-Lei n.º 477/80, ao aludir aos cursos de água que por lei forem reconhecidos como aproveitáveis para produção de energia eléctrica ou para irrigação.

Foi esta precisamente a formulação adoptada na Lei da Titularidade, acrescentando apenas a finalidade do abastecimento público, por esta ser aquela que assume primazia nas utilizações de interesse público dos recursos hídricos.

6.4. A quarta categoria de bens que integram o domínio público lacustre e fluvial é composta pelos canais e valas, navegáveis ou flutuáveis, ou abertos por entes públicos, e respectivas águas.

O domínio público incide aqui apenas sobre o leito da obra e sobre as águas que nele correm. Os canais e valas navegáveis e flutuáveis constavam já do Decreto n.º 5787-IIII, como os respectivos leitos e margens, não parecendo justificar-se uma referência às margens dado que tal referência desapareceu no Decreto-Lei n.º 468/71.

Quanto aos canais e valas abertos pelos entes públicos, a sua dominialidade decorria do artigo 4.º alínea d) do Decreto-Lei n.º 477//80 que se referia, no entanto, apenas ao Estado e ainda ao facto de a propriedade de tais obras pertencer ao sector público, por ter sido o sector publico a financiar, como dono de obra, a própria construção.

Nem a Constituição nem o Decreto-Lei n.º 468/71 se referiam aos canais e valas públicas e respectivos leitos como parte do domínio público hídrico mas, face às referências constantes da legislação de

1919 e de 1980, e face à própria pertença de tais obras ao sector público, a melhor solução foi de facto integrar tais águas e respectivos leitos no domínio público.

6.5. A quinta categoria do domínio público lacustre e fluvial é composta pelas albufeiras criadas para fins de utilidade pública nomeadamente produção de energia eléctrica ou irrigação, com os respectivos leitos.

Tratando-se de obras realizadas para fins de utilidade pública, a sua realização é levada a cabo por entes públicos ou através do recurso a meios coercivos, como expropriações por utilidade pública, razão bastante para que as águas da albufeira assim criada e os terrenos por ela ocupados sejam também declarados como afectos a fins de interesse público e por isso integrados no domínio público. Esta integração foi reconhecida pelo Decreto-Lei n.º 477/80 no artigo 4.º alínea d) embora referindo-se a "**barragens de utilidade pública**". Nenhuma referência lhe é feita, no entanto, nem pelo Decreto-Lei n.º 5787-IIII, nem pelo Decreto-Lei n.º 468/71, nem pela própria Constituição.

Quanto às finalidades da utilidade pública referidas, as mesmas são indicadas exemplificativamente, sendo certo que outras finalidades de utilidade pública – desde logo a própria captação de água para consumo público – poderão justificar as albufeiras criadas.

6.6. Como sexta categoria do domínio público lacustre e fluvial temos os lagos e lagoas não navegáveis ou flutuáveis com os respectivos leitos e margens formados pela natureza em terrenos públicos.

Esta categoria não constava do Decreto n.º 5787, tendo o Decreto-Lei n.º 468/71 pela primeira vez considerado como pertencendo ao domínio público os "**leitos e margens de quaisquer águas não navegáveis nem flutuáveis que atravessem terrenos públicos do Estado**". Embora se possa entender que, ao aludir a águas que atravessam terrenos públicos, o Decreto-Lei n.º 468/71 se teria pretendido referir a cursos de água, a verdade é que a alusão a "**quaisquer águas**" tem um sentido claramente extensivo, não se vendo razão para a mesma se considerar limitada aos cursos de água excluindo os lagos e lagoas.

Deve assinalar-se que já o Decreto n.º 5787-IIII, em relação a todos os terrenos públicos, ainda que das autarquias, integrava no domínio público do Estado de modo directo os lagos e lagoas que neles se encontrem quando formados pela natureza.

Por outro lado, este Decreto de 1919, no artigo 1.º § 1.º, considera águas sujeitas à administração dos municípios e freguesias, as águas dos lagos, lagoas e pântanos situados em terrenos baldios e de logradouro comum, municipais ou paroquiais, e integra também no domínio público tais águas, ainda que as sujeite à administração da autarquia e não do Estado.

Deve assinalar-se que a referência a terrenos públicos deve ser entendida como a terrenos pertencentes e entidades do sector público e não necessariamente terrenos do domínio público. De facto, se o Estado, uma autarquia ou mesmo um instituto público for proprietário de terrenos onde se situa o lago ou lagoa este deve ser considerado dominial apesar de os terrenos ao seu redor serem patrimoniais, pois é a pertença ao sector público dos terrenos circundantes e a formação do lago ou lagoa por acção da natureza, e não do homem, que leva à integração no domínio público dessas águas e dos seus leitos.

De facto, vem já de longe a tradição legislativa de caracterizar como dominiais as águas quando integradas num local que é património de entes públicos. O Decreto-Lei n.º 468/71 reflecte, aliás, essa tradição ao caracterizar como dominiais as águas não flutuáveis nem navegáveis apenas porque sitas em terrenos públicos do Estado.

6.7. A alínea g) do artigo 6.º da Lei n.º 54/2005 considera do domínio público os lagos e lagoas circundados por diferentes prédios particulares ou existentes dentro de um prédio particular quando tais lagos e lagoas sejam alimentados por corrente pública.

Em primeiro lugar, o facto de um lago ou lagoa ser rodeado por terrenos que sejam propriedade de vários proprietários é só por si bastante para o integrar no domínio público. Era essa já a situação prevista no artigo 1.º n.º 4 do Decreto-Lei n.º 5787-IIII, evitando dessa forma as dificuldades que surgiriam nas relações entre vizinhos quanto ao estabelecimento de fronteiras, e quanto à utilização do meio líquido.

Em segundo lugar, o lago ou lagoa que seja alimentado por corrente pública, ainda que existente dentro de um único prédio particular é também integrante do domínio público hídrico, já que são públicas as águas que o alimentam e estas, sendo-o uma vez, não podem nunca passar a ser privadas.

O Decreto n.º 5787-IIII já consagrava esta orientação, ainda que de forma indirecta, pois embora não incluísse este caso entre os tipos de águas públicas, declarava no artigo 2.º n.º 2 que serão particulares os lagos ou lagoas existentes dentro de algum prédio particular que não fossem alimentados por corrente pública.

6.8. Depois de enunciar os factores de dominialidade dos lagos, lagoas e cursos de água, a Lei especifica no artigo 6.º quais as entidades públicas de base territorial a que o domínio público lacustre e fluvial pertence.

A regra estabelecida prevê a atribuição da titularidade de tal domínio público ao Estado ou nas Regiões Autónomas, à Região, com ressalva dos casos em que as águas públicas se situem integralmente em terrenos baldios de um município ou de uma freguesia, caso em que a titularidade das mesmas pertencerá naturalmente a esse município ou a essa freguesia.

A dominialidade das águas sitas integralmente em baldios, e a sua atribuição à titularidade da autarquia correspondente, é a solução que estava já consagrada na Lei de 1919, e que se justifica pelo facto de os baldios serem afectos a finalidades específicas de pastorícia ou de aproveitamento florestal que não podem justificar a apropriação das próprias águas.

7. A última grande categoria das águas públicas está agregada nos artigos 7.º e 8.º da Lei da Titularidade sob a designação de "**domínio público hídrico das restantes águas**".

7.1. Encontramos aqui, em primeiro lugar, as águas nascidas, e as águas subterrâneas existentes, em terrenos ou prédios públicos. Desde que o terreno onde as águas se situam pertençam a entes do sector público, sejam eles o Estado, Regiões ou autarquias ou mesmo institutos públicos ou sociedades cuja maioria de capital seja público, as águas consideram-se do domínio público hídrico. O carácter dominial da água é aqui determinado pela titularidade do imóvel onde a água se situa, quer essa titularidade seja regida pelo direito público (terrenos do domínio público) ou pelo direito privado (prédios que sejam pertença do sector público).

Já o Decreto n.º 5787-IIII no n.º 5 do seu artigo 1.º qualificava como do domínio público as "**águas nativas que brotarem em terrenos públicos, municipais ou da freguesia, as águas pluviais que nele caírem as que por elas correrem abandonados e as águas subterrâneas que nos mesmos terrenos existam**".

Nenhuma razão havia para não estender idêntico regime à generalidade das águas sitas em terrenos do Estado ou de outros entes do sector público pois em qualquer dos casos é a pertença ao sector público que determina a dominialidade.

Foi aliás o que fez o Decreto-Lei n.º 468/71 em relação ao Estado, no seu artigo 5.º, integrando no domínio público os leitos e margens de aguas não navegáveis nem flutuáveis que atravessem terrenos públicos do Estado.

Em qualquer destes casos, a circunstância de as águas se encontrarem em terrenos públicos leva a que devam ser afectadas a fins de interesse público e por isso dominializados, cabendo a sua gestão aos órgãos que no Estado ou na Região Autónoma detiverem competência por força da lei para administrar os recursos hídricos públicos.

7.2. Ao contrário do que sucedeu em Espanha, onde todas as águas subterrâneas passaram a ser águas públicas, em Portugal as águas subterrâneas em terrenos privados continuam a ser privadas, nos termos do Código Civil, e as águas superficiais nascidas em terrenos privados ou nela caídas também se mantêm privadas, enquanto se confinarem nos limites da propriedade privada onde nasceram ou surgiram.

De acordo com o regime que entre nós já vem de 1919 (artigo 1.º n.º 7 do Decreto n.º 5787-III) as águas que, tendo nascido ou caído em terreno particular, logo que transponham abandonados os limites do prédio e se forem lançar no mar ou em outras águas do domínio público, passam a partir de tais limites, a integrar o domínio público.

Este regime foi basicamente mantido pela Lei da Titularidade nas alíneas b), c) e d) do artigo 7.º esclarecendo apenas que tanto integram o domínio público, as águas que, depois de transpor os limites, logo se lançam no mar ou em outras águas públicas como aquelas que depois de transposto aqueles limites, começam por atravessar outros prédios privados e só a final se lançam no mar ou noutras águas públicas.

7.3. A última categoria das águas públicas considerada no artigo 7.º da Lei da Titularidade é aquela em que a publicidade decorre do caracter público das obras que foram realizadas para as captar ou disponibilizar ou do uso ou administração a que as regras estão sujeitas.

A alínea e) do artigo 7.º da Lei da Titularidade considera, à luz deste critério, como dominiais as águas das fontes públicas e dos poços e reservatórios públicos, incluindo todos os que vêm sendo continuamente usados pelo público e administrados por entidades públicas.

Esta era já a orientação consagrada no artigo 1.º n.º 6 do Decreto n.º 5787-III, ao reconhecer a dominialidade das "**águas das fontes públicas e dos poços e reservatórios construídos à custa dos concelhos e freguesias**".

A redacção de 2005 actualizou a terminologia empregue, acrescentando às causas da dominialidade o facto prolongado da afectação das águas ao uso público ou da sua administração por entes públicos. Entendeu-se, de facto, que nestes casos, em que a afectação ao uso público ou a gestão por entes públicos é contínua ao longo do tempo, se deve dar como verificado, no plano dos factos, o próprio substracto da dominialidade, levando a integrar formalmente no domínio público águas que substancialmente já estavam afectas ao interesse público, e eram, portanto, tratadas pela colectividade como dominiais.

7.4. À semelhança de que a lei estabeleceu para as outras categorias de recursos hídricos, a titularidade das restantes águas que integram o domínio público é atribuída por um preceito específico, no caso o artigo 8.º.

O critério seguido para o efeito é basicamente o da titularidade do terreno onde as "**restantes águas**" se encontram; salvo no caso de se tratar de águas armazenadas ou captadas através de obras artificiais, caso em que o critério parte da determinação do ente público que custeou e gere essas obras.

Também a respeito das restantes águas o legislador adoptou a orientação de transferir para a titularidade das autarquias correspondentes as águas dos baldios municipais e paroquiais, seguindo a orientação da Lei de 1919, e atendendo a que os fins dos baldios nunca abrangeram a gestão das águas situadas em tais terrenos.

8. Para além da redefinição dos critérios com base nos quais se deve reconhecer a dominialidade das águas, leitos e margens, a Lei da Titularidade regula o problema delicado e sensível da ressalva dos direitos privados constituídos antes de 31 de Dezembro de 1864 (ou de 22 de Março de 1868 no caso de arribas alcantiladas) sobre leitos e margens que, à luz dos critérios legais deveriam ser públicos.

Esta ressalva é feita em termos largamente coincidentes com aqueles que são empregues pelo Decreto-Lei n.º 468/71, nomeadamente no seu artigo 8.º.

Há a assinalar, no entanto, três grandes inovações:

a) em primeiro lugar, a lei esclarece, na linha de que vinha sendo entendido pela doutrina e jurisprudência, que uma vez que estejam preenchidos os pressupostos que levem à caracterização de leitos ou margens como dominiais, os mesmos se presumem públicos, cabendo ao particular o ónus de infirmar essa presunção através de invocação e demonstração de direitos históricos que possam servir de base ao reconhecimento de direitos privados.

Esta presunção "**juris tantum**" de publicidade consta hoje expressamente da lei, do seu artigo 12.º n.º 1;

b) em segundo lugar, a lei impôs um prazo máximo para a invocação de direitos históricos sobre leitos e margens públicos, não permitindo que após 1 de Janeiro de 2014 sejam instauradas mais acções judiciais com tal propósito. A partir dessa data, a presunção "**juris tantum**" de publicidade, converte-se numa presunção inilidivel ou "**juris et de jure**" de publicidade, já que não mais serão permitidas reivindicações de direitos históricos privados sobre tais recursos hídricos dominiais.

Compreende-se a necessidade da solução adoptada pela Lei da Titularidade, face à incerteza que gera a possibilidade de, em qualquer momento, serem reivindicados direitos privados sobre leitos e margens públicas.

O tempo já decorrido desde que a lei definiu as condições de dominialidade das águas públicas, e desde que o Decreto-Lei n.º 468/71 reconheceu a possibilidade de reivindicação de direitos históricos, justifica que, por razões de segurança e certeza jurídica, se imponha um prazo limite a tais acções judiciais, tendo em conta, por outro lado, que o próprio carácter público dos recursos hídricos pode ser adquirido por força do uso público, pacífico, contínuo e prolongado no tempo, de tais recursos.

O prazo fixado de 1 de Janeiro de 2014 permite aliás que durante mais cerca de 9 anos venham a ser instauradas novas acções judiciais, sendo certo que, uma vez estas instauradas, nenhum prazo limita o momento em que possam vir a ser reconhecidos judicialmente os referidos direitos históricos;

c) em terceiro lugar, a Lei da Titularidade passa a prever a possibilidade de os leitos e margens passarem a ser públicos apesar de eventuais direitos históricos de privados, por força da afectação continuada, pacífica e prolongada a fins públicos. Se tal afectação a uso público se prolongar nesses termos pelo prazo equivalente ao prazo de usucapião de bens imóveis, tal afectação poderá ser caracterizado como verdadeira posse pública, fazendo prevalecer a dominialidade de tais leitos e margens sobre eventuais direitos históricos anteriores. É o que estabelece o artigo 15.º n.º 3 da Lei da Titularidade.

9. Da breve análise que se levou a cabo, pode concluir-se que o legislador de 2005 procedeu a uma compilação e a uma organização sistemática dos factores de dominialidade dos recursos hídricos, ou seja das águas, leitos e margens, sem subtrair à dominialidade nenhum dos factores que qualquer dos diplomas anteriores consagrou.

Em certos aspectos, a Lei da Titularidade foi mesmo um pouco além do que a anterior legislação permitia, sem no entanto afectar ou comprometer os princípios fundamentais que regiam na nossa ordem jurídica sobre a titularidade dos recurso hídricos.

É assim que nela se consigna o princípio da dominialidade da água e, no caso de cursos de água, dos leitos e margens, quando a água superficial ou subterrânea se situar em terrenos pertencentes a entes públicos, quaisquer que eles sejam.

Nesta medida, os recursos hídricos pertencentes a entes públicos são inevitavelmente dominiais, deixando por isso de ter razão de ser como categoria autónoma a figura das águas patrimoniais de entes públicos, a que alude o artigo 18.º n.º 2. De facto às águas que, à luz do Código Civil, seriam águas patrimoniais de entes públicos, e portanto nessa medida particulares, de acordo com o artigo 18.º n.º 2 da Lei da Titularidade, acabam invariavelmente por se integrarem no domínio público, passando a águas dominiais, e aplicando-se então plenamente o artigo 18.º n.º 3 da Lei da Titularidade.

Sendo a dominialidade das águas, neste caso, uma consequência da titularidade pública dos terrenos onde as águas se situam, essa dominialidade cessará se os terrenos passarem a ser património de entes privados?

Não nos parece possível nesta hipótese a cessação da dominialidade das águas já que, nos termos da lei, uma vez que as águas sejam classificadas como dominiais, só pela via de desafectação expressa tal classificação poderá cessar. Sem tal desafectação, as águas que integram o domínio público porque localizadas em terrenos públicos, não deixam de ser dominiais pelo facto de tais terrenos passarem a ser privados, do mesmo modo que as margens dos rios navegáveis sitas em terrenos públicos não podem perder o seu carácter dominial por mero negócio jurídico de direito privado.

A figura de desafectação, prevista e regulada no artigo 19.° da Lei da Titularidade, impõe que só por acto legislativo possa um recurso hídrico dominial perder a condição dominial, para além dos casos em que a lei expressamente preveja essa perda por causas naturais (caso do recuo das águas).

Para além desta conversão de águas patrimoniais em dominiais, a Lei da Titularidade transfere para o domínio público das autarquias as águas dos baldios municipais e da freguesia, seguindo aliás a orientação do artigo 1.° § 1.° do Decreto n.° 5787-IIII.

Esta transferência assenta no reconhecimento de que as funções dos baldios envolvem unicamente a utilização de terrenos e florestas pelas populações locais, e não justificam a criação de poderes sobre as águas superficiais ou subterrâneas, como sucederia no caso de tais águas pertencerem aos próprios baldios.

10. Julga-se no entanto que o aspecto mais importante a assinalar na definição do domínio público hídrico pela Lei da Titularidade é o carácter global dessa definição, e a organização sistemática adoptada, clarificando muitos aspectos que se mantinham equívocos ou indefinidos na legislação anterior, frequentemente devido à sucessão de diplomas que parcelarmente foram regulando aspectos diversos da questão da titularidade.

Espera-se que esta clarificação operada por via legislativa venha a ter um corolário lógico na classificação e registo das águas públicas e na delimitação do domínio público hídrico, tarefas que, nos termos dos artigos 17.° e 20 da Lei da Titularidade, passam a ficar sob responsabilidade do Ministério do Ambiente e do Instituto da Água, sem prejuízo da colaboração activa do Ministério da Defesa e da Autoridade Marítima Nacional no caso do domínio público marítimo.

Uma vez que só com um completo inventário e registo das águas públicas se pode conhecer com segurança o regime jurídico aplicável a cada caso, espera-se que se venha progressivamente a superar o estado de incerteza e insegurança jurídica que rodeia em muitos casos a acção das autoridades no domínio dos recursos hídricos, e que acabam por prejudicar ou comprometer os empreendimentos e iniciativas particulares que permitem assegurar uma maior valorização, e uma utilização economicamente mais racional, dos recursos hídricos.

Lisboa, 5 de Maio de 2006

PPRINCIPAIS LINHAS INOVADORAS DO CÓDIGO DAS EXPROPRIAÇÕES DE 1999
Sétima parte – O regime do art. 26.°, n.° 12

por *José Vieira Fonseca*[*]

1. À data em que iniciámos este artigo as inovações que o Código das Expropriações de 1999 vinha consagrar sugeriram-nos o percurso que temos vindo a percorrer:
    i. Considerações de ordem geral
    ii. Âmbito de aplicação do regime geral das expropriações por utilidade pública
    iii. O direito à expropriação total e à expropriação de partes do bem não abrangidas pela declaração de utilidade pública
    iv. O direito de reversão
    v. A resolução de expropriar
    vi. A caducidade da declaração de utilidade pública
    vii. Competência para declarar a utilidade pública expropriativa
    viii. Notificação e reclamação do auto de vistoria *ad perpetuam rei memoriam*
    ix. A indemnização devida aos expropriados
    x. O contencioso procedimental
    xi. O contencioso indemnizatório
    xii. O pagamento das indemnizações
    xiii. A determinação da indemnização na requisição de bens imóveis
    xiv. Procedimentos expropriativos especiais
    xv. Outras alterações

---

[*] Mestre em ciências jurídico-políticas (FDL), Advogado.

2. Na primeira parte deste estudo[1], foram abordados os primeiros quatro capítulos. Na segunda parte[2] registaram-se as principais alterações que o Código das Expropriações de 1999 veio trazer às matérias correspondentes aos capítulos v a viii. Entretanto, a terceira e quarta partes[3] foram integralmente dedicados ao capítulo indemnizatório deste percurso (capítulo ix), onde se fizeram algumas considerações de ordem geral e, sem pretender esgotar as conexões envolvidas, uma abordagem da tutela que a Constituição confere à justa indemnização expropriativa.

Já na quinta parte[4], mas ainda envolvidos nesse capítulo indemnizatório, iniciámos a abordagem do regime que o Código das Expropriações de 1999 dedicou à justa indemnização. Os tópicos que aí anunciámos visitar são os seguintes:

    A. O regime geral da justa indemnização
    B. A classificação dos solos expropriados
    C. A indemnização dos solos aptos para construção
    D. A indemnização dos solos para outros fins
    E. A indemnização de construções, das respectivas áreas de implantação e logradouros
    F. A indemnização pela desvalorização das parcelas sobrantes não expropriadas, em especial pelas servidões que a expropriação implique
    G. A indemnização pelo arrendamento
    H. A indemnização pela interrupção da actividade comercial, industrial, liberal ou agrícola
    I. A indemnização pela expropriação de direitos diversos da propriedade plena
    J. A indemnização pela ocupação de prédios vizinhos e pela desistência da expropriação
    L. A indemnização na expropriação de solos ocupados com construções não licenciadas

---

[1] Publicada nos n.ᵒˢ 11/12 desta Revista, 1999, págs. 111 e ss..
[2] Publicada no n.º 13, 2000, págs. 55 e ss. da Revista.
[3] Publicadas, respectivamente, nos n.º 14, 2000, págs. 35 e ss., e n.ᵒˢ 15/16, 2001, págs. 127 e ss. da Revista.
[4] N.ᵒˢ 18/19 da Revista, 2003, págs. 59 e ss..

Nessa quinta parte do estudo ficámos pelo regime geral da justa indemnização (A.). Na sexta parte pouco avançámos[5]: pela sua importância, esgotámo-nos, sem esgotar o que queríamos dizer, na classificação legal dos solos expropriados para efeitos indemnizatórios e nos solos que o artigo 25.° do Código das Expropriações de 1999 pretende indemnizados de acordo com critérios urbanísticos (B.).

Agora, nesta sétima parte, serão apresentados os restantes tipos legais de solos que, por se encontrarem ao serviço do fenómeno urbano, também devem ser indemnizados por aplicação desses critérios urbanísticos.

3. Sequência

Na sexta parte deste estudo propusemos uma classificação possível dos solos indemnizáveis de acordo com uma específica capacidade urbanística: *"Sem prejuízo de outras necessárias considerações e de diferentes critérios, parece-nos possível, face ao Código das Expropriações de 1999, apresentar a seguinte classificação dos solos indemnizáveis de acordo com uma específica capacidade urbanística: (a) os que se integram em alguma das alíneas do artigo 25.°, n.° 2, do Código; (b) os que preencham os requisitos do artigo 26.°, n.° 12, do mesmo Código; (c) os que se encontrem classificados no plano como podendo receber uma solução urbanística; (d) aqueles que sejam expropriados para a execução de soluções urbanísticas ou adstritos a este fim; (e) os que justifiquem, de acordo com os critérios das anteriores categorias, a aplicação analógica deste regime indemnizatório"*[6]. Feitas as apresentações, concluímos uma breve análise pela primeira dessas categorias – os solos que o artigo 25.°, n.° 2, do Código das Expropriações pretende indemnizados como 'aptos para a construção' – leia-se, de acordo com critérios urbanísticos. Importa agora caracterizar as quatro restantes categorias deste tipo de solos que nos ocupa.

---

[5] N.os 21/22, págs. 73 e ss.
[6] Pág. 86, n.° 5.1, dos n.os 21/22 desta Revista.

4. As situações previstas no artigo 26.º, n.º 12, do Código das Expropriações

4.1. No artigo 26.º, n.º 12, do Código das Expropriações de 1999 prescreve-se que *"Sendo necessário expropriar solos classificados como zona verde, de lazer ou para instalação de infra-estruturas e equipamentos públicos por plano municipal de ordenamento do território plenamente eficaz, cuja aquisição seja anterior à sua entrada em vigor, o valor de tais solos será calculado em função do valor médio das construções existentes ou que seja possível edificar nas parcelas situadas numa área envolvente cujo perímetro exterior se situe a 300 m. do limite da parcela expropriada"*.

4.2. A consideração deste artigo 26.º, n.º 12, do Código das Expropriações como **fonte autónoma** dos solos indemnizáveis de acordo com critérios urbanísticos vale, essencialmente, para aqueles que inadvertidamente adoptem uma concepção restrita do artigo 25.º, n.º 2, do Código das Expropriações. Assim, por exemplo, a interpretação da alínea c) deste último preceito (o plano), numa leitura marcada pela letra e descontextualizada do sistema, como só se pretendendo aplicar a solos que estejam destinados, de acordo com instrumento de gestão territorial, a dispor, cumulativamente, de acesso rodoviário e de rede de abastecimento de água, de energia eléctrica e de saneamento, adequadas a servir as edificações aí existentes ou a construir – de uma forma mais simples, segundo alguns Acórdãos do Tribunal Constitucional, os solos em que, de acordo com o plano, se possam construir edifícios integráveis em malha urbana. Se, pelo contrário, aquela alínea c) do artigo 25.º, n.º 2, for entendida com o espírito e atitude que defendemos (classificação no plano para receber uma solução urbanística[7]), esta autonomização pode ser questionada e, eventualmente, abandonada, operando a ideia de igualdade subjacente a este artigo 26.º, n.º 12, desde logo, na interpretação daquele artigo 25.º, n.º 2.

4.3. Este artigo 26.º, n.º 12, sucedeu ao artigo 26.º, n.º 2, do Código de 1991, onde se determinava que *"Sendo necessário expropriar solos classificados como zona verde ou de lazer por plano municipal de ordenamento do território plenamente eficaz, o valor de tais*

---

[7] Págs. 86 e ss. dos n.ᵒˢ 21/22 desta Revista.

solos será calculado em função do valor médio das construções existentes ou que seja possível edificar nas parcelas situadas numa área envolvente cujo perímetro exterior se situe a 300 m. do limite da parcela expropriada".

As principais alterações que nos são dadas a observar no novo texto legislativo são as seguintes: **(i)** no Código de 1991 esta regra fazia parte do regime que regulava o cálculo do valor do solo para outros fins, precisamente a epígrafe do artigo 26.º desse diploma; pelo contrário, no Código de 1999 a mesma regra foi integrada no regime do cálculo do valor dos 'solos aptos para a construção' (a epígrafe do artigo 26.º de 1999); **(ii)** para além dos solos classificados como zona verde e de lazer, o legislador de 1999 ampliou a aplicação deste regime aos solos cometidos por plano municipal de ordenamento do território à instalação de infra-estruturas e equipamentos públicos; **(iii)** a partir de 1999, o critério indemnizatório aqui consagrado só se aplica nas situações em que o solo expropriado tenha sido adquirido antes da entrada em vigor do plano municipal que determina a sua aplicação.

4.4. Relativamente à primeira dessas alterações faz sentido questionar o propósito legislativo subjacente à deslocalização deste preceito na estrutura legal.

a. A questão pode ser colocada nestes termos: enquanto o Código de 1991 pretendia que todos os solos – designadamente os 'solos para outros fins'[8] – que integrassem a previsão normativa deste regime fossem avaliados de acordo com a realidade urbanística envolvente aí descrita – existente, prevista no plano ou autorizada por qualquer acto jurídico-público –, agora, com a inclusão desta regra no regime indemnizatório dos solos aptos para construção, o legislador terá querido que só os solos previamente qualificados como aptos para construção nos termos do artigo 25.º, n.º 2, do Código podem ser indemnizados de acordo com o critério do artigo 26.º, n.º 12, excluindo-se do seu âmbito de aplicação, portanto, os solos para outros fins [9].

---

[8] Importa informar, em todo o caso, que esta interpretação do art. 26.º, n.º 2, do Código de 1991 não foi defendida por uma boa parte da jurisprudência.

[9] Acórdão do Tribunal Constitucional n.º 275/04, DR, II Série, n.º 134, de 08.06.2004.

Esta leitura da lei, quando aliada à ideia de que só os solos que disponham de uma efectiva capacidade edificativa podem ser indemnizados de acordo com critérios edificativos, subjuga o artigo 26.º, n.º 12, ao artigo 25.º, n.º 2, e, fazendo depender aquele critério desta classificação, procura manter a questão central que nos ocupa na leitura restritiva que adopta deste segundo preceito (efectiva capacidade edificativa). Simultaneamente, poderia pensar-se, ficaria afastado o argumento de que o sistema admite, através daquele artigo 26.º, n.º 12, que solos sem qualquer capacidade edificativa sejam indemnizados de acordo com critérios edificativos[10]. Mas não é assim, como já se viu e continua a verificar-se na articulação desse artigo 25.º com este 26.º, n.º 12, pretendendo o sistema jurídico do urbanismo e das expropriações e a igualdade que aí se tutela o reconhecimento indemnizatório do fenómeno urbano e das soluções urbanísticas[11]. De facto, existe uma explicação alternativa para aquela reinstalação da norma do artigo 26.º, n.º 12, de 1999.

b. Segundo julgamos, de uma forma mais modesta, esta nova morada da regra do artigo 26.º, n.º 12, quer dizer bem menos do que possa parecer. Se bem reparamos, a regra do preceito em análise tem, quanto ao que aqui interessa, duas referências essenciais: **o objecto**, o solo expropriado ('*solos classificados no plano como zona verde, de lazer ou para instalação de infra-estruturas e equipamentos públicos*'), e o **critério indemnizatório** a aplicar (valor médio dos solos da zona envolvente, para o qual contribuem solos com capacidade edificativa). Estas duas referências podem localizar o regime do artigo 26.º, n.º 12, em dois pontos distintos da estrutura de qualquer regime: pelo critério do objecto, esta regra tenderia a ser inserida no regime dos 'solos para outros fins', como acontecia no Código de 1991 (tratando-se de '*solos classificados no plano como zona verde, de lazer ou para*

---

[10] Bem vistas as coisas, trata-se unicamente de deslocalizar o problema para outra sede, para a leitura que se adopte do artigo 25.º, n.º 2, e do universo dos solos que se entendam indemnizáveis de acordo com critérios urbanísticos e/ou edificativos.

[11] Mesmo que este art. 26.º, n.º 12, deixasse de poder ser utilizado para demonstrar a aplicação de critérios urbano-edificativos a solos que não têm qualquer capacidade edificativa, essa situação continuaria a demonstrar-se pelo art. 25.º, n.º 2, b): os solos que se integram em núcleos urbanos e sejam servidos por alguma das infra-estruturas referidas na alínea a) deste último preceito, mesmo que não disponham de qualquer capacidade edificativa.

instalação de infra-estruturas e equipamentos públicos', falar-se-á, naturalmente, de solos para outros fins que não para a construção de edifícios); pelo contrário, seguindo o critério indemnizatório desta regra, a sua localização mais apropriada é o capítulo que se dedique ao regime indemnizatório dos 'solos aptos para a construção', como veio a acontecer no Código de 1999. Assim, relevando este último critério, o legislador só terá querido uma morada mais adequada para esta solução, sem outras pretensões quanto ao seu objecto: a regra foi integrada no regime indemnizatório dos 'solos aptos para construção' porque o critério indemnizatório utilizado envolve uma determinada capacidade e valor edificativos, a capacidade e valor edificativos dos solos que situam na envolvente da parcela expropriada. Mantendo inalterado o seu objecto, este critério indemnizatório continuará a aplicar-se a qualquer um dos tipos do solos legalmente previstos – 'aptos para a construção' ou 'para outros fins' –, pois o que releva aqui não é tanto o que existia ou existiria mas o que se depara ao intérprete e ao julgador ao tempo em que importa calcular a justa indemnização: uma parcela classificada no plano como zona verde, de lazer ou para instalação de infra-estruturas e equipamentos públicos, envolvida pelo fenómeno urbano e ao serviço de necessidades urbanas.

c. O Tribunal Constitucional, protagonizando de pleno estas duas leituras da questão que nos ocupa, encontra-se dividido, tendo proferido em 2005 dois Acórdãos que apontam para soluções estruturalmente distintas.

De facto, o Acórdão n.° 145/2005[12] julgou a inconstitucionalidade deste artigo 26.°, n.° 12, por violação do princípio da igualdade, quando interpretado no sentido de que a aplicação do critério indemnizatório aí consignado prescinde da prévia qualificação da parcela expropriada como 'solo apto para a construção' de acordo com os elementos objectivos definidos no artigo 25.°, n.° 2, do Código das Expropriações. De acordo com esta jurisprudência do Tribunal Constitucional, este preceito não consubstancia um critério de qualificação indemnizatória do solos expropriados, limitando-se a estabelecer um específico critério indemnizatório (valor médio de mercado ou índice

---

[12] MARIA HELENA BRITO, MARIA JOÃO ANTUNES, PAMPLONA DE OLIVEIRA e ARTUR MAURÍCIO.

médio de construção) a aplicar a alguns dos solos previamente classificados como 'aptos para construção' nos termos do artigo 25.º, n.º 2, do Código, mais precisamente aos solos 'aptos para a construção' classificados pelo plano, à data da declaração de utilidade pública, como zona verde, de lazer ou para instalação de infra-estruturas e equipamentos públicos[13]. Pelo contrário, o Acórdão do Tribunal Constitucional n.º 114/2005[14], não julgou a inconstitucionalidade deste artigo 26.º, n.º 12, quando a sua interpretação permite a indemnização como 'solo apto para construção' de terrenos expropriados para uma rodovia com as seguintes características: **(i)** terreno lavradio de boa aptidão agrícola, com cultura de regadio da época instalada, com ligação directa e interna à casa de habitação dos expropriados; **(ii)** integrado na Reserva Agrícola Nacional; **(iii)** situado numa zona onde na área envolvente existem construções de vivendas familiares de dois pisos em média e, a cerca de 150 m., diversos loteamentos infra-estruturados e construídos; **(iv)** tendo a propriedade – que não a parcela expropriada – acesso por via pública. Mantendo o sistema normativo aplicado no Acórdão do Tribunal da Relação de Guimarães de 14.05.2003, o Tribunal Constitucional, nos parâmetros em que julgou, aceitou o entendimento de que, *"Considerando apenas os critérios da <u>proximidade</u> da malha urbana referida e a própria <u>envolvência</u> (sem atender a outros), afigura-se-nos que, face à matéria provada, se encontram preenchidas as condições previstas na alínea a) do n.º 1 do artigo 25.º do Código das Expropriações de modo a parcela em causa ser classificada como solo 'apto para construção', com aplicação do n.º 12 do artigo 26.º do mesmo diploma legal. Existindo, portanto, as infra--estruturas adequadas tão próximas da parcela a expropriar, com acesso à via pública e encontrando-se, para além do mais, em zona de expansão urbana e atendendo às características do terreno, entendemos que o mesmo tem potencialidade edificativa (...)"*. Quanto à inclusão da parcela na Reserva Agrícola Nacional este Acórdão do Tribunal da Relação de Guimarães abordou a questão da seguinte forma: *"O entendimento mais corrente da doutrina e da jurisprudência vai no sentido de a integração na RAN não implicar, de per si, a extinção das*

---

[13] A aparente incongruência deste último segmento frásico não é nossa e é de certa forma explicável, como se verá adiante.

[14] MARIA FERNANDA PALMA, MÁRIO JOSÉ DE ARAÚJO TORRES, PAULO MOTA PINTO e RUI MANUEL MOURA RAMOS.

potencialidade edificativas dos respectivos solos, já que a lei prevê várias excepções ao regime proibitivo de construção e ainda porque as delimitações da RAN *podem sempre ser alteradas pela Administração, com a consequente expansão do conteúdo do direito de propriedade (...). A classificação do solo e a sua efectiva utilização para efeitos da construção são coisas distintas, pelo que tal normativo legal não pode ser objecto de interpretação literal no sentido da equiparação a solo 'para outros fins' àquele que por lei ou regulamento não possa ser utilizado na construção".* Assim, a integração da parcela na Reserva Agrícola *"nada releva em termos objectivos, tanto mais que o Estado ao proceder à expropriação de um terreno ainda que limitado por imposição de Planos de Ordenamento e Gestão Territorial com o fim último de construção de um eixo rodoviário está a atribuir-lhe um destino manifestamente diverso daquele a que presidiu à sua limitação não se podendo agora aproveitar de uma desvalorização de que ele próprio é criador, em violação expressa dos artigos 18.°, 62.° e 266.° da Constituição da República"* [15].

Mais concretamente, este Acórdão do Tribunal Constitucional n.° 114/2005 não julgou inconstitucional a norma segundo a qual é de determinar segundo a regra do artigo 26.°, n.° 12, do Código das Expropriações de 1999 a indemnização pelo solo incluído na RAN quando se verifiquem os critérios do artigo 25.°, n.° 2, a), do mesmo Código: de proximidade da malha urbana, de envolvência urbana, de acesso por vias públicas e expropriado para a construção de vias de comunicação[16].

d. Defrontamo-nos aqui, uma vez mais, com a questão central da classificação dos solos que nos vem acompanhando neste capítulo indemnizatório das expropriações por utilidade pública. De facto, como vimos, os 'solos aptos para a construção' do Código das Expropriações comportam duas interpretações estruturalmente distintas:

---

[15] Nas palavras do próprio Tribunal Constitucional neste Acórdão n.° 114/2005, *"É assim a dimensão normativa que subjaz a este entendimento que constitui objecto do presente recurso, consubstanciado na norma do artigo 26.°, n.° 12, de 1991* [leia-se 1999], *na medida em que permite a classificação do terreno integrado na* RAN *como «solo apto para a construção"* (n.° 5, *in fine*).

[16] Nestes exactos termos, o n.° 9 deste Acórdão n.° 114/2005. Sublinhe-se, em qualquer caso, que

(i) um **sentido edificatório**, como o defendido naquele Acórdão n.º 145/2005 do Tribunal Constitucional, segundo o qual só podem ser classificados e indemnizados como 'solos aptos para a construção' aqueles que, para além de integrarem alguma das alíneas do artigo 25.º, n.º 2, disponham de uma efectiva capacidade edificativa ou, pelo menos, de uma 'aptidão ou vocação objectiva para a edificabilidade'[17];
(ii) e **uma perspectiva urbanística**, como a que defendemos e na qual se parece filiar o referido Acórdão n.º 114/2005[18], nos termos da qual podem ser indemnizados segundo critérios urbanos e edificativos os solos afectos ao fenómeno urbano, designadamente os que, na economia deste artigo 25.º, n.º 2, **(a)** sejam servidos por infra-estruturas urbanísticas, **(b)** façam parte de núcleos urbanos, **(c)** estejam destinados pelo plano a soluções urbanísticas **(d)** e os que sejam objecto de uma operação de loteamento ou autorização/licença de construção[19].

e. A importância deste Acórdão n.º 114/2005 no Direito das Expropriações é, aparentemente, enorme, equivalente ou superior à do Acórdão n.º 267/97[20], fazendo renascer a esperança de o Tribunal Constitucional poder voltar a conferir à tutela indemnizatória nas expropriações urbanísticas, de uma forma sustentada, a dignidade que já lhe emprestou.

---

[17] A expressão é do Acórdão n.º 145/2005. Sobre a questão, n.os 21/22 desta Revista, n.º 5.2, págs. 86-95, e n.º 14, págs. 70 e ss..

[18] Diga-se, em abono da verdade, que não constitui tarefa fácil descortinar o exacto sentido e alcance de algumas passagens deste Acórdão n.º 114/2005. De facto, apesar de um dos seus subscritores (RUI MOURA RAMOS) vir registar na declaração de voto ao Acórdão n.º 145/2005, que não acompanhava o juízo de inconstitucionalidade aí formulado sobre a interpretação do artigo 26.º, n.º 12, do Código das Expropriações de 1999, no sentido de que, para efeitos da sua aplicação, a aptidão edificativa da parcela expropriada não tem de aferir-se pelos elementos objectivos definidos no artigo 25.º, n.º 2, acaba por interpretar o Acórdão n.º 114/2005 nos seguintes termos: *"Diversamente* [face ao Acórdão n.º 145/2005], *na situação apreciada pelo Acórdão n.º 114/05, a aptidão edificativa (sempre determinada nos termos desse artigo 25.º, n.º 2), era encarada como pressuposto do cálculo do valor do terreno com base no critério estabelecido no n.º 12, do artigo 26.º, do CE"*.

[19] Para uma panorâmica geral dos solos que, na lógica do Código das Expropriações, temos como indemnizáveis de acordo com critérios urbanos, ver, neste capítulo, o n.º 3.

[20] De qualquer modo, nos dois casos, a estrutura argumentativa das teses aí adoptadas deve ser reforçada.

E não se pense, ao contrário do que este discurso possa deixar transparecer, que lidamos com casos isolados na jurisprudência constitucional. Na verdade, uma análise global da jurisprudência do Tribunal Constitucional quanto aos solos que devem ser indemnizados de acordo com critérios urbanísticos e edificativos permite concluir que uma boa parte dessa jurisprudência nunca aceitou esgotar esse universo nos solos que tenham uma efectiva capacidade edificativa: esta capacidade é só um dos critérios que o Tribunal tem utilizado para o efeito nos tempos mais recentes e em relação a especificas situações, que envolvem normalmente solos integrados na RAN ou na REN expropriados para fins urbanísticos.

No entanto, como se tem vindo a referir amiúde, o mesmo Tribunal Constitucional sempre equacionou e defendeu que, para além desses, outros solos podem determinar a aplicação daquele critério indemnizatório urbano-edificativo, mesmo que não tenham essa capacidade edificativa. Deste modo, importa reconhecer, as criticas que possam ser dirigidas ao Tribunal Constitucional só têm como alvo parte dos Acórdãos aí proferidos, tendo presente que outras decisões do mesmo Tribunal não merecem essa condenação.

Sem preocupações de exaustão, esses outros solos a que o Tribunal Constitucional tem reconhecido uma *muito próxima potencialidade edificativa* e, portanto, uma indemnização calculada com base em critérios edificativos centram-se em torno das seguintes ideias:

    i. infra-estruturas urbanísticas (Acórdão n.º 114/2005, nos termos que já se deixaram expostos; Acórdão n.º 145/2005, citação *infra*; Acórdão n.º 194/97: *"Na verdade, só pode dizer--se que os bens expropriados envolvem "uma muito próxima ou efectiva potencialidade edificativa", quando, no mínimo, estejam destinados a ser dotados de infra-estruturas urbanísticas"*);

    ii. as expectativas dos expropriados (Acs. n.os 333/2003, 557/2003, 275/2004: *"Não tendo o proprietário, pela integração do terreno na RAN, expectativa razoável de ver o terreno desafectado e destinado à construção, não poderia invocar o princípio da «justa indemnização», de modo a ver calculado o montante indemnizatório com base numa potencialidade edificativa dos terrenos que era para ele legalmente inexistente, e com a qual não podia contar)*;

iii. a **zona envolvente da parcela expropriada** (**Acórdão n.º 114/2005**, nos termos que já se deixaram expostos; **Acórdão n.º 52/90**: *"... embora a Constituição não assegure dentro do direito de propriedade a tutela do direito à edificação, o certo é que, em terrenos como os abrangidos no preceito em causa, <u>em que a sua vocação urbanística é manifesta, porque situados em zona quase urbana</u>, não permitir que se atenda às possibilidades edificatórias como factor de potenciação valorativa é restringir desproporcionadamente o direito do proprietário expropriado à compensação pela lesão sofrida. (...) Entre os factores de valorização que o critério do n.º 2 do artigo 30.º posterga estão não só o da potencial edificabilidade em tais terrenos, <u>«próximos de uma inserção total na malha urbana»</u> (Acórdão n.º 109/88), como também o da <u>simples localização</u>, uma vez que se trata de terrenos contíguos a edificações autorizadas e marginados por vias públicas urbanas pavimentadas"*; **Acórdão n.º 145/05**: *"É que, sendo esse o principal objectivo da norma [evitar as classificações dolosas de solos ou a manipulação das regras urbanísticas por parte dos planos municipais], ela só pode abarcar no seu âmbito de aplicação aqueles solos que, se não fosse a sua classificação como «zona verde ou de lazer» ou como área destinada à «implantação de infra-estruturas e equipamentos públicos» por um plano municipal de ordenamento do território, teriam de ser considerados como «solos aptos para a construção», atendendo a um conjunto de elementos certos e objectivos, relativos <u>à localização dos próprios terrenos</u>, às suas acessibilidades, <u>ao desenvolvimento urbanístico da zona</u> e à existência de infra-estruturas urbanísticas, que atestem uma aptidão ou uma vocação objectiva para a edificabilidade"*)[21].

iv. **a manipulação das regras urbanísticas por parte dos planos urbanísticos** (Ac. n.º 145/2005: *"Tendo o tribunal recorrido prescindido da averiguação da aptidão ou vocação objectiva para a edificabilidade do solo a que respeitava a parcela expropriada – ou, dizendo de outro modo, tendo o tribunal recorrido decidido que a aptidão edificativa da parcela não tem de aferir--se pelos elementos objectivos definidos no artigo 25.º, n.º 2, do*

---

[21] As palavras são de FERNANDO ALVES CORREIA, *A Jurisprudência do Tribunal Constitucional...*, cit., RLJ, n.ᵒˢ 3911/3912, pág. 54.

Código das Expropriações –, concluiu-se que a norma do n.º 12 do artigo 26.º do mesmo Código foi aplicada num sentido que, seguindo o raciocínio de Fernando Alves Correia, não satisfaz, em boa verdade, o objectivo de «evitar as classificações dolosas de solos ou a manipulação das regras urbanísticas por parte dos planos municipais»).

f. Importa agora retomar a critica que se deixou exposta na alínea a) deste número e a análise daqueles dois Acórdãos do Tribunal Constitucional que já se pronunciaram *ex professo* sobre a constitucionalidade do artigo 26.º, n.º 12, designadamente na sua articulação com a classificação dos solos nos termos do artigo 25.º, n.º 2, do Código das Expropriações (Acórdãos n.ºs 114/2005 e 145/2005), testando cada uma das posições aí adoptadas com o universo dos solos que devem ser indemnizados de acordo com aquele critério indemnizatório do artigo 26.º, n.º 12.

Como vimos de referir, a escola do Acórdão n.º 145/2005 lida com os seguintes dados: por um lado, com o entendimento de que só os solos previamente qualificados como aptos para construção nos termos do artigo 25.º, n.º 2, do Código podem ser indemnizados de acordo com o critério do artigo 26.º, n.º 12; por outro, com o pressuposto de que só podem ser classificados e indemnizados como 'solos aptos para a construção' aqueles que, para além de integrarem alguma das alíneas do artigo 25.º, n.º 2, disponham de uma efectiva capacidade edificativa (integrável em malha urbana, acrescentam outros).

Neste ponto, a questão que se coloca é a seguinte: de acordo com estes dados, a que fonte deverá o intérprete recorrer para apurar essa capacidade edificativa do solo expropriado, isto é, a sua qualificação como solo 'apto para a construção' nos termos do artigo 25.º, n.º 2, e, portanto, a aplicação do critério indemnizatório deste artigo 26.º, n.º 12?

No regime do Código das Expropriações e numa concepção tradicional deste ramo do Direito, em que essa escola se filia, essa fonte seria o estatuto jurídico-urbanístico do solo à data da declaração de utilidade pública (artigo 23.º, n.º 1, do Código). No entanto, bem vistas as coisas, à data desse acto administrativo o solo encontrava-se submetido às soluções urbanísticas do plano municipal de ordenamento do território referido neste artigo 26.º, n.º 12, isto é, havia sido classificado como zona verde, de lazer ou para instalação de infra-estruturas e equipamentos públicos, pelo que não dispunha de qualquer capacidade edificativa. Por razões óbvias, esta leitura e fonte não podem ser defendidas num sistema coerente. De facto, se fosse esse o caso, a conjugação das duas teses com que lidamos desta escola do Tribunal Constitucional impediria qualquer eficácia ao artigo 26.°, n.° 12, que se negaria a si próprio: porque os solos assim classificados (zona verde, de lazer ou para a instalação de infra-estruturas e equipamentos) não têm, em princípio, capacidade edificativa, nunca poderiam ser classificados como 'aptos para a construção' e, portanto, submetidos ao critério deste artigo 26.°, n.° 12. Nesse cenário, a constatação de que uma leitura restritiva do pressuposto impediria a previsão normativa aliada ao efeito indemnizatório pretendido pelo legislador: apesar de ter sido expressamente pensado para os solos classificados como zona verde, de lazer ou para a instalação de infra-estruturas e equipamentos, nesta tese do Tribunal Constitucional o critério do artigo 26.°, n.° 12, nunca se aplicaria a esses solos, por não terem capacidade edificativa.

Deste modo, tentando seguir a tese *sub judice,* terá que ser outra que não esta a fonte da capacidade edificativa exigida pelo artigo 25.°, n.° 2, que permite a avaliação do solo expropriado de acordo com o critério indemnizatório do artigo 26.°, n.° 12, do Código das Expropriações.

Da lição anterior retirámos que as alternativas equacionáveis para suportar a tese do Acórdão n.° 145/2005 implicam a não consideração da situação urbanística do solo à data da sua expropriação. Deste modo, ou se / se (?) recorre (i) ao estatuto urbanístico que o terreno teria se não tivesse sido classificado nesses termos pelo plano municipal de ordenamento do território (zona verde, de lazer ou para a instalação de infra--estruturas e equipamentos públicos) – fazendo relevar, por exemplo, a REN ou a RAN a que estão submetidos os terrenos adjacentes e onde o solo expropriado, se não fosse a expropriação, estaria ainda integrado; ou se atende (ii) ao regime urbanístico da parcela anterior à sua classificação como zona verde, de lazer ou para a instalação de infra-estruturas e equipamentos – do mesmo modo, por exemplo, a sua anterior integração nas referidas REN ou RAN. No primeiro caso, atendendo à envolvente da parcela, o intérprete fará uma projecção de um hipotético zonamento urbanístico (o intérprete como técnico de planeamento urbanístico); no segundo, o interprete como historiador, recorrendo a um passado mais ou menos longínquo para reconstituir uma determinada fase da história urbanística da parcela, desconsiderando tudo o que entretanto se passou na zona em que se integra a parcela.

Seguindo aquele primeiro raciocínio, entendeu-se no Acórdão do Tribunal Constitucional n.° 145/05 que, *"sendo esse o principal objectivo da norma* [evitar as classificações dolosas de solos ou a manipulação das regras urbanísticas por parte dos planos municipais], *ela só pode abarcar no seu âmbito de aplicação aqueles solos que, se não fosse a sua classificação como «zona verde ou de lazer» ou como área destinada à «implantação de infra-estruturas e equipamentos públicos» por um plano municipal de ordenamento do território, teriam de ser considerados como «solos aptos para a construção», atendendo a um conjunto de elementos certos e objectivos"*. Trata-se, aparentemente, de cumprir o que se dispõe no artigo 26.°, n.° 1, do Código de 1999: o valor do solo apto para a construção calcula-se por referência à construção que nele seria possível efectuar se não tivesse sido sujeito a expropriação, num aproveitamento económico normal[22]. Nestes precisos termos, FERNANDO ALVES CORREIA quando, sem exigir expressamente uma efectiva capacidade edificativa, defende que o artigo 26.°,

---

[22] Já nos pronunciámos sobre esta norma no n.° 21/22 desta Revista, págs. 84--86. Para além do que aí se referiu, importa registar que, na sua letra, este art. 26.°, n.° 1, ainda se movimenta na etapa já registada da História do Direito do Urbanismo e do Direito das Expropriações em que a localização dos projectos expropriantes (designadamente, de infra-estruturas e equipamentos públicos) era efectuada pelas ou nas próprias declarações de utilidade pública: na lógica deste preceito, a lei e o plano permitiam a construção de edifícios no solo expropriado mas, entretanto, o projecto expropriante e a declaração de utilidade pública impedem essa construção. Hoje, sublinhe-se, as coisas já não se passam assim. De facto, com algumas excepções (pensamos, desde logo, nas zonas submetidas a planos de pormenor), nas plantas de ordenamento dos planos directores municipais (ou, pelo menos, noutros planos urbanísticos, como os planos sectoriais) aquelas infra-estruturas e equipamentos públicos expropriantes já se encontram localizadas, resultando dessa classificação, geral e naturalmente, a proibição de construir edifícios nesse solo (com os planos directores municipais de primeira geração as coisas não se passaram exactamente assim, com naturais e avultados prejuízos para um adequado planeamento urbanístico e ambiental, o que certamente já não acontecerá nos planos que resultem dos processos de revisão em curso). Deste modo, como já referimos a outro propósito, na generalidade das situações expropriativas é o plano e não a declaração de utilidade pública que localiza os projectos expropriantes e, portanto, determina a expropriação dos correspondentes solos, o que nos parece suficiente para que o Direito das Expropriações localize no plano e não neste acto administrativo de mera execução daquele plano, uma dimensão importante, material e procedimental, da produção de efeitos expropriativos e, sem fundamentalismos, uma referência temporal a considerar no cálculo da justa indemnização.

n.º 12, *"só pode abarcar no seu perímetro de aplicação aqueles solos que, se não fosse a sua classificação como 'zona verde ou de lazer' (e, agora, também a sua reserva para a implantação de infra-estruturas e equipamentos públicos) por um plano municipal de ordenamento do território, teriam de ser considerados como solos aptos para a construção', atendendo a um conjunto de elementos certos e objectivos, relativos à localização dos próprios terrenos, às suas acessibilidades, ao desenvolvimento urbanístico da zona e à existência de infra-estruturas urbanísticas, que atestem uma aptidão ou uma vocação objectiva para a edificabilidade"*[23].

Que dizer desta tese? A forte convicção de que se o julgador tem na sua frente um solo classificado pelo plano urbanístico como zona verde, de lazer ou para a instalação de infra-estruturas e equipamentos públicos, ao serviço, portanto, do fenómeno urbano, é com essa realidade e situação que deve lidar, pois foi precisamente para esse tipo de solos que o legislador, em busca da igualdade perdida no plano, adoptou um específico regime, o do artigo 26.º, n.º 12. Se assim é, porquê ignorá-lo? Porquê recorrer a um desnecessário refúgio em cenários hipotéticos de natureza técnica (zonamento urbanístico) ou histórica que são desmentidos pela realidade que é apresentada ao tribunal e à qual esta norma se pretende aplicar?[24]

g. Independentemente destas dificuldades com a fonte da capacidade edificativa a ponderar, na jurisprudência do Tribunal Constitucional que o Acórdão n.º 145/05 segue a aplicação do artigo 25.º,

---

[23] *A Jurisprudência do Tribunal Constitucional...*, cit., RLJ, n.ᵒˢ 3911/3912, pág. 54 (este discurso foi expressamente subscrito pelo Tribunal Constitucional no referido Acórdão n.º 145/05). Se bem entendemos o espírito do Professor, parece-nos que esta '*aptidão ou vocação objectiva para a edificabilidade*' pode constituir uma referência segura em diversas situações. Noutras, pela introdução do elemento 'edificabilidade' ('critério concreto de potencialidade edificativa' – ob. cit., loc. cit., pág. 50), perde a desejável vocação explicativa universal e submete-se às mesmas criticas que podem ser dirigidas à jurisprudência do Tribunal Constitucional que analisamos.

[24] Ver-se-á adiante, a propósito desta mesma questão, que, quando invoca na defesa da tese que criticamos o princípio da igualdade na relação externa da expropriação, o Tribunal Constitucional volta a refugiar-se em cenários hipotéticos, ignorando o Direito do Urbanismo vigente. Falamos, também, das mesmas dificuldades que já referimos a propósito de duas teses que suportam este entendimento: os "colos aptos para a construção" como solos aptos para a construção de edifícios e uma capacidade edificativa referenciada à data da declaração de utilidade pública.

n.º 2, e, portanto, do artigo 26.º, n .º 12, do Código das Expropriações dependem sempre dessa capacidade para a construção edifícios.

Esta tese do Tribunal Constitucional, sem grande rigor, tem sido suportada em diferentes ideias e fundamentos: no princípio da igualdade na relação externa das expropriações; na teleologia da norma do artigo 26.º, n.º 12, e numa ideia de mercado onde não entram em consideração factores especulativos ou anómalos. Abordemos cada um destes tópicos.

g.1. O princípio da igualdade na relação externa das expropriações, mais precisamente a que se estabelece entre os proprietários de terrenos integrados na RAN expropriados para a construção de infra-estruturas ou equipamentos públicos e os seus vizinhos não expropriados com terrenos também integrados na RAN, tem sido invocado nos seguintes termos: *"Na verdade, considerar-se como terreno apto para construção (como tal devendo ser indemnizado em caso de expropriação destinada a uma das limitadas utilizações legalmente permitidas) um terreno onde o proprietário não pode construir, por força da sua integração em área afectada à «implantação de infra-estruturas e equipamentos públicos», sem averiguação da aptidão objectiva para a edificabilidade do terreno expropriado – isto é, sem que na averiguação da aptidão edificativa do terreno expropriado se tenham em conta os elementos objectivos definidos no artigo 25.º, n.º 2, do Código das Expropriações –,* **conduz a uma intolerável desigualdade em relação a todos os restantes proprietários de terrenos integrados em tais zonas que não tenham sido sujeitos a expropriação"**[25].

---

[25] Acórdão n.º 145/05, de 16.03.2005 (www.tribunalconstitucional.pt – o destaque é nosso). Este Acórdão, recorde-se, julgou inconstitucional, por violação do princípio da igualdade, a norma do art. 26.º, n.º 12, do Código das Expropriações de 1999 *"interpretada no sentido de que, para efeitos da sua aplicação, a aptidão edificativa da parcela expropriada não tem de aferir-se pelos elementos objectivos definidos no artigo 25.º, n.º 2, do mesmo Código"*. A desigualdade que fundamentou este juízo de inconstitucionalidade foi explicitada com recurso ao Acórdão n.º 275/2004, de 20 de Abril (DR, II Série, n.º 134, de 08.06.2004): *"No domínio da relação externa, comparam-se os expropriados com os não expropriados, devendo a indemnização por expropriação ser fixada de tal forma que impeça um tratamento desigual entre estes dois grupos. Ora, é precisamente em relação a este domínio da relação externa que a interpretação normativa efectuada pela decisão recorrida e questionada nestes autos coloca em crise aquele princípio. De facto, no caso concreto, os solos integrados na Reserva Agrícola Nacional são expropriados exclusivamente para construção de uma via de comunicação – uma das limitadas utilizações que, por força do interesse*

Esta ideia de igualdade tem merecido e continua a merecer fundadas criticas. Vejamos algumas.

i. Em primeiro lugar, trata-se de uma igualdade deturpada, pois ignora a real e diferente situação dos termos que compara como iguais: os expropriados não estão na mesma situação que os vizinhos não expropriados, pois o terreno expropriado, outrora adstrito a fins agrícolas ou ambientais, encontrava-se ao tempo da expropriação classificado no plano (plano director municipal, plano sectorial ou outro acto jurídico-público), que a expropriação pretende executar, como destinado à construção de uma infra-estrutura ou equipamento urbanístico e os terrenos vizinhos não expropriados permaneciam classificados no plano director municipal como RAN ou REN[26].

---

público, os solos agrícolas integrados na RAN *podem ter, nos termos da alínea d) do n.º 2 do artigo 9.º do Decreto-Lei n.º 196/89, de 14 de Junho. Por outro lado, as parcelas de terreno circundantes mantém-se igualmente integradas na* RAN, *também sem qualquer aptidão edificativa. Assim sendo, considerar-se como terreno apto para construção, como tal devendo ser indemnizado em caso de expropriação destinada a uma das limitadas utilizações legalmente permitidas, um terreno onde o proprietário não pode construir, por força da sua integração na* RAN, *conduz (...) a uma intolerável desigualdade em relação a todos os restantes proprietários de terrenos integrados naquela Reserva que não tenham sido contemplados com a expropriação"*. Com o mesmo discurso, por exemplo, os Acórdãos n.ºs 333/2003 e 557/2003: *"E, em rigor, a não ser assim, poderia, eventualmente, vir a configurar-se uma situação de desigualdade entre os proprietários de parcelas contíguas, consoante fossem ou não contemplados com a expropriação, com um ocasional locupletamento injustificado destes últimos. Na verdade, enquanto os expropriados viriam a ser indemnizados com base num valor significativamente superior ao valor de mercado, os outros, proprietários de prédios contíguos igualmente integrados na* RAN *ou na* REN *e delas não desafectados, se acaso pretendessem alienar os seus prédios, não alcançariam senão o valor que resultava da limitação edificativa legalmente estabelecida. Ora, se é verdade que o «princípio da igualdade de encargos» entre os cidadãos, a que o Tribunal Constitucional já fez apelo por diversas vezes, a propósito da apreciação de regras de definição do cálculo da indemnização, obriga a que o expropriado não seja penalizado no confronto com os não expropriados, também não se afigura curial que, pela via da expropriação, devam os expropriados vir a ser manifestamente favorecidos em relação aos não expropriados"*.

[26] Numa outra perspectiva, não menos válida, importa também não esquecer um importante factor que distingue o que se pretende igual: uns foram expropriados, outros não. Esta constatação encerra virtualidades de diferentes tipos e efeitos e já foi invocada neste estudo a propósito da tutela constitucional do princípio da reparação integral da esfera jurídica expropriada, que pode não se esgotar no direito ao valor do bem.

O Tribunal Constitucional, nesta abordagem, reduz o planeamento urbanístico relevante a um plano director municipal desactualizado (por não prever o projecto expropriante) ou, pelo menos, à planta de condicionantes desse plano (RAN/REN), ignorando que sobre a parcela expropriada incide um outro plano (ou uma outra solução na planta de ordenamento desse plano director[27]), em princípio um plano sectorial, que determina para a parcela um estatuto jurídico-urbanístico (infra-estruturas ou equipamentos urbanísticos) diferente do que possa estar previsto nas condicionantes do plano director municipal (RAN ou REN) e diferente dos terrenos vizinhos não afectados por esse projecto expropriante, por esse ordenamento do plano director ou plano sectorial (que permaneceram integrados na RAN ou na REN).

Desta constatação retira-se uma pretendida crítica à pretensão de utilizar no Direito das Expropriações o regime legal dessas Reservas com a fisionomia que lhe advém de determinadas leituras do Direito do Urbanismo ou do ordenamento do território, isto é, no sentido de que os terreno integrados nessas reservas num momento inicial e posteriormente destinados à construção de infra-estruturas ou equipamentos (rodovias, ferrovias, aterro sanitário) conservam aquela sua qualidade de REN ou RAN, o que nos parece não fazer qualquer sentido, pois esses terrenos deixaram de estar afectos a fins agrícolas ou ambientais, passando a servir fenómenos urbanísticos. De facto, **(i)** pretendendo o regime da RAN defender e proteger as áreas de maior aptidão agrícola e garantir a sua afectação à agricultura, **(ii)** estabelecendo-se que os solos da RAN devem ser exclusivamente afectos à agricultura, sendo proibidas todas as acções que diminuam ou destruam as suas potencialidades agrícolas e **(iii)** e prescrevendo-se que não se integram na RAN os solos que não se destinam ao aproveitamento agrícola (respectivamente, artigos 1.º, 8.º, n.º 1, e 7.º do Decreto-Lei n.º 196/89, de 14 de Junho), parece-nos que aquela pretensão distorce estruturalmente o fundamento, pressuposto e teleologia da tutela agrícola: existem terrenos agrícolas, que devem ser indemnizados como tais, e terrenos destinados a infra-estruturas e equipamentos urbanísticos que, por isso,

---

[27] Falamos, uma vez mais, das plantas da primeira geração de planos directores municipais, onde, sem suporte digital, para além de se localizarem núcleos urbanos existentes 200 ou 300 m. a Nascente da sua real localização (Plano Director Municipal de Alenquer relativamente ao núcleo urbano da Meirinha), se tratam os mesmos solos como RAN/REN (condicionantes) e como espaço canal (ordenamento).

não podem ser indemnizados como agrícolas. Ainda que se admita que no Direito do Urbanismo ou do ordenamento do território faça sentido falar de um espaço integrado na RAN susceptível de aproveitamento urbanístico-edificativo (já hoje, por exemplo, a admissibilidade em solos integrados na RAN de instalações para agro-turismo ou turismo rural – art. 8.º, n.º 2, do Decreto-Lei n.º 196/89, de 14 de Junho – e, pelo que se anuncia a partir do Governo, o processo de revisão do regime da REN já em curso no sentido de permitir diversos tipos de aproveitamento urbanístico-edificativo desses solos), o que não pode ser aceite é que no Direito das Expropriações se faça o mesmo discurso e, simultaneamente, os solos integrados na RAN sejam sempre tidos e avaliados, numa pressuposta vinculação situacional, como não tendo capacidade urbanística. Deste modo, no Direito das Expropriações, uma de duas: **(i)** ou se assume, na esteira do Direito do Urbanismo e atendendo ao seu regime legal, que os solos integrados na RAN são susceptíveis de aproveitamento agrícola e urbanístico-edificativo e, consequentemente, também podem ser indemnizados de acordo com essa capacidade edificativa ou urbanística; **(ii)** ou, pretendendo-se que os solos da RAN, pela sua vinculação situacional, só podem ser indemnizados de acordo com rendimentos agrícolas, ter-se-á então que reconhecer que aqueles solos que, apesar de integrados na RAN, não são utilizados na agricultura mas sim para fins urbanísticos ou edificativos hão-de ser indemnizados de acordo com esses critérios, pois neste caso não se verifica o pressuposto essencial daquela tese – utilização agrícola. O que não se pode é tratar diferentes situações – utilização agrícola e utilização urbanística – da mesma forma, isto é, indemnizando uns e outros sempre e só de acordo com rendimentos agrícolas.

ii. Em segundo lugar, ainda no domínio da igualdade na relação externa, o Tribunal Constitucional reduz inexplicavelmente as relações a estabelecer com os expropriados por utilidade pública aos terrenos vizinhos não expropriados que permanecem na RAN ou na REN, isto é, aos terrenos que, pretensamente, se encontrariam na mesma situação do que foi expropriado. No entanto, importa ter presente que lidamos com um regime (artigo 26.º, n.º 12, do Código das Expropriações de 1999) que pressupõe a existência a 300 m. da parcela expropriada de terrenos onde existem ou são autorizadas construções, de um ambiente urbano, portanto. Estes terrenos, importa relembrá-lo, também são vizinhos da parcela expropriada e, portanto, também devem ser considerados na relação externa da igualdade a estabelecer para assegurar a pretendida igualdade de todos os cidadãos perante os encargos públicos. É por isso que faz todo o sentido a solução deste preceito: o índice de construção e o valor da construção a considerar no cálculo da indemnização devida ao expropriado corresponderão à média dessas duas realidades envolventes: urbana e agrícola ou ambiental.

iii. Em terceiro lugar, focado embora no juízo de constitucionalidade efectuado ou a efectuar e defendendo a doutrina do Acórdão n.º 114/2005, o voto de vencido de RUI MOURA RAMOS no Acórdão n.º 145/05 contra esta ideia de igualdade externa na relação a estabelecer entre os expropriados e os vizinhos não expropriados que permanecem com os seus terrenos onerados na RAN ou na REN: *"tratando-se de determinar a conformidade constitucional de uma disposição do CE com as características da norma sub judice, a comparação entre o expropriado e os não expropriados – a análise da indemnização na perspectiva da chamada relação externa da expropriação – não deve realizar-se na base de conjecturas quanto ao valor de mercado (o mercado é uma realidade social e não normativa) dos terrenos dos restantes proprietários não expropriados, ficcionando uma hipotética venda dos terrenos destes. (...) Esta conclusão, porém, não se nos afigura evidente, por assentar na comparação entre realidades intrinsecamente distintas: as regras, normativas, de cálculo da indemnização no caso de expropriação, e as regras de comportamento dos agentes actuando no mercado. Este – o mercado – «é a interacção do conjunto dos vendedores e compradores, actuais ou potenciais, que se interessam pela transacção de determinado produto» (Fernando Araújo, Introdução à Economia, Vol. I, 2ª ed., Coimbra, 2004, pág. 232) e funciona com base numa lógica insusceptível de assimilação a uma realidade que se expressa através de conteúdos normativos. Significa isto que não sendo irrelevantes, na formação dos preços de um terreno no mercado concorrencial, constrangimentos administrativos à construção, estes não excluem que, em função de múltiplos factores (desde logo das possíveis expectativas de ulterior alteração desses constrangimentos, decorrentes, por exemplo, da evolução previsível do statu quo traduzido numa proximidade de 300 m. de terrenos aptos para construção), no mercado, a interacção entre a oferta e a procura produza preços equivalentes aos valores que, sem a verificação dos elementos elencados no n.º 2, do artigo 25.º, do CE, seriam alcançados* *com base no n.° 12, do artigo 26, do CE. (...) A solução não é, obviamente, prescindir de toda a comparação entre expropriados e não expropriados, mas restringir tal comparação ao que, pela sua natureza, é susceptível de uma comparação efectiva. (...) Aqui, diversamente, o que se compara é o que existe (a expropriação daquele concreto bem num determinado momento) com o que só hipoteticamente existiria e, mesmo assim, produziria efeitos – e são estes efeitos que o Tribunal pretende comparar – com base em modelos que, por não expressarem realidades normativas, actuam de forma e com resultados substancialmente distintos. Daí que, citando as palavras do mencionado Acórdão n.° 114/ /05, da 2ª Secção, entendamos, também na situação sub judicio, que «o [...] princípio da igualdade somente impõe a comparação de realidades existentes, extrapolando da sua racionalidade uma violação com fundamento na circunstância de outros proprietários poderem não vir a beneficiar de uma indemnização nos mesmos termos".*

iv. Em quarto e último lugar, a constatação de que na (incorrecta) comparação que faz entre os proprietários de solos anteriormente onerados pelas reservas agrícola ou ecológica mas entretanto expropriados para infra-estruturas ou equipamentos urbanísticos e os vizinhos não expropriados que continuam titulares de solos com aquele ónus (pretendendo que os primeiros não podem ser privilegiados em relação aos segundos), a tese do Tribunal Constitucional que se critica também ignora que o Direito (designadamente o Regime Jurídico dos Instrumentos de Gestão Territorial e os planos) poderá não deixar esses vizinhos não expropriados sem qualquer compensação, em especial se esse ónus não derivar de qualquer específica vinculação situacional ou se esta, pela evolução entretanto operada na zona, se demonstrar desactualizada ou desigual. Na verdade, como se sabe, para além do direito geral dos cidadãos à distribuição perequativa dos benefícios e encargos do planeamento urbanístico (artigo 135.° do Regime Jurídico dos Instrumentos de Gestão Territorial), o legislador estabelece no artigo 136.° desse mesmo diploma que "Os instrumentos de gestão territorial vinculativos dos particulares devem prever mecanismos directos ou indirectos de perequação". Deste modo, sistemas de perequação e de compensação a que esses não expropriados onerados poderão recorrer e que também deverão ser assegurados aos expropriados, sob pena de violação do princípio da igualdade dos cidadãos perante os encargos públicos.

g.2. A teleologia do regime previsto no artigo 26.º, n.º 12, tem sido outro dos suportes da tese do Tribunal Constitucional que nos ocupa e se critica. A questão, relembre-se, tem que ver com a relação a estabelecer entre a capacidade edificativa do solo expropriado e a indemnização de acordo com critérios edificativos: para nós e para este artigo 26.º, n.º 12, do Código de 1999 esta indemnização não depende daquela capacidade. Pelo contrário, aquele Tribunal, designadamente no Acórdão n.º 145/2005, persiste em fazer depender essa indemnização, mesmo na situação configurada naquele preceito (zona verde, de lazer ou destinada à instalação de infra-estruturas ou equipamentos públicos), da capacidade edificativa do solo expropriado. Invocando a lição de FERNANDO ALVES CORREIA, o Tribunal sublinha que o objectivo do regime do artigo 26.º, n.º 12, é *"evitar as classificações dolosas de solos ou a manipulação das regras urbanísticas por parte dos planos municipais"* (classificar num primeiro momento como RAN, espaço verde ou outra limitação edificativa, para depois expropriar para fins urbanos[28]), pelo que se não for evidente essa estratégia por parte da Administração Pública não deverá aplicar-se este regime indemnizatório.

A utilização deste argumento não é recente. De facto, numa pretendida compatibilidade e coerência com a tese adoptada no Acórdão se n.º 267/97, escreveu-se no Acórdão n.º 419/2002, tirado em plenário: *"Em conclusão, pois, não se vislumbra, no caso dos autos, qualquer actuação pré-ordenada da Administração, traduzida em 'manipulação das regras urbanísticas', com vista a desvalorizar artificialmente o terreno, reservado ao uso agrícola, para mais tarde o adquirir por um valor degradado, destinando-o então à construção de edificações urbanas de interesse público, o que afasta decisivamente a aplicação da jurisprudência firmada no Acórdão n.º 267/97"*, pois, para FERNANDO ALVES CORREIA, o sentido profundo do julgamento de inconstitucionalidade constante no Acórdão n.º 267/97 *"é o de impe-*

---

[28] Nestes termos, para além do referido Acórdão n.º 145/05 (MARIA HELENA BRITO), o Acórdão n.º 398/2005 (MARIA HELENA BRITO), de 15 de Julho, que continuam a suportar-se no Acórdão n° 20/2000. Apesar disso, estes Acórdãos não deixam de sublinhar a cada vez maior relevância **(i)** da 'expectativa razoável dos expropriados' de ver os seus terrenos desafectados de restrições urbanísticas (RAN ou REN) e destinados à construção/edificação e **(ii)** do projecto expropriante *("Aliás, a aptidão edificativa não é sequer confirmada pela utilização visada com a expropriação em litígio, a construção de uma via de comunicação")*.

dir que a Administração, depois de ter integrado um terreno na RAN *(...), venha, posteriormente, a desafectá-lo, com o fim de nele construir um equipamento, pagando pela expropriação um valor correspondente ao de solo não apto para a construção"*[29]. *"É que, sendo esse o principal objectivo da norma* [**evitar as classificações dolosas de solos ou a manipulação das regras urbanísticas por parte dos planos municipais**], *ela só pode abarcar no seu âmbito de aplicação aqueles solos que, se não fosse a sua classificação como «zona verde ou de lazer» ou como área destinada à «implantação de infra-estruturas e equipamentos públicos» por um plano municipal de ordenamento do território, teriam de ser considerados como «solos aptos para a construção», atendendo a um conjunto de elementos certos e objectivos"*[30].

Salvo o devido respeito, para não afirmarmos que esta pretensão teleológica nada tem que ver, hoje, com o artigo 26.º, n.º 12, sublinha-se que essa leitura é, pelo menos, severamente redutora deste regime[31].

Na verdade, sem descurar a necessária tutela jurídico-indemnizatória dos expropriados nesse tipo de estratégias, a situação que aqui se depara ao intérprete é a de um solo classificado no plano (municipal, diz o legislador) como zona verde, de lazer ou para instalação de infra-estruturas ou equipamentos públicos, isto é, sem qualquer capacidade edificativa reconhecida ao seu proprietário, que será expropriado para a concretização da classificação a que foi submetido nesse

---

[29] *A jurisprudência do Tribunal Constitucional sobre expropriação...*, Coimbra, 2000, pág. 62.

[30] Acórdão n.º 145/05, de 16/03/2005 (www.tribunalconstitucional.pt – o destaque é nosso.

[31] Neste sentido, RUI MOURA RAMOS que, na Declaração de Voto de vencido no Acórdão do Tribunal Constitucional n.º 145/05, também defende que a caracterização da norma do art. 26.º, n.º 12, no sentido de pretender obstar às chamadas 'classificações dolosas' dos solos, *"não esgota o sentido possível da norma e não justifica, por isso, a 'redução teleológica' que o Tribunal efectua, assente na interpretação de Fernando Alves Correia'*. Para este Juiz, *"Nada exclui que uma norma com as características da do n.º 12 do artigo 26.º do CE possa fundar-se igualmente numa ratio distinta, a saber: a proximidade até 300 m de áreas de construção, ou onde seja possível construir, pode implicar expectativas de valorização fundiária, a curto, médio ou longo prazo (mesmo sem as características indicadas no n.º 2 do artigo 25.º do CE"*. A matéria das legítimas expectativas dos expropriados como critério de classificação dos solos para efeitos indemnizatórios já foi abordada de passagem neste estudo e a ela volatermos no próximo número desta Revista.

plano: para a criação de uma zona verde ou de lazer ou para a construção de infra-estruturas ou equipamentos públicos. É a esse solo que o artigo 26.º, n.º 12, pretende que seja aplicado um critério indemnizatório que atenda ao valor de mercado de solos com uma específica capacidade edificativa, mais precisamente a capacidade edificativa média dos terrenos situados no perímetro de 300 m. da parcela expropriada. Numa altura em que o território português já se encontra totalmente coberto por planos directores municipais, a expropriação, sob pena de nulidade, tem que respeitar o plano – a expropriação só pode efectuar-se para os fins previstos no plano ou, por outras palavras, a expropriação é sempre precedida de um plano e instrumento de execução desse plano (localização do projecto expropriante)[32].

Deste modo, se o discurso se situar no plano da legalidade, mais do que uma classificação no plano que o projecto expropriante vem contrariar, deveremos falar de uma classificação no plano que o projecto expropriante vem executar: *"tendo em consideração que o território nacional se encontra praticamente coberto de planos, o particular apenas se pode ver privado dos seus bens através de uma expropriação se a finalidade que com ela se pretende alcançar estiver fundamentada num PMOT* [plano municipal de ordenamento do território] *ou num Plano Especial, pois invocar, como fundamento para uma expropriação, por exemplo, a execução de um equipamento ou de uma importante infra-estrutura prevista num Plano Regional (PROT) ou num plano sectorial, significa dar a este efeitos directos e imediatos em relação aos particulares, solução que o legislador claramente quis afastar. Assim, enquanto aquelas opções do PROT não forem vertidas no PMOT em vigor na área (para o que dispõe o município de um procedimento de alteração simplificado),*

---

[32] A questão complica-se, sabemo-lo e já o dissemos (n.º 21/22 desta Revista, págs. 106 e ss.) quando sobre o solo expropriado incidam vários planos ou dimensões de planeamento. Referimo-nos, por exemplo, às já abordadas relações entre os planos directores municipais e os planos sectoriais) ou no âmbito de um mesmo plano director municipal, às diferentes soluções que resultam para o mesmo terreno da planta de ordenamento e da planta de condicionante desse mesmo plano. Mais do que um porto seguro para os expropriados, o Direito dos Planos pode ser uma verdadeira angústia, para o intérprete e, acima de tudo, para quem, num momento menos feliz, ousou ser expropriado.

aquele não pode ser invocado para afectar directamente a esfera jurídica do particular"[33].

Deste modo, e é aqui que queremos chegar, os propósitos desta solução indemnizatória do artigo 26.º, n.º 12, vão muito para além dessa 'manipulação urbanística dos solos" (questão que também relevará na validade dessa actuação administrativa), entroncando directamente no princípio da igualdade dos cidadãos perante os encargos públicos e em pretensões de perequação compensatória de benefícios e encargos – a solução deste artigo 26.º, n.º 12, do Código de 1999, tal como a do correspondente artigo 26.º, n.º 2, do Código de 1999, assenta, essencialmente, em razões de igualdade, numa necessária igualdade entre os expropriados e os não expropriados (igualdade externa) que, a poucos metros do terreno expropriado, viram os seus terrenos adstritos a fins urbano-edificativos: se é imputável ao planeamento urbanístico e aos factores de desigualdade que naturalmente o envolvem o facto de naquela parcela não se puder construir e se, num perimetro de 300 m. em torno do solo expropriado, existem ou são possíveis construções em solos com as mesmas características dos expropriados (afastando-se deste raciocínio, portanto, as verdadeiras vinculações situacionais dos solos sujeitos a expropriação), a desigualdade provocada por aquele planeamento não vincula o cálculo da respectiva indemnização, passando a esta a servir, também, esses propósitos de igualdade e de perequação, isto é, uma distribuição equitativa dos benefícios e encargos decorrentes da execução dos instrumentos de gestão territorial[34]. É esta a pretensão do legislador (artigo 5.º, e, da Lei de Bases da Política de Ordenamento do Território e arts. 135.º e ss. do Regime Jurídico dos Instrumentos de Gestão Territorial) e é esse propósito que este artigo 26.º, n.º 12, do Código das Expropria-

---

[33] FERNANDA PAULA OLIVEIRA/ANTÓNIO MAGALHÃES CARDOSO, *Perequação, expropriações e avaliações*, RevCedoua, n.º 12, 2003, págs. 46-47. Em nota, os Autores acrescentam o seguinte: *"Da mesma forma que não pode ser indeferido um pedido licenciamento por contardição do respectivo projecto com o PROT ou Plano sectorial também não pode ser declarada a utilidade pública daquele para a satisfação da finalidade prevista no mesmo instrumento de gestão territorial, enquanto tal opção não tiver sido transposta para um PMOT"*.

[34] Estamos a pressupor que o proprietário não havia já sido compensado pela referida vinculação jus-urbanística. Sobre a perequação compensatória no Direito das Expropriações já nos pronunciámos nos n.ᵒˢ 21/22 desta Revista, págs. 90, nota 24, 109-110 e 114.

ções interpreta e serve de pleno ao estabelecer como critério indemnizatório para os solos aí recortados (valor médio das construções existentes ou que seja possível edificar na envolvente que refere), precisamente, um dos mecanismos de perequação compensatória previstos no artigo 138.º daquele Regime Jurídico dos Instrumentos de Gestão Territorial – um índice médio de utilização (n.º 1, a., desse preceito).

Em suma: mais do que as referidas 'manipulações urbanísticas ou classificações dolosas dos solos', do que se fala neste regime do artigo 26.º, n.º 12, do Código das Expropriações é do direito dos proprietários expropriados a uma efectiva perequação compensatória nos termos das referidas vinculações legais. Perequação compensatória, mais uma vez, também pelo facto de alguns dos solos que nos ocupam (zona verde, de lazer ou para instalação de infra-estruturas ou equipamentos públicos) se encontrarem ao serviço de zonas edificadas, de núcleos urbanos ou, em geral, do fenómeno urbano (infra-estruturas rodoviárias, ferroviárias, portuárias, aeroportuárias, energéticas – oleoduto, gasoduto, sistemas de transporte ou de produção de electricidade –, ambientais – equipamentos ou estruturas de tratamentos ou depósito de resíduos –, etc.).

Assim sendo, parece-nos que o Tribunal Constitucional não poderá continuar a suportar a tese que criticamos numa pretensa teleologia deste preceito que, em bom rigor, ou não é aqui tutelada ou, ainda que o seja, não esgota a *ratio legis* desse regime[35].

g.3. Uma terceira razão que o Tribunal Constitucional aduz para legitimar a leitura do artigo 26.º, n.º 12, *sub judice*, compara **o valor da indemnização** que resultaria da aplicação do critério indemnizató-

---

[35] Ainda que assim não fosse, isto é, ainda que a teleologia desse regime se esgotasse nesse propósito invocado pelo Tribunal Constitucional, a manipulação ou classificação a desatender, no sentido de não poder limitar a indemnização do expropriado, não teria que ser, necessariamente, dolosa ou intencional, bastando para o efeito que, de facto, uma anterior classificação do solo viesse a ser alterada por uma classificação posterior ou pelo próprio projecto expropriante: mais do que condenar, pela ineficácia, uma intencionalidade contrária ao Direito, pretende-se assegurar a justiça indemnizatória devida aos expropriados. Deste modo, a manipulação a atender e a desconsiderar no cálculo indemnizatório tanto pode ser de natureza subjectiva, dolosa, como objectiva, retratando qualquer alteração do estatuto urbanístico do solo, designadamente a evolução de um solo agrícola para um solo onde vão ser construídas infra-estruturas ou equipamentos urbanísticos.

rio aí referido (que envolve uma determinada capacidade edificativa) aos solos que nos ocupam (solos classificados como zona verde, de lazer ou para instalação de infra-estruturas ou equipamentos públicos que também se encontram submetidos a uma pretensa proibição de construção – v.g., reserva ecológica ou reserva agrícola) com **o valor de mercado** desse tipo de solos, para afastar a possibilidade de a justa indemnização poder considerar, para além deste valor de mercado, **'factores especulativos ou anómalos'**: "Assim *sendo, considerar-se como terreno apto para construção, como tal devendo ser indemnizado em caso de expropriação destinada a uma das limitadas utilizações legalmente permitidas, um terreno onde o proprietário não pode construir, por força da sua integração na* RAN *conduz (...) à atribuição de uma indemnização que não corresponde ao seu «justo valor»* – *para o determinar há que atender ao valor que o bem terá num mercado onde não entrem em consideração factores especulativos ou anómalos e o valor de um terreno integrado na* RAN *está, necessariamente, condicionado pelo fim específico a que tal solo está destinado"*[36]. Deste modo, porque a justa indemnização há-de corresponder ao valor de mercado do bem expropriado, porque o solo expropriado não tem capacidade edificativa e porque a indemnização prevista neste preceito

---

[36] Acórdão n.º 275/2004, de 20 de Abril (DR, II Série, n.º 134, de 08.06.2004), que o Acórdão n.º 145/05 expressamente invoca para fundamentar a decisão adoptada (o sublinhado é nosso). Neste contexto, com a mesma ideia base, fala-se também do princípio da proporcionalidade: *"De facto, se é verdade que a indemnização só é justa se conseguir ressarcir o expropriado do prejuízo que ele efectivamente sofreu, e, por isso, não pode ser irrisória ou meramente simbólica, também não poderá ser desproporcionada à perda do bem expropriado para fins de utilidade pública. Assim, se a parcela a expropriar não permite legalmente a construção, não pode ser paga com o preço que teria se pudesse ser-lhe implantada uma construção"* (Acórdãos n.os 333/2003, 557/2003 e 275/2004).

Uma nota que importa registar constata que o valor de mercado do bem expropriado, que nem sempre foi tido como tutelado pela Constituição (cfr. pág. 70 dos n.os 18/19 desta Revista), tem vindo agora a marcar presença no discurso do Tribunal Constitucional (para além dos referidos Acórdãos n.os 275/2004 e 145/2005, o já citados Acórdãos n.os 333/2003 e 557/2003, desta vez no domínio da outra relação a estabelecer entre expropriados e não expropriados: *"Na verdade, enquanto os expropridos viriam a ser indemnizados com base num valor significativamente superior ao valor de mercado, os outros, proprietários de prédios contíguos igualmente integrados na* RAN *ou na* REN *e delas não desafectados, se acaso pretendessem alienar os seus prédios, não alcançariam senão o valor que resultava da limitação edificativa legalmente estabelecida"*.

envolve uma determinada capacidade edificativa, estaria a ser reconhecida ao expropriado uma indemnização superior a esse valor de mercado, porque calculada com base em 'factores especulativos ou anómalos' – a tal capacidade edificativa que os solos expropriados não têm.

O resultado dessa comparação é evidente e esta razão invocada pelo Tribunal Constitucional só é possível numa desaconselhável leitura da posição do expropriado isoladamente considerado, ignorando que o Direito relaciona os cidadãos e que um dos princípios fundamentais do Direito Administrativo, do Direito do Urbanismo e do Direito das Expropriações é precisamente a igualdade dos cidadãos perante os encargos públicos. Considerando as exigências desta igualdade, concluir-se-á que o regime do artigo 26.º, n.º 12, se explica pela referida teleologia relacional que envolve os cidadãos expropriados para alguns dos fins aí previstos e os cidadãos proprietários de terrenos vizinhos com as mesmas características onde é permitida a construção: uma distribuição equitativa dos benefícios e encargos decorrentes da execução dos instrumentos de gestão territorial. Porque dois terrenos vizinhos, com idênticas características e ao serviço do mesmo fenómeno urbano (um foi expropriado para a construção de infra-estruturas urbanísticas, colocado ao serviço da comunidade, e no outro são permitidas construções) têm valores de mercado significativamente diferentes por acto imputável à Administração Pública, é natural que se procure, pelo menos, atenuar essa diferença e compensar o que saiu sacrificado, neste caso pela ponderação na indemnização que lhe é devida de um índice de utilização médio como mecanismo de perequação compensatória.

Se se quiser, estaremos aqui perante uma daquelas situações em que parece legítima a invocação de um mercado normativo dos solos: se o mercado real não serve e impede mesmo as exigências de justiça e de igualdade que informam o direito dos expropriados a uma justa indmnização, devem adoptar-se os expedientes e instrumentos que permitam a plena realização desses princípios constitucionais.

A RESPONSABILIDADE CIVIL EM MATÉRIA AMBIENTAL NO SISTEMA JURÍDICO BRASILEIRO E EM ALGUNS DIREITOS ESTRANGEIROS

por *Lucas Abreu Barroso**

SUMÁRIO: 1. A responsabilidade civil em matéria ambiental no sistema jurídico brasileiro. 2. A responsabilidade civil em matéria ambiental em alguns Direitos estrangeiros. 3. Referências bibliográficas.

1. A responsabilidade civil em matéria ambiental no sistema jurídico brasileiro

O § 1.º, do art. 14, da Lei n. 6.938/1981, ao preceituar "é o poluidor obrigado, independentemente da existência de culpa, a indenizar ou reparar os danos causados ao meio ambiente e a terceiros, afetados por sua atividade", entroniza a responsabilidade objetiva em se tratando de reparação por dano ambiental no ordenamento jurídico brasileiro.[1]

---

* Doutor em Direito pela Pontifícia Universidade Católica de São Paulo, Mestre em Direito pela Universidade Federal de Goiás, Professor da Pontifícia Universidade Católica de Minas Gerais, Membro da ABLA – Academia Brasileira de Letras Agrárias, Membro da UMAU – União Mundial dos Agraristas Universitários, Membro da ABDA – Associação Brasileira de Direito Agrário, Membro do IDCLB – Instituto de Direito Comparado Luso-Brasileiro, Membro do Instituto "O Direito por um Planeta Verde".

[1] *Vide* ANTUNES, Paulo de Bessa. *Dano ambiental*: uma abordagem conceitual. Rio de Janeiro: Lumen Juris, 2000. p. 139 e ss.; BARACHO JÚNIOR, José Alfredo de Oliveira. *Responsabilidade civil por dano ao meio ambiente*. Belo Horizonte: Del Rey,

Este mesmo critério de valoração da determinação da responsabilidade que viria depois a ser convalidado pela Constituição Federal de 1988, dispondo genericamente no § 3.°, do art. 225: "As condutas e atividades consideradas lesivas ao meio ambiente sujeitarão os infratores, pessoas físicas ou jurídicas, a sanções penais e administrativas, independentemente da obrigação de reparar os danos causados".[2]

Decorrendo do *princípio da responsabilidade*, está intimamente atrelado ao *princípio do poluidor pagador*.[3] Pode-se depreender,

---

2000. p. 291 e ss.; BENJAMIN, Antônio Herman V. Responsabilidade civil pelo dano ambiental. *Revista de Direito Ambiental*, São Paulo, n. 9, p. 5-52, jan./mar. 1998; CASTRO, Guilherme Couto de. *A responsabilidade civil objetiva no direito brasileiro*. 3. ed. Rio de Janeiro: Forense, 2000. p. 109 e ss.; FERRAZ, Sérgio. Responsabilidade civil por dano ecológico. *Revista de Direito Público*, São Paulo, v. 49-50, p. 34-41, 1979; FIORILLO, Celso Antônio Pacheco. *Curso de direito ambiental brasileiro*. 4. ed. ampl. São Paulo: Saraiva, 2003. p. 43 e ss.; FREITAS, Vladimir Passos de. *A constituição federal e a efetividade das normas ambientais*. São Paulo: Revista dos Tribunais, 2000. p. 164 e ss.; GUIMARÃES, Luiz Ricardo. Tendências contemporâneas da responsabilidade civil em face do dano ambiental. In: HIRONAKA, Giselda Maria Fernandes Novaes (Coord.). *Direito e responsabilidade*. Belo Horizonte: Del Rey, 2002. p. 345 e ss.; LANFREDI, Geraldo Ferreira. *Política ambiental*: busca de efetividade de seus instrumentos. São Paulo: Revista dos Tribunais, 2002. p. 93 e ss.; LEITE, José Rubens Morato. *Dano ambiental*: do individual ao coletivo extrapatrimonial. São Paulo: Revista dos Tribunais, 2000. p. 116 e ss.; MACHADO, Paulo Affonso Leme. *Direito ambiental brasileiro*. 11. ed. rev., atual. e ampl. São Paulo: Malheiros, 2003. p. 322 e ss.; MILARÉ, Edis. *Direito do ambiente*. São Paulo: Revista dos Tribunais, 2000. p. 333 e ss.; MUKAI, Toshio. *Direito ambiental sistematizado*. 3. ed. Rio de Janeiro: Forense Universitária, 1998. p. 58 e ss.; ROCHA, Maria Isabel de Matos. Reparação de danos ambientais. *Revista de Direito Ambiental*, São Paulo, n. 19, p. 129-156, jul./set. 2000; RODRIGUES, Marcelo Abelha. *Instituições de direito ambiental*. São Paulo: Max Limonad, 2002. v. 1. p. 193 e ss.; SÉGUIN, Elida. *O direito ambiental*: nossa casa planetária. 2. ed. Rio de Janeiro: Forense, 2002. p. 375 e ss.; SÉGUIN, Elida; CARRERA, Francisco. *Planeta terra*: uma abordagem de direito ambiental. 2. ed. rev. Rio de Janeiro: Lumen Juris, 2001. p. 89 e ss.; SILVA, José Afonso da. *Direito ambiental constitucional*. 2. ed. rev. 3. tir. São Paulo: Malheiros, 1998. p. 214 e ss.; SIRVINSKAS, Luís Paulo. *Manual de direito ambiental*. 2. ed. rev., atual. e ampl. São Paulo: Saraiva, 2003. p. 101 e ss.

[2] A possibilidade de imposição das sanções penal e administrativa (de caráter punitivo), além da civil (de caráter reparatório), cumulativamente (*regra da cumulatividade das sanções*), não configura a existência de *bis in idem*, haja vista que "além de protegerem objetos distintos, estão sujeitas a regimes jurídicos diversos" (FIORILLO, Celso Antônio Pacheco. *Ob. cit.*, p. 45).

[3] A maioria dos doutrinadores, como Marcelo Abelha Rodrigues, entende que o princípio da responsabilidade está contido no princípio do poluidor pagador. Outros, como José Joaquim Gomes Canotilho, asseguram que estes se identificam em alguns

ainda, a partir de uma interpretação do transcrito dispositivo constitucional, que está alicerçado na *teoria do risco integral*.[4]

Com efeito, cabe destacar que se está diante de responsabilidade de natureza *solidária*, uma vez que devem ser aplicadas, subsidiariamente à Lei n. 6.938/1981, as regras contidas no art. 942, *caput*, segunda parte, e parágrafo único, do Código Civil.[5]

Além disso, resta descartada a necessidade para fins reparatórios de que a lesão ao meio ambiente resulte de atividade ilícita.[6] Em outras palavras, mesmo em caso de licitude da atividade desenvolvida tem-se o dever de indenizar caso se verifiquem os pressupostos da responsabilidade civil em matéria ambiental.

A responsabilidade objetiva fundada na teoria do risco integral confere maior efetividade ao princípio do *alterum non laedere*,[7] porquanto não é dado lesar outrem em qualquer circunstância.

---

pontos, sendo o princípio do poluidor pagador mais abrangente que o princípio da responsabilidade, razão pela qual este não estaria contido naquele. E há uma terceira corrente, defendida por Spiros Simites, que afirma serem ambos o mesmo e único princípio (*vide* RODRIGUES, Marcelo Abelha. *Ob. cit.*, p. 152).

[4] CASTRO, Guilherme Couto de. *Ob. cit.*, p. 72: "[...] *risco integral* traduz o dever de ressarcir, independentemente de culpa, bastando o liame causal entre atividade e dano, sem possibilidade de interrupção por outra causa mais próxima, e inadmitindo-se qualquer escusa, a afastar o ressarcimento"; RODRIGUES, Marcelo Abelha. *Ob. cit.*, p. 205: "[...] não permite excludentes de responsabilidade tais como *caso fortuito, força maior, fato de terceiro, risco do desenvolvimento*, etc."; STEIGLEDER, Annelise Monteiro. Considerações sobre o nexo de causalidade na responsabilidade civil por dano ao meio ambiente. *Revista de Direito Ambiental*, São Paulo, n. 32, p. 83-103, out./dez. 2003. p. 87: "A adoção desta teoria é justificada pelo âmbito de proteção outorgado pelo art. 225, *caput*, da CF de 1988, ao meio ambiente ecologicamente equilibrado, podendo-se vislumbrar a instituição de uma verdadeira obrigação de incolumidade sobre os bens ambientais". MILARÉ, Edis. *Ob. cit.*, p. 341: "Vale aqui a máxima latina: *Propter privatorum commodum non debet communis utilitas praeiudicari*. No vernáculo: A utilidade dos particulares não pode prejudicar a utilidade comum".

[5] Código Civil, art. 942: "Art. 942. Os bens do responsável pela ofensa ou violação do direito de outrem ficam sujeitos à reparação do dano causado; e, se a ofensa tiver mais de um autor, todos responderão solidariamente pela reparação. Parágrafo único. São solidariamente responsáveis com os autores os co-autores e as pessoas designadas no art. 932".

[6] MILARÉ, Edis. *Ob. cit.*, p. 339: "Ou seja, no Direito brasileiro, [...] a responsabilidade civil pelo dano ambiental não é *típica*, independe de ofensa a *standard* legal ou regulamentar específico [...]".

[7] D.1.1.10.1: "*Iuris praecepta sunt haec: honeste vivere, alterum non laedere, suum cuique tribuere*" (Os preceitos de direito são estes: viver honestamente, não lesar

A responsabilidade objetiva por dano ambiental tem como pressupostos "o dano ou risco de dano e o nexo de causalidade entre a atividade e o resultado, efetivo ou potencial"[8], configurando o agente, principal responsável pela reparação, o *poluidor*[9].

Cabe salientar que a reparação por danos ambientais, alcançada pela modalidade de responsabilidade civil que lhe é respectiva, tanto pode apresentar uma vertente patrimonial (de cunho econômico), quanto extrapatrimonial (de feição subjetiva). Esta divisão corresponde à classificação do dano ambiental *quanto à sua extensão*[10].

O fundamento legal dessas categorias de danos ao meio ambiente encontra-se no art. 1.º, I, da Lei n. 7.347/1985 (com redação determinada pela Lei n. 8.884/1994): "Art. 1.º. Regem-se pelas disposições desta Lei, sem prejuízo da ação popular, as ações de responsabilidade por danos morais e patrimoniais causados: I – ao meio ambiente".

A reparação dos danos ambientais através da responsabilidade civil comporta dois tipos[11]: a *indenização*[12] e a *recomposição ao estado anterior*[13] (art. 225, §§ 1.º, I, e 2.º, da Constituição Federal; art. 9.º, § 2.º, da Lei. n. 6.902/1981; em diversos dispositivos, da Lei n. 9.605/1998).

Compreende, ainda, dois setores: "a) a reparação coletiva do dano ambiental; b) a reparação na esfera do patrimônio do particular atingido"[14]. Verifica-se, portanto, uma bifurcação na classificação do dano

---

outrem, dar a cada um o seu). Vide JUSTINIANO I, Imperador do Oriente. *Digesto de Justiniano, liber primus*: introdução ao direito romano. Tradução Hélcio Maciel França Madeira. 3. ed. rev. São Paulo: Revista dos Tribunais; Osasco: UNIFIEO, 2002. p. 21.

[8] STEIGLEDER, Annelise Monteiro. *Ob. cit.*, p. 84.

[9] Lei n. 6.938/1981, art. 3.º, IV: "Art. 3.º. Para os fins previstos nesta Lei, entende-se por: IV – poluidor, a pessoa física ou jurídica, de direito público ou privado, responsável, direta ou indiretamente, por atividade causadora de degradação ambiental".

[10] LEITE, José Rubens Morato. *Ob. cit.*, p. 101.

[11] Conforme os princípios (art. 2.º, VIII), objetivos (art. 4.º, VI e VII) e instrumentos (art. 14, § 1.º) da Política Nacional do Meio Ambiente (Lei n. 6.938/1981).

[12] GRIZZI, Ana Luci Esteves *et al. Responsabilidade civil ambiental dos financiadores*. Rio de Janeiro: Lumen Juris, 2003. p. 19: "[...] denota a obrigação imposta ao degradador de prestar sanção pecuniária, incutido aí o efeito pedagógico da sanção pecuniária ambiental (assemelhando-se ao termo da língua inglesa *liability*)".

[13] *Ibidem*: "[...] impõe a obrigação de recompor o ambiente ao *status quo ante* após a ocorrência de degradação ambiental, por meio da obrigação de fazer ou não fazer".

[14] LEMOS, Patrícia Faga Iglecias. *Responsabilidade civil por dano ao meio ambiente*. São Paulo: Juarez de Oliveira, 2003. p. 86-87: "No primeiro caso, teremos

ambiental, *quanto à reparabilidade e aos interesses jurídicos envolvidos*, em *dano ambiental coletivo* e *dano ambiental privado*,[15] em ambos os casos disciplinados pela sistemática do Direito Ambiental (Lei n. 6.938/1981).

Uma questão atinente à responsabilidade civil em matéria ambiental que chama bastante a atenção por sua relevância é a que se refere à competência legislativa. Enquanto que legislar sobre a responsabilidade na seara do Direito Civil constitui competência privativa da União (art. 22, I, da Constituição Federal), na responsabilidade por dano ao meio ambiente compete à União, aos Estados e ao Distrito Federal legislar concorrentemente (art. 24, VIII, da Constituição Federal).

Contudo, isso não significa dizer que os Estados e o Distrito Federal estejam autorizados a legislar ampla e irrestritamente acerca do tema, senão que de forma suplementar (§§ 1.º e 2.º, do art. 24, da Constituição Federal). Destarte, salienta Marcelo Abelha Rodrigues[16], "a eventual lei estadual que disponha sobre a responsabilidade civil ambiental não pode, em hipótese alguma, ofender os pilares que forem estabelecidos pela norma geral sobre o assunto (no caso o art. 14, § 1.º, da Lei n. 6.938/81)".

---

a defesa de interesses difusos ou coletivos e o valor indenizatório será destinado ao Fundo para Reconstituição dos Bens Lesados. Na hipótese de dano individual ou individual homogêneo, o destino da indenização é o particular lesado ou a comunidade lesada".

[15] LEITE, José Rubens Morato. *Ob. cit.*, p. 99-100.

[16] RODRIGUES, Marcelo Abelha. *Ob. cit.*, p. 196-197: "A postura da lei estadual sobre o tema é, diríamos, uma carta de um lado só: as regras que podem ser criadas destinam-se ao atendimento dos princípios e finalidades ambientais, e devem servir como um *plus* de proteção ao meio ambiente, cuidando de aspectos regionais e descendo a peculiaridades que uma norma geral, por ser geral (!), não poderia fazê-lo. Por tudo isso, cremos que a legislação estadual sobre o tema da responsabilidade civil ambiental *pode* e *deve* avançar no tocante à criação de normas ambientais que sejam mais protetivas do meio ambiente em matéria de responsabilidade civil ambiental, especialmente levando em consideração certas peculiaridades que não poderiam ser tratadas na norma nacional, e que sejam específicas de cada Estado ou região nele contida".

2. A responsabilidade civil em matéria ambiental em alguns Direitos estrangeiros

Direito argentino

A reforma de 1994 inovou em muitos pontos a sistemática constitucional da República Argentina. Uma dessas novidades ficou por conta da inserção de nítida preocupação com o meio ambiente no Capítulo II ("Nuevos derechos y garantías") da Constituição.[17]

Assim, dispõe o art. 41 do texto constitucional argentino: "Todos los habitantes gozan del derecho a un ambiente sano, equilibrado, apto para el desarrollo humano y para que las actividades productivas satisfagan las necesidades presentes sin comprometer las de las generaciones futuras, y tienen el deber de preservarlo".

Especificamente quanto à responsabilidade civil por dano ambiental, o próprio art. 41 não descura em mencioná-la: "El daño ambiental generará prioritariamente la obligación de recomponer, según lo estabelezca la ley".[18]

Tal instituto foi regulamentado anos mais tarde com a edição do enunciado diploma legislativo (Ley n. 25.675/2002 – Ley General del Ambiente),[19] cabendo destacar que o mesmo somente encontra aplicabilidade no que tange ao dano ambiental coletivo.

Preceitua o art. 28, da Ley n. 25.675/2002: "El que cause el daño ambiental será objetivamente responsable de su restablecimiento al

---

[17] *Vide* PÉREZ, Efraín. *Derecho ambiental*. Bogotá: McGraw-Hill, 2000. p. 36; SCHEIBE, Virgínia Amaral da Cunha. O direito ambiental no Mercosul. *Revista de Direito Ambiental*, São Paulo, n. 23, p. 125-162, jul./set. 2001. p. 136; LEMOS, Patrícia Faga Iglecias. *Ob. cit.*, p. 68: "A reforma constitucional de 1994 constitui um marco divisório, já que antes dela somente de forma implícita se contemplava a defesa do meio ambiente".

[18] Por ocasião do III Congreso Internacional "Derechos y Garantías en el Siglo XXI" (Buenos Aires, 8 a 10.09.2004), Santiago Antonio Hernández pontifica: "La tutela del ambiente adquirió jerarquía constitucional, a la vez que se afirmó el principio de la responsabilidad civil por el daño ambiental mediante diversas iniciativas legislativas y un creciente cuerpo de decisiones judiciales" (El daño colectivo ambiental en la ley general de ambiente. *Asociación de Abogados de Buenos Aires*, Buenos Aires, 2004. Disponível em: <http://www.aaba.org.ar/bi210p06.htm>. Acesso em: 11 jan. 2005).

[19] *Vide* LORENZETTI, Ricardo Luis. La nueva ley ambiental argentina. *Revista de Direito Ambiental*, São Paulo, n. 29, p. 287-306, jan./mar. 2003.

estado anterior a su producción. En caso de que no sea técnicamente factible, la indemnización sustitutiva que determine la justicia ordinaria interveniente, deberá depositarse en el Fondo de Compensación Ambiental que se crea por la presente, el cual será administrado por la autoridad de aplicación, sin perjuicio de otras acciones judiciales que pudieran corresponder".

Todavia, antes da reforma constitucional, mas principalmente depois dela, e mesmo da Ley General del Ambiente a doutrina e a jurisprudência deram efetividade à responsabilidade objetiva por dano ambiental (resultado de uma interpretação ampliativa, bem como da integração, de alguns dispositivos do Código Civil, principalmente do art. 1.113, segunda parte).[20-21] Esta regra vigora até hoje em se tratando do dano ambiental individual (às pessoas ou a seu patrimônio).

Com isso, o Direito argentino apresenta dois regimes de responsabilidade civil por danos ambientais. O primeiro, proveniente do Direito comum, a regular os danos ambientais individuais (aplicando-se basicamente as regras atinentes ao Código Civil); o segundo, advindo do Direito Ambiental, disciplina os danos ambientais à coletividade (com incidência das normas da Ley General del Ambiente). Portanto, vê-se, ainda, claramente que seu sistema jurídico também distingue o *dano ambiental privado* do *dano ambiental coletivo*.[22]

---

[20] CORDOBERA, Lidia Garrido; KUNZ, Ana. La prevención, la percepción del daño en materia ambiental y la responsabilidad como ejercicio del derecho constitucional. *Asociación de Abogados de Buenos Aires*, Buenos Aires, 2004. Disponível em: <http://www.aaba.org.ar/bi210p45.htm>. Acesso em: 11 jan. 2005; HERNÁNDEZ, Santiago Antonio. *Ob. cit.*: "La mencionada normativa establece un marco jurídico general en materia de responsabilidad civil que, tal como lo ha señalado la doctrina y la jurisprudencia, resulta perfectamente aplicables a los casos de contaminación y daño ambiental".

[21] *Vide* GOLDENBERG, Isidoro H.; CAFFERATTA, Néstor A. *Daño ambiental*: problemática de la determinación causal. Buenos Aires: Abeledo-Perrot, 2001. p. 41.

[22] HERNÁNDEZ, Santiago Antonio. *Ob. cit.*: "En el caso del daño al ambiente, existe un daño al medio, ya sea mediante su alteración o destrucción, que afecta la calidad de vida de los distintos seres vivos, sus ecosistemas y los componentes de la noción de ambiente. Cuando existe daño al ambiente, no debe necesariamente concretarse un daño específico o puntual a las personas o sus bienes particulares. Por el contrario, en la órbita del derecho clásico de daños, el daño es producido a las personas o sus cosas, por un menoscabo al ambiente. En consecuencia, el ambiente es un medio a través del cual se le ocasiona una lesión o daño a una persona o a su patrimonio. En muchas circunstancias, ambas categorías de daño (al ambiente y a la persona) coexisten".

Em ambos os sistemas resta demonstrada, de forma inequívoca, a prevalência da recomposição ao *status quo ante* (art. 41, da Constituição Nacional, c/c art. 1.083, do Código Civil; art. 41, da Constituição Nacional, c/c art. 28, da Ley n. 25.675/2002) sobre a indenização, que somente terá lugar no caso de impossibilidade daquela.[23] O Proyecto de Código Civil de 1998 (art. 1.622)[24] prelevava do mesmo modo a obrigação de recompor.[25]

Retornando à Ley General del Ambiente, prevê o art. 31 que a responsabilidade por dano ambiental é *solidária*: "Si en la comisión del daño ambiental colectivo, hubieren participado dos o más personas, o no fuere posible la determinación precisa de la medida del daño aportado por cada responsable, todos serán responsables solidariamente de la reparación frente a la sociedad, sin perjuicio, en su caso, del derecho de repetición entre sí para lo que el juez interviniente podrá determinar el grado de responsabilidad de cada persona responsable".

A seu turno, o art. 29, segunda parte, cuida da *responsabilidade presumida*: "Se presume *iuris tantum* la responsabilidad del autor del daño ambiental, si existen infracciones a las normas ambientales administrativas".

Poderá, além disso, segundo a doutrina, ter-se uma responsabilidade *coletiva*, "cuando no pudiera identificarse al autor del daño dentro de un grupo"[26].

---

[23] Também no III Congreso Internacional "Derechos y Garantías en el Siglo XXI" (Buenos Aires, 8 a 10.09.2004), Lidia Garrido Cordobera e Ana Kunz prelecionam: "Creemos firmemente que en el tema del 'daño ambiental' el rubro de indemnización o reparación tiene un rango subsidiario; lo primordial es la prevención y la evitación de mayores perjuicios, y es allí donde indudablemente el Estado aparece como el sujeto que mejor dominio de la cuestión puede tener" (*Ob. cit.*).

[24] GUTIÉRREZ, Graciela N. Messina de Estrella. Daño ambiental. Derecho romano y unificación del derecho. Experiencia europea y latinoamericana. *Revista de Direito Ambiental*, São Paulo, n. 26, p. 9-25, abr./jun. 2002. p. 21: "El futuro Código tiene como base o fundamento adecuar el derecho común a las disposiciones consagradas en la Constitución Nacional de 1994".

[25] Cabe ressaltar que o referido projeto não logrou aprovação, tendo, devido ao tempo transcorrido, perdido o "estado legislativo", isto é, como expirou o período durante o qual deveria ter sido concluída a sua tramitação, esta agora teria que recomeçar, desde a propositura, e seguir todos os passos do processo legislativo. As razões para que isso ocorresse estão atreladas à falta de vontade política e por se tratar de um projeto muito questionado.

[26] GUTIÉRREZ, Graciela N. Messina de Estrella. *Ob. cit.*, p. 19.

Direito chileno

A Ley n. 19.300/1994 (Bases Generales del Medio Ambiente) dedica o Título III ("De la responsabilidad por daño ambiental") à tratativa do tema em comento.

Assim, no art. 51, I, preceitua: "Todo el que culposa o dolosamente cause daño ambiental, responderá del mismo en conformidad a la presente ley".[27]

Vê-se, pois, que adere, como regra geral, ao sistema da responsabilidade civil subjetiva em matéria ambiental. Não sem críticas por parte da doutrina, que reclama pela assimilação da responsabilidade objetiva.[28]

A Ley de Bases, como é conhecida, o muito que se aproxima da responsabilidade objetiva é quando estabelece a presunção de culpa do agente causador do dano ambiental, "si éste ha infringido normas de emisiones, planes de prevención o descontaminación, regulaciones especiales para los casos de emergencia ambiental o normas sobre protección, preservación o conservación ambiental establecidas por la ley o el reglamento, conforme artículo 52 de la Ley 19.300"[29].

Fábio Michelin[30] se mostra bastante preocupado com a interpretação resultante da combinação dos arts. 51, I, e 2.°, *e*[31]: "el autor tiene que probar que el daño haya sido significativo (una vez que esta es una exigencia para configurar daño) para lograr responsabilizar alguien,

---

[27] Este dispositivo reafirma o que dispõe o mesmo diploma legal no art. 3.°: "Sin perjuicio de las sanciones que señale la ley, todo el que culposa o dolosamente cause daño al medio ambiente, estará obligado a repararlo materialmente, a su costo, si ello fuere posible, e indemnizarlo en conformidad a la ley".

[28] BITTERLICH, Pedro Fernandez. *Manual de derecho ambiental chileno*. Santiago: Editorial Jurídica de Chile, 2001.

[29] MICHELIN, Fábio. Derecho ambiental, medio ambiente y sustentabilidad: un análisis del ordenamiento jurídico ambiental de Brasil y Chile. *Jus Navigandi*, Teresina, a. 8, n. 396, 7 ago. 2004. Disponível em: <http://www1.jus.com.br/doutrina/texto.asp?id=5500>. Acesso em: 9 jan. 2005. E acrescenta: "[...] mismo en estos casos de presunción de responsabilidad la Ley determina en el mismo artículo 52: 'Con todo, sólo habrá lugar a la indemnización, en este evento, si se acreditare relación de causa a efecto entre la infracción y el daño producido".

[30] *Ibidem*.

[31] Ley n. 19.300/1994, art. 2.°, *e*: "Art. 2.°. Para todos los efectos legales, se entenderá por: e) Daño ambiental: toda pérdida, disminución, detrimento o menoscabo significativo inferido al medio ambiente o a uno o más de sus componentes".

y como si no fuera suficiente un daño de proporciones tan trascendentes, no hay en la legislación chilena cualquier definición de lo que sea significativo, dejando sin amparo el medio ambiente".

Destarte, conclui: "Chile está atrasado (aun que intencionalmente) en la prevención del daño ambiental, donde debería adoptar un sistema objetivo, dada la trascendencia social del daño, en que el bien afectado no es un patrimonio individual, ni siquiera la suma de ellos, sino que es la vida, la salud humana o bien los ecosistemas naturales, base única de sustentación de la vida"[32].

Mas tudo isso não significa dizer que o ordenamento chileno não prevê a responsabilidade objetiva para algumas hipóteses específicas de dano ambiental. Tal modalidade pode ser encontrada: "en materia de daños causados con motivo de la aplicación o aspersión de plaguicidas [arts. 8.° e 36, do Decreto Ley n. 3.557/1981 (Protección Agrícola)], de daños nucleares [arts. 49 e 56, da Ley n. 18.302/1984 (Seguridad Nuclear)] y de daños causados al medio ambiente marino por derrame o vertimiento de hidrocarburos u otras sustancias nocivas provenientes de naves o artefactos navales [art. 144, do Decreto Ley n. 2.222/1978 (Ley de Navegación)]"[33].

Direito italiano

A Constituição da República Italiana não traz menção específica à tutela ambiental, podendo creditar-se tal ausência ao fato de que a mesma encontra-se em vigor desde 1947, quando ainda não era corrente na sociedade global a preocupação com o meio ambiente.

Isso não implica dizer que, mesmo implicitamente, dela não se possa destacar diretrizes aplicáveis à matéria,[34] como ocorre, dentre outros, com o art. 3, quando prevê acerca da remoção de todos os obstáculos de ordem econômica e social que "impediscono il pieno svi-

---

[32] MICHELIN, Fábio. *Ob. cit.*

[33] FUENZALIDA, Rafael Valenzuela. Responsabilidad civil por daño ambiental en la legislación chilena. *Revista de Direito Ambiental*, São Paulo, n. 20, p. 20-36, out./dez. 2000. p. 23.

[34] CASSANO, Giuseppe; COSENTINO, Cristiana. *Il danno ambientale*: lineamenti, giurisprudenza, normativa. Assago: IPSOA, 2000. p. 15: "La mancanza nella Costituzione di una espressa disposizione in materia di tutela ambientale è stata sopperita dall'interpretazione evolutiva e collegata di varie norme costituzionali".

luppo della persona umana", com o art. 9, que "tutela il paesaggio e il patrimonio storico e artistico", e com as disposições relativas à saúde (art. 32).

Desde a década de 1980 tem sido grande o movimento da doutrina e da jurisprudência no sentido de incluir a tutela do meio ambiente como bem jurídico no contexto dos dispositivos acima mencionados que, numa combinação com os arts. 2, 41 e 42, também do texto constitucional, evidenciam a *fonte genética* de um direito ao meio ambiente saudável.[35]

No que importa ao regime jurídico da responsabilidade aplicável ao dano ambiental,[36] há tempos têm os juristas e os tribunais reconhecido a insuficiência da regulação civil, colocando em dúvida "a capacidade dos instrumentos codificados de garantirem a proteção aos interesses que não parecem sempre se referir a um sujeito determinado"[37].

No entanto, foi do ordenamento civil italiano[38] que se extraiu, aprioristicamente, o critério de valoração *subjetivo* (art. 2043, do Código Civil de 1942), a funcionar como regra geral do sistema de responsabilidade civil, trasladado para a tutela do dano ambiental.[39]

---

[35] *Ibidem*, p. 16-17; Corte Costituzionale, sentenza 30.12.1987, n. 641; Corte di Cassazione, sezione III civile, sentenza 19.06.1996, n. 5650.

[36] *Vide* os trabalhos individuais de Marco Comporti, Amedeo Postiglione, Paolo Maddalena e Giuseppe Galasso publicados sob a epígrafe "Il danno ambientale". In: BARBIERA, Lelio (A cura di). *Proprietà, danno ambientale e tutela dell'ambiente*. Napoli: Jovene, 1989; CASSANO, Giuseppe; COSENTINO, Cristiana. *Ob. cit.*, p. 31-46.

[37] PUTTI, Pietro Maria; CAPILLI, Giovanna. A responsabilidade por dano ambiental na Itália. *Revista de Direito Privado*, São Paulo, n. 14, p. 60-86, abr./jun. 2003. p. 61.

[38] Pietro Maria Putti e Giovanna Capilli (*Ibidem*, p. 61-62) acrescentam que pode ainda ser invocado para a tutela ambiental o preceito contido no art. 844, do Código Civil, que cuida da *norma sulle immissioni*, todavia com reservas, haja vista que historicamente o citado dispositivo exprime "um voto a favor da propriedade produtiva, colocando em dúvida sua aplicação útil em razão da pretendida tutela ao ambiente" (p. 62). Giuseppe Cassano e Cristiana Cosentino (*Ob. cit.*, p. 30), na esteira de Salvatore Patti, concluem a respeito: "In definitiva, la tutela dell'ambiente, che può derivare dall'art. 844 c.c., è comunque una tutela indiretta: i danni subiti dall'ambiente non rilevano direttamente come danno della collettività, ma in primo luogo, come danno del singolo proprietario e, solo di riflesso, la collettività può trarne beneficio".

[39] Corte Costituzionale, sentenza 30.12.1987, n. 641. *Ob. cit.*: "La responsabilità che si contrae è correttamente inserita nell'ambito e nello schema della tutela aquiliana (art. 2043 c.c.). Questa corte (sent. 247/74 e 184/86) ha già ritenuto possibile il

O art. 18, n. 1, da Lei n. 349/1986, reafirma idêntica direção, apesar de tratar-se da norma específica que viria regular o dano ambiental: "Qualunque fatto doloso o colposo in violazione di disposizioni di legge o di provvedimenti adottati in base a legge che comprometta l'ambiente, ad esso arrecando danno, alterandolo, deteriorandolo o distruggendolo in tutto o in parte, obbliga l'autore del fatto al risarcimento nei confronti dello Stato".[40]

Esta escolha legislativa se fez sem observância da tendência em nível internacional e do posicionamento majoritário da doutrina italiana propugnando de modo contrário: "Il legislatore italiano non ha dunque voluto seguire in questo campo le scelte operate in altri ordinamenti a questo riguardo, nè i suggerimenti che provenivano dalla stessa dottrina italiana, che propendevano per l'introduzione della responsabilità oggettiva"[41].

---

ricorso all'art. 2043 c.c. in tema di lesione della salute umana, dell'integrità dell'ambiente naturale e di danno biologico".

[40] BARCELLONA, Mario. La responsabilità per danno ambientale. In: BESSONE, Mario (A cura di). *Casi e questioni di diritto privato*. 4. ed. Editio minor. Milano: Giuffrè, 2002. p. 493: "Si tratta di una disposizione che ha suscitato non poche perplessità. Tali perplessità concernono, innanzitutto, la riconducibilità di tale previsione al più generale sistema civilistico di tutela extracontrattuale".

[41] POZZO, Barbara. Il criterio di imputazione della responsabilità per danno all'ambiente nelle recenti leggi ecologiche. In: TRIMARCHI, Pietro (A cura di). *Per una riforma della responsabilità civile per danno all'ambiente*. Milano: Giuffrè, 1994. p. 19; VILLA, Gianroberto. Nesso di causalità e responsabilità civile per danni all'ambiente. In: TRIMARCHI, Pietro (A cura di). *Per una riforma della responsabilità civile per danno all'ambiente*. Milano: Giuffrè, 1994. p. 100-101: "La proposta di considerare il modello suggerito dal legislatore italiano potrebbe suscitare perplessità, viste le posizioni critiche di una gran parte della dottrina, la quale ha imputato alla disciplina delineata dall'art. 18, l. 349/1986, un elevato numero di colpe e difetti"; BOGNETTI, Giuseppe; MORETTI, Enrico; RIMINI, Luisa. La valutazione economica del danno ambientale: profili teorici ed aspetti empirici. In: TRIMARCHI, Pietro (A cura di). *Per una riforma della responsabilità civile per danno all'ambiente*. Milano: Giuffrè, 1994. p. 157: "Il confronto in termini di efficienza tra i due possibili criteri di imputabilità nel sistema della responsabilità civile è da tempo acquisito per la letteratura che si occupa di analisi economica del diritto: se si conoscono le curve del costo sociale dell'attività inquinante e del costo di disinquinamento, la minimizzazione dei costi si ottiene con il sistema della responsabilità oggettiva, che permette una completa internalizzazione dei costi esterni"; TRIMARCHI, Pietro. Per una riforma della responsabilità civile per danno ambientale. In: TRIMARCHI, Pietro (A cura di). *Per una riforma della responsabilità civile per danno all'ambiente*. Milano: Giuffrè, 1994. p. 241: "Sembrerebbe perciò raccomandabile modificare sul ponto l'art. 18 sulla responsabilità civile

Compreender as razões desta diretriz normativa se torna um tanto mais difícil ao considerarmos que a responsabilidade objetiva por dano ambiental já era encontrada na legislação italiana antes de 1986. A Lei n. 979/1982, que versa sobre a defesa do meio ambiente marinho, no art. 21, 1, acolheu o critério de valoração objetivo.[42] Outrossim, a Lei n. 1.860/1962, a respeito do emprego pacífico da energia nuclear, no art. 15, 1.

Mas há uma explicação, que, embora não seja plausível, permite--nos perceber o motivo para tal retrocesso, ou pelo menos inércia, por qual passou o instituto da responsabilidade por dano ambiental no Direito italiano.

Como salienta Pietro Trimarchi[43], "di fronte alla scelta fra rinviare l'approvazione della legge, in attesa di uma sua elaborazione più approfondita, e approvarla immediatamente, pur se difettosa, il legislatore ha scelto la seconda alternativa".

Na verdade, o legislador sabia que estava aprovando algo que necessitaria muito em breve ser revisto: "Nel momento stesso in cui approvava la disposizione sulla responsabilità civile per danno ambientale (art. 18, l. 8 luglio 1986 n. 349) il Parlamento esprimeva il voto che la materia fosse quanto prima riconsiderata, ai fini di una migliore disciplina legale"[44].

Todavia, como salienta Mario Libertini[45], "se un merito deve riconoscersi all'introduzione nel nostro ordinamento della disposi-

---

per danno ambientale, che richiede il dolo o la colpa, anche per coordinare la disciplina che essa esprime con le disposizioni generali del codice civile sul danno da cose e da attività pericolose".

[42] *Ibidem*, p. 242: "La divergenza rispetto alla successiva legge generale sulla tutela dell'ambiente, fondata sulla colpa, lascia comunque perplessi: se si ritiene che la disposizione sulla tutela dell'ambiente marino sia stata abrogata, non si comprende perchè, proprio nel momento in cui si voleva accentuare la tutela dell'ambiente, si sia attenuata la tutela dell'ambiente marino; se invece si ritiene che le due leggi coesistano, non si comprende perchè la tutela dell'ambiente terrestre o atmosferico debba essere disciplinata in modo diverso dalla tutela del mare".

[43] *Ibidem*, p. 237.

[44] *Ibidem*: "È perciò responsabilità dei politici di affrontare nuovamente il tema, e dei giuristi di fornire um contributo per una disciplina più adeguata".

[45] LIBERTINI, Mario. La nuova disciplina del danno ambientale e i problemi generali del diritto dell'ambiente. In: PERLINGIERI, Pietro (A cura di). *Il danno ambientale con riferimento alla responsabilità civile*. Napoli: Scientifiche Italiane, 1991. p. 21: "È infatti la stessa nozione di «danno ambientale» che richiede il riferimento ad

zione sul risarcimento del danno ambientale (art. 18 della legge n. 349 del 1986), esso è quello di aver dato un impulso forse decisivo all'elaborazione dogmatica del diritto ambientale".

Vale ressaltar, contrariamente ao que afirmam alguns autores,[46] que as disposições atinentes à responsabilidade objetiva constantes do Código Civil (arts. 2049 e ss.), bem como das leis de meio ambiente marinho e energia nuclear, não encontram aplicabilidade no que tange ao dano ambiental em geral, por causa da espécie peculiar de responsabilidade prevista no art. 18, 1, da Lei. n. 349/1986.[47]

Destarte, para o sistema italiano, Lei n. 349/1986, a responsabilidade por dano ambiental encontra seu fundamento na ilicitude, decorrente de dolo ou culpa, do fato que gerou uma efetiva degradação (art. 18, 1). Não admite, pois, a indenização em virtude de fato lícito ou autorizado, bem como não alcança o dano potencial.[48]

Estabelece, aliás, peculiar solução para o problema da quantificação do dano ambiental: "La prevedibile difficoltà di esprimere in termini monetari la compromissione di un valore tanto complesso ha condotto il legislatore a prevedere espressamente la possibilità di una valutazione equitativa dell'ammontare del danno, ove una precisa determinazione di esso risulti impossibile"[49]. O juiz, para tanto,

---

una teoria giuridica dell'ambiente, e quindi una riflessione sui princípi che reggono la materia".

[46] LEMOS, Patrícia Faga Iglecias. Ob. cit., p. 65; CATALÁ, Lucía Gomis. Responsabilidad por daños al medio ambiente. Cizur Menor (Navarra), España: Aranzadi, 1998. p. 121.

[47] PUTTI, Pietro Maria; CAPILLI, Giovanna. Ob. cit., p. 76-77.

[48] POSTIGLIONE, Amedeo. La responsabilità civile per danno ambientale nel quadro dell'unità della giurisdizione. In: PERLINGIERI, Pietro (A cura di). Il danno ambientale con riferimento alla responsabilità civile. Napoli: Scientifiche Italiane, 1991. p. 118: "[...] – si sancisce come «principio generale» la risarcibilità dell'illecito ambientale civile [...]; – non ogni danno all'ambiente è considerato risarcibile, ma solo quello «ingiusto» (cagionato, cioè, «in violazione di disposizioni di legge o di provvedimenti adottati in base a legge»); – la condotta antigiuridica può consistere in «qualunque fatto», sicché l'illecito civile ambientale non ha il carattere della tipicità degli illeciti penali; – la condotta antigiuridica non è sufficiente a far sorgere l'obbligo del risarcimento, ma occorre che essa sia compiuta con «dolo o colpa» (imprudenza, negligenza, imperizia); [...] – il danno ambientale è descritto come una «compromissione» dell'ambiente, nel senso di una «alterazione», un «deterioramento», una «distruzione» totale o anche parziale; [...]".

[49] RUFFOLO, U. Danno ambientale. In: BESSONE, Mario (A cura di). Casi e questioni di diritto privato. 8. ed. Milano: Giuffrè, 2000. v. 9. t. 2. p. 200.

deverá considerar: "della gravità della colpa individuale, del costo necessario per il ripristino, e del profitto conseguito dal trasgressore in conseguenza del suo comportamento lesivo dei beni ambientali" (art. 18, 6).[50]

A responsabilidade será sempre individual, ainda que haja concurso de agentes no mesmo evento danoso, não prevalecendo a solidariedade (art. 18, 7).[51] Neste ponto retrocedeu o legislador ambiental, uma vez que o Código Civil prevê a responsabilidade solidária se o fato causador do dano é imputável a mais de uma pessoa (art. 2055).[52]

Tanto a legislação específica (art. 18, 8), quanto a doutrina e a jurisprudência indicam a *restitutio in integrum* como critério prioritário em relação ao ressarcimento por equivalente. Desta forma, "il ripristino dei luoghi assume posizione dominante tra le forme di tutela predisposte dalla legge 349/86"[53].

Finalmente, recente legislação sobre dano ambiental, Decreto Legislativo n. 22/1997 ("Decreto Ronchi") – *Disciplina la gestione dei rifiuti, dei rifiuti pericolosi, degli imballaggi e dei rifiuti di im-*

---

[50] *Vide* PATTI, Salvatore. Il danno ambientale: il problema della quantificazione. In: Centro Studi Piero Sacerdoti (A cura del). *La parabola del danno ambientale* (Atti del Convegno, Rhône, 1993). Milano: Giuffrè, 1994. (Quaderni Diritto ed Economia Dell'assicurazione, v. 1); CHINDEMI, Domenico. Evoluzione del danno ambientale nella giurisprudenza: quantificazione monetaria e prospettive assicurative. In: Centro Studi Piero Sacerdoti (A cura del). *La parabola del danno ambientale* (Atti del Convegno, Rhône, 1993). Milano: Giuffrè, 1994. (Quaderni Diritto ed Economia Dell'assicurazione, v. 1).

[51] POZZO, Barbara. *Danno ambientale ed imputazione della responsabilità*: esperienze giuridiche a confronto. Milano: Giuffrè, 1996. (Studi di diritto privato, v. 74). p. 397-398: "L'assicurabilità del danno ambientale nell'ordinamento italiano incontra altre difficoltà nella misura in cui si dovrebbe assicurare un danno la cui quantificazione è rimessa a criteri quali quello della gravità della colpa, con evidente richiamo delle norme penalistiche. A riprova di tutto ciò l'elemento soggettivo viene altresì designato quale strumento per ripartire l'obbligazione riparatoria tra i colpevoli che abbiano agito in concorso (art. 18, n. 7 della legge), in deroga alla regola della solidarietà dell'art. 2056 c.c.".

[52] MINERVINI, Enrico. Danno ambientale e responsabilità «individuale» In: PERLINGIERI, Pietro (A cura di). *Il danno ambientale con riferimento alla responsabilità civile*. Napoli: Scientifiche Italiane, 1991. p. 297: "Non si dubitava, invero, che anche in questa materia andasse applicato il principio della solidarietà passiva tra più soggetti responsabili, sancito nell'art. 2055 c.c.".

[53] POZZO, Barbara. *Il danno ambientale*. Milano: Giuffrè, 1998. p. 177.

ballaggi –, seguindo Diretivas Comunitárias, no art. 17, 2, vem preceituar novamente hipótese de imputação objetiva da responsabilidade.[54]

Direito norte-americano

A responsabilidade civil por dano ambiental no Direito norte-americano é regulada pela Public Law 96-510/1980, (*Comprehensive Environmental Response, Compensation, and Liability Act* – CERCLA), cuja mais significativa emenda foi provocada pela Public Law 99-499/1986 (*Superfund Amendments and Reauthorization Act* – SARA).

A regulamentação da matéria neste sistema jurídico revela três pontos basilares: a) a solidariedade; b) a responsabilidade objetiva; c) a retroatividade.[55]

A responsabilidade solidária (*jointly and severally*) decorre da Section 107, Subsection *a*, do CERCLA.[56] A responsabilidade objetiva (*strict liability*) significa que podemos ser considerados responsáveis por danificar o meio ambiente sem levar em conta se fomos negligentes ou, de outra forma, se agimos com culpa.[57] A responsabilidade é retroativa porque "permite a imposição de responsabilidades por atos anteriores à edição do *Cercla*"[58].

O CERCLA, Section 107, Subsection *b*, acata excludentes de responsabilidade. Nas palavras de Mike Plante: "There is no liability if the damages are caused solely by and act of God, and act of war, or an act of omission of a third party"[59].

---

[54] CASSANO, Giuseppe; COSENTINO, Cristiana. *Ob. cit.*, p. 54-56.

[55] BARACHO JÚNIOR, José Alfredo de Oliveira. *Ob. cit.*, p. 309.

[56] POZZO, Barbara. *Danno...*, *Ob. cit.*, p. 381: "La responsabilità [...] è di tipo solidale".

[57] *Ibidem*, p. 380-381. O CERCLA "prevede una responsabilità oggettiva nei confronti di «*all potentially responsible parties*», ossia nei confronti di tutti i soggetti che possano essere considerati i potenziali inquinatori di un determinato sito".

[58] BARACHO JÚNIOR, José Alfredo de Oliveira. *Ob. cit.*, p. 309.

[59] PLANTE, Mike. The comprehensive environmental response, compensation, and liability act (CERCLA) of 1980. *Department of Geography – University of Minnesota*, Minneapolis, 2001. Disponível em: <http://www.geog.umn.edu/courses/8344/web_pages/plante/#Liability>. Acesso em: 14 jan. 2005.

José Alfredo de Oliveira Baracho Júnior[60] esclarece que o *act of God* "importa em um dano causado por razões fortuitas ou acidentais", que o *act of war* "exige a existência formal de um 'estado de guerra'" e que o *act of omission of a third party* exerce papel restrito, sendo aplicável apenas "quando a *terceira parte* não é um empregado ou preposto, ou quando não tenha qualquer relação contratual com a pessoa que está sendo indicada como responsável" e, ainda, "que a pessoa a quem se pretende imputar a responsabilidade demonstre ter tido os devidos cuidados com as substâncias lesivas ao meio ambiente, bem como que comprove ter tomado as precauções apropriadas em face de atos ou omissões de terceiros que pudessem resultar em dano ao meio ambiente".[61]

Além disso, em regra, a responsabilidade é limitada, conforme dispõe a Section 107, Subsection *c*, Paragraph 1, do referido diploma legal, exceto no que concerne às hipóteses elencadas no Paragraph 2, quando a responsabilidade será ilimitada.

Outrossim, a responsabilidade é cumulativa, haja vista que inobservâncias às leis e regulamentos em vigor podem resultar em imposições de penalidades nas esferas civil, administrativa e penal.

Finalmente, faz-se necessário destacar o caráter compensatório e preventivo da responsabilidade civil por dano ambiental nos Estados Unidos, fazendo com que ganhe em amplitude frente ao tratamento dispensado ao tema pelas legislações de diversos países. Isto porque, segundo Carol Adaire Jones[62], "visa compensar o público pelo custo social total imposto por dano aos recursos naturais – não apenas por perdas provenientes do uso comercial dos recursos –" e "ao tornar as

---

[60] BARACHO JÚNIOR, José Alfredo de Oliveira. *Ob. cit.*, p. 309-310.

[61] *Ibidem*, p. 310: "É importante observar que o proprietário de um local ou área na qual foi lançada uma substância lesiva ao meio ambiente, pode argumentar se tratar de uma 'compra inocente' (*innocent purchase*). Neste caso, o proprietário pode suscitar o *Act of Third Part*, apesar da relação contratual com o vendedor, se na qualidade de comprador adquiriu a propriedade após o lançamento das substâncias lesivas e puder demonstrar através de uma evidência preponderante que no momento da compra ele não sabia e não tinha razões para saber da existência de lançamento de substâncias lesivas ao meio ambiente. O *Act of Third Part* poderá ainda ser evocado em caráter excepcional se a propriedade foi adquirida por herança ou doação".

[62] JONES, Carol Adaire. Avaliação da perda pública causada por danos aos recursos naturais. *Revista de Direito Ambiental*, São Paulo, n. 4, p. 17-40, out./dez. 1996. p. 18.

partes envolvidas responsáveis pelo custo social dos acidentes, o sistema proporciona incentivos às empresas para que tomem precauções a fim de prevenir dano ao meio ambiente".

Direito português

A Lei n. 11/1987 (Lei de Bases do Ambiente)[63] no art. 3.º preceitua como um de seus princípios específicos a *responsabilização* (alínea *h*): "Da responsabilização: aponta para a assunção pelos agentes das consequências, para terceiros, da sua acção, directa ou indirecta, sobre os recursos naturais".

Com efeito, no art. 41.º, disciplina o regime da responsabilidade civil por dano ambiental: "1 – Existe obrigação de indemnizar, independentemente de culpa, sempre que o agente tenha causado danos significativos no ambiente, em virtude de uma acção especialmente perigosa, muito embora com respeito do normativo aplicável. 2 – O quantitativo de indemnização a fixar por danos causados no ambiente será estabelecido em legislação complementar".[64]

Vê-se, pois, que acolhe o critério de imputação objetivo, "na modalidade de responsabilidade pelo risco, ligada ao exercício de actividades perigosas"[65]. Ainda, não exige necessariamente a ili-

---

[63] Regulamentada pelo Decreto-Lei n. 259/1992, que nada menciona a respeito da responsabilidade civil por dano ambiental.

[64] ANTUNES, Henrique Sousa. Ambiente e responsabilidade civil. In: ROCHA, Mário de Melo (Coord.). *Estudos de direito do ambiente*. Porto: Publicações Universidade Católica, 2003. (Colecção Actas). p. 169-170: "Questiona-se o momento de entrada em vigor da norma. Sem prejuízo de a opinião maioritária entender que a vigência do preceito depende de legislação complementar que fixe o quantitativo de indemnização por danos causados no ambiente (art. 41.º, n.º 2), menciona-se a opinião contrária de Vasco Pereira da Silva, que invoca a aplicabilidade directa da disposição, reforçada pela arquitectura constitucional, a suficiência da norma quanto à descrição dos pressupostos dessa responsabilidade objectiva e a possibilidade de recurso a legislação ordinária vigente que imponha, neste âmbito, limites à responsabilidade como o art. 510.º do Código Civil. Duvidamos, porém, da operatividade imediata do conceito de actividade especialmente perigosa, acolhendo a solução da Convenção de Lugano, de 1993, e a orientação do «Livro Branco» da Comissão sobre responsabilidade ambiental".

[65] SANTOS, Cláudia Maria Cruz; DIAS, José Eduardo de Oliveira Figueiredo; ARAGÃO, Maria Alexandra de Sousa (CANOTILHO, José Joaquim Gomes – Coordenador). *Introdução ao direito do ambiente*. Lisboa: Universidade Aberta, 1998. v. 148.

citude do fato causador do dano para que se imponha a pretensão reparatória.⁶⁶

Complementarmente, no art. 43.° dispõe sobre o seguro de responsabilidade civil: "Aqueles que exerçam actividades que envolvam alto grau de risco para o ambiente e como tal venham a ser classificados serão obrigados a segurar a sua responsabilidade civil".⁶⁷

Este dispositivo demonstrada a preocupação do legislador com as "eventuais dificuldades do responsável em suportar as elevadas indemnizações devidas pelos danos ao ambiente"⁶⁸.

A seu turno, o art. 48.° trata da prevalência da remoção das causas da infração e da reconstituição da situação anterior em relação à indenização compensatória: "1 – Os infractores são obrigados a remover as causas da infracção e a repor a situação anterior à mesma ou equivalente, salvo o disposto no n.° 3. 2 – Se os infractores não cumprirem as obrigações acima referidas no prazo que lhes for indicado, as entidades competentes mandarão proceder às demolições, obras e trabalhos necessários à reposição da situação anterior à infracção a expensas dos infractores. 3 – Em caso de não ser possível a reposição da situação anterior à infracção, os infractores ficam obrigados ao pagamento de uma indemnização especial a definir por legislação e à realização das obras necessárias à minimização das consequências provocadas".⁶⁹

---

p. 145; STEIGLEDER, Annelise Monteiro. *Ob. cit.*, p. 88: "[...] a teoria do risco criado acaba por incidir apenas em relação às atividades perigosas, sendo o perigo intrínseco à atividade o fator de risco a ser prevenido e a ensejar a responsabilização".

⁶⁶ Vide CANOTILHO, José Joaquim Gomes. *A responsabilidade por danos ambientais*: aproximação juspublicística. In: AMARAL, Diogo Freitas do; ALMEIDA, Marta Tavares de (Coords.). *Direito do ambiente*. Oeiras: INA, 1994. p. 406-407.

⁶⁷ ANTUNES, Henrique Sousa. *Ob. cit.*, 170: "Segundo João Pereira Reis, «o preceito em análise carece de regulamentação. Apenas em sede regulamentar pode ser definido o montante máximo da indemnização bem como o tipo e características das actividades sujeitas a seguro obrigatório»".

⁶⁸ SANTOS, Cláudia Maria Cruz; DIAS, José Eduardo de Oliveira Figueiredo; ARAGÃO, Maria Alexandra de Sousa (CANOTILHO, José Joaquim Gomes – Coordenador). *Ob. cit.*, p. 145.

⁶⁹ GOMES, Manuel Tomé Soares. A responsabilidade civil na tutela do ambiente: panorâmica do direito português. *Revista de Direito Ambiental*, São Paulo, n. 4, p. 5-16, out./dez. 1996. p. 7: "Aqui o princípio da reconstituição natural sai enobrecido, na medida em que, diversamente do previsto no regime geral – art. 566.°, n.° 1, e 829.°, n.° 2, do Cód. Civil –, não dará lugar a substituição por indemnização pecuniária, nas hipóteses em que a reconstituição natural não repare integralmente os

Todavia, a responsabilidade objetiva em matéria ambiental somente encontra aplicabilidade no que se refere a atividades perigosas: "Assim, [...] no sistema português, a tutela jurídica do meio ambiente é viabilizada através da tutela geral dos direitos de personalidade (art. 70, CC), dos direitos de vizinhança (arts. 1.346 e 1.347, CC) e com base na responsabilidade civil subjetiva, como regra geral".[70-71]

Em 1985, a Lei n. 83, que regulamenta a participação procedimental e a ação popular, causou perplexidade e debates acirrados no meio jurídico de Portugal. Isto porque, o seu art. 23.° reedita a responsabilidade objetiva nos seguintes termos: "Existe ainda a obrigação de indemnização por danos independentemente de culpa sempre que de acções ou omissões do agente tenha resultado ofensa de direitos ou interesses protegidos nos termos da presente lei e no âmbito ou na sequência de actividade objectivamente perigosa".

Nesses termos, dois questionamentos permanecem em busca de resposta definitiva: Qual o sentido para a sobreposição normativa entre

---

danos ou em que seja excessivamente onerosa"; SENDIM, José de Sousa Cunhal. *Responsabilidade civil por danos ecológicos*: da reparação do dano através de restauração natural. Coimbra: Coimbra Editora, 1998. p. 158-159 e 177: "[...] a obrigação de reparação dos danos ao ambiente através de restauração natural prevista no art. 48.° da LBA é aplicável a todos os prejuízos ecológicos resultantes de violação culposa, ou não, das normas da LBA ou de legislação complementar. [...] define o *regime geral* da reparação dos danos ecológicos independentemente da situação de responsabilidade a que são subsumíveis ou do princípio de imputação a que são sujeitos" (p. 158-159); "Pode, pois, concluir-se que a *restitutio in integrum* – essencialmente determinada pelo interesse público na conservação do bem ambiente e fundamentalmente irredutível a mecanismos de avaliação económica – é uma expressão da axiologia ambiental e constitui o *objectivo primário* da repressão do dano acológico" (p. 177).

[70] STEIGLEDER, Annelise Monteiro. *Ob. cit.*, p. 88-89: "[...] na Proposta de Diretiva Comunitária do Parlamento Europeu e do Conselho relativa à responsabilidade ambiental em termos de prevenção e reparação de danos ambientais (COM (2002) 17 final, de 23.01.2002), que se seguiu ao Livro Branco sobre a responsabilidade ambiental, de autoria da Comissão Européia, o alcance da responsabilidade objetiva também é limitado às atividades perigosas e os danos são restringidos"; GOMES, Manuel Tomé Soares. *Ob. cit.*, p. 8: "[...] o ordenamento jurídico português elege o *modelo da responsabilidade civil fundada na culpa como regime-regra* [...] Deste modo, a responsabilidade objectiva, seja pelo risco, seja por actos lícitos, tem natureza excepcional".

[71] *Vide* FLORES, Manuela. Responsabilidade civil ambiental em Portugal: legislação e jurisprudência. *Revista de Direito Ambiental*, São Paulo, n. 3, p. 7-24, jul./set. 1996.

este enunciado legal e aquele previsto no art. 41.º, da Lei de Bases do Ambiente? Qual disposição legal deverá ser aplicada em caso de imputação objetiva da responsabilidade em face do potencial concurso de normas?

Manuel Tomé Soares Gomes[72] não acredita que se está diante de inovação legislativa acerca do tema: "A razão de ser desse normativo terá mais a ver com o alargamento do regime da responsabilidade objectiva a todas as espécies de interesses abrangidas pela Lei 83/95 e que vão para além dos interesses ambientais, compreendendo, igualmente e entre outros, os relativos à saúde pública e ao consumo".

Para José de Sousa Cunhal Sendim[73], "quando as duas normas sejam hipoteticamente adequadas ao problema da reparação de danos ecológicos, deve entender-se aplicável a regra especial que prevê uma imputação pelo risco especificamente adequada à teleologia ambiental – i. e., o art. 41.º da LBA".

De qualquer forma, restam vigentes, mesmo em face da lei mais recente, os sistemas de responsabilidade por danos ambientais de natureza subjetiva, como regra geral, e de caráter objetivo, quando resultantes de atividades perigosas.[74] Não obstante, premente e necessária se faz uma intervenção do legislador com a finalidade de elucidar a tutela civil ambiental.[75]

Outrossim, a responsabilidade objetiva é prevista no Decreto 33/1977, versando sobre a responsabilidade civil no domínio da energia nuclear, e no Decreto-Lei n. 348/1989, sobre acidentes com material nuclear ou radioativo (art. 10.º)[76]. O Direito português disciplina também a imputação objetiva no Código Civil (arts. 499.º a 510.º).

---

[72] GOMES, Manuel Tomé Soares. *Ob. cit.*, p. 10.

[73] SENDIM, José de Sousa Cunhal. *Ob. cit.*, p. 139: "Note-se, ainda, que na LBA o legislador condicionou expressamente a entrada em vigor da norma à sua regulamentação e que o art. 23.º não preenche tal condição".

[74] Até porque, a Lei n. 83/1985, no art. 22.º, prevê a responsabilidade subjetiva como regra geral, que somente dará lugar ao regime da responsabilidade objetiva (art. 23.º) quando se tratar de atividades perigosas.

[75] GOMES, Manuel Tomé Soares. *Ob. cit.*, p. 16: "Designadamente: – na definição de um regime mais coerente de responsabilidade objectiva; – na clarificação dos seus pressupostos e do critério de determinação da indemnização devida; – no aperfeiçoamento do esquema, ainda algo lacunoso, da Lei da acção popular".

[76] Comporta, no entanto, o citado dispositivo, excludente de responsabilização: "excepto se provar que ao tempo em que o dano foi causado aquelas instalações, equi-

Pelo art. 73.°, 4, do Decreto-Lei n. 236/1998, que dispõe sobre a qualidade da água, a responsabilidade por danos ambientais é solidária. Entretanto, como adverte José de Sousa Cunhal Sendim[77], "o domínio do concurso de imputações é uma outra área onde o legislador português não consagrou qualquer regra de alcance geral, com uma solução adequada à especificidade da responsabilidade por danos ambientais e ecológicos". Esta assertiva nos conduz ao entendimento de que a obrigação ali prevista somente logra aplicação nos limites da regulação contemplada, quanto mais se levarmos em conta que o citado autor acrescenta em seguida: "Existe, contudo, a previsão do n.° 4 do art. 73.° do DL n.° 236/98, de 1 de agosto, onde se impõe o regime da responsabilidade solidária [...]"[78].

3. Referências bibliográficas

ANTUNES, Henrique Sousa. Ambiente e responsabilidade civil. In: ROCHA, Mário de Melo (Coord.). *Estudos de direito do ambiente*. Porto: Publicações Universidade Católica, 2003. (Colecção Actas). p. 149-179.

ANTUNES, Paulo de Bessa. *Dano ambiental*: uma abordagem conceitual. Rio de Janeiro: Lumen Juris, 2000.

BARACHO JÚNIOR, José Alfredo de Oliveira. *Responsabilidade civil por dano ao meio ambiente*. Belo Horizonte: Del Rey, 2000.

BARCELLONA, Mario. La responsabilità per danno ambientale. In: BESSONE, Mario (A cura di). *Casi e questioni di diritto privato*. 4. ed. Editio minor. Milano: Giuffrè, 2002. p. 493-502.

BENJAMIN, Antônio Herman V. Responsabilidade civil pelo dano ambiental. *Revista de Direito Ambiental*, São Paulo, n. 9, p. 5-52, jan./mar. 1998.

BITTERLICH, Pedro Fernandez. *Manual de derecho ambiental chileno*. Santiago: Editorial Jurídica de Chile, 2001.

---

pamentos e material estavam e foram utilizados de acordo com as regras técnicas em vigor e em perfeito estado de conservação ou se o dano foi devido a causa de força maior".

[77] SENDIM, José de Sousa Cunhal. *Responsabilidade civil por danos ecológicos*. Coimbra: Almedina, 2002. (Cadernos Cedoua). p. 46.

[78] *Ibidem*. O texto continua com a explicação do que se deve entender por obrigação solidária. O autor conclui trazendo à colação que "o regime da solidariedade decorrerá, também, na generalidade de casos de co-autoria na acção causadora do dano (concurso necessário) e de autorias paralelas (concurso cumulativo), da aplicação do regime geral do direito português previsto nos arts. 490.° e 497.° do CC, o qual também é aplicável à responsabilidade pelo risco, por força do disposto no art. 499.° do CC".

BOGNETTI, Giuseppe; MORETTI, Enrico; RIMINI, Luisa. La valutazione economica del danno ambientale: profili teorici ed aspetti empirici. In: TRIMARCHI, Pietro (A cura di). *Per una riforma della responsabilità civile per danno all'ambiente.* Milano: Giuffrè, 1994. p. 149-234.

CANOTILHO, José Joaquim Gomes. A responsabilidade por danos ambientais: aproximação juspublicística. In: AMARAL, Diogo Freitas do; ALMEIDA, Marta Tavares de (Coords.). *Direito do ambiente.* Oeiras: INA, 1994. p. 397-407.

CASSANO, Giuseppe; COSENTINO, Cristiana. *Il danno ambientale*: lineamenti, giurisprudenza, normativa. Assago: IPSOA, 2000.

CASTRO, Guilherme Couto de. *A responsabilidade civil objetiva no direito brasileiro.* 3. ed. Rio de Janeiro: Forense, 2000.

CATALÁ, Lucía Gomis. *Responsabilidad por daños al medio ambiente.* Cizur Menor (Navarra), España: Aranzadi, 1998.

CHINDEMI, Domenico. Evoluzione del danno ambientale nella giurisprudenza: quantificazione monetaria e prospettive assicurative. In: Centro Studi Piero Sacerdoti (A cura del). *La parabola del danno ambientale* (Atti del Convegno, Rhône, 1993). Milano: Giuffrè, 1994. (Quaderni Diritto ed Economia Dell'assicurazione, v. 1). p. 31-43.

COMPORTI, Marco. Il danno ambientale. In: BARBIERA, Lelio (A cura di). *Proprietà, danno ambientale e tutela dell'ambiente.* Napoli: Jovene, 1989. p. 169-176.

CORDOBERA, Lidia Garrido; KUNZ, Ana. La prevención, la percepción del daño en materia ambiental y la responsabilidad como ejercicio del derecho constitucional. *Asociación de Abogados de Buenos Aires*, Buenos Aires, 2004. Disponível em: <http://www.aaba.org.ar/bi210p45.htm>. Acesso em: 11 jan. 2005.

FERRAZ, Sérgio. Responsabilidade civil por dano ecológico. *Revista de Direito Público*, São Paulo, v. 49-50, p. 34-41, 1979.

FIORILLO, Celso Antônio Pacheco. *Curso de direito ambiental brasileiro.* 4. ed. ampl. São Paulo: Saraiva, 2003.

FLORES, Manuela. Responsabilidade civil ambiental em Portugal: legislação e jurisprudência. *Revista de Direito Ambiental*, São Paulo, n. 3, p. 7-24, jul./set. 1996.

FREITAS, Vladimir Passos de. *A constituição federal e a efetividade das normas ambientais.* São Paulo: Revista dos Tribunais, 2000.

FUENZALIDA, Rafael Valenzuela. Responsabilidad civil por daño ambiental en la legislación chilena. *Revista de Direito Ambiental*, São Paulo, n. 20, p. 20-36, out./dez. 2000.

GALASSO, Giuseppe. Il danno ambientale. In: BARBIERA, Lelio (A cura di). *Proprietà, danno ambientale e tutela dell'ambiente.* Napoli: Jovene, 1989. p. 189-193.

GOLDENBERG, Isidoro H.; CAFFERATTA, Néstor A. *Daño ambiental*: problemática de la determinación causal. Buenos Aires: Abeledo-Perrot, 2001.

GOMES, Manuel Tomé Soares. A responsabilidade civil na tutela do ambiente: panorâmica do direito português. *Revista de Direito Ambiental*, São Paulo, n. 4, p. 5--16, out./dez. 1996.

GRIZZI, Ana Luci Esteves et al. *Responsabilidade civil ambiental dos financiadores.* Rio de Janeiro: Lumen Juris, 2003.

GUIMARÃES, Luiz Ricardo. Tendências contemporâneas da responsabilidade civil em face do dano ambiental. In: HIRONAKA, Giselda Maria Fernandes Novaes (Coord.). *Direito e responsabilidade*. Belo Horizonte: Del Rey, 2002. p. 345--362.

GUTIÉRREZ, Graciela N. Messina de Estrella. Daño ambiental. Derecho romano y unificación del derecho. Experiencia europea y latinoamericana. *Revista de Direito Ambiental*, São Paulo, n. 26, p. 9-25, abr./jun. 2002.

HERNÁNDEZ, Santiago Antonio. El daño colectivo ambiental en la ley general de ambiente. *Asociación de Abogados de Buenos Aires*, Buenos Aires, 2004. Disponível em: <http://www.aaba.org.ar/bi210p06.htm>. Acesso em: 11 jan. 2005.

JONES, Carol Adaire. Avaliação da perda pública causada por danos aos recursos naturais. *Revista de Direito Ambiental*, São Paulo, n. 4, p. 17-40, out./dez. 1996.

JUSTINIANO I, Imperador do Oriente. *Digesto de Justiniano, liber primus*: introdução ao direito romano. Tradução Hélcio Maciel França Madeira. 3. ed. rev. São Paulo: Revista dos Tribunais; Osasco: UNIFIEO, 2002.

LANFREDI, Geraldo Ferreira. *Política ambiental*: busca de efetividade de seus instrumentos. São Paulo: Revista dos Tribunais, 2002.

LEITE, José Rubens Morato. *Dano ambiental*: do individual ao coletivo extrapatrimonial. São Paulo: Revista dos Tribunais, 2000.

LEMOS, Patrícia Faga Iglecias. *Responsabilidade civil por dano ao meio ambiente*. São Paulo: Juarez de Oliveira, 2003.

LIBERTINI, Mario. La nuova disciplina del danno ambientale e i problemi generali del diritto dell'ambiente. In: PERLINGIERI, Pietro (A cura di). *Il danno ambientale con riferimento alla responsabilità civile*. Napoli: Scientifiche Italiane, 1991. p. 21-74.

LORENZETTI, Ricardo Luis. La nueva ley ambiental argentina. *Revista de Direito Ambiental*, São Paulo, n. 29, p. 287-306, jan./mar. 2003.

MACHADO, Paulo Affonso Leme. *Direito ambiental brasileiro*. 11. ed. rev., atual. e ampl. São Paulo: Malheiros, 2003.

MADDALENA, Paolo. Il danno ambientale. In: BARBIERA, Lelio (A cura di). *Proprietà, danno ambientale e tutela dell'ambiente*. Napoli: Jovene, 1989. p. 183-188.

MICHELIN, Fábio. Derecho ambiental, medio ambiente y sustentabilidad: un análisis del ordenamiento jurídico ambiental de Brasil y Chile. *Jus Navigandi*, Teresina, a. 8, n. 396, 7 ago. 2004. Disponível em: <http://www1.jus.com.br/doutrina/texto.asp?id=5500>. Acesso em: 9 jan. 2005.

MILARÉ, Edis. *Direito do ambiente*. São Paulo: Revista dos Tribunais, 2000.

MINERVINI, Enrico. Danno ambientale e responsabilità «individuale» In: PERLINGIERI, Pietro (A cura di). *Il danno ambientale con riferimento alla responsabilità civile*. Napoli: Scientifiche Italiane, 1991. p. 297-306.

MUKAI, Toshio. *Direito ambiental sistematizado*. 3. ed. Rio de Janeiro: Forense Universitária, 1998.

PATTI, Salvatore. Il danno ambientale: il problema della quantificazione. In: Centro Studi Piero Sacerdoti (A cura del). *La parabola del danno ambientale* (Atti del Convegno, Rhône, 1993). Milano: Giuffrè, 1994. (Quaderni Diritto ed Economia Dell'assicurazione, v. 1). p. 3-15.

PÉREZ, Efraín. *Derecho ambiental*. Bogotá: McGraw-Hill, 2000.

PLANTE, Mike. The comprehensive environmental response, compensation, and liability act (CERCLA) of 1980. *Department of Geography – University of Minnesota*, Minneapolis, 2001. Disponível em: <http://www.geog.umn.edu/courses/8344/web_pages/plante/# Liability>. Acesso em: 14 jan. 2005.

POSTIGLIONE, Amedeo. Il danno ambientale. In: BARBIERA, Lelio (A cura di). *Proprietà, danno ambientale e tutela dell'ambiente*. Napoli: Jovene, 1989. p. 177--181.

POSTIGLIONE, Amedeo. La responsabilità civile per danno ambientale nel quadro dell'unità della giurisdizione. In: PERLINGIERI, Pietro (A cura di). *Il danno ambientale con riferimento alla responsabilità civile*. Napoli: Scientifiche Italiane, 1991. p. 117-138.

POZZO, Barbara. *Danno ambientale ed imputazione della responsabilità*: esperienze giuridiche a confronto. Milano: Giuffrè, 1996. (Studi di diritto privato, v. 74).

POZZO, Barbara. Il criterio di imputazione della responsabilità per danno all'ambiente nelle recenti leggi ecologiche. In: TRIMARCHI, Pietro (A cura di). *Per una riforma della responsabilità civile per danno all'ambiente*. Milano: Giuffrè, 1994. p. 1-39.

POZZO, Barbara. *Il danno ambientale*. Milano: Giuffrè, 1998.

PUTTI, Pietro Maria; CAPILLI, Giovanna. A responsabilidade por dano ambiental na Itália. *Revista de Direito Privado*, São Paulo, n. 14, p. 60-86, abr./jun. 2003.

ROCHA, Maria Isabel de Matos. Reparação de danos ambientais. *Revista de Direito Ambiental*, São Paulo, n. 19, p. 129-156, jul./set. 2000.

RODRIGUES, Marcelo Abelha. *Instituições de direito ambiental*. São Paulo: Max Limonad, 2002. v. 1.

RUFFOLO, U. Danno ambientale. In: BESSONE, Mario (A cura di). *Casi e questioni di diritto privato*. 8. ed. Milano: Giuffrè, 2000. v. 9. t. 2. p. 150-172.

SANTOS, Cláudia Maria Cruz; DIAS, José Eduardo de Oliveira Figueiredo; ARAGÃO, Maria Alexandra de Sousa (CANOTILHO, José Joaquim Gomes – Coordenador). *Introdução ao direito do ambiente*. Lisboa: Universidade Aberta, 1998. v. 148.

SCHEIBE, Virgínia Amaral da Cunha. O direito ambiental no Mercosul. *Revista de Direito Ambiental*, São Paulo, n. 23, p. 125-162, jul./set. 2001.

SÉGUIN, Elida. *O direito ambiental*: nossa casa planetária. 2. ed. Rio de Janeiro: Forense, 2002.

SÉGUIN, Elida; CARRERA, Francisco. *Planeta terra*: uma abordagem de direito ambiental. 2. ed. rev. Rio de Janeiro: Lumen Juris, 2001.

SENDIM, José de Sousa Cunhal. *Responsabilidade civil por danos ecológicos*: da reparação do dano através de restauração natural. Coimbra: Coimbra Editora, 1998.

SENDIM, José de Sousa Cunhal. *Responsabilidade civil por danos ecológicos*. Coimbra: Almedina, 2002. (Cadernos Cedoua).

SILVA, José Afonso da. *Direito ambiental constitucional*. 2. ed. rev. 3. tir. São Paulo: Malheiros, 1998.

SIRVINSKAS, Luís Paulo. *Manual de direito ambiental*. 2. ed. rev., atual. e ampl. São Paulo: Saraiva, 2003.

STEIGLEDER, Annelise Monteiro. Considerações sobre o nexo de causalidade na responsabilidade civil por dano ao meio ambiente. *Revista de Direito Ambiental*, São Paulo, n. 32, p. 83-103, out./dez. 2003.

TRIMARCHI, Pietro. Per una riforma della responsabilità civile per danno ambientale. In: TRIMARCHI, Pietro (A cura di). *Per una riforma della responsabilità civile per danno all'ambiente*. Milano: Giuffrè, 1994. p. 235-246.

VILLA, Gianroberto. Nesso di causalità e responsabilità civile per danni all'ambiente. In: TRIMARCHI, Pietro (A cura di). *Per una riforma della responsabilità civile per danno all'ambiente*. Milano: Giuffrè, 1994. p. 91-147.

AUTORIZAÇÃO PARA IMPLANTAÇÃO COMERCIAL E LICENCIAMENTO URBANÍSTICO:
Formas de coordenação procedimental

por *Marta Portocarrero**

1. Introdução

1.1. *O urbanismo comercial*

Não é de hoje a preocupação de uma regulação pública da actividade comercial. Pese embora a afirmação e defesa de um direito à livre iniciativa económica, a implantação de equipamentos comerciais toca interesses de vária natureza e que justificam, em certa medida, uma intervenção pública[1].

Basta para isso pensar na exigência de uma adequada estrutura comercial (equilibrada e diversificada), que garanta a satisfação das necessidades dos consumidores e que se encontre racionalmente distribuída no plano espacial, garantindo, de outra parte, um adequado nível de emprego e qualidade de vida (objectivos económico-comerciais, territoriais e sociais). Porém, no contexto da implantação da instalação comercial relevam necessariamente questões relativas a um correcto ordenamento do território, urbanismo e protecção ambiental.

---

* Assistente da Universidade Católica Portuguesa.
[1] Sobre o direito à iniciativa económica, designadamente enquanto liberdade de estabelecimento, e a possibilidade de limitação deste direito cfr., por todos, J. J. Canotilho e Vital Moreira, *Constituição da República Portuguesa anotada*, 3.ª edição, Coimbra, 1993, pp. 325 e ss.; e Jorge Miranda e Rui Medeiros, *Constituição Portuguesa Anotada*, tomo I, Coimbra 2005, pp. 619 e ss.

A imbricação entre a regulação da actividade comercial e o direito do urbanismo leva, aliás, a que se fale de um *urbanismo comercial*, disciplina que "visa o planeamento urbano das áreas comerciais e dos seus respectivos estabelecimentos"[2] e que no âmbito desta visão integrada presta atenção a múltiplos aspectos que passam até pela dinamização cultural dos espaços[3].

A fórmula de equilíbrio entre os dois termos do urbanismo comercial tem sido alcançada, nos diversos ordenamentos jurídicos, por meios vários, seja pela ponderação dos interesses económico-comerciais ao nível dos planos urbanísticos e respectivos licenciamentos; seja pela introdução de planos sectoriais de carácter comercial, os quais são articulados com os planos urbanísticos em vigor, e com a previsão de autorizações especificamente comerciais[4].

Mais do que aprofundar estes diversos modelos, pretende-se apenas apreciar, criticamente, a forma encontrada pelo legislador português de articulação dos múltiplos interesses envolvidos na implantação comercial, na específica perspectiva da coordenação entre a autorização para a implantação comercial e o licenciamento urbanístico.

1.2. *As traves-mestras do regime em vigor*

Neste sentido, começamos logo por notar, que se a L 12/2004, de 30 de Março, pretende, aparentemente, uma regulação integral do regime relativo à implantação comercial, não deixa de se manter autónomo o procedimento urbanístico que em cada caso seja necessário[5].

---

[2] Carlos Balsas, *Urbanismo Comercial em Portugal e a Revitalização do Centro das Cidades,* Lisboa 1999, p. 77.

[3] Cfr., a este propósito, Fernando Alves Correia e Dulce Lopes, "O Direito das Implantações Comerciais em Portugal. Uma mesma realidade jurídica: dois olhares diferentes", *Revista CEDOUA,* n.º 9, pp. 9 e ss. (pp. 10 e 17); e António Vigário, *A Autorização Administrativa para Implantação Comercial,* Coimbra 2005, em especial pp. 34 e ss. Ver, de igual forma, Iñigo Martínez de Pisón, "Urbanismo Comercial: el regímen de apertura de grandes establecimientos comerciales en la Ley 7/1996, de 15 de Enero, de ordenacion del comercio minorista", *Revista de Administración Pública,* n.º 145, 1998, pp. 363 e ss.

[4] Cfr. Fernando Alves Correia e Dulce Lopes, "O Direito...", cit., pp. 11 e ss.; e António Vigário, *A Autorização...,* cit., pp. 37 e ss. e bibliografia aí citada.

[5] Cfr. art. 7.º, n.º 9, da L 12/2004. Ver António Vigário, *A Autorização...,* cit. p. 43.

Esta pluralidade de procedimentos pode criar problemas de articulação entre os actos administrativos legalmente exigidos para a aprovação global do projecto.

De facto, o procedimento para a instalação de um equipamento comercial com determinadas características[6] constitui um procedimento complexo, o qual exige a intervenção de várias autoridades administrativas[7]. A sua condução compete a uma Entidade Coordenadora (a Direcção Regional de Economia – DRE) a quem cabe, de igual forma, instruir o procedimento para a autorização prévia de localização do empreendimento, quando o projecto não se situe em área afecta ao uso proposto por Plano de Ordenamento do Território, ou por licença ou autorização de loteamento, em vigor (cfr. art. 5.º, 1, do referido diploma). Esta Entidade Coordenadora é, ela própria, o órgão decisor destes dois procedimentos no caso dos empreendimentos previstos no art. 7.º, 1 a), da L 12/2004; nas restantes situações, os actos administrativos de que tratamos são da competência de Comissões Regionais (alínea b) do n. 1, do art. 7.º) ou de Comissões Concelhias (alínea c) do n.º 1, do art. 7.º), cuja composição se encontra estabelecida pelos ns. 2, 3 e 4 do art. 7.º do diploma em questão. Fora das situações previstas no art. 5.º, 1, a aprovação da localização é da competência da Câmara Municipal respectiva (art. 5.º, 2).

Paralelamente mantém-se inalterado o procedimento urbanístico que no caso seja necessário.

Por outro lado, antes da entrada em funcionamento da instalação, prevê-se a realização de uma vistoria pela Entidade Coordenadora, e que deverá ser realizada em conjunto com a vistoria municipal (art. 22.º). O resultado dessa vistoria deverá ser comunicado ao requerente. Esta comunicação não substitui, porém, a exigida licença de utilização municipal[8].

---

[6] O âmbito de aplicação do regime da L 12/2004 encontra-se definido no seu art. 4.º. De facto, a autorização comercial visa a *infra-estrutura comercial* e deve abranger todas aquelas instalações que por assumirem determinadas características, designadamente pela sua dimensão, tenham impacte na estrutura comercial em que se inserem – cfr., a propósito, António Vigário, *A Autorização...*, cit., p. 42.

[7] Sobre a noção de procedimento complexo, ver Marta Portocarrero, *Modelos de Simplificação Administrativa,* Porto 2002, pp. 44 e ss.

[8] Em qualquer um destes procedimentos são solicitados vários pareceres a outras autoridades administrativas, os quais, caso não sejam emitidos no prazo legalmente estabelecido correspondem a um deferimento tácito (cfr. arts. 13.º, 5 e 14.º,

Deste modo, a instalação de um equipamento comercial não se basta com uma única autorização. Apesar de nos encontrarmos perante uma situação material una, este mesmo *pedaço da vida* é cindido em diferentes aspectos, e a sua apreciação atribuída a entidades administrativas diversas, podendo traduzir-se na prática de decisões autónomas ou de meros actos procedimentais. Estando envolvidos múltiplos interesses públicos (e privados), reclama-se a intervenção procedimental da autoridade pública responsável pela sua prossecução, e que se apresenta tecnicamente melhor apetrechada para a respectiva apreciação e ponderação. Sendo hoje a Administração Pública uma administração plural desconcentrada e descentralizada, este facto vai conduzir a uma proliferação de intervenções sobre um mesmo projecto, com graves efeitos na celeridade procedimental, claro perigo de decisões contraditórias e, consequentemente, riscos de investimento, se não forem asseguradas eficazes vias de coordenação inter-administrativa.

Note-se que para evitar o risco de contradição de decisões, haverá quem defenda uma separação estanque dos diferentes domínios competenciais de cada autoridade administrativa[9]. De acordo com esta *teoria da separação,* uma autoridade administrativa deve avaliar e decidir sobre as matérias da sua competência *específica*. Desta forma, caberia à autoridade *comercial* apreciar critérios estritamente económicos e à autoridade *urbanística* a apreciação de critérios puramente urbanísticos, eliminando-se, consequentemente, a possibilidade de ocorrência de sobreposição de pressupostos.

A uniformidade nas decisões é, porém, a única vantagem que se pode retirar da tese da separação de domínios competenciais, a qual, pelo contrário, apresenta claros inconvenientes e que se estendem da desresponsabilização de cada autoridade administrativa pelo valor global do projecto – que vai muitas vezes emitir a autorização que lhe compete salvaguardando simplesmente outras decisões administrativas –, ao aumento do risco financeiro para o requerente, impossibilitado de obter uma base firme para o seu investimento.

Ademais, muitas vezes essa separação não é sequer viável. Na verdade, perante matérias complexas, teias de interesses extremamente

---

5 da L 12/2004; e 19.º, 9 do DL 555/99, com as alterações realizadas pelo DL 177/2001, de 4 de Junho).

[9] Cfr., por todos, Jarass, *Konkurrenz, Konzentration und Bindungswirkung von Genehmigungen,* 1984, pp. 82 e ss.

imbricados e de geometria variável, o legislador tende a deixar à Administração amplas opções valorativas, mesmo no momento da enunciação dos pressupostos da decisão[10-11].

Veja-se, a propósito, o que acontecia no âmbito do regime anterior relativo à implantação de estabelecimentos comerciais, regulado pelo DL 218/97, de 20 de Agosto. Se, aparentemente, o art. 8.° enunciava pressupostos exclusivamente comerciais e económicos (como a *coesão da estrutura comercial existente na área de influência* ou *a adequação dos equipamentos comerciais às condições de vida dos consumidores*), na sua última alínea, abria a porta à consideração de outro tipo de interesses, ao enunciar de forma vaga como pressuposto *o nível de desenvolvimento e a qualidade do ordenamento do urbanismo comercial na região relevante.*

O novo regime da autorização para a implantação comercial assumiu, pelo contrário, de forma clara, uma visão integrada da matéria que regula, como é percepcionado pela simples leitura do art. 2.° da L 12/2004. Neste preceito estabelecem-se como objectivos do regime do diploma, entre outros, *a inserção espacial das estruturas comerciais de acordo com critérios que salvaguardem a protecção do ambiente, ordenamento do território e do urbanismo comercial*. Todavia, o diploma não levou estes intentos às últimas consequências e com isto pode criar problemas de articulação procedimental. Vejamos em que termos e que pistas podemos apontar no sentido de minorar esses efeitos.

---

[10] Sobre a possibilidade de abertura da previsão legal, cfr., por todos, Sérvulo Correia, *Legalidade e autonomia contratual,* Coimbra, 1987, p. 322; sobre a concessão de poderes discricionários pela utilização de conceitos imprecisos, cfr., entre outros, Rogério Soares, *Direito Administrativo,* UCP-Porto, 1980, pp. 57 e ss.; Vieira de Andrade, *O dever da fundamentação expressa de actos administrativos,* Coimbra, 1992, em especial, p. 372; e Francisca Portocarrero, "Notas sobre variações em matéria de discricionaridade. A propósito de algumas novidades terminológicas e da importação de construções dogmáticas pelas nossas doutrina e jurisprudência do Supremo Tribunal Administrativo", *Juris et de Jure,* Porto, 1998, pp. 643 e ss. (pp. 660 e 661).

[11] É certo, portanto, que as autorizações de que tratamos visam tutelar bens jurídicos distintos. Não obstante, isso não invalida que os pressupostos dos dois actos se cruzem e que os mesmos factos sejam ponderados em procedimentos diferentes.

2. Questões de coordenação procedimental

A lei em apreço manteve, como já vimos, a necessidade de obtenção, de forma autónoma, da licença (ou autorização) da construção ou da operação urbanística que a implantação determina. Deste modo, a instalação de uma unidade comercial encontra-se, por regra, sujeita a pelo menos dois actos administrativos diferentes – a autorização comercial e a licença (ou autorização) urbanística –, que são o resultado da condução de dois procedimentos autónomos, e os quais são emitidos por duas entidades diversas, que não deixam de apreciar a mesma realidade material. Trata-se, portanto, de dois procedimentos coligados em termos materiais, mas que mantêm a sua total autonomia. Deste modo, o requerente terá necessariamente de se dirigir a pelo menos dois organismos públicos, enfrentando interlocutores diferentes. A recusa por qualquer deles na concessão do acto da sua competência tem por consequência a inviabilidade do projecto na sua globalidade. De facto, a obtenção da autorização comercial não garante o deferimento do licenciamento urbanístico e podem surgir problemas de contradição entre estas duas decisões.

Para melhor ilustrar as questões a que nos referimos bastará atentar no art. 9.º da L 12/2004, preceito onde se definem os critérios que devem ser preenchidos na concessão da autorização comercial. Logo nas alíneas a) e b) do seu n.º 2 e a) e b) do seu n.º 3 enunciam-se pressupostos[12] que vão, muito provavelmente, ser objecto de análise pela

---

[12] Os pressupostos referidos são os seguintes:
ART. 9.º
(...)

2. *a) garantia de um correcto ordenamento em matéria de protecção ambiental, respeito pelas regras de ordenamento do território, de urbanismo e de inserção da paisagem;* b) *disponibilidade de áreas adequadas para estacionamento e para cargas e descargas;*

3. *a) Na aplicação do critério previsto na alínea a) do n.º 2, deve atender-se à legislação em matéria ambiental e de ordenamento do território e à contribuição do projecto para o desenvolvimento da qualidade do urbanismo, considerando os seguintes aspectos: i) conformidade com os instrumentos de gestão territorial em vigor e integração do projecto na área envolvente; ii) contribuição para a sustentabilidade do desenvolvimento urbano; b) O respeito pelo critério previsto na alínea b) do n.º 2 exige a criação, no interior da parcela destinada ao estabelecimento de comércio ou conjunto comercial, de áreas mínimas para lugares de estacionamento e de cargas e descargas, devendo o requerente apresentar para o efeito um estudo de circulação*

Câmara Municipal a que caiba licenciar o projecto (cfr. art. 20.º do DL 555/99). A apreciação de tais pressupostos, se bem que apresente momentos vinculados (designadamente quanto à observância ou desrespeito das normas de ordenamento do território, desde que elas próprias vinculadas), envolve, de igual forma, ponderações discricionárias, particularmente no juízo sobre a inserção do projecto na envolvente urbanística e paisagística[13].

Posto isto, cabe perguntar: como coordenar a actuação dos dois órgãos envolvidos, a Câmara Municipal e a entidade decisora do procedimento comercial? Será que a apreciação feita pela última, sobre o preenchimento desses pressupostos, vincula a Câmara Municipal? De acordo com o regime estabelecido por este diploma, não podemos deixar de considerar que, em certa medida, a vincula, uma vez que uma apreciação negativa daqueles pressupostos conduz à recusa da autorização comercial e, esse acto de indeferimento, impossibilita a Câmara Municipal de vir licenciar a respectiva operação urbanística, sob pena de nulidade do acto autorizativo – cfr. art. 7.º, n.º 9; art. 9.º, n.º 8 a), da L 12/2004 e Portaria n.º 510/2004, de 20 de Maio[14].

Por outro lado, assola-nos uma outra questão: no caso de uma apreciação positiva por parte da autoridade comercial, será que a Câmara pode, posteriormente, recusar a licença (autorização) urbanística, *maxime* pelo não preenchimento de um aspecto já analisado pela autoridade comercial, uma vez que esta não é a entidade tecnicamente mais

---

e estacionamento que cumpra as disposições legais e regulamentares em vigor e que considere os seguintes aspectos: i) dimensão do empreendimento conjugada com o(s) ramo(s) de actividade projectada e o tempo de permanência esperado no(s) estabelecimento(s), ii) acessibilidade do local em relação ao transporte individual e colectivo, particularizando os acessos ao empreendimento e suas ligações com a rede rodoviária existente; iii) esquema de circulação e capacidade de estacionamento nas vias existentes na área de influência directa do empreendimento; iv) funcionamento das operações de carga e descarga.

[13] No mesmo sentido, ainda que com referência ao licenciamento urbanístico, onde porém se colocam estas mesmas questões, cfr. Maria José Castanheira Neves, Fernanda Paula Oliveira e Dulce Lopes, *Regime Jurídico da Urbanização. Comentado,* Coimbra 2006, pp. 180 e 181.

[14] No sentido de que esta regra já configura uma forma de articulação dos dois procedimentos, ver António Vigário, *A Autorização...,* cit., p. 113. De facto, a defesa de uma tese de separação estrita entre os actos administrativos não permitiria que uma autorização fosse recusada por inutilidade, por força do indeferimento de um acto administrativo essencial para levar o projecto a bom termo.

capaz para apreciar questões urbanísticas? Esta situação reporta-se a uma problemática complexa e delicada sobre a relação de vinculação entre actos administrativos. Em rigor, trata-se de estabelecer os limites subjectivos de um efeito de caso decidido do acto administrativo na relação com terceiras entidades administrativas. De facto, o efeito de caso decidido de um acto administrativo tem por consequência o dever de respeito do seu conteúdo pelas restantes entidades administrativas, que o devem ter como base das suas decisões. Pode ser encontrado o fundamento para tal alcance no princípio da segurança jurídica e no princípio da separação de competências entre os diversos órgãos administrativos[15]. Porém, quando a formulação dos pressupostos do acto *antecedente*[16] é de tal forma lata que aqueles se sobrepõem inevitavelmente aos actos que se lhe seguem (como acontece no caso em apreço), alguns autores propõem que se diferencie o que é a matéria de competência específica do Autor do primeiro acto, isto é, as questões em relação às quais este se apresenta como "autoridade técnica especializada" e se limite o efeito vinculativo a essas questões, o que a doutrina germânica chama de *efeito vinculativo específico*[17]. Se assim se entender, o deferimento da autorização comercial não garante o deferimento da licença (autorização) urbanística, mesmo quanto a aspectos já apreciados naquele acto administrativo, facto que do ponto de vista do requerente se afigura absolutamente incompreensível.

E não se diga que do que aqui se trata é de um falso problema, uma vez que a Câmara Municipal pode participar na decisão sobre a concessão ou indeferimento da autorização comercial. De facto,

---

[15] É esta a posição de J. J. Gomes Canotilho, "Actos Autorizativos jurídico-públicos e responsabilidade por danos ambientais", *Boletim da Faculdade de Direito da Universidade de Coimbra,* vol. LXIX, pp. 1 e ss. (p. 20); ver também, Filipa Calvão, " O procedimento administrativo como instrumento de coordenação de competências", *Cadernos de Justiça Administrativa,* n.º 32, pp. 41 e ss. (em especial pp. 49 e ss.). Sobre o efeito de caso decidido do acto administrativo, cfr., entre outros, Rui Machete, "Caso Julgado", *Estudos de Direito Público e Ciência Política,* 1991, pp. 156 e ss.; Robin de Andrade, *A revogação dos actos administrativos,* 2.ª edição. Coimbra 1995, pp. 62 a 69; Forsthoff, *Traité de Droit Administratif Allemand,* tradução de Michel Fromont, Bruxelas, 1969, pp. 386 e ss.; Maurer, *Allgemeines Verwaltungsrecht,* 11.ª edição, Munique 1997, pp. 262 a 266.

[16] Usamos aqui o conceito de acto antecedente não com o sentido técnico-jurídico rigoroso, mas querendo apenas significar com a expressão que se trata do acto a praticar em primeiro lugar.

[17] Ver, sobre esta matéria entre outros, Jarass, *Konkurrenz...,* cit., pp. 74 e ss.

a Câmara Municipal é membro integrante, através do seu Presidente, tanto das Comissões Regionais como das Comissões Municipais, às quais compete a decisão final de muitos procedimentos comerciais – cfr. art. 7.º, da L 12/2004. Mas desde logo, escapam à sua apreciação os processos cuja decisão compete à DRE (cfr. art. 7.º, 1 a), e 10.º, 2, da L 12/2004). Por outro lado, estas Comissões, atendendo ao seu regime jurídico, assumem a natureza de verdadeiros órgãos colegiais e a Câmara Municipal participando nestas Comissões, ao tornar-se um membro desse colégio, despe-se do seu poder específico. É que, no colégio, a posição pessoal de cada um dos membros dissolve-se na vontade do órgão e os interesses de que cada um é titular não correspondem a um poder específico que, pelo contrário, pertence ao órgão na sua globalidade[18]. Nesta medida, o sentido do voto da Câmara Municipal pode não coincidir com o sentido da deliberação final imputada ao órgão, dado que o colégio delibera por maioria[19].

A propósito destas Comissões não podemos, aliás, deixar de abrir um pequeno parêntesis e levantar algumas reticências sobre a sua composição, pelo facto de nesta constar a participação de particulares representantes de determinados interesses específicos. A especial composição destes órgãos reflecte um fenómeno de participação orgânica de particulares na Administração Pública e que se traduz no facto de

---

[18] Ver, a este propósito, Verbari, "Organi Collegiale", *Enciclopédia del Diritto*, XXXI, p. 60.

[19] Cfr. art. 4.º, 2 da Portaria n.º 518/2004, de 20 de Maio.
Considerando que estas Comissões são formas de *conferência decisória*, querendo com tal expressão, aparentemente, referir-se a uma figura semelhante à conferência de serviços italiana, quando deliberativa ver Maria José Castanheira Neves, Fernanda Paula Oliveira e Dulce Lopes, *Regime Jurídico...*, cit., p. 247. Discordamos, porém, desta posição, pois defendemos que a particularidade da conferência é ter na sua génese o procedimento e por isso, apesar de ter de ir buscar muitas das suas regras ao funcionamento dos órgãos colegiais, é uma realidade diferente destes e aí está a sua mais-valia perante formas tradicionais de coordenação como o são os órgãos colegiais, mesmo que formados por portadores de diferentes interesses. No direito italiano, aliás, a figura da conferência de serviços encontra-se prevista em geral, para qualquer procedimento, desde que seja *oportuno realizar um exame contextual dos vários interesses públicos envolvidos num procedimento administrativo* (art. 14.º, 1, da Lei procedimental italiana – L n.º 241/1990, com últimas alterações datadas de 2005, pelas leis n.º 15 e n.º 80), e, portanto, sem uma prévia determinação legal dos participantes na conferência. Ora, a ideia de um órgão cujos membros não estão previamente definidos parece estranha. Para mais desenvolvimentos sobre esta posição, cfr. Marta Portocarrero, *Modelos...*, cit., pp. 158 e ss.

particulares "enquanto tais [...] sem ser na qualidade de funcionários ou agentes da Administração e sem pertencerem ao pessoal político que, em representação dos eleitores, ocupa os órgãos das várias administrações públicas"[20], "[...] [serem] inseridos num órgão público não especialmente instituído ou vocacionado para prosseguir os respectivos interesses específicos"[21] e que, por isso, se diferenciam de formas de administração autónoma funcional[22]. Em especial quando detenham poderes decisórios (como é o caso) estas figuras não deixam de levantar fortes dúvidas do ponto de vista da sua legitimação, imparcialidade e independência[23]. Deste modo, preferimos formas de participação procedimental dos particulares, em que a sua intervenção não se manifesta numa participação decisória, pelo menos fora daquelas situações em que a própria Constituição a prevê[24].

3. Vias de aperfeiçoamento na coordenação procedimental

3.1. *De iure condito: a realização de uma conferência instrutória interprocedimental*

No sentido de minorar os problemas acima enunciados, ideal seria a Entidade Coordenadora do procedimento comercial promover uma participação procedimental, preventiva, da Câmara Municipal a que caiba licenciar o projecto urbanístico, através da emissão de um parecer não vinculativo (uma vez que a lei não o exige), mas que garantisse de alguma forma uma apreciação, ainda que sumária, do projecto do ponto de vista urbanístico. A entidade instrutora deveria tentar até uma ponderação global do projecto, e só perante um *exame provisório global positivo,* mesmo quanto a pressupostos a ser apre-

---

[20] Pedro Gonçalves, *Entidades privadas com poderes públicos,* Coimbra 2005, p. 438.

[21] Idem, p. 441.

[22] Ainda que tais indivíduos possam ter interesse na actividade desenvolvida pelo respectivo órgão.

[23] Ver, a propósito, Pedro Gonçalves, *Entidades ...,* cit., pp. 438 e ss. e a problematização aí apresentada (em especial a pp. 445 e ss.) sobre o défice de legitimação democrática desta Administração *partilhada.*

[24] Cfr., por exemplo, o art. 77.º, 1, da CRP, e Pedro Gonçalves, *Ibidem,* p. 445, n. 78.

ciados por outras autoridades administrativas, conceder a autorização, socorrendo-se, para tal, das autoridades especializadas nas diversas matérias[25]. Estas fariam uma apreciação sumária sobre a viabilidade do projecto, alertando para obstáculos inultrapassáveis ao licenciamento. É certo, dirão, que uma participação deste tipo só vai contribuir para alongar um procedimento já de si temporalmente extenso. Com a clara agravante de, neste caso, a estrutura sequencial dos procedimentos fazer com que o requerente só depois de uma resposta positiva por parte da autoridade comercial possa avançar no procedimento urbanístico. Ora, tempo é dinheiro e não será o primeiro projecto a demorar alguns anos para a sua aprovação global[26].

A delonga provocada pela realização deste exame poderia ser, porém, atalhada, pela realização de uma *conferência instrutória interprocedimental*, onde se fizessem intervir todas as entidades públicas com poderes de instrução e/ou decisão sobre a situação material concreta. A ideia é, no fundo, chamar a uma mesma mesa os titulares dos interesses envolvidos em ambos os procedimentos (comercial e urbanístico), isto é, as autoridades chamadas a intervir por uma qualquer forma em qualquer um dos procedimentos, procedendo a uma apreciação simultânea e contextual do projecto na sua globalidade[27].

O procedimento administrativo detém uma função organizativa dos diferentes interesses e relações jurídicas, sendo o lugar adequado à introdução e tratamento da informação necessária à tomada de uma

---

[25] Sobre o exame global provisório, cfr. Wagner, *Die Genehmigung umwelt relevanter Vorhaben in parallelen und konzentrierten Verfahren,* Berlim 1987, pp. 220 e ss. Trata-se de um exame sumário, mas suficiente para uma decisão sustentada.

[26] Sobre a importância e significado do factor tempo no âmbito do procedimento administrativo, cfr., entre outros, J.J. Gomes Canotilho, "Constituição e "Tempo Ambiental"", *CEDOUA,* n.º 2, 1999, pp. 9 e ss. (p. 9); Rombach, *Der Faktor Zeit in Umweltrechtlichen Genehmigungsverfahren,* Baden-Baden, 1994, em especial, p. 150; e Martín Bullinger, "La Administracion al ritmo de la economia y de la sociedad", *Documentación Administrativa,* n.º 234, 1993, pp. 85 e ss.

[27] O expediente a que fazemos referência é semelhante à denominada *"conferenza di servizi"* prevista no ordenamento jurídico italiano e que já referimos (cfr. art. 14.º, da L 7 de Agosto 1990 n.º 241, com as últimas alterações introduzidas pelas L n.º 15 e n.º 80 de 2005). Preferimos, no entanto, a designação acima referida por se revelar mais neutral e que assim permite a aplicação do mesmo termo à fase constitutiva do procedimento, que entre nós deve caber a *órgãos,* estruturas organizativas a que pertence o exercício das *competências.* Ver mais desenvolvidamente, Marta Portocarrero, *Modelos...,* cit., pp. 64 e ss.

decisão meditada e ponderada[28]. A necessidade de simplificação da actividade administrativa conduz a propostas de alteração da concepção do procedimento administrativo como uma série de actos sequenciais, concebendo estruturas procedimentais de prática simultânea de alguns actos preparatórios, como é tipicamente o *procedimento em estrela (Sternverfahren)*[29]. Não se perde com isso toda a sequencialidade, pois esta mantém-se no que se configura como momentos fundamentais do procedimento, mas salienta-se esta perspectiva funcional e valorativa do procedimento administrativo, em detrimento da visão formal que parece ainda presente na formulação do CPA[30]. A conferência é, por isso, uma outra forma de *proceder*, pelo menos se tiver apenas objectivos instrutórios.

Esta solução trará, certamente, benefícios do ponto de vista da celeridade dos procedimentos, por força de um efeito de contracção temporal dos mesmos, da sua eficiência (note-se que não se multiplica a transmissão da documentação, nem se multiplicam os pedidos de esclarecimento e as consultas, porventura idênticas nos dois procedimentos), da sua transparência, e contribuirá, certamente, para uma maior responsabilização das autoridades administrativas envolvidas[31]. E se este efeito de contracção apresenta a mais-valia de uma aceleração procedimental, a sua utilidade revela-se em toda a linha, sobretudo no caso de divergência nas posições dos diversos órgãos intervenientes. De facto, no lugar de um simples parecer negativo, podem

---

[28] Neste sentido, cfr., por todos, Pedro Machete, *A Audiência dos interessados no procedimento administrativo*, Lisboa 1995, p. 34; e David Duarte, *Procedimentalizaçao, participação e fundamentação: para uma concretização do princípio da imparcialidade administrativa como parâmetro decisório*, Coimbra 1996, pp. 93 e ss.

[29] Assim no procedimento urbanístico, por exemplo, no seu art. 19.º, 4, do DL 555/99, de 16 de Dezembro, versão actualizada.

[30] Neste sentido, parece pronunciar-se Sérvulo Correia, como tivemos oportunidade de ouvir no âmbito de uma intervenção em Conferência realizada na Universidade do Porto, em 27/04/2006, subordinada ao tema *Global Due Process of Law e procedimento equitativo*.

[31] Estas são algumas das vantagens assinaladas à *conferenza di servizi* no direito italiano, pelos diversos autores. A título meramente exemplificativo, cfr. Morbidelli, "Il procedimento", Mazzarolli, Pericu, Romano, Mónaco e Scoca, *Diritto Amministrativo*, vol II, 2.ª edição, Bolonha 1998, p. 1322; Cármen Cosentino e Francesco Frasca, *Conferenze di servizi e sportello único per le attività produttive*, Milão 1999, p. 26.

sugerir-se alterações ao projecto e o consenso dos diferentes pontos de vista será, em princípio, mais facilmente alcançado.

A conferência apresenta-se, assim, como uma solução flexibilizante da acção administrativa e simultaneamente protectora do interesse público, e nesta medida, ela apresenta uma clara vantagem, como mecanismo de simplificação, sobre a mera previsão legal do deferimento tácito do parecer solicitado e não emitido atempadamente (como acontece nos arts. 13.º, 5, e 14.º, 5, da L 12/2004). De facto, na falta de uma planificação comercial, é a autorização administrativa que procede a uma primeira ponderação dos interesses envolvidos em cada projecto e, por isso, a solução legal de atribuir ao silêncio das administrações obrigatoriamente consultadas o valor de parecer favorável não se afigura suficientemente protectora dos bens jurídicos eventualmente afectados[32].

Desta forma, o resultado dessa conferência constituiria uma base mais sólida de decisão em qualquer um dos procedimentos e ela pode, em nosso entender, realizar-se mesmo na ausência de uma regra expressa nesse sentido[33]. Na verdade, a liberdade de conformação procedimental inerente à afirmação do princípio do inquisitório (art. 56.º do CPA) deve permitir a realização de uma conferência que não altera a introdução no procedimento dos interesses considerados relevantes pelo legislador, mas apenas a forma como estes são revelados. Note-se que esta conferência não retira a cada ente público a sua individualidade, não se vendo este despojado das suas competências em favor de uma nova organização. Assim, mantém-se a diferente forma de rela-

---

[32] No âmbito *endoprocedimental* relevam no silêncio da administração questões de celeridade procedimental que não cabe descurar. Porém, a solução prevista, em geral, no CPA, de permitir o prosseguimento do procedimento administrativo sem o parecer quando este não seja emitido atempadamente e desde que não vinculativo, sem olhar ao tipo de parecer em causa, pode não ser a melhor para a protecção do interesse público – cfr., sobre esta matéria e numa apreciação crítica do regime previsto no art. 99.º, 3, do CPA, Margarida Cortez, "A inactividade formal da administração como causa extintiva do procedimento e as suas consequências", *Estudos em Homenagem ao Prof. Doutor Rogério Soares,* Coimbra 2001, pp. 367 e ss. (p. 398, n. 80). Em geral, sobre as críticas dirigidas ao deferimento tácito cfr., recentemente, João Tiago Silveira, *O deferimento tácito,* Coimbra, 2004, pp. 273 e ss.

[33] No direito italiano, o poder de convocação de uma conferência para o exame contextual dos interesses envolvidos em vários procedimentos conexos materialmente encontra-se expressamente consagrado no art. 14.º, 3, da L 241/1990.

cionamento de cada um dos actos (correspondentes aos interesses protegidos por cada autoridade administrativa) com o acto final[34].

A competência para a convocação da conferência deveria pertencer, como já afirmámos, à Entidade Coordenadora do procedimento comercial. De facto, esta apresenta-se como a autoridade administrativa com competência instrutória, no procedimento que envolve o *interesse dominante*, sendo que é, de igual forma, neste procedimento, que se toma a primeira decisão[35].

Em ordenamentos jurídicos como o italiano ou o alemão prevêem-se expressamente expedientes desta natureza e este é um contributo da experiência administrativa comparada que não deveria ser, por nós, ignorado[36].

Diga-se a propósito, que a função da Entidade Coordenadora poderia desta forma ser optimizada. De facto, a Entidade Coordenadora faz por vezes o papel de mero recepcionista de documentação, *maxime* quando o procedimento relativo à aprovação de localização do projecto e respectiva decisão final sejam da competência da Câmara Municipal. Neste caso, a entidade coordenadora não parece ter outra função senão a de receber o requerimento, enviá-lo para a respectiva Câmara Municipal e esperar pela resposta desta. Será difícil ver aqui alguma forma de coordenação deste procedimento por parte da entidade coordenadora, uma vez que toda a instrução decorre, neste caso, à sua revelia. Temos, aliás, algumas dúvidas sobre se se beneficia, deste modo, a celeridade procedimental, visto que, aparentemente, a lei se limita a criar mais um intermediário no procedimento de aprovação de localização. De outra parte, se é certo que se pode arguir em favor desta solução que ela permite que o requerente não tenha de se dirigir à Câmara Municipal para obter a aprovação de localização, ressaltam mais uma vez as deficiências de um interlocutor único *incompleto*, dado que o particular vai ter necessariamente que o fazer se pretender a respectiva licença (autorização) de construção. Saliente-se,

---

[34] Ver, a propósito, Marta Portocarrero, *Modelos...*, cit., pp. 160 e ss.

[35] A procura de um *interesse dominante* é a solução estabelecida no direito italiano para encontrar a competência de convocação de uma *conferência de serviços* – cfr., por todos, Pierpaolo Forte, *La conferenza di servizi*, Milão 2000, p. 27; no direito alemão prevê-se que a responsabilidade de coordenação seja atribuída à entidade chamada a decidir em primeiro lugar – cfr. Wagner, *Die Genehmigung...*, cit., p. 221.

[36] Cfr. o art. 14.º da lei procedimental italiana – L 7 de Agosto 1990, n.º 241 e o § 71. e VwVfG alemã.

por último, que mesmo quando a autorização de localização deva ser emitida pela entidade competente para a autorização comercial, não deixam de existir dois procedimentos autónomos, ainda que o acto administrativo que autoriza a localização seja *integrado* na autorização comercial. Deste modo, a Entidade Coordenadora nem sempre coordena todos os procedimentos envolvidos na dita implantação comercial e mesmo quando o faz não se pode falar de uma verdadeira concentração procedimental ou unificação procedimental. Precisamente, a conferência poderia permitir concentrar muitos destes momentos procedimentais[37].

3.2. De iure condendo: *a criação de um Balcão único*

A Entidade Coordenadora não é uma estrutura especificamente vocacionada para a apreciação do procedimento comercial e nem sequer possui competência decisória em muitos dos procedimentos comerciais, limitando-se (como aliás o seu nome indicia) a uma mera tarefa de coordenação. Ora, não deixaria de ser interessante equacionar a criação de uma espécie de balcão único para este tipo de procedimento[38]. Este funcionaria como um centro de documentação e informação sobre esta actividade, mas seria, de igual forma, a estrutura responsável pela instrução e decisão de todos os procedimentos administrativos envolvidos na implantação de unidades comerciais[39]. Esta estrutura única poderia comportar diversos serviços técnicos que apreciassem cada aspecto do projecto, desde que se assegurasse a manutenção de um fluxo de informação único e centralizado na *porta única*[40]. Este procedimento terminaria com um acto administrativo que autorizaria a actividade na sua globalidade, sem que o requerente se tivesse de dirigir a qualquer outro serviço. Por outro lado, a essa uni-

---

[37] De notar que os pedidos são, aparentemente, apresentados em simultâneo.

[38] Sobre a porta única no direito italiano, ver AA VV, *Localizzazione di insediamenti produttive e semplificazione amministrativa. Lo sportello único per le imprese*, Milão 1999, e Cármen Cosentino e Francesco Frasca, *Conferenze...*, cit., *passim*.

[39] Não é necessário que se ocupe apenas de procedimentos comerciais, podendo tratar de outras actividades económicas.

[40] Ver Cármen Consentino e Francesco Frasca, *Conferenze, ...*, cit., p. 88.

formização procedimental corresponderia uma unificação da responsabilidade pela condução do procedimento no responsável dessa unidade organizativa.

Deste modo, o *balcão único* não seria apenas um centro de informação, à semelhança do que acontece entre nós com os denominados CFE(s) (Centros de Formalidades de Empresas[41]), mas sim uma estrutura com competências de licenciamento de actividades económicas, designadamente comerciais.

As competências instrutórias e decisórias (mesmo sem carácter externo) anteriormente dispersas por várias administrações seriam *concentradas* nesta estrutura[42]. Esta teria, assim, a capacidade de emitir o único título necessário ao exercício da actividade e implantação do projecto.

O grau dessa concentração dependerá da localização desta estrutura no seio da organização administrativa. Se o balcão único for criado sob a alçada dos municípios, ou de uma associação de municípios (área metropolitana ou comunidade intermunicipal de fins gerais) em razão da natureza supra-municipal dos interesses envolvidos, a concentração poderá ser global se for acompanhada da transferência das atribuições e competências necessárias para o âmbito autárquico[43]. Se for uma estrutura integrada no âmbito da Administração Central, o princípio da autonomia local e o da descentralização determinam o não desapossamento total de atribuições tradicionalmente locais[44].

---

[41] A rede de CFEs foi criada pelo DL 78-A/98, de 31 de Março. Pode consultar-se para mais informações o sítio www.cfe.iapmei.pt

[42] Pode essa concentração ser meramente externa, traduzindo-se no facto de exteriormente surgir um único acto, acto esse que esteve, porém, sujeito ao acordo vinculativo da autoridade administrativa que, não fosse o facto de uma integração procedimental, preferiria uma autorização autónoma. Cfr. Becker, Verfahrensbeschleunigung durch Genehmigungskonzentration", *VerwArch*, 1996, pp. 518 e ss. (p. 600).

[43] Isto não significa a total desresponsabilização da Administração Central, mas sim uma intervenção procedimental de outro teor.

[44] As teses mais recentes sobre o conceito de autonomia local defendem a não existência de interesses locais por natureza e, por isso, a descoberta do que devam ser os interesses próprios das autarquias deverá ser realizada por apelo aos princípios da descentralização e da subsidiariedade. Porém, nenhum destes princípios fornece um elenco do que devam ser, concretamente, as atribuições municipais, cabendo, por isso, ao legislador a sua determinação. Não obstante, em matéria urbanística, parece evidente a existência de interesses próprios das autarquias locais, ainda que a política de ordenamento do território seja por excelência um domínio de coordenação de interes-

Desta forma, não chegaremos a uma verdadeira concentração, sendo o procedimento urbanístico enxertado no procedimento principal. A licença (autorização) urbanística não assumiria neste caso um carácter externo, sendo englobada no acto final, mas continuaria a ser no plano municipal que se decidiriam os aspectos puramente urbanísticos[45].

No caso de projectos complexos, à criação de uma estrutura deste tipo, poder-se-ia juntar a possibilidade legal, ou mesmo até a obrigatoriedade, em determinadas situações, de realização de uma *conferência deliberativa*. Neste caso, a conferência procedimental de que já acima tratámos, passaria a ter uma eficácia constitutiva, pela previsão expressa de que a deliberação final da conferência substituiria e concentraria em si todos os actos necessários à implantação do empreendimento, funcionando como um acto substitutivo de todas as pronúncias, actos instrumentais, actos determinativos do conteúdo da decisão (ou mesmo actos administrativos)[46]. É que a recolha sequencial de cada um dos actos procedimentais exigidos para a perfeição do acto principal pode determinar a duplicação desses actos perante uma resposta negativa de alguma das autoridades consultadas, sobretudo se o seu acordo sobre o conteúdo do acto em preparação for absolutamente necessário. No caso destas decisões pluriestruturadas ou multifaseadas

---

ses locais, regionais e nacionais. Esta concorrência de interesses já foi, aliás, expressamente admitida pelo Tribunal Constitucional (cfr. exemplificativamente o Acórdão 432/93, de 18 de Agosto e Acórdão 379/96 citados por André Folque, *A Tutela Administrativa nas relações entre o Estado e os Municípios,* Coimbra 2004, p. 84). Assim, na concretização do princípio da descentralização e na sua ponderação com o princípio da unidade e da eficácia da actuação administrativa, o legislador deve apelar ao princípio da proporcionalidade e nos seus critérios de necessidade, adequação e razoabilidade – ver André Folque, *A Tutela...,* cit., p. 69. Podendo conceber-se formas de proceder que mantenham o exercício de competências no plano municipal e que asseguram, do mesmo passo, a maior eficácia da acção administrativa, qualquer intervenção mais restritiva por parte do legislador deverá revelar-se atentatória do princípio da autonomia local. Sobre as diferentes concepções sobre os interesses locais, cfr. António Cândido de Oliveira, *Direito das Autarquias Locais,* Coimbra, 1993, pp. 125 e ss.; e André Folque, *A Tutela...,* cit., pp. 71 e ss.

[45] A autorização comercial funcionaria como um *acto-contentor* de outros actos administrativos, tal como acontece hoje com a autorização prévia de localização do empreendimento.

[46] Ver, a propósito, o art. 14.º *ter,* n. 9, da Lei procedimental italiana.

(*mehrstufige Verwaltungsakt*)[47], a contracção temporal de todos os momentos procedimentais (pré)-decisionais, por força da introdução de uma *sede decisional única*[48], será uma forma de agilizar, acelerar e coordenar a actuação das diferentes entidades administrativas envolvidas em todos os sub-procedimentos.

No direito italiano, no âmbito do regime sobre a porta única para as actividades produtivas, onde se parece também incluir a actividade comercial[49], a realização de uma conferência deliberativa é obrigatória no caso de os pareceres pedidos pelo responsável do procedimento não serem emitidos no prazo estabelecido. Outra das situações em que se consagra a possibilidade de convocação de uma conferência é a de esta ser solicitada pelo requerente no caso de resposta negativa de alguma das entidades administrativas. O objectivo da conferência será o de propor as alterações que permitam o licenciamento do projecto[50].

4. Conclusão

Em conclusão, podemos dizer que a intervenção pública na actividade comercial afigura-se justificada em ordem à protecção de interesses públicos ligados ao correcto ordenamento do território e a uma correcta e equilibrada distribuição comercial, porém, os custos temporais e económicos associados a essa intervenção não podem chegar ao ponto de desincentivar o investimento na actividade. Para isso, é necessário encontrar mecanismos de aceleração e simplificação dos

---

[47] Cfr. Hartmut Maurer, *Allgemeines Verwaltungsrecht*, cit., p. 189, e Stefan Salis, *Gestufte Verwaltungsverfahren im Umweltrecht*, 1991, p. 30. Ver também Vasco Pereira da Silva, *Em busca do acto administrativo perdido*, Coimbra 1998, p. 699.

[48] Matteucci, "Notazione in tema di coordinamento", *Rivista Giuridica dell' Ambiente*, 1994, pp. 440 e ss.

[49] Neste sentido, ver Francesco Fabrizio Tuccari, "L'ambito di applicazione del regolamento sullo sportello único", AA VV, *Localizzazione...*, cit., pp. 59 e ss. (em especial pp. 70 e ss.).

[50] A possibilidade de o requerente pedir a convocação de uma conferência de serviços encontra-se também prevista na L 241/1990 (art. 14, 4), no caso de a actividade requerida estar subordinada ao acordo de várias administrações. Por outro lado, a conferência de serviços deve ser sempre obrigatoriamente convocada no caso de os actos de assentimento quanto ao conteúdo do acto principal não serem emitidos no prazo estabelecido (art. 14.°, 2).

procedimentos exigidos para a implantação de uma unidade comercial, sem com isso se desprotegerem os interesses envolvidos e sem pretender tornar simples procedimentos que são complexos por natureza.

De iure condendo não deixaria de ser interessante equacionar formas de coordenação, ou mesmo de concentração, de procedimentos administrativos, que passassem pela emissão de um único acto capaz de autorizar a implantação na sua globalidade. Poder-se-ia pensar numa integração/unificação procedimental, permitindo que todos os elementos do projecto fossem apreciados num só procedimento, o qual terminaria com um único acto autorizativo que englobaria todos os aspectos sujeitos à apreciação administrativa. A realização desta unificação procedimental seria facilitada pela criação de um balcão único, isto é, uma estrutura dirigida exclusivamente para a apreciação deste tipo de projectos.

Em função da complexidade do projecto, do atraso na emissão dos actos exigidos ou de uma apreciação negativa por uma das administrações intervenientes, não deixaria de ser interessante consagrar a possibilidade de convocação de uma conferência procedimental, mesmo com funções deliberativas e que teria a vantagem de obter num só momento todos os actos que condicionam a actividade, permitindo que cada autoridade administrativa praticasse o acto da sua competência de forma coordenada e ponderada com a posição de outros sujeitos públicos com poderes sobre o mesmo projecto.

De qualquer modo, já não seria despicienda uma prática administrativa, que através de mecanismos como a realização de uma conferência instrutória (interprocedimental), assegurasse uma coordenação atempada entre procedimentos, permitindo o investimento com base em expectativas bem fundadas.

VALORIZAÇÃO ECONÓMICA DOS ESPAÇOS VERDES URBANOS

por *Nuno Braga*[1]

A presença da Natureza nas suas várias formas, espaços verdes, conjuntos arborizados ou linhas de água, é indispensável para o equilíbrio ecológico da cidade e para a qualidade de vida da população.

A criação de espaços verdes urbanos representa uma estratégia para tornar as cidades mais agradáveis de viver, promovendo o seu desenvolvimento de forma sustentável.

Com este estudo pretende-se ir além da questão ambiental, justificando a necessidade de zonas verdes sob o ponto de vista económico: analisou-se a viabilidade económica das zonas verdes urbanas, baseada na valorização do investimento imobiliário.

INTRODUÇÃO:

A partir do séc XIX, o aumento significativo das cidades verificado em consequência da revolução industrial e o aumento súbito da população urbana, de origem rural, vivendo em péssimas condições de habitação e higiene, despertaram o interesse e a necessidade de ordenar a Cidade e melhorar o ambiente, através da criação de parques e jardins públicos. Exemplo dessa iniciativa é o Central Park em Nova

---

[1] O tema deste artigo foi aprofundado na Dissertação de Mestrado em Ordenamento do Território e Planeamento Ambiental – FCT/Universidade Nova de Lisboa, com o título "Espaços Verdes Urbanos, Ambiente e Economia: uma Contribuição. [Licenciado em Gestão de Empresas (UCP). Mestre em Ordenamento do Território e Planeamento Ambiental (FCT/UNL). Consultor de Gestão Imobiliária e Ambiental)].

York, projectado por Frederick Law Olmsted nos anos 1860, com uma área de 330 hectares,em Manhatan.

Na era victoriana, no Reino Unido, o movimento de jardins paisagísticos, associado às classes abastadas, tornou-se extensivo à arquitectura paisagista ao serviço do público em geral, com a criação de parques verdes urbanos, como o Victoria Park em Londres Oriental e o Birkenhead Park em Liverpool. [2]

Em Portugal, o forte crescimento das cidades de Lisboa e Porto na segunda metade do século XIX, levou à necessidade de planear a sua transformação. Um diploma de 1865 cria o Plano Geral de Melhoramentos, que vigorará até 1934, que permitiu o desenvolvimento de vários estudos para as cidades referidas, assim como para outros aglomerados urbanos. Os estudos desenvolvidos sob a orientação de Frederico Ressano Garcia, no último quartel do século XIX, vêm integrar o Plano Geral de Melhoramentos. "A Lisboa oitocentista estende-se para o interior. O Passeio Público é sacrificado a favor do traçado da Avenida da Liberdade, tendo como objectivo a expansão da cidade."[3]

Em Lisboa, a partir de meados do séc. XIX, são construídos o Jardim de S. Pedro de Alcântara, o Jardim Guerra Junqueiro, e os Jardins da Praça da Alegria, da Estefânia e do Príncipe Real.

No século XX em Portugal, por influência da escola de Caldeira Cabral e seus continuadores, desenvolve-se o conceito de estrutura verde contínua. De acordo com estudos e critérios estabelecidos a partir dos anos 1970, a estrutura verde contínua de forma a assegurar a quantidade de oxigénio necessário aos seres humanos, deve corresponder a uma área mínima de 40 m2 de espaço verde/habitante.[4]

De acordo com estas normas, verifica-se que muitas áreas urbanas do país não possuem a estrutura verde necessária à existência de um ambiente natural, propício ao ser humano. Na origem destas tendências, para além de factores políticos e culturais, existem certamente razões económicas que não têm sido objecto entre nós dos estudos necessários que demonstrem a viabilidade de introduzir na cidade os

---

[2] Newton, Norman T., 1971, Design on the Land, The Development of Landscape Architecture, The belknap Press of Harvard University Press, Cambridge, Massachusets, and London, England

[3] Sousa Lobo, Margarida, 1995, Planos de urbanização. A época de Duarte Pacheco, DGOTDU-Faculdade de Arquitectura da Universidade do Porto.

[4] Centro de Estudos e Planeamento, 1978, in Ribeiro Telles, Gonçalo, 1997, Plano Verde de Lisboa, Editora Colibri.

espaços verdes necessários, sem que isso afecte a rentabilidade dos empreendimentos. Antes pelo contrário tais iniciativas podem constituir factores indispensáveis de geração de mais valias.

OBJECTIVOS:

Os espaços verdes urbanos e os parques são importantes pela sua componente social, ecológica e lúdica. Uma preocupação principal dos responsáveis pelo planeamento nos grandes aglomerados urbanos, deve ser conciliar as densidades de construção com o objectivo primordial de construir habitações saudáveis, sob o ponto de vista fisiológico, psicológico e social.

O principal objectivo deste artigo é analisar os benefícios dos espaços verdes nas zonas urbanas, procurando quantificar a valorização de zonas ou bairros, devido à sua existência. Atribuir um valor aos "recursos verdes" de uma cidade é um dos maiores desafios que os responsáveis pelo planeamento podem ter ao implementar um programa de criação de espaços verdes.

A ausência ou dificuldade de valorização dos espaços verdes, na criação de novas zonas urbanas ou requalificação das existentes, leva a que muitas vezes lhes seja atribuída uma importância marginal no planeamento pelos agentes económicos, públicos e privados, e em consequência assiste-se ao surgimento de novos bairros ou loteamentos com espaços verdes públicos diminutos ou negligenciados.

A forma mais directa de calcular o valor económico dos espaços livres e zonas verdes é através do valor de mercado dos terrenos a que estão afectos.

Tendo em consideração a enorme diversidade dos espaços verdes urbanos, em termos de dimensão, estrutura e utilização, o processo seguido para analisar a sua importância económica, quando não negligenciada, tem sido através das mais valias financeiras induzidas sobre as propriedades envolventes.

Em Portugal existem bastantes estudos que analisam as vantagens qualitativas das zonas verdes urbanas, elaborados por especialistas das áreas da natureza, ambiente e paisagismo. Mas a não ser os chamados estudos económicos, de resto naturalmente confidenciais, que acompanham os planos de loteamento, não foi possível encontrar trabalhos de investigação no país que contemplassem os objectivos quantitativos desta Dissertação.

O desenvolvimento excessivo de zonas suburbanas e a deterioração de zonas urbanas são problemas relacionados, que existem actualmente em Portugal e noutros países. O sentido de comunidade-bairro tem vindo a ganhar impor-tância, face à massificação e falta de humanização de alguns bairros.

Um parque urbano pode criar a identidade e o sentido de bairro, ser um ponto de referência da comunidade, o que por sua vez pode aumentar o valor da propriedade imobiliária e criar incentivos para o desenvolvimento das zonas próximas. O esforço de urbanização deve contar com a participação pública, privada e de instituições cívicas, de forma a criar o sentido de propriedade e interesse das comunidades pelos seus espaços verdes.

EXEMPLOS:

Um dos primeiros estudos conhecidos que procuraram determinar a valorização que os parques urbanos representam para as construções envolventes, foi desenvolvido no séc. XIX por Frederick Law Olmstead, que constatou o aumento de receitas fiscais provenientes da criação do Central Park, em Nova York; segundo o autor, entre 1856 – data de início de elaboração do projecto do parque – e 1873, os três quarteirões envolventes tiveram uma valorização de cerca de 890% comparada com a valorização de 100% de outros quarteirões de Nova York. Apesar da simplicidade desta análise, que não considera outras variáveis que afectaram a valorização, esta diferença é muito significativa.[5]

Estudos recentes nos EUA, demonstram que o carácter e nível de civilização das cidades pode melhorar significativamente através do desenvolvimento e manutenção dos parques urbanos. Os parques urbanos e espaços livres podem valorizar significativamente os investimentos privados realizados; o aumento de valor através de um

---

[5] Garvin, Alexander e Berens, Gayle, 1997, Urban Parks and Open Space, edição Urban Land Institute, Trust for Public Land, Washington,D.C., E.U.A.

desenvolvimento e manutenção correcta de parques, é uma das oportunidades inexploradas nas cidades actualmente.

Os parques urbanos têm como efeitos directos a valorização ambiental da paisagem e da qualidade de vida das populações, enquanto zonas de lazer; e libertação do "stress" urbano; promovem a redução da poluição da atmosfera e da água nas zonas urbanas, pela melhoria da qualidade do ar e pela preservação de ribeiros e fontes; redução de níveis de impermeabilização e do nível de ruído de áreas urbanas.

Os parques urbanos e espaços abertos promovem o desenvolvimento sustentável das cidades, melhoria da preservação de património histórico e natural; são pólo de atracção de negócios e aumento do potencial turístico, nomeadamente do turismo relacionado com a natureza; elemento de valorização da propriedade imobiliária e de contenção do desenvolvimento desordenado de zonas suburbanas. O investimento em espaços verdes pode ainda servir como "âncora" para revitalizar bairros e criar comunidades saudáveis, reduzindo a criminalidade juvenil.

Em meados dos anos 1990, a cidade de Nova York, nos EUA, reconheceu a importância da revitalização de grandes espaços livres, como o Bryant Park, em Manhattan e o novo parque do rio Hudson, para a melhoria da qualidade de vida das populações, com efeitos positivos nos bairros próximos e para a percepção da cidade como um todo; a revitalização de pequenos lotes municipais como jardins comunitários[6] teve também efeitos positivos para o espírito de comunidade, com importância para actividades naturais de cada bairro.

Em 1998, a Organização Não Governamental "Trust for Public Land" e a instituição não lucrativa "New York Restoration Project" adquiriram 114 jardins comunitários ao município de Nova York, com o intuito de os preservar como tal, salvaguardando-os do risco de edificação habitacional ou comercial.[7]

O Bryant Park em Nova York foi criado em 1847. Nos anos 1960 e 1970 por ser frequentado por traficantes e consumidores de estupefacientes, ficou conhecido como o "parque das agulhas". Em 1980

---

[6] No original, "Community Gardens", existem cerca de 700 na cidade de Nova York, aproveitando pequenas áreas entre edifícios, nomeadamente em bairros pobres, com manutenção a cargo da população local .

[7] Englander, Diane, 2001, New York´s Community Gardens-A Resource at Risk, The Trust for Public Land, New York, E.U.A.

formou-se um grupo de trabalho com o intuito de restaurar o parque, com 2,4 hectares, em parte devido à imagem negativa que representava para a zona envolvente, nomeadamente a Biblioteca Pública de Nova York. Em 1993, após a reabilitação do parque, a alteração da sua estrutura, com grandes espaços abertos e sem gradeamento exterior de forma a poder ser patrulhado pela polícia, permitiu que passasse a ser frequentado pela população com segurança, que até aí não existia. Estudos realizados em 1994, indicaram que a proximidade do parque passou a ser um factor de valorização dos escritórios e do comércio dessa zona: as rendas de escritórios à volta do parque aumentaram, chegando algumas a aumentar 40% desde a sua renovação.[8]

METODOLOGIA:

Existem várias formas de quantificar a importância dos espaços verdes, nomeadamente, através das análises de mercado, do acréscimo de valor para as zonas envolventes, da sua importância como contributo para o funcionamento do sistema natural, do valor de utilização ou conservação dos espaços livres, ou do seu valor produtivo em diversas vertentes: agrícola, florestal, produção animal.

A forma mais directa de calcular o valor económico dos espaços livres e zonas verdes é através do valor de mercado dos terrenos a que estão afectos. Nas zonas rurais, onde a valorização máxima do solo é como espaço livre, agrícola ou florestal, é relativamente fácil determinar o seu valor, com base em transacções no mercado ou através da sua rendibilidade.

Em zonas urbanas e urbanizáveis, onde a valorização máxima no mercado é nomalmente obtida através das expectativas de desenvolvimento imobiliário, o valor do solo como espaço livre baseado nas suas características naturais, é normalmente separado do seu valor para construção tal como definido pelo regulamento dos planos de uso do solo existentes.[9]

---

[8] Garvin, Alexander e Berens, Gayle, 1997, Urban Parks and Open Space, edição Urban Land Institute, Trust for Public Land, Washington, D.C., E.U.A.

[9] Fausold, Charles J. e Robert J. Lillieholm, 1996, The Economic Value of Open Space: A Review and Synthesis, Lincoln Institute of Land Policy Research Paper.

Os países de origem anglo-saxónica, são aqueles onde se verifica um maior empenho das entidades públicas e privadas em estimar as valias das zonas verdes, entendidas estas como equipamentos urbanos indispensáveis. Este interesse surge talvez da necessidade de procurar argumentos que justifiquem a sua promoção e criação, em países de economia liberal onde existe um elevado nível de participação das populações.

Os espaços verdes urbanos têm determinadas características, em termos de dimensão, estrutura e utilização. Tendo em consideração a sua enorme diversidade, o processo seguido para analisar a importância económica destes espaços quando não negligenciada tem sido através das mais valias financeiras induzidas sobre as propriedades envolventes.

Salienta-se que o valor de mercado e o acréscimo de valor para a zona envolvente dos espaços livres, estão fortemente correlacionados com as perspectivas de construção e a escassez de solo de cada local. O valor que é atribuído aos espaços verdes pela população de uma zona urbana com elevada densidade populacional, com problemas de congestionamento, de poluição atmosférica e sonora, é certamente superior ao valor que é atribuído pela população de uma zona com baixa densidade urbana e envolvente rural ou natural e que desconhece as condições negativas a que estão submetidos os que vivem nos centros das cidades. Estamos em presença de fenómenos subjectivos que jogam a favor das áreas residenciais de qualidade, quer nas áreas centrais quer suburbanas.

A partir de meados da década de 1990, tem sido bastante divulgado em Portugal o regime jurídico de propriedade horizontal, aplicado a edifícios que dispõem de espaços e equipamentos comuns alargados, como campos de ténis, pequeno ginásio, piscina e jardim privativo, vulgarmente designados por "condomínios fechados"[10].

O regime de propriedade horizontal também se aplica a algumas propriedades localizadas fora das áreas urbanas, geralmente de média ou grande dimensão, dispondo de equipamentos desportivos e de lazer e áreas naturais, como por exemplo campos de golf e ténis, centro hípico, e envolvente de zonas verdes, também designadas por "condo-

---

[10] Aos edifícios com equipamentos associados referidos, vulgarizou-se chamar "condomínios fechados". Na realidade o regime de propriedade horizontal – condomínio – aplica-se a grande parte dos edifícios urbanos.

mínios fechados". A grande expansão deste tipo de propriedades, pode ser explicada, em parte, devido à existência de envolvente natural e equipamentos, cuja concretização deve ser garantida pelo promotor do empreendimento, devido à satisfação de necessidades de estatuto social, e também à legislação que favorece a sua proliferação. Estas e outras formas de suburbanização resultam em grande parte da degradação ambiental das áreas urbanas antigas das cidades.

RESULTADOS:

Foram pesquisados fogos para habitação em zonas periféricas de Lisboa, de forma a estimar a mais valia da existência de zonas verdes. Na zona da Quinta do Lambert-Lumiar, em Lisboa, procurou-se estimar a valorização devido à proximidade do Parque das Conchas e dos Lilazes: obteve-se uma valorização de cerca de 30%, se bem que nesta comparação não foi possível determinar a valorização de outros factores associados, como ginásio e piscina.

Na zona de Miraflores, Concelho de Oeiras, foram analisados apartamentos em diferentes edifícios, com jardim privativo e piscina comum e campo de ténis, e em edifícios sem jardim privativo, nem zonas verdes próximas. A valorização obtida foi de 18% a 34%. Tendo em consideração que os edifícios com jardim dispunham também de outros equipamentos de lazer, esta valorização não pode ser atribuída exclusivamente à existência de espaços verdes.

A análise de apartamentos tem a vantagem de se conseguir obter uma grande variedade de informação no mercado; tem como limitação a dificuldade em isolar a valorização da existência de espaços verdes, de outras características específicas de cada imóvel, como qualidade de construção e de acabamentos, estacionamento privado ou existência de outros factores de valorização capazes de provocar distorção na avaliação.

Tendo constatado as limitações existentes na análise de fogos para habitação, não dispondo de uma base de dados alargada, procedeu-se de seguida à comparação directa de lotes de terreno para habitação, analisando a valorização devido à envolvente de espaços verdes. Este tipo de análise tem a grande vantagem de permitir a comparação directa da existência e aproveitamento de zonas verdes em cada loteamento, isolando a influência de outras características, como no caso anteriormente referido.

Para o presente estudo foi escolhida a Península de Setúbal, pois existem bastantes urbanizações recentes e em comercialização na zona de Brejos de Azeitão, entre Azeitão e Sesimbra, e na zona da Quinta do Conde, com diferenciações em termos de áreas e de características de zonas comuns.

Analisaram-se as diferenças de valor entre terrenos em loteamentos com caracteristicas semelhantes, em termos de proximidade geográfica e área por lote, mas com diferente qualidade e dimensão de espaços verdes.

A urbanização "Alto das Vinhas" – Caso I, situa-se próximo de Sesimbra, os lotes têm dimensão média de 300 a 500 m2, e as zonas verdes representam 7% da área total, com 45 m2 de zonas verdes colectivas por habitação (ver Quadro 1).

Este loteamento situa-se na Maçã, próximo de Sesimbra, na estrada que liga à praia da Arrábida, pelo que a sua localização, ligeiramente distanciada dos restantes, pode influenciar os resultados da análise.

Na urbanização "Casas de Azeitão" – Caso II, em Brejos de Azeitão, os lotes têm dimensão média de 500 a 700 m2, as zonas verdes representam 9% da área total, com cerca de 80 m2 de zona verde por habitação (ver Quadro 1).

As áreas comuns como zonas verdes e caminhos pedonais apresentam execução bem planeada e manutenção cuidada, o que representa um factor importante de valorização deste loteamento.

Quadro 1 – **Principais indicadores**

	Casos de estudo			
	I	II	III	IV
Área de Zonas Verdes/Área Total (em %)	7%	9%	33%	n.d.
Área média de Lote individual (m2)	400	600	600	n.d.
Áreas Verdes/ habitação (m2)	45	79	592	n.d.
Valor/ m2 Área de Lote (euros)	160	185	125	145 / 155
n.d.- Informação não disponível				

Na urbanização "Brejoeira" – Caso III, em Brejos de Azeitão, os lotes para moradias têm dimensão média de 600 m2. A área de cedência municipal para zonas verdes representa cerca de 33% da área total, mas deve ser tido em consideração que esta urbanização também é composta por edifícios para habitação com 3 ou 4 pisos, pelo que a comparação de rácios de zonas verdes não pode ser feita directamente (ver Quadro 1).

Apesar da grande dimensão da área destinada para zonas verdes e de equipamentos de lazer, estes espaços estão na sua maioria em estado de abandono, com vegetação ou arvoredo esparso e negligenciado, com consequências negativas para a qualidade de vida dos moradores e consequentemente do valor da sua habitação.

Na análise foram também consideradas outras urbanizações pouco qualificadas, em Brejos de Azeitão, construídas sem planeamento, sem zonas verdes ou outras áreas comuns e vias de circulação e estacionamento subdimensionados. Este conjunto é designado como caso IV (ver Quadro 1).

Da comparação do loteamento "Casas de Azeitão" – Caso II com os restantes, constata-se que o facto de ter um rácio de área de zonas verdes por fogo superior (face a caso I e IV), ou ter zonas verdes cuidadas, representou um factor de valorização (ver Quadro 2).

QUADRO 2 – **Valorização dos casos II e I/face a III e IV**

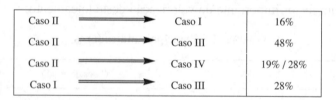

Caso II ⟹ Caso I	16%
Caso II ⟹ Caso III	48%
Caso II ⟹ Caso IV	19% / 28%
Caso I ⟹ Caso III	28%

Da comparação do Caso I com o Caso III, pode constatar-se uma valorização do primeiro face ao segundo; apesar de a cedência para zonas verdes do caso III ser muito superior à do caso I, quer em termos absolutos, quer percentuais, o estado negligente das zonas "potencialmente verdes" do caso III fez com que fosse fortemente penalizado no valor atribuído pelo mercado (ver quadro 2).

Da análise efectuada, conclui-se que as zonas verdes cuidadas e envolvente qualificada, são, como se pretende demonstrar, um elemento de valorização das propriedades envolventes, no caso presente, de lotes de terrenos destinados a habitação.

A informação recolhida no mercado, i.e. relação entre a oferta – promotores imobiliários, proprietários e entidades públicas – e a procura-compradores – estão dispostos a pagar por um lote de terreno, leva-nos a concluir que existem outros factores, além da existência de zonas verdes, que exercem influência sobre o valor mercado (pelo lado da procura ou da oferta), capazes de justificar o excesso de valorização de alguns casos, como o acréscimo referido de 48%.

A análise efectuada, serve como fundamentação para o modelo a seguir desenvolvido. Tendo demonstrado que a existência de zonas verdes valoriza a propriedade imobiliária, vamos aplicar essa constatação num modelo de viabilidade económico-financeira, com base em referências de valorização cautelosas, i.e. moderadamente optimistas, de 12% e 20%

Aplicação de modelo de valorização de zonas verdes em loteamento

De seguida, utilizam-se as referências sobre valorização de zonas verdes, aplicadas na execução de um estudo de viabilidade económico--financeiro para um loteamento em Barcelos. Com o trabalho desenvolvido, pretende-se aplicar numa situação concreta, o modelo de valorização de zonas verdes, como meio de melhorar a qualidade de vida e ambiental da população urbana.

Os pressupostos considerados no modelo desenvolvido são da inteira responsabilidade do autor, seja no planeamento urbano, valores de propriedades e lotes, e custos considerados. O estudo de viabilidade de loteamento é realizado pela óptica do promotor, i.e, esta análise apresenta-nos valores de referência para um promotor imobiliário médio, em termos de rentabilidade e financiamento da operação. Estimaram-se os custos e receitas do projecto e respectivo faseamento, incluindo o cálculo dos encargos financeiros.

A zona de expansão urbana da cidade de Barcelos, nomeadamente o bairro da Formiga, em Arcozelo, apresenta elevada densidade de construção, com zonas verdes de dimensão reduzida e manutenção pouco cuidada ou negligenciada.

Elaborou-se um estudo de viabilidade económico-financeiro, sob a óptica do promotor, com índices médios de cedências municipais para zonas verdes e equipamentos, circulação e estacionamento.[11]

---

[11] DL 334/95: obrigação de todos os proprietários cederem a titulo gratuito, as

A proposta de loteamento incidiu numa propriedade na Freguesia de Vila Boa, na zona de expansão a Norte da cidade, com a área de 3,5 hectares. O loteamento proposto tem, na situação inicial, 41 lotes para habitação, com área de 336 m2 por lote, com área bruta de construção de 200 m2 em dois pisos, representando a área de lotes 13.768 m2.

As cedências para espaços verdes e equipamentos são de 2.777 m2, correspondendo a 7,8% da área total. A zona correspondente a arruamentos, estacionamento e de circulação interna tem 19.000 m2 [12] (ver Quadro 3).

Com base no mesmo loteamento, simulou-se um incremento de 1.680 m2 da área destinada a espaços verdes públicos (aumento de 60% da área de espaços verdes), compensada pela redução no número de lotes para 36, mantendo-se a área por lote, de forma a analisar o impacto de zonas verdes (Ver Quadro 3).

QUADRO 3 – **Caracterização do Loteamento**

Descrição (áreas em m2)	Situação inicial	Incremento de espaços verdes
Área de Lotes para Moradias	13.768	12,088
Área Bruta de construção-ABC	8.200	7.200
Número de Lotes	41	36
Área média/lote	336	336
ABC média/fogo	200	200
Indice de ocupação do solo	12%	10%
Indice de construção	23%	20%
Espaços Verdes e Equipamentos	2.777	2.777
Espaço verde Adicional		1.680
Arruamentos, estacionamento e circulação interna	19.025	19.025
Área Total	35.570	35.570

---

parcelas de terreno destinadas a: Espaços Verdes e de Utilização colectiva, Infraestruturas, designadamente arruamentos viários e pedonais e equipamentos públicos que, de acordo com as operações de loteamento, devam integrar o dominio publico

[12] Portaria 1136/2001: "estabelece os parâmetros mínimos de cedências para espaços verdes e de utilização colectiva, infra-estruturas viárias e equipamentos de utilização colectiva em projectos de loteamento, quando os planos municipais de ordenamento do território forem omissos nesta matéria". Para habitação em moradia unifamiliar, as áreas minimas de cedências para os fins acima referidos são de 63m2/fogo.

ABC – Área Bruta de Construção
- Indice de ocupação do solo – Quociente entre somatório de áreas de implantação das construções e área total do loteamento
- Indice de Construção – Quociente entre área bruta das construções e área total do loteamento

O modelo de viabilidade económico financeira desenvolvido nos quadros 4 e 5, corresponde a três estudos:
- A "situação inicial" analisa a rentabilidade do projecto para um promotor imobiliário, considerando indíces de cedências médios;
- A "hipótese 1", estima o aumento das receitas da venda dos lotes em 12%, devido ao incremento de zonas verdes referido, i.e, os compradores estariam dispostos a pagar mais por cada lote, caso a zona envolvente fosse mais qualificada.
- A "hipótese 2", baseada no mesmo incremento de zonas verdes, estima o aumento das receitas da venda dos lotes em 20%, partindo de um pressuposto mais optimista.

Ambas as hipóteses simuladas são credibilizadas pela análise de mercado descrita anteriormente.

Estimaram-se os custos e receitas do projecto e respectivo faseamento, incluindo o cálculo dos encargos financeiros, determinando a margem de lucro para o promotor, na situação inicial, e nas duas hipóteses testadas. Pretende-se assim determinar o acréscimo de valorização nos lotes, necessário para justificar o aumento das zonas verdes envolventes.

O investimento do projecto é o valor do terreno, estimado em 1.150.000 euros. O projecto desenvolve-se em quatro anos, sendo as receitas e custos faseadas no tempo útil do projecto.

Na análise inicial os custos de exploração actualizados são de 326.706 euros, correspondendo a estudos e projectos de urbanização, infraestruturas e taxas de urbanização e custos administrativos e comerciais. Com base em informação de mercado, estimou-se o preço de venda de cada lote em 52.500 euros, correspondendo ao valor de cerca de 1.860.00 euros de receitas totais de venda de lotes actualizadas.

A margem do projecto é de 383.609 euros, que é o valor Actual Líquido (VAL) do projecto, antes do pagamento de encargos financeiros (ver quadro 4).

Depois de deduzidos os encargos financeiros (juros a pagar), considerando que dispõe de capital próprio de 500.000 euros, a margem do promotor é de 302.000 euros.

O promotor obtém uma margem de 21% em relação aos custos totais do projecto actualizados, o que representa um rácio razoável para a concretização do projecto (Ver Quadro 5).

QUADRO 4 – **Rentabilidade**

Valores Actualizados - em euros (preços constantes - Ano 0)	Situação inicial	Hip. 1 Valorização Lotes:12%	Hip.2 Valorização Lotes :20%
Investimento - Terreno	1.150.000	1.150.000	1.150.000
Estudos e projectos de urbanização	84.946	84.946	84.946
Infraestruturas e Taxas de urbanização	195.252	171.919	171.919
Custos administrativos e comerciais	46.508	45.863	49.139
Total de Custos de Exploração	326.706	302.727	306.003
Receitas de Venda de Lotes	1.860.315	1.834.509	1.965.545
MARGEM DO PROJECTO	**383.609**	**381.782**	**509.543**

Na "hipótese 1", considerando a valorização de 12% dos lotes para habitação, o valor de cada um passa a ser de 58.800 euros, o que corresponde a receitas totais actualizadas de 1.834.500 euros; os custos de exploração passam a ser de 302.727 euros. O valor estimado para o terreno é igual nas três situações, pois representa o seu valor de mercado, independentemente da solução urbanística. A margem do projecto passa a ser de 381.782 euros, ligeiramente inferior à situação inicial (Ver Quadro 4).

Depois de deduzidos encargos financeiros, a margem do promotor pouco se altera, passando a ser de 302.900 euros, mantendo-se a margem do promotor em relação ao total de custos do projecto em 21% (Ver Quadro 5).

Com esta simulação pretendeu-se atingir o "break-even", i.e, qual o aumento necessário de valor por lote, capaz de compensar a quebra da rentabilidade devido à redução do número de lotes. A valorização previsional de valor por lote de 12%, devido ao aumento das zonas verdes, e a correspondente redução de 5 lotes, correspondeu a uma margem de rentabilidade semelhante para o promotor imobiliário.

Quadro 5 – **Financiamento e Margem do Promotor**

Valores Actualizados - em euros (preços constantes - Ano 0)	Situação inicial	Hip. 1 Valorização Lotes:12%	Hip.2 Valorização Lotes :20%
FINANCIAMENTO DO PROJECTO			
Capital Próprio	500.000	500.000	500.000
Juros a Pagar	80.828	78.871	76.095
MARGEM DO PROMOTOR	**302.122**	**302.911**	**433.448**
Margem Promotor / Custos do Projecto Actualizados	21%	21%	30%

Ano 0 – Corresponde a 2004, ano de início do projecto

Na "hipótese 2", estimando uma valorização de 20% dos lotes, desenvolveu-se o modelo de forma idêntica à anterior, apenas diferindo na valorização de lotes, sendo o valor de cada um de 63.000 euros.

As receitas previsionais actualizadas passam a ser de cerca de 1.965.545 euros. Depois de deduzidos custos de exploração e encargos financeiros, a margem do promotor passa a ser de 433.448 euros, i.e.,o promotor passa a ter uma margem de 30% em relação aos custos do projecto (Ver Quadros 4 e 5).

Com esta simulação, pretende-se demonstrar que o aumento das zonas verdes e correspondente valorização da qualidade do loteamento para o comprador, corresponde a um aumento na margem de lucro do promotor.

CONCLUSÕES

Ao longo deste estudo pretendeu-se abordar a importância da natureza e do meio ambiente para a qualidade de vida das populações, principalmente nas zonas urbanas, onde a sua ausência se faz sentir com maior intensidade.

Um dos grandes desafios da actualidade prende-se com a construção da Cidade como espaço estruturado, coerente e consolidado. A componente natural tem uma importância fundamental nas novas expansões urbanas, no contexto das estruturas ecológicas municipais.

Uma análise do que acontece noutros países permite aumentar a sensibilidade para a importância de zonas verdes urbanas. Exemplos de grandes aglomerados no estrangeiro, em que o aumento da população urbana e os problemas de degradação do ambiente se fizeram sentir mais cedo, são modelos importantes com os quais devemos aprender, de modo a aplicar soluções e formas de acção já testadas de requalificação.

O modelo que foi construído revela contudo que é possível encontrar melhores soluções, desde que os estudos considerados obrigatórios entrem em linha de conta com hipóteses alternativas, susceptíveis de gerar melhores cenários. Procurou-se fundamentar a necessidade de preservação ambiental e reordenamento dos espaços na perspectiva da viabilidade económica da reconversão urbana.

A aplicação de modelos como aquele que é proposto tem importâncial, nomeadamente, quando aplicado a cidades históricas, onde os valores ambientais e culturais são numerosos, mas onde existem também enormes pressões financeiras, na origem do alastramento urbano e contrastes chocantes entre áreas edificadas, que podem de facto descaracterizar as cidades e destruir o património, bem como, a qualidade de vida existente.

A Cidade de Barcelos, devido à sua importância histórica, cultural e funcional, no contexto do Município e Região a que pertence, constituíu o caso de estudo ideal para a aplicação da metodologia preconizada.

A investigação aponta com efeito, para a conclusão de que, a viabilidade económica dos empreendimentos, através da obtenção de justas mais valias é sempre possível, mesmo que os novos projectos de expansão ou de reabilitação introduzam as valorizações ambientais necessárias.

A criação de estruturas verdes residenciais, integradas nas estruturas ecológicas municipais é neste contexto essencial.

II. Jurisprudência

ACÓRDÃO DO STA – SECÇÃO DO CONTENCIOSO ADMINISTRATIVO, DE 09-02-2005 (PROC. 01573/03)

Relator: *Conselheiro Edmundo Moscoso*

ASSUNTO: LOTEAMENTO. PARQUE NATURAL DA RIA FORMOSA. NULIDADE.

SUMÁRIO:

I – O DL n.º 289/73, de 6 de Junho que regulava "a intervenção das autoridades administrativas responsáveis nas operações de loteamento", previamente à apresentação do "pedido de loteamento" propriamente dito, concedia aos interessados a faculdade de "requerer à Câmara Municipal da situação do prédio informação sobre a possibilidade de realizar as operações previstas neste diploma e seus condicionamentos" (art. 4.º n.º 1). Sendo favorável a decisão da Câmara sobre o pedido de viabilidade do loteamento, então o interessado dispunha do prazo de um ano a contar da data em que essa decisão camarária lhe fora comunicada para "apresentar o respectivo pedido de loteamento" sob pena de a decisão sobre o pedido de informação caducar (art. 4.º n.º 2).

II – Tendo o interessado apresentado um pedido de viabilidade em 26.02.85 ou seja na vigência do DL 289/73 e apresentado o pedido de loteamento em 18.08.87 ou seja na vigência do DL 400/84, de 31 de Dezembro (diploma que entrou em vigor no dia 01.03.85 por força do disposto no seu art. 85.º n.º 1) é aplicável a esse pedido de loteamento o regime previsto no DL 400/84, como resulta do seu art. 84.º n.º 2 e nos termos do qual o DL 289/73 apenas continuou a regular os pedidos de loteamento formulados anteriormente à entrada em vigor do DL 400/84, independentemente da data em que foi apresentado o pedido de viabilidade do loteamento.

III – Encontrando-se o prédio onde o interessado pretendia executar o loteamento em questão nos autos parcialmente inserido na área do Parque Natural da Ria Formosa, cujos limites se encontram definidos pelo Decreto-Lei n.º 373/87, de 9 de Dezembro, diploma este que e na ausência de disposição em contrário, entrou em vigor no 5.º dia após a sua publicação, nos termos do art. 2.º n.º 1 da Lei n.º 6/83, de 29/12 então em vigor, previamente à aprovação do loteamento tinha a C.M de consultar o Director do Parque, nos termos do disposto no art. 9.º n.º1 "ex vi" art. 7.º n.º 4 do DL 373/87.

IV – Tendo a Comissão de Coordenação da Região do Algarve e no que respeita ao loteamento em questão após consulta que era obrigatória por força do disposto no art. 24.º n.º 2 do DL 400/84 (cfr. ainda art. único do DL 352/87, de 5/11), informado a CM que o loteamento pretendido "mereceu parecer desfavorável, uma vez que se localiza na Zona de Reserva Natural, de acordo com o Zonamento a que se refere o n.º 3 do art. 26.º do DL n.º 373/87, de 9 de Dezembro, que cria o Parque Natural da Ria Formosa, sendo estabelecida a interdição, nomeadamente do loteamento naquela área (n.º 3, do art. 7.º, do DL 373/87)", esse parecer desfavorável emitido pela CCRA tinha carácter vinculativo por se ter fundado em condicionamento legal, que derivava do disposto no art. 7.º n.º 3 do DL 373/87 (cfr. art. 24.º n.º 3 do DL 400/84).

V – Cominando o art. 65.º n.º 1 do DL 400/84 com a "nulidade" os actos das Câmaras Municipais respeitantes a operações de loteamento quando não sejam precedidas da audiência das entidades que devam ser consultadas bem como "quando não sejam conformes com qualquer dos respectivos pareceres vinculativos", como aconteceu na situação em apreço, tendo a CM aprovado o loteamento através de deliberação que contrariou aquele parecer vinculativo da CCRA está essa deliberação inquinada de vício determinante da sua nulidade nos termos daquele preceito.

VI – Por outra via, não tendo a deliberação que aprovou o loteamento respeitado o disposto no art. 9.º n.º 1 do DL 373/87 – consulta do Director do Parque – como ainda a proibição que decorre do art. 7.º n.º 2, independentemente do regime de loteamento aplicável, nunca esse loteamento, porque aprovado por acto administrativo praticado na vigência do DL 373/87, poderia ser legalmente executado, por o acto licenciador não poder produzir qualquer efeito nos precisos termos do estabelecido no art. 9.° n.° 8 desse diploma legal.

Acordam, em Conferência, na Secção do Contencioso Administrativo do Supremo Tribunal Administrativo:

1 – O MINISTÉRIO PÚBLICO, interpõe recurso jurisdicional da sentença do TAC de Lisboa (fls. 346/371) que negou provimento ao recurso contencioso de anulação que dirigira contra as deliberações da CÂMARA MUNICIPAL DE FARO de 10.10.85, 30.05.85, 31.07.86, 10.05.88, 31.05.88, 20.09.88, 11.07.89, 09.05.90, 10.09.91 e 29.10.91 que viabilizaram e licenciaram o loteamento de um terreno no "…" em Faro e deram lugar à emissão do alvará de loteamento n.° 6/91, e onde pedira a declaração de nulidade dessas mesmas deliberações, por considerar que o local loteado se encontrava na sua quase totalidade incluído na Reserva Natural da Ria Formosa, dependendo o licenciamento da autorização da Comissão Instaladora daquela Reserva o que não aconteceu e ainda por contrariar parecer desfavorável ao licenciamento emitido pela CCRA.

Em alegações formulou as seguintes *CONCLUSÕES*:

I – O pedido de licenciamento de um terreno sito no "Sítio das…", foi efectuado em 18.08.87.

II – O pedido efectuado em 26.02.85, não pode ser considerado como um verdadeiro pedido de loteamento.

III – Não se entendendo como pedido de loteamento o pedido efectuado em 26.02.85, caducou o pedido de viabilidade efectuado em 10.01.85.

IV – Quando foi efectivamente efectuado o pedido de loteamento em <u>18.08.87</u>, já entrara em vigor o DL 400/84, de 31 de Dezembro, em <u>01.03.85</u>.

V – O terreno, sobre o qual recaiu o pedido de loteamento, encontrava-se parcialmente incluído no Parque Natural da Ria Formosa, aprovado pelo DL n.° 373/87, de 9/12.

VI – Nos termos do n.° 3 do art. 7.° do citado diploma legal é proibida a execução de loteamentos.

VII – Nesta proibição se baseou o parecer desfavorável

da CCR, cujo carácter é vinculativo, art. 24.º n.º 3 do DL n.º 400/84, de 31/12.

VIII – Por contrariarem tais pareceres as deliberações da CMF de 20.09.88, 11.07.89, 10.09.91 e 29.10.91, estão inquinadas de vício determinante da sua nulidade – art. 65.º n.º 1 do mesmo DL 400/84, de 31.12.

IX – Caso entenda o Venerando Tribunal, que em 26.02.85, se efectuou um verdadeiro pedido de loteamento, ainda assim as citadas deliberações estão feridas de nulidade, por serem contrárias ao parecer da CCRA.

X – Já que o DL n.º 287/73, de 6/06, no seu art. 2.º n.º 1, a Câmara Municipal só pode pronunciar-se depois de enviados os pareceres pelas autoridades, cujas autorizações ou aprovações condicionem a localização.

XI – Nos termos do estatuído no art. 14.º n.º 1 do DL 289/73, são nulos os actos das Câmaras quando desconformes com os pareceres supra referidos.

XII – O regime previsto do Parque Natural da Ria Formosa aprovado por força do DL n.º 373/87, de 9 de Dezembro aplica--se aos loteamentos cujo pedido de licenciamento foi efectuado antes da sua entrada em vigor, retroagindo os seus efeitos. Tal entendimento resulta das disposições conjugadas, do art. 12.º n.º 2 do C. Civil e art. 25.º n.º 2 e 7.º n.º 3 do DL 373/87, de 9/12.

XIII – Concluímos assim que ao julgar o recurso improcedente no que concerne às deliberações supra referidas, o M.º Juiz violou as disposições legais supra referidas.

Termos em que deve ser dado provimento ao presente recurso jurisdicional, anulando-se parcialmente a sentença recorrida, substituindo-se por outra em que se declarem nulas e de nenhum efeito as deliberações da CMF de 20.09.88, 11.07.89, 09.05.90, 10.09.91 e 29.10.91.

2 – Em contra-alegações (fls. 394/398) a entidade recorrida sustenta a improcedência do recurso, tendo para o efeito deduzido conclusões que se resumem ao seguinte:

A – A proposta apresentada em 26.08.95, na CMF constitui o verdadeiro e único pedido de loteamento existente no processo administrativo.

B – Com esse pedido ficou perfeitamente assente a dimensão e a natureza do loteamento e era perfeitamente possível saber se perante ele havia ou não necessidade de solicitar pareceres.

C – Mesmo que não se entendesse aquele pedido como pedido de loteamento, ainda assim, sempre teríamos o mesmo resultado de aplicação do regime anterior, na medida em que o processo de licenciamento do loteamento se iniciou antes da entrada em vigor do DL 400/84.

D – Assim sendo não existe violação do disposto no DL 373/87, de 9/12, que criou o Parque Natural da Ria Formosa, nomeadamente o seu art. 7.° n.° 3, na medida em que não havia que pedir autorização à Reserva Nacional da Ria Formosa, pois que o loteamento não estava abrangido pela sua área de reserva e, o novo diploma, ao abranger parcialmente o terreno de implantação do loteamento, face às condicionantes que existiam, haveria que respeitá-las, por força da aplicação das leis no tempo, visto que só dispõe para o futuro – art. 12.° do C. Civil.

E – Logo os pareceres pedidos por parte da CMF à CCRA, não podem ser considerados porque, à data, não eram necessários, logo não são vinculativos.

Termos em que o recurso deve improceder.

3 – Contra-alegou igualmente a recorrida particular – ... – tendo formulado as seguintes conclusões:

A – O pedido de loteamento, ao qual foi concedido o Alvará 6/91, publicado em 18/12/1991, no D.R. III Série n.° 291, a fls. 21827, foi formulado em 26/02/1985 e aprovado em 30/05/1985.

B Estando em vigor o D.L. 289/73 de 6 de Junho e não o D.L. 400/84 de 3 Dezembro como pretende o recorrente Ministério Publico.

C – Em 26/02/1985 a ora recorrida particular Vilas ... apresenta a proposta de ocupação para o terreno.

D – Juntando os documentos e requisitos necessários – de acordo com a legislação então em vigor – art. 3 n.° 1 D.L. 289/73 de 6 de Junho e Portaria 679/73 de 9 de Outubro – para pedidos de licenciamento dos loteamentos.

E – Tendo ficado assente, então, a natureza e dimensão do loteamento e a necessidade ou não de solicitar pareceres e a que entidades.

F – Anteriormente a 26/02/1985, já a ora recorrida particular apresentara em 24/04/1984 um pedido de viabilidade de construção, que foi indeferido numa primeira fase.

G – Após o que houve deliberação condicional, tendo a autoridade recorrida convidado o requerente a formalizar o pedido apresentado e estudo prévio do loteamento – o que esta fez em 26/02/1985.

H – Posteriormente foi pedida a revalidação da proposta de ocupação aprovada pela deliberação de 1985, tendo sido deferida por deliberação de 31/07/1986.

I – Ao apresentar aquele pedido em 26/02/1985, a ora recorrida particular convenceu-se que estava a apresentar o pedido de loteamento, sendo que, de outra forma, não necessitaria de juntar ao processo todos os documentos, estudos e requisitos necessários a esse pedido.

J – Em 26/02/1985 a ora recorrida particular apresentou um pedido de loteamento e não um pedido de viabilidade.

L – É natural que, na dinâmica processual camarária, sejam requisitados novos elementos para instruir os pedidos de loteamento tendentes a conformá-lo com exigências legais.

M – Isso não quer dizer que se trata de novo pedido mas sim a normal sequência do pedido inicial.

N – A junção da planta de localização, peças escritas e elaboradas, em resposta ao parecer da Câmara de 31/05/1984, revalidado em 18/08/1986 é a normal sequência da conformação, e da necessidade de apresentação do mesmo projecto – o que foi feito dentro de um ano a contar da revalidação de Agosto de 1986, não tendo caducado o pedido formulado e deferido.

O – Mesmo que – o que só por mera hipótese se admite se não entendesse o pedido formulado em 26/02/1985 como verdadeiro pedido de loteamento, mas sim o de 18/08/87 como pretende a recorrente, sempre se aplicava o regime anterior, já que o processo de licenciamento de loteamento se iniciou na vigência do DL 289/73 de 6 de Junho e não o D.L. 400/84 de 31 de Dezembro – Vide ACSTA 27514 de 01/03/90 e 39579 de 27/05/97.

P – O loteamento não estava abrangido na área de Reserva Natural da Ria Formosa, pelo que fez bem a Câmara Municipal de Faro em não pedir autorização à Reserva Natural da Ria Formosa, não havendo violação do disposto no DL 373/87 de 9 de

Dezembro, e o novo diploma que abrangeu parcialmente terreno de implantação do dito loteamento, face às condicionantes que existiam, não se aplica ao loteamento que foi apreciado à luz da legislação aplicável.

Q – A lei só dispõe para o futuro, e tal principio de não retroactividade é principio basilar do direito português, consagrado na lei – art. 12 n.º 1 C. Civil, sendo que as disposições alegadas "a contrario" pelo recorrente se aplicam ao presente caso.

R – Os efeitos do alvará de loteamento estão suspensos desde 25/10/1993 (quase 10 anos!), e as obras que a recorrida particular iniciava estão embargadas.

S – Ao proceder à liquidação da contribuição autárquica referente aos lotes e respectiva sisa (por não ter podido revender os lotes em virtude do embargo que o próprio Estado decretou) desde 1992 até ao presente, tendo a ora recorrida particular que despendeu a quantia de Esc. 126.519.437$00 com tais pagamentos – não tendo a contrapartida de lotear o terreno e vender os lotes – tal configura flagrante contradição na posição do Estado, e representa atroz injustiça e flagrante desrespeito pelos direitos constitucionais da recorrida particular....

T – É que, por um lado, o Estado, no presente processo, pretende ver anulado o alvará de loteamento. Por outro lado, é o mesmo Estado que lança, e cobra – coercivamente – os impostos autárquicos dos lotes e de sisa em virtude de não terem sido revendidos os lotes (porque o Estado não deixa) o que representa flagrante imoralidade.

Termos em deve ser julgado improcedente o recurso.

Cumpre decidir:
4 – MATÉRIA DE FACTO:
Nos termos do art. 713.º n.º 6 do Cód. Proc. Civil, dá-se por reproduzida a MATÉRIA DE FACTO dada como demonstrada na sentença recorrida a qual não foi objecto de qualquer reparo.

5 – Vem impugnadas nos presentes autos as deliberações da CÂMARA MUNICIPAL DE FARO 10.01.85, 30.05.85, 31.07.86, 10.05.88, 31.05.88, 20.09.88, 11.07.89, 09.05.90, 10.09.91 e 29.10.91 que, nos termos do alegado pelo M.º P.º na petição de recurso teriam viabilizado e licenciado o loteamento de um terreno no "Sítio das..." em Faro e deram lugar à emissão do alvará de loteamento n.º 6/91.

Na petição de recurso e no tocante às deliberações de 10.01.85, de 30.05.85 e de 31.07.86, imputou-lhe o recorrente vício gerador de nulidade de acordo com o disposto nos art. 5.º n.º 1 e 6.º n.º 2 do DL 45/78, de 2 de Maio e art. 4.º n.º 3, 2.º n.º 1 e 14.º n.º 1 do DL 289/73, de 6 de Junho, por essas deliberações não terem sido precedidas da necessária autorização (de natureza vinculativa) por parte da Comissão Instaladora da Reserva Natural da Ria Formosa o que e no entender do recorrente era obrigatório por o local loteado se situar, na sua quase totalidade, em zona de tal reserva, de acordo com os limites estabelecidos no art. 2.º e mapa anexo, do DL 45/78, de 2 de Maio.

As deliberações de 20.09.88, 09.05.90, 10.09.91 e 29.10.91, seriam igualmente nulas nos termos do art. 65.º n.º 1 do DL 400/84, de 31 de Dezembro (então em vigor), por contrariarem parecer desfavorável da CCR Algarve, comunicado à CMF através do ofício datado de 20.08.88, parecer esse que e no entender do recorrente tem carácter vinculativo por força do disposto no art. 24.º n.º 3 do DL n.º 400/84 já que, nos termos do art 7.º n.º 3 do DL 373/87, de 9 de Dezembro (diploma que criou o Parque Natural da Ria Formosa em substituição da Reserva Natural da Ria Formosa), situando-se o pretendido loteamento nos limites da área do Parque Natural da Ria Formosa, nessa área estava proibida a execução do loteamento em questão.

5.1 – Na sentença recorrida considerou-se e concluiu-se o seguinte:

a) Ter resultado provado que a "Quinta das..." ou o loteamento em causa não se inseria na área delimitada pela Reserva Natural da Ria Formosa, constante do Decreto n.º 45/78 (ponto 4.1 da sentença);

b) Que o "local do loteamento em causa encontra-se parcialmente inserido na área do Parque Natural da Ria Formosa", delimitada pelo DL 373/87, de 9 de Dezembro (ponto 4.2 da sentença);

c) No tocante às deliberações de 10.01.85, 30.05.85 e 31.07.86 "emitidas na pendência do Decreto 45/78, não se mostram nulas porquanto não violaram qualquer preceito deste diploma", já que o loteamento não estava abrangido pelos limites da Reserva Natural e por isso a desnecessidade de serem antecedidas de autorização ou de parecer da Comissão Instaladora.

d) No tocante às restantes deliberações (de 20.09.88, 11.07.89, 09.05.90, 10.09.91 e 29.10.91) entendeu-se na sentença recorrida, em suma, que o pedido de loteamento fora formulado em 26.02.85, antes da entrada em vigor do DL 400/84, de 31/12 (diploma este que entrou em vigor em 01.03.85) sendo-lhe por isso aplicável o regime estabelecido no DL 289/87 (por força do art. 84.° n.° 3 e 85.° n.° 1 do DL 400/84). E, considerando não serem os aludidos pareceres da CCRA obrigatórios, acabou a sentença recorrida por negar provimento ao recurso contencioso no tocante a essas deliberações (pontos 5 e segs. da sentença recorrida).

Sendo assim e como melhor resulta das alegações do recorrente, este acaba por concordar com o decidido naquela parte da sentença, no sentido de não serem nulas as deliberações de 10.01.85, 30.05.85 e 31.07.86 (deliberações estas que no entender do M.° P.° se situam em momento anterior ao pedido de licenciamento do loteamento), por ter ficado provado pericialmente, que os terrenos a lotear se encontravam fora da área da Reserva Natural da Ria Formosa, e por conseguinte não havia lugar a qualquer autorização da Comissão Instaladora daquela Reserva Natural.

Convém ainda salientar que e no tocante à questão prévia da irrecorribilidade das deliberações impugnadas, suscitada nos autos pela contra-interessada (actos preparatórios uns e executórios outros) considerou-se na sentença recorrida essencialmente que, *"sendo certo que algumas das deliberações impugnadas e que se defende serem nulas, são deliberações preparatórias da decisão final e outras actos de execução, não autónomos ou não detentores, nessa medida de lesividade própria, pelo que seriam por si só irrecorríveis... entendemos que no caso, nada impede que as mesmas, até para que não restem quaisquer dúvidas sobre a abrangência do julgado, possam ser, como o foram impugnadas..."*.

Em conformidade, a sentença recorrida acabou por julgar improcedente a questão suscitada pela contra-interessada, aspecto esse que igualmente não foi objecto de qualquer reparo no recurso jurisdicional interposto da sentença recorrida.

Assim o objecto do recurso fica limitado à parte da sentença que negou provimento ao recurso no tocante às deliberações datadas de 20.09.88, 11.07.89, 09.05.90, 10.09.91 e 29.10.91, nos termos do aludido em 5.1/d) pelo que e neste aspecto é momento de verificar se a sentença recorrida ao decidir nos termos em que decidiu é merecedora da censura que o recorrente lhe dirige.

5.2 – Começa o recorrente por sustentar que e o pedido de licenciamento do loteamento em questão nos autos – loteamento de um terreno sito no "Sítio das..." – foi efectuado em 18.08.87 e não em 26.02.85 como se entendeu na sentença recorrida. Argumenta para o efeito que não podendo ser entendido *"como pedido de loteamento o pedido efectuado em 26.02.85, caducou o pedido de viabilidade efectuado em 10.01.85"* pelo que *"quando foi efectivamente efectuado o pedido de loteamento em 18.08.87, já entrara em vigor o DL 400/84, de 31 de Dezembro, em 01.03.85."*. E, uma vez que *"o terreno, sobre o qual recaiu o pedido de loteamento se encontrava parcialmente incluído no Parque Natural da Ria Formosa, aprovado pelo DL n.º 373/87, de 9/12, nos termos do n.º 3 do art. 7.º do citado diploma legal nele é proibida a execução de loteamentos"*. E acrescenta, baseando-se nessa disposição *"o parecer desfavorável da CCR"* e por isso com *"carácter é vinculativo"* nos termos do art. 24.º n.º 3 do DL n.º 400/84, de 31/12, *"por contrariarem tais pareceres as deliberações da CMF de 20.09.88, 11.07.89, 10.09.91 e 29.10.91, estão inquinadas de vício determinante da sua nulidade – art. 65.º n.º 1 do mesmo DL 400/84, de 31.12 (cls. I a VIII).*

5.2. a) – Importa assim e desde já apurar em que momento foi efectivamente formulado o pedido de licenciamento do loteamento em questão nos autos.

Para o efeito, interessa ter presente o que e relacionado com tal questão, a sentença recorrida, deu como demonstrado:

- a) *Em 24.04.84, por requerimento dirigido ao Presidente da CMF,..., declarando pretender edificar no seu terreno no "Sítio das...", com a área de 531.050m2, solicitava que lhe fosse indicado qual o tipo de construção, número de pisos e condicionalismos – fls. 1 do p. i. (ponto i) da matéria de facto);*
- b) *Sobre esse pedido, em 15.06.84, prestaram os serviços da CMF informação referindo que o terreno se encontrava dentro da área do Plano Geral de Urbanização de Faro, numa zona designada como Estrutura Verde Principal – fls. 2 do p.i. (ponto ii da matéria de facto);*
- c) *Em 06.11.84, dirigido ao Presidente da CMF, apresentou o mesmo... exposição, invocando, além do mais, pretender*

efectuar uma urbanização de fins turísticos de alta qualidade construtiva, paisagística e ecológica, continuando a imagem residencial da Quinta do Lago contígua, pedia a revisão do parecer emitido – fls. 20 do p. i (ponto iii da matéria de facto);
d) *Sobre tal requerimento consta manuscrito "R. 10.01.1985 A Câmara deliberou concordar, em princípio com a pretensão na medida em que o projecto faria a transição de urbanização turística (Portal do Sol e Quinta do Lago)//Para isso, deverá, formalizar pedido, apresentando o estudo prévio do loteamento (com indicação do zoneamento, rede viária, etc.) – fls. 20 – v.º e 36 do P. I. (ponto iv da matéria de facto);*
e) *Em <u>26.02.85</u> apresentou o... novo requerimento onde refere vir apresentar proposta de ocupação para o terreno, em resposta àquele pedido. Referindo que os documentos juntos formalizam o pedido de viabilização de um loteamento proc. 991/84 submetido em tempo à apreciação de V. Ex<u>ª</u> – fls. 22 dos autos e 37 do p. i. (ponto v da matéria de facto);*
f) *Sobre tal requerimento encontra-se manuscrito "A C. M. deliberou <u>aprovar a viabilidade da ocupação proposta</u>, devendo apresentar projecto de loteamento de acordo com as informações constantes do processo, datada de 30.05.85 – fls. 37 do p. i. (ponto vi da matéria de facto);*
g) *Sendo antecedida de Parecer no sentido de "<u>ser viável o referido pedido de loteamento</u> desde que o mesmo dê cumprimento aos pontos indicados nas informações anexas, chamando especial atenção para a questão..." – fls. 37v do p. i. (ponto vii) da m. de facto);*
h) *Em 02.06.86, o mesmo..., solicitou à CMFaro, a reavaliação da proposta de ocupação aprovada pela deliberação de 30.05.1985 – fls. 64 do p.i. (ponto viii) da m. de facto);*
i) *Sobre tal pedido prestaram os Serviços Técnicos das obras, em 29.07.86, parecer no sentido de que mantendo-se os condicionalismos urbanísticos para a zona, não se via inconveniente na revalidação da deliberação tomada, sendo de seguir a tramitação prevista no DL 289/73, em face do disposto no art. 84.º do DL 400/84 e que no caso de se não observar total alteração do projecto apresentado, sendo de seguir o definido no DL 400/84 caso as alterações introduzidas conduzam a um novo projecto de loteamento – fls. 64v do p.i. (ponto ix) da m. de facto);*

j) *Pelo Assessor Autárquico, foi a 31.07.86, sobre tal pedido prestada a informação: "Entendemos não ser de deferir a pretensão, uma vez que só os pedidos de loteamento formulados anteriormente à entrada em vigor do DL 400/84, de 31.12, poderão ser regulados pelo DL 289/73" – fls. 64 do p.i. (ponto x) da m. de facto);*
l) *Em reunião ordinária da CMF de 31.07.86, foi deliberado, não obstante o parecer desfavorável do assistente autárquico deferir nos termos da informação dos serviços técnicos, devendo apresentar projecto de loteamento de acordo com as informações constantes do processo – idem (ponto xi) da matéria de facto);*
m) *Por requerimento entrado em 18.08.87, apresentado pelo mencionado..., o mesmo referia pretender lotear terreno que identifica, conforme planta de localização anexa, peças escritas e desenhos constantes do processo que se junta, requer a aprovação do referido projecto, em resposta ao parecer da Câmara Municipal de Faro de 31.05.85, revalidado em 18.08.86 – fls 76 do p.i. (ponto xii) da matéria de facto).*
n) *E por requerimento do mesmo entrado em 12.02.88, juntou o mesmo elementos ao processo, em aditamento ao projecto entregue em 17.08.87, requerendo a aprovação do projecto – fls. 119 do P.I. e doc. de fls.28 (ponto xiii) da matéria de facto).*
o) *Por ofício de 17.05.88, a CM de Faro informou o requerente ... de que em reunião de Câmara realizada em 10.05.88, fora deliberado aceitar liminarmente o pedido e enviá-lo... (ponto xv) da matéria de facto).*

Perante tal factualismo e "*apesar do teor literal*" do pedido formulado pelo interessado em 26.02.85, entendeu-se na sentença recorrida "*ser perfeitamente aceitável que se trate de pedido de loteamento*" acabando, após algumas considerações por concluir no sentido de "*que o pedido de loteamento foi formulado em 26.02.85, e por isso antes da entrada em vigor do DL 400/84*" sendo por isso "*aplicável a tal pedido o regime do anterior DL 289/73, de 6/06*" (ponto 5 da sentença recorrida).

Diga-se desde já que se não concorda com tal conclusão.

O DL n.º 289/73, de 6 de Junho que regulava "a intervenção das autoridades administrativas responsáveis nas operações de loteamento", previamente à apresentação do "pedido de loteamento" propriamente dito, concedia aos interessados a faculdade de "*requerer à Câmara Municipal da situação do prédio informação sobre a possibilidade de realizar as operações previstas neste diploma e seus condicionamentos*" (art. 4.º n.º 1) e sendo favorável a decisão da Câmara sobre o pedido de viabilidade do loteamento, então o interessado dispunha do prazo de um ano a contar da data em que essa decisão camarária lhe fora comunicada para "*apresentar o respectivo pedido de loteamento*" sob pena de a decisão sobre o pedido de informação caducar (art. 4.º n.º 2).

Ou seja, o diploma em apreço distingue claramente essas duas fases procedimentais: uma que se destinava a averiguar sobre a viabilidade ou não do loteamento e outra, que e em princípio devia ser requerida durante o prazo de um ano nos termos referidos, visava a aprovação ou o licenciamento desse loteamento.

Sendo facultativa a fase prévia da averiguação da viabilidade do loteamento, nada impedia, caso o interessado assim o entendesse por conveniente, de apresentar desde logo o pedido de licenciamento do loteamento sem previamente ter solicitado informação sobre a possibilidade ou sobre a viabilidade de no local executar o loteamento pretendido.

Como claramente resulta dos requerimentos que o interessado dirigiu à C. M. de Faro conjugado com os posteriores pareceres e decisões que se lhes seguiram, afigura-se-nos ser notório que e antes de requerer o loteamento propriamente dito, diligenciara o interessado no sentido de previamente apurar se no local seria viável executar o pretendido loteamento.

Senão vejamos:

Em 24.04.84, o então interessado ..., declarando pretender edificar no seu terreno no "Sítio das ...", com a área de 531.050m2 solicitou ao Presidente da CMF que lhe fosse indicado qual o tipo de construção, número de pisos e condicionalismo, tendo esse pedido sido informado pelos serviços da CMF no sentido de "que o terreno se encontrava dentro da área do Plano Geral de Urbanização de Faro, numa zona designada como Estrutura Verde Principal".

Em 06.11.84, o mesmo interessado referindo que pretendia efectuar uma urbanização de fins turísticos de alta qualidade construtiva, paisagística e ecológica, solicitou "revisão do parecer emitido". Sobre esse requerimento deliberou a CMF em 10.01.1985 concordar, "em princípio" com a pretensão da medida, convidando então o interessado a formalizar o pedido, apresentando o estudo prévio do loteamento.

A deliberação de 10.05.85, como dela resulta ainda não contém uma pronúncia favorável no sentido da aprovação do pedido de viabilização, mas apenas uma manifestação no sentido de que e em princípio a deliberação deveria ser favorável, convidando para o efeito o interessado a apresentar o "estudo prévio do loteamento" que, naturalmente, habilitasse a C. M. a proferir decisão, em termos definitivos, sobre o pretendido pedido de viabilidade.

Por isso se compreende que em *26.02.85* o interessado tivesse apresentado novo requerimento com "proposta de ocupação", referindo expressamente no requerimento que *"os documentos juntos formalizam o pedido de viabilização de um loteamento"*.

E, como pedido de viabilização foi o requerimento de 26.02.85 entendido e considerado pela própria CMF já que por deliberação de *30.05.85* a autarquia deliberou *"aprovar a viabilidade da ocupação proposta"* e alertar o interessado no sentido de dever *"apresentar projecto de loteamento"*. Como pedido de viabilidade foi igualmente entendido e considerado pelos serviços da CMF no parecer que emitiram e que precedeu a deliberação de 30.05.85, parecer esse no sentido do pedido de loteamento *"ser viável"* desde que o mesmo desse cumprimento a determinados pontos indicados nas informações que referenciava.

E daí que se compreenda igualmente que o interessado tivesse apresentado em 02.06.86 outro requerimento a solicitar a *"reavaliação da proposta de ocupação aprovada pela deliberação de 30.05.1985"*, pedido esse que não teria qualquer cabimento ou significado prático caso o pedido de licenciamento do loteamento nessa data já tivesse sido formulado.

Aliás e no seguimento do requerimento de 02.06.86, deferido por deliberação de 31.07.86, a Câmara Municipal acabaria novamente por alertar o interessado para *"apresentar projecto de loteamento de acordo com as informações constantes do processo"*, o que só pode querer significar que e até essa data o pedido de licenciamento do loteamento ainda não tinha sido apresentado.

Foi no seguimento da comunicação feita pela CMF que o então interessado ... em "*18.08.87*", apresentou outro requerimento onde expressamente referia *"pretender lotear"* o terreno em questão nos autos, juntando para o efeito *"planta de localização anexa, peças escritas e desenhos constantes do processo que se junta"* e onde acabou por *"requer a aprovação do referido projecto, em resposta ao parecer da Câmara Municipal de Faro de 31.05.85"*.

Pedido esse que, aliás, acabou por ser *"liminarmente"* admitido por deliberação camarária de *10.05.88,* após o interessado, em 12.02.88 e em aditamento ao pedido anteriormente formulado ter juntado ao processo outros elementos.

O que significa que, todas as tentativas para demonstrar que o pedido de licenciamento de loteamento em questão nos autos fora apresentado em 26.02.85 se nos afiguram infrutíferas e sem qualquer suporte fáctico.

Assim e face ao que resulta da matéria de facto dada como demonstrada, temos forçosamente que concluir que o pedido de licenciamento do loteamento em questão foi pelo interessado apresentado em 18.08.87, altura em que e no tocante a operações de loteamento urbano já vigorava o DL 400/84, de 31 de Dezembro (diploma este que entrou em vigor no dia 01.03.85 por força do disposto no seu art. 85.° n.° 1).

Tendo o pedido de loteamento sido apresentado na vigência do DL 400/84, é por conseguinte aplicável à situação em apreço o regime nele previsto, como resulta do art. 84.° n.° 2, uma vez que o DL 289/73 apenas continuou a regular os pedidos de loteamento formulados anteriormente à entrada em vigor do DL 400/84.

5.2. b) – Chegados a tal conclusão é manifesto que, face à matéria de facto dada como demonstrada, assiste razão ao recorrente nas conclusões que formulou, as quais terão de proceder na sua totalidade.

Com efeito e relativamente ao pedido formulado pelo interessado em 18.08.87 resulta da matéria de facto fundamentalmente o seguinte:

- a) *Por ofício 4258 de 06.10.88, a CCR Algarve, comunica à C. M. de Faro, que confirmava o seu parecer desfavorável transmitido anteriormente* (através do ofício n.° 3216 de 20.07.88), *o qual era de carácter vinculativo por se fundar em imposições de ordem legal nos termos do n.° 3 do art. 24.° do DL 400/84, de 31.12 (ponto xxi) da matéria de facto). O que viria a ser reafirmado pela CCRA através de ofício datado de 30.03.89, após o Presidente da CMF ter solicitado a reapreciação do pedido de loteamento (ponto xxii) e xxiii) da matéria de facto) e docs. de fls. 29 a 33 dos autos.*
- b) *Por deliberação de 11.07.89 foi deliberado reenviar o processo à CCRA para reapreciação e por ofício de 12.07.89 a CMF solicita novamente à CCRA o reexame da sua posição sobre o assunto (ser aplicável à situação o DL 289/73) (ponto xxvi) e xxvii) da matéria de facto);*

c) Sem ter aguardado novo parecer da CCRA, em reunião de 10.09.91 a CMF deliberou aprovar o processo da urbanização das "..." (ponto xxxi) e xxxii) da matéria de facto), tendo o Presidente da CMF emitido, em 04.11.91 o alvará de loteamento n.º 6/91 – edital 276/91 – à então titular do prédio "Vilas ..." (ponto xxxiii e xxxiv) da matéria de facto).

Como anteriormente se referiu, considerou-se e concluiu-se na sentença recorrida que o prédio onde o interessado pretendia executar o loteamento em questão nos autos se encontrava parcialmente inserido na área do Parque Natural da Ria Formosa, cujos limites se encontram definidos pelo Decreto-Lei n.º 373/87, de 9 de Dezembro (cfr. anterior ponto 5.1.b), diploma este que e na ausência de disposição em contrário, entrou em vigor no 5.º dia após a sua publicação, nos termos do art. 2.º n.º 1 da Lei n.º 6/83, de 29 de Julho, então em vigor.

O art. 7.º do DL 373/87, sobre a epígrafe *"actividades interditas"* determina o seguinte:

1 – Dentro dos limites da área do Parque é interdito...
2 – (...)
3 – Na área do parque é também proibida a execução de planos, loteamentos, construções, projectos de equipamentos e infra-estruturas e outros que eventualmente possam alterar a ocupação e topografia actuais do solo ou tenham repercussões significativamente negativas no ambiente do Parque.
4 – As actividades a que se refere o número anterior ficarão, na zona de protecção do Parque, sujeitas ao licenciamento a que se refere o art. 9.º.

Por sua vez o art. 8.º sob a epígrafe "actividades condicionadas" determina quais as actividades que, dentro dos limites do Parque, estão sujeitas a licenciamento e que eventualmente poderão ser autorizadas.

E, embora o art. 9.º/1 do mesmo diploma determine que os projectos submetidos a licenciamento municipal ficam sujeitas a *"autorização do Director do Parque, ao qual oficiosamente e para o efeito, as autoridades municipais remeterão os elementos do projecto apresentado"*, na situação e face ao que resulta da matéria de facto, o Director do Parque, apenas se teria inteirado da situação após ou *"na sequência da publicação do Edital n.º 276/91 no Diário da República – III série de 18.12.91 sobre a atribuição do alvará 6/91"* (cfr. pontos xxxv) a xxxvii) da matéria de facto).

No entanto, a Comissão de Coordenação da Região do Algarve como resulta do ofício que dirigiu ao Presidente da Câmara Municipal de Faro em 20.07.88 (cfr. doc. de fls. 29) e no que respeita ao loteamento em questão nos autos expressamente referia que "*a pretensão em causa mereceu parecer desfavorável, uma vez que se localiza na Zona de Reserva Natural, de acordo com o Zonamento a que se refere o n.º 3 do art. 26.º do DL n.º 373/87, de 9 de Dezembro, que cria o Parque Natural da Ria Formosa, sendo estabelecida a interdição, nomeadamente do loteamento naquela área (n.º 3, do art. 7.º, do DL 373/87)*", posição essa que viria posteriormente a ser reafirmada pela CCRA após insistências da CMF no sentido de a questão ser novamente reapreciada.

Na situação a consulta da CCRA era obrigatória por força do disposto no art. 24.º n.º 2 do DL 400/84 (cfr. ainda art. único do DL 352/87, de 5/11), sendo que o parecer desfavorável emitido tinha carácter vinculativo por se ter fundado em condicionamento legal, que derivava do disposto no art. 7.º n.º 3 do DL 373/87 (cfr. art. 24.º n.º 3 do DL 400/84).

Ora o art. 65.º n.º 1 do DL 400/84 comina com a "nulidade" os actos das Câmaras Municipais respeitantes a operações de loteamento quando não sejam precedidos da audiência das entidades que devam ser consultadas bem como "*quando não sejam conformes com qualquer dos respectivos pareceres vinculativos*", como aconteceu na situação em apreço.

Ou seja, tendo a CMF aprovado o loteamento através de deliberação que contrariou aquele parecer vinculativo da CCRA, face ao disposto no art. 65.º n.º 1 do DL 400/84, as deliberações da CM de Faro referenciadas pelo recorrente (cfr. cls. VIII) e fundamentalmente a deliberação que aprovou o loteamento – deliberação de 10.09.91 – estão inquinadas de vício determinante da sua nulidade nos termos do art. 65.º n.º 1 do mesmo DL 400/84, de 31.12.

5.2. c) – Convém por fim realçar que, ainda que se entendesse que ao loteamento em questão era aplicável o regime previsto no DL 289/73, ainda assim se chegaria idêntica conclusão.

1 – Desde logo porque, na vigência do DL 289/73 e na situação em apreço era igualmente obrigatória a consulta da actual CCRA, como resulta do disposto nos art. 1.º e 2.º desse diploma, já que, como resulta do ponto ii) da matéria de facto, o terreno onde se inseria o projectado loteamento encontrava-se "*dentro da área do Plano Geral de*

Urbanização de Faro, numa zona designada como Estrutura Verde Principal" ou seja em zona não destinada à construção.

O parecer emitido pela CCRA a que se alude nos art. 2.º n.º 1, face ao que determina o art. 14, n.º 1 ambos do Decreto-Lei n.º 289/73, era vinculativo para a câmara municipal por ser desfavorável ao pedido de loteamento urbano.

Daí decorrendo, nos termos dessa mesma disposição, a nulidade dos "actos da Câmara Municipal" respeitantes à operação de loteamento por estarem em desconformidade com o aludido parecer da CCRA.

2 – Por outra via, o DL 373/87 que criou o Parque Natural da Ria Formosa e delimitou a respectiva área, tem autonomia relativamente aos diplomas que estabelecem o regime jurídico das operações de loteamento urbano, como sejam os DL 289/73, de 6 de Junho e o DL 400/84, de 31 de Dezembro e, na ausência de disposição em contrário, como se referiu, entrou em vigor no 5.º dia após a sua publicação, nos termos do art. 2.º n.º 2 da Lei n.º 74/98, de 11 de Novembro, passando por conseguinte a produzir efeitos independentemente do estabelecido naqueles diplomas e do regime aplicável ao loteamento em questão nos autos.

É sabido que a legalidade dos actos administrativos é aferida em função da lei vigente à data da sua prática. E, independentemente de ao loteamento em questão nos autos ser aplicável o regime previsto no DL 400/84 ou o regime previsto no DL 289/73, o certo é que o loteamento só foi aprovado por deliberação de 10.09.91, altura em que o DL 373/87 se encontrava há muito em vigor.

Isto é, sendo ao acto administrativo aplicável o direito em vigor à data da sua prática (tempus regit actum), tendo o DL 373/87 entrado em vigor cerca de 4 anos antes de o licenciamento do loteamento ter sido aprovado (deliberação de 10.09.91), tinha por conseguinte essa deliberação que aprovou o loteamento de respeitar as prescrições impostas por aquele diploma legal em vigor à data da sua prática (cfr. art. 12.º do C. Civil). E tinha de respeitar não só o disposto no art. 9.º n.º 1 – consulta do Director do Parque – como ainda e fundamentalmente o impedimento absoluto, que decorre do disposto no art. 7 n.º 2 – proibição da execução de qualquer loteamento dentro dos limites da área do Parque.

Determina ainda o art. 9.º n.º 8 "ex vi" art. 7.º n.º 4 do DL 373/87 que *"não produz nenhuns efeitos, nem constitui os interessados em qualquer direito, o facto da obtenção das licenças ou autorizações a que se refere os n.º 1 e 2 do presente artigo, se o pedido não obtiver aprovação do director do Parque ou do Presidente do SNPRCN, quando a este couber a decisão, nos termos do número anterior".*

Pelo que e não tendo a deliberação que aprovou o loteamento considerado o determinado naquelas disposições, tal deliberação nunca podia produzir qualquer efeito, o que significa que a tal deliberação se aplica o regime da nulidade (cf. art. 9.º n.º 8 "ex vi" art. 7.º n.º 3 e 4 do DL 373/87 e art. 134.º do CPA).

Ou seja, tendo o loteamento sido projectado para área que se inclui no referido Parque Natural, independentemente do regime de loteamento aplicável, nunca esse loteamento, porque aprovado por acto administrativo praticado na vigência do DL 373/87, poderia ser legalmente executado, por o acto licenciador não poder produzir qualquer efeito.

Daí que e sem necessidade de outras considerações, seja de concluir pela nulidade das deliberações em questão nos autos, bem como pela procedência do presente recurso jurisdicional.

6 – DECISÃO:
Termos em que ACORDAM:
a) Conceder provimento ao presente recurso jurisdicional e em conformidade revogar a sentença recorrida;
b) Conceder provimento ao recurso contencioso e declarar nulas as deliberações impugnadas.
c) Custas pela recorrida particular, fixando a taxa de justiça e procuradoria respectivamente:
 – no TCA: 250,00 e 125,00 Euros;
 – Neste STA: 400,00 e 200,00 Euros.

Lisboa, 9 de Fevereiro de 2005. – Edmundo Moscoso – (relator) – Angelina Domingues – Costa Reis.

ACÓRDÃO DO STA – SECÇÃO DO CONTENCIOSO ADMINISTRATIVO, DE 09-02-2005 (PROC. 01138/04)

Relator: *Conselheiro Costa Reis*

ASSUNTO: LICENÇA DE OBRAS. RESERVA ECOLÓGICA NATURAL. PARECER OBRIGATÓRIO. PARECER VINCULATIVO. APROVAÇÃO

SUMÁRIO:

I – Enquanto as REN não estiverem legalmente delimitadas os pedidos de licenciamentos de obras nos locais que previsivelmente as irão integrar serão apreciados de acordo com o regime transitório previsto no art. 17.º do DL 93/90, nos termos do qual a Câmara Municipal recebido o projecto tem de o remeter, imediatamente, à DRMARN para que esta se pronuncie sobre ele e, sendo o mesmo conforme os requisitos legais, o aprove expressamente no prazo de 60 dias, a contar da recepção do projecto, valendo o silêncio desta entidade no prazo legal como aprovação.

II – Trata-se, assim, de um verdadeiro acto administrativo, obrigatório e vinculativo, definidor da situação jurídica dos requerentes que, sendo lesivo, é imediatamente recorrível.

III – Deste modo, e tendo essa pronúncia sido desfavorável a falta de impugnação desse acto expresso determina a sua consolidação definitiva na ordem jurídica, ainda que este seja extemporâneo.

IV – E, porque assim, a Câmara Municipal terá de decidir o pedido de acordo com esse parecer negativo.

1. A..., médico, residente na Rua ..., n.° ..., ..., ..., ... Lisboa, e B..., arquitecto, residente na Rua ..., n.° ..., ..., ...Lisboa, intentaram, no Tribunal Administrativo de Círculo de Lisboa, recurso contencioso pedindo **a anulação do despacho**, de 12.1.1998, do Sr. PRESIDENTE DA CÂMARA MUNICIPAL DE SESIMBRA, **que indeferiu o pedido de licenciamento da construção de uma moradia** em prédio de que eram proprietários, em Argéis, concelho de Sesimbra que, em 4.10.1996, lhe haviam apresentado.

Em resumo alegaram que tal despacho era ilegal porque:
- veio a ser prolatado já depois de se ter formado deferimento tácito sobre o pedido dos Recorrentes, pelo que se traduziu na revogação ilegal de um acto constitutivo de direitos.
- incorreu em erro nos seus pressupostos de direito pois indeferiu o seu pedido com fundamento de que este estava em desconformidade com o regime da REN e quando apreciou o pedido à luz da Portaria que o delimitava, sendo que esta não constituía um instrumento de planeamento territorial mas sim um diploma que estabelece e regula restrições de utilidade pública.
- além disso, atento o princípio da não aplicação retroactiva da lei, não podia tal regime jurídico ser invocado na apreciação de um pedido de licenciamento que lhe é anterior.
- violava o princípio da igualdade, na medida em que a Câmara Municipal de Sesimbra tinha autorizado a construção de vários conjuntos habitacionais em prédios vizinhos do dos Recorrentes.
- violava o princípio da boa fé, uma vez que ao longo dos anos foi-lhes dito, em pareceres e informações emitidos por arquitectos daquela Câmara, para avançarem com o projecto de conjunto habitacional, sem que ninguém invocasse problemas devidos à REN, acabando, porém, os seus pedidos por serem indeferidos.
- o acto padecia, ainda, de vício de forma por falta de fundamentação, pois a Autoridade Recorrida tinha obrigação de invocar as razões concretas por que considerou que a construção dos recorrentes era susceptível de prejudicar o equilíbrio ecológico da área e não o fez.

A autoridade recorrida respondeu para sustentar a legalidade do acto impugnado e, consequentemente, para defender a improcedência do recurso, afirmando que o indeferimento impugnado se justificava por a área de implantação da obra cujo licenciamento se pretendia se situar em área de REN e, ainda, por força do teor do parecer desfavorável e vinculativo dada DRARNLVT e do que se estabelece no artigo 52.°, n.° 2, al. a) do DL 445/91.

Por douta sentença de 14/5/04 (fls. 157 a fls. 171) **foi negado provimento ao recurso** por ter sido entendido que o despacho impugnado não continha as ilegalidades que lhe foram imputadas.

Inconformados com este julgamento **os Recorrentes agravaram para este Tribunal** tendo formulado as seguintes **conclusões**:

1. A sentença de 14/5/04 proferida pelo Sr. Juiz do 1.° Juízo Liquidatário do Tribunal Administrativo e Fiscal de Lisboa, interpretou erradamente o regime do DL 93/90, de 19/3.

2. Com efeito, à data em que os Recorrentes apresentaram junto da Câmara Municipal de Sesimbra o seu pedido de licenciamento de construção de uma moradia num terreno de sua propriedade, sito em Argéis, Sesimbra, o regime da REN aplicável era o constante do art. 17.° do DL 93/90 – Regime provisório, em virtude de a área definitiva da REN não ter sido objecto de delimitação governamental, nos termos do n.°, do art. 3.° do DL 93/90.

3. Ora, o art. 17.°, do DL 93/90, contrariamente ao disposto no art. 4.°, n.° 1, deste Decreto-Lei, não instituiu nenhum regime de proibição de construção em solos da REN.

4. Assim é que, nas zonas legalmente integradas no Anexo II do DL 93/90, não estão proibidas as acções de iniciativa pública e privada que aí se traduzam, entre outras, na construção de edifícios.

5. As acções de iniciativa pública ou privada que se traduzam na construção de edifícios estarão antes submetidas à aprovação das respectivas delegações regionais do Ministério do Ambiente e Recursos Naturais, (hoje Ministério das Cidades, Ordenamento do Território e Ambiente), conforme o disposto nos n.os 1 e 2, do art. 17.° do DL 93/90.

6. Contrariamente pois ao que decidiu a sentença recorrida, o regime do art. 4.°, n.° 1, do DL 93/90, não é pois aplicável ao regime do art. 17.° do DL 93/90;

7. Deste modo, face à matéria de facto dada como assente nos Autos, está provado que a entidade recorrida submeteu à aprovação da Direcção Regional do Ambiente e dos Recursos Naturais de Lisboa e Vale do Tejo (DRARNL VT), o projecto de construção dos ora Recorrentes;

8. E está igualmente provado que, tendo a citada Direcção Regional sido ouvida ao abrigo dos n.os 1 e 2 do art. 17.°, do DL 93/90 e não se tendo a mesma pronunciado expressamente no prazo legal que dispunha para o efeito, 60 dias, houve lugar à aprovação tácita do projecto dos ora Recorrentes, conforme o disposto no n.° 2, do art. 17.°, n.° do DL 93/90.

9. Ora, contrariamente ao decidido na sentença recorrida, as aprovações tácitas de projectos e de obras por parte das delegações regionais do Ministério do Ambiente, não podem, de modo algum, ser consideradas como aprovações nulas face ao art. 15.°, do DL 93/90.

10. A defender-se a interpretação da sentença recorrida, estar-se-ia a defender que o legislador do DL 93/90 tinha criado, no seu art. 17.°, um sistema que permitia as aprovações tácitas de empreendimentos e obras por parte das delegações regionais do Ministério do Ambiente, para, logo a seguir, classificar tais aprovações como nulas e de nenhum efeito;

11. A ser assim, estaríamos perante um sistema totalmente incoerente e, como tal, destituído de qualquer sentido;

12. Porém, é preciso ter em consideração que, nos termos do n.° 3, do art. 9.°, do Código Civil, em matéria de interpretação da lei, o intérprete presume que o legislador consagrou as soluções mais acertadas e soube exprimir o seu pensamento em termos adequados;

13. Logo, a interpretação dada pela sentença recorrida ao disposto nos arts. 15.° e 17.°, n.os 1 e 2, do DL 93/90, não pode conduzir ao resultado interpretativo, porque incoerente e ilógico, alcançado pela citada sentença;

14. A interpretação correcta dos arts. 15.° e 17.° do DL 93//90, é a de que só serão nulos os actos administrativos de licenciamento de obras que não tiverem sido precedidos de consulta às delegações regionais do Ministério do Ambiente para efeitos de obtenção da aprovação prevista no art. 17.°;

15. Solicitada tal aprovação, o que aconteceu nos presentes autos, fica pois cumprido o regime provisório da REN previsto no art. 17.° do DL 93/90;

16. Mesmo que tal aprovação tenha sido concedida tacitamente, porque foi cumprido o regime do art. 17.º, do DL 93/90, o acto administrativo que vier a ser emitido na sequência de anterior pedido de aprovação, cumpriu pois o regime do citado art. 17.º, pelo que não estará afectado de nenhum vício que conduza à sua nulidade;

17. Assim sendo, a sentença recorrida, por errada interpretação do Direito, violou o disposto nos arts. 15.º, 17.º, n.ºs 1 e 2, do DL 93/90, de 19/3, sendo pois ilegal, pelo que deve ser revogada por este Supremo Tribunal Administrativo;

18. Acresce ainda que a sentença recorrida violou a jurisprudência maioritária deste STA em matéria de prazos (peremptórios) nos regimes jurídicos de licenciamento de obras e de loteamentos, ao considerar que o prazo previsto no art. 17.º, n.º 2, do DL 93/90 não é peremptório, pelo que, também por aqui, foi violado o prazo peremptório previsto no n.º 2, do citado preceito legal – Ac.s do STA de 23/11/89, 3/12/92, 1/3/94 (este aplicável ao art. 17.º do DL 93/90), 13/1/2000 e 23/6/91 (este do Pleno);

19. Deste modo, porque à data em que a autoridade recorrida produziu o acto impugnado, a obra de construção da moradia dos Recorrentes já tinha sido tacitamente aprovada pela DRARNL VT no âmbito do regime transitório da REN – art. 17.º, n.º 1 e 2, do DL 93/90, nunca a autoridade recorrida, no seu despacho de 12/1/98, poderia ter invocado o regime definitivo da REN de Sesimbra aprovado pela Resolução de Conselho de Ministros n.º 194/97;

20. Estando pois tacitamente aprovado a obra dos Recorrentes pela DRARNL VT, contrariamente ao que foi defendido pela sentença recorrida, o regime definitivo da REN previsto no art. 4.º, n.º 1, do DL 93/90, por via da citada Resolução do Conselho de Ministros, não era aplicável ao pedido dos Recorrentes, conforme o disposto na al. a), do n.º 2, do art. 4.º do DL 93/90;

21. Assim, a sentença recorrida, ao considerar aplicável ao projecto dos Recorrentes o regime previsto no art. 4.º, n.º 1, do DL 93/90, quando devia ter considerado aplicável o disposto na alínea a), do n.º 2, do art. 4.º, mais uma vez interpretou e aplicou erradamente o Direito, violando o art. 4.º, n.º 1, deste DL, devendo pois, por ilegal, ser revogada por este STA;

22. Por último, mesmo que, por hipótese, se admitisse ser aplicável ao pedido dos Recorrentes o disposto no art. 4.º, n.º 1, do DL 93/90, sempre a autoridade recorrida, contrariamente ao defendido pela sentença recorrida, estava obrigada a pronunciar-se expressamente sobre a aplicação da excepção prevista no n.º 3, do art. 4.º do DL 93/90, fundamentando as razões que a levaram a considerar ser a obra dos Recorrentes susceptível de prejudicar o equilíbrio ecológico da área;
23. Com efeito, verificou-se pela matéria dada como assente pela sentença recorrida que, por um lado, a zona onde os Recorrentes pretendiam construir a sua moradia, já estava ocupada por obras e empreendimentos turísticos de grandes dimensões;
24. E, por outro lado, em face da situação urbanística já implantada no local onde os Recorrentes têm o seu terreno, os Recorrentes, por via do Recorrente A..., em sede de audiência prévia, solicitaram expressamente à autoridade recorrida que tivesse em consideração tal situação para efeitos de aplicação da excepção prevista no n.º 3, do art. 4.º, do DL 93/90, visto não haver PMOT em vigor, tal como ficou provado na sentença recorrida, até porque, a posição expressa da DRARNL VT de 12/3/97, também não esclarecia, por falta de fundamentação, porque é que a obra dos Recorrentes não era insusceptível de prejudicar o equilíbrio ecológico da zona;
25. Porém, verifica-se que, pelo despacho recorrido, a autoridade recorrida limitou-se a indicar, como motivo de indeferimento, o disposto no art. 4.º, n.º 1, do DL 93/90 – regime definitivo da REN, não indicando, em termos de fundamentação, se tinha ou não ponderado a aplicação da excepção prevista no n.º 3 do art. 4.º, do DL 93/90, quando tal lhe tinha sido pedido expressamente pelos Recorrentes – Doc. 12, junto à pi;
26. E teria que o fazer, visto que, para tal, os próprios Recorrentes a tinham alertado para a necessidade de lhes ser explicado porque é que a sua obra não era insusceptível de prejudicar o equilíbrio ecológico;
27. Aliás, em caso idêntico ao dos Autos, este STA, pelo seu Ac. de 24/11/98, rec. n.º 43.931,decidiu que são obscuros e insuficientes os fundamentos de acto de indeferimento ao pedido de licenciamento de construção quando, limitando-se a constatar que o respectivo terreno está inserido na REN, não esclarecem

porém se a Administração ponderou, ou não, a excepção prevista no art. 4.°, n.° 3, do DL 93/90, ao abrigo do qual o requerente expressamente a formulou;

28. Assim sendo, estava pois a autoridade recorrida obrigada a pronunciar-se expressamente sobre a aplicação da excepção no n.° 3, do art. 4.°, do DL 93/90, ponderando o que foi afirmado pelos Recorrentes na resposta apresentada em sede de audiência prévia, fundamentando, para efeitos de indeferimento, no seu despacho de 12/1/98, quais as razões de facto que a levaram a considerar que a obra dos Recorrentes não era insusceptível de prejudicar o equilíbrio ecológico da zona.

29. Ao defender que o despacho impugnado não carecia de pronúncia expressa nem de fundamentação face ao n.° 3, do art. 4.° do DL 93/90, a sentença recorrida violou o art. 268.°, n.° 3, da CRP e os arts. 124.°, n.° 1, alíneas a) e c) e 125.°, n.° 1, do CPA, pois tratando-se de um acto de indeferimento que afectava os direitos dos particulares, teria que estar fundamentado nos termos do citado preceito constitucional e das disposições legais ora citadas, por forma a explicar aos Recorrentes porque é que a construção da sua moradia não era insusceptível de prejudicar o equilíbrio ecológico da zona;

30. Assim, nos termos da conclusão anterior, também por aqui é a sentença recorrida ilegal, devendo pois ser revogada por este Venerando STA.

Não foram apresentadas contra alegações.

A Ilustre Magistrada do MP pronunciou-se no sentido do provimento do recurso, por entender que o acto impugnado, por um lado, sofria de vício de violação de lei uma vez que tinha sido proferido em momento em que a pretensão dos Recorrentes tinha já sido tacitamente aprovada – em resultado da DRMARN não ter emitido a sua pronúncia no prazo legal – pelo que aquela pretensão já não podia ser indeferida com o fundamento de que a mesma era desconforme à REN e, por outro, que aquele acto estava insuficientemente fundamentado.

Mostrando-se colhidos os vistos legais **cumpre decidir**.

FUNDAMENTAÇÃO

I. Matéria de Facto

1. A sentença recorrida, com **base nos documentos dos autos e do processo instrutor, julgou provados os seguintes factos**:

a) Os recorrentes são donos do prédio rústico sito em Argéis, com 1200 m2 de área, inscrito na matriz predial da freguesia de Santiago, concelho de Sesimbra sob o artigo 94.°. secção A, descrito na Conservatória do Registo Predial de Sesimbra sob o n.° 9365, a fls. 60 v. do Livro B-27 e sob a ficha n.° 00303/310387, inscrito a seu favor pela Apresentação n.° 07/310387 – doc. com cópia a fls. 47-49, e no 3.° volume do processo instrutor;

b) Em 4.10.1996, o recorrente A... apresentou no Departamento de Administração e Planeamento Urbano (DAPU) da Câmara Municipal de Sesimbra, o requerimento com cópia a fls. 65 dos autos e original no 3.° volume do processo instrutor, pedindo o licenciamento para construção de uma moradia com dois pisos no prédio mencionado na alínea anterior, fazendo-o acompanhar, entre outros documentos, da certidão de registo predial mencionada na alínea anterior, de uma declaração do recorrente B... autorizando-o a *desenvolver toda a actividade junto da Câmara Municipal de Sesimbra necessária ao licenciamento de um projecto para uma moradia* no mencionado prédio, de um termo de responsabilidade do autor do projecto de arquitectura e do projecto de arquitectura, tendo sido dado ao processo assim aberto o n.° 218/96 (documento de fls. 66 a 81 e originais completos no 3.° volume do processo instrutor);

c) Em 25.10.1996, a CM de Sesimbra solicitou à DRARNLVT a emissão de parecer sobre o pedido de licenciamento, para tal enviando o oficio n.° 3102, daquela data – com cópia a fls. 82 dos autos e aqui dado por reproduzido – o qual transcreve o teor de parecer técnico que propõe essa consulta;

d) Pelo oficio n.° 02148, de 12.3.1997, e com a referência 951//DEC/96, a Directora da DRARNLVT, ..., comunicou à CM de Sesimbra que *a pretensão está abrangida pelo regime transitório de REN (arriba) previsto no DL 93/90 com a nova redacção dada pelo DL n.° 213/92. Por sua vez, o local é ainda abrangido pelo Decreto-Lei 309/93, de 2/9 (regulamenta a elaboração e aprovação dos Planos de Ordenamento da Orla Costeira), e segundo o n.° 3 do art. 12.° na ausência de POOC ou de Plano Municipal de Ordenamento do Território em vigor, o licenciamento municipal de obras a realizar na zona terrestre de protecção carece de parecer favorável da DRARN.

Atendendo às características da pretensão, que se localiza numa arriba com 40% de declive, esta Direcção Regional considera que a obra não é insusceptível de prejudicar o equilíbrio ecológico do local e contraria alguns objectivos do Anexo II do DL n.° 309/93, nomeadamente: 1), 2), e 6). Por conseguinte, é emitido parecer desfavorável à pretensão (doc. com cópia a fls. 84-85 e original no 3.° volume do processo instrutor);

e) Pelo ofício n.° 920, de 26.3.1997, a autoridade recorrida transmitiu ao recorrente A... o teor de parecer técnico no sentido de o mesmo ser notificado para se pronunciar, nos termos dos artigos 100.° e 101.° do CPA, sobre o parecer da DRARNL VT, que lhe foi transmitido, concedendo-lhe para efeito o prazo de 15 dias (doc. com cópia a fls. 86 e original no 3.° volume do processo instrutor);

f) O recorrente A... pronunciou-se nos termos do requerimento com cópia a fls. 87 a 89 dos autos e original no 3.° volume do processo instrutor, entrado nos serviços da Câmara Municipal em 8.4.1997, em que, começando por transcrever o texto dos nos 3, 4 e 6 do artigo 4.° do DL n.° 93/90, com a redacção dada pelo DL n.° 213/92, de 12/10, passa depois a alegar que:

1) Compete à Câmara Municipal de Sesimbra como entidade competente para o licenciamento de obras solicitar o parecer da DRARN, o qual foi feito em Outubro de 96.

2) O prazo para emissão de parecer é de 30 dias.

O parecer foi emitido com um prazo superior a 120 dias pelo que nos termos do ponto 4 do art. 4 do D.L. 213/92 não poderá deixar de ser considerado como Favorável.

3) Para além destes aspectos de carácter legislativo podem ainda considerar-se rebatíveis por ambíguos e subjectivos os seguintes aspectos de carácter técnico:

a) Não se demonstra no parecer do DRARN qual a razão pela qual se afirma que a obra não é insusceptível de prejudicar o equilíbrio ecológico do local pois como facilmente se verifica existem recentemente construídos toda uma série de edifícios de pequeno a grande porte, cuja autorização não foi posta em causa por qualquer entidade. Razão pela qual não compreendemos a atitude face à nossa pretensão.

4) *Quanto aos pontos citados do D.L. 309/93 é nossa opinião o seguinte:*
  a) *A implantação pretendida encontra-se tão afastada da linha da costa como as edificações recentemente construídas que lhe estão vizinhas (Anexo* II, I.1).
  b) *O local insere-se num aglomerado já existente formado por um conjunto de habitações secundárias e instalações hoteleiras que é já um núcleo populacional considerável (Anexo* II, I.3).
  c) *Esta construção não provoca nem está sujeita a riscos especiais que não possam ser tecnicamente controlados, nem se enquadram nos termos do Anexo II, I.6 como já está comprovado pelas edificações já construídas no mesmo local e nas mesmas circunstâncias tanto recentemente como antigas.*
Pelos motivos expostos vimos solicitar a V. Ex.a que prossiga a apreciação com vista ao licenciamento do processo;

g) Em 5.5.1997, foi determinado solicitar ao Gabinete Jurídico da Câmara parecer jurídico (v. fls. 8 do 3.º vol. do processo instrutor);

h) Pelo ofício n.º 1494, de 22.5.1997, o recorrido solicitou de novo parecer à DRARNLVT, enviando para tanto a resposta do recorrente A..., referida na alínea f) supra (doc. junto ao 3.º volume do processo instrutor);

i) Em 24.6.1997, o mesmo recorrente apresentou ao recorrido o requerimento com cópia a fls. 91 dos autos, do seguinte teor: *Estando o pedido de licenciamento a que se refere o processo de obras n.º 218/96 correctamente instruído e após nosso requerimento de 7/4/97, constatamos não ter havido qualquer deliberação no prazo legal estabelecido, pelo que estando perante um deferimento tácito, requeremos a emissão da respectiva licença de construção;*

j) Em 9.7.1997, a Directora da DRARNL VT, ..., respondeu à solicitação referida na alínea h) supra, pelo ofício n.º 06530, dessa data, recebido na Câmara em 11.7.1997, do seguinte teor:

> [...] *após a reapreciação do processo e a análise da alegação enviada pelo Sr. A..., esta Direcção Regional mantém o parecer desfavorável com base nos princípios 1), 2), 3) e 6) do anexo II do DL n.º 309/3, de 2/9, já referidos no nosso ofício n.º 02148 de 12 de Março de 1997* – doc. junto ao 3.º volume do processo instrutor;

k) Em cumprimento da determinação referida na antecedente alínea g), foi proferido pelo Consultor Jurídico o parecer datado de 25.7.1997, que está por cópia a fls. 95-96, aqui dado por inteiramente reproduzido, em que se concluía pela aprovação do projecto, considerando para tanto que, pelo facto de a DRARNL VT não ter emitido decisão (nos termos do art. 17.º, n.º 2 do DL n.º 93/90) no prazo legal, se verificou uma aprovação tácita desse projecto no que concerne à REN, a qual, por ser constitutiva de direitos, o parecer posterior, de reprovação, só poderia revogar validamente se apontasse alguma ilegalidade à aprovação tácita, o que não fez, e invocando ainda que as normas do Anexo 11 do DL n.º 309/93 que o acto expresso mencionava não são aplicáveis, por ser antes de aplicar o regime da REN, constante do aludido DL n.º 93/90;

l) Em 17.1.1997, o responsável pelo processo n.º 218/96 do DAPU da Câmara Municipal de Sesimbra, proferiu a fls. 16 desse processo (3.º volume do processo instrutor) o seguinte despacho: *Considerando que a REN para o Concelho de Sesimbra foi aprovada pela Resolução de Conselho de Ministros n.º 194/97, e publicada em D.R. 254/97, de 3/11/97, e considerando ainda que o processo não se encontra licenciado, solicita-se parecer ao Gabinete Jurídico;*

m) No verso dessa fls. 16 do 3.º volume do processo instrutor, o Consultor Jurídico emitiu, com data de 17.12.1997, o seguinte parecer:

Nos termos da al. a) do n.º 2 do art. 4.º do D.L 93/90, de 19/3, com a redacção do D.L 213/92 de 12/10, na realização das acções já previstas ou autorizadas à data de entrada em vigor da portaria prevista no n.º 1 do art. anterior (a delimitadora da REN)

Isto é, as autorizações anteriores à data da publicação da portaria delimitadora da REN não são afectadas por esta.

Assim, no caso de um processo pendente à data da entrada em vigor da portaria, esta será irrelevante, não aplicável ao processo se já tiver havido aprovação do pedido.

Se, porém, o processo embora anterior à data da entrada em vigor da portaria, não mereceu ainda aprovação terá de ser apreciado já à luz da portaria;

n) Em 6.1.1998, o recorrente A… entregou nos serviços da Câmara Municipal, dirigido ao recorrido, o requerimento com cópia a fls. 93 dos autos, cujo original está no 3.º volume do processo instrutor, com a entrada n.º 00210, do seguinte teor:

[...] *tendo efectuado a entrega dos projectos das especialidades, não existindo qualquer comunicação em prazo legal de anomalia anterior na instrução do referido processo, a que acresce a existência de um parecer tácito favorável da DRARN (REN) reconhecido inclusive pelo vosso consultor jurídico, e incumprimento dos prazos legais por parte da Câmara Municipal de Sesimbra o que constitui deferimento tácito do projecto, como requerido em 24/06/97 e ao qual essa Câmara Municipal não deduziu qualquer oposição.*

Requer a Vossa Ex.a a emissão da licença de construção nos prazos legais estabelecidos.

o) Na mesma data, e com a entrada n.º 00211, o recorrente A... apresentou os projectos de especialidades, que constituem a 2.ª parte do 3.º volume do processo instrutor e aqui se dão por reproduzidos, cuja aprovação requereu;

p) Em 8.1.1998, foi emitido o seguinte parecer técnico a fls. 17 do 3.º volume do processo instrutor: *Face ao parecer jurídico e por desconformidade com instrumentos de planeamento territorial válidos nos termos da lei a) do n.º 1 do art. 63 do D.L. 250/94, nomeadamente por se encontrar sujeito ao regime da R.E.N. conforme D.L. 194/91, propõe-se o indeferimento.*

Nota: transmitir o parecer jurídico;

r) No rosto do original (que está no 3.º volume do processo instrutor) do requerimento mencionado na al. b) supra, que tem cópia a fls. 65 dos autos (pedido inicial de licenciamento de obra, entrado em 4.10.1996), foi aposto um despacho, datado de 12.1.1998, subscrito pela autoridade recorrida, do seguinte teor:

INDEFERIDO, de acordo com o parecer técnico, ao abrigo da alínea a) do n.º 1 do art. 63.º do D.L. 445/91, de 29/11, com a redacção do D.L. 250/94, de 15/10, no uso da competência delegada em deliberação de 7/1/98, ao abrigo do n.º 2 do art. 52.º do Dec.-Lei n.º 100/84, de 29/3. [...];

s) Por ofício n.º 0068, de 16.1.1998, recebido pelo recorrente A... em 19.1.1998, com cópia a fls. 97-98 dos autos, e a epígrafe de *ASSUNTO: "Processo de obras n.º 11218/96 – Req.to n.º 20580 de 04/10/96 – Construção de moradia – Argeis – Sesimbra PROJECTO DE ARQUITECTURA – INDEFERIMENTO"* a autoridade recorrida informou o recorrente A... do seguinte:

Nos termos do disposto no n.° 3 do art. 63.° do DL n.° 445/ /91, de 20/11, com as alterações introduzidas pelo DL n.° 250/94, de 15/10, NOTIFICO V. Ex.a de que o processo acima identificado, por meu despacho de 12/01/98, foi INDEFERIDO de acordo com o parecer técnico que abaixo se transcreve, ao abrigo da alínea a) do n.° 1 do artigo 63.° da mesma disposição legal.
PARECER TÉCNICO
"Face ao parecer jurídico e por desconformidade com instrumentos de planeamento territorial válidos nos termos da Lei, alínea a) do n.° 1 do artigo 63.° do DL n.° 445/91, de 20/11, com as alterações introduzidas pelo DL n.° 250/94, de 15/10, nomeadamente por se encontrar sujeito ao regime da Reserva Ecológica Nacional conforme DL n.° 194/91, propõe-se o indeferimento".
PARECER JURIDICO
"Nos termos da alínea a) do n.° 2 do artigo 4.° do DL n.° 93/ /90, de 19/3, com a redacção do DL n.° 213/92, de 12/10, na realização de acções já previstas ou autorizadas à data da entrada em vigor da Portaria prevista no n.° 1 do artigo anterior (a delimitação da REN) isto é, as autorizações anteriores à data da publicação da portaria delimitadora da REN não são afectadas por esta.

Assim, no caso de um processo pendente à data da entrada em vigor da Portaria, esta será irrelevante, não aplicável ao processo se já tiver havido aprovação do pedido.

Se, porém, o processo embora anterior à data de entrada em vigor da Portaria, não mereceu ainda aprovação, terá de ser apreciado já à luz da Portaria".

t) Sobre o requerimento transcrito na alínea o) supra, foi em 30.1.1998 cmitido o parecer jurídico que está a fls. 20 do 3.° volume do processo instrutor, do seguinte teor: *O requerido pelo interessado em 6.1.98 encontra-se prejudicado pelo Despacho do Sr. Presidente de 12.1.98, uma vez que este é um indeferimento expresso da pretensão do interessado.*

u) Pelo ofício n.° 0385, datado de 13.2.1998, com duplicado a fls. 21 do 3.° volume do pi, o recorrido informou o recorrente A... do teor do parecer jurídico mencionado na alínea anterior;

v) Sobre o requerimento de aprovação dos projectos de especialidades referidos na antecedente alínea p), foi proferida a seguinte informação técnica, datada de 13.3.1998, que está a fls. 22 do 3.° volume do processo instrutor:

Apesar do pedido de emissão de licença de construção, no qual era invocado o deferimento tácito do projecto, por despacho de 12.1.98, o projecto foi indeferido "expressamente".

Assim, o pedido acima referendado parece-me extemporâneo pelo motivo citado.

w) Pelo ofício n.º 0699, de 19.3.1998, o recorrido informou o recorrente A... do teor do parecer técnico referido na alínea anterior (fls. 23 do 3.º volume do processo instrutor);

x) Dou por reproduzido o teor dos documentos juntos com a petição de recurso, que estão a fls. 99 a 105 dos autos (fotografias);

y) Não existia, à data dos factos, plano municipal de ordenamento do território, no concelho de Sesimbra.

2. E julgou, ainda, **provados, por confissão** – nos termos do artigo 840.º do Cod. Administrativo, *ex vi* do artigo 24.º, alínea a) da LPTA – **os seguintes factos**:

a) No 2.º semestre de 1986 os ora recorrentes solicitaram informação à Câmara Municipal de Sesimbra sobre a possibilidade de construção no terreno descrito na alínea a) supra;

b) Terreno esse que, então, os recorrentes pretendiam comprar;

c) Foi-lhes assim prestada a informação por parte do Arquitecto responsável pela zona de Argéis, o Sr. Arq. ..., que o terreno que tinham em vista adquirir se integrava em área de expansão urbana consignada em plantas oficiais;

d) Não pertencia à REN, e ainda, pelo facto de já existirem diversas construções licenciadas no local;

e) Em face desta informação, o mencionado Arquitecto ..., aconselhou os ora recorrentes a apresentarem imediatamente o pedido de licenciamento em ordem a evitar demoras na aprovação do projecto, tendo-lhes ainda sido entregue uma cópia da planta oficial de expansão urbana da área;

f) Perante tudo isto, os ora recorrentes, confiando, de boa-fé, na informação prestada pelo mencionado técnico municipal, requereram o pedido de licenciamento de construção de um conjunto habitacional em 15 de Fevereiro de 1987;

g) A tal pedido foi atribuído o n.º de processo 39/87 (que constitui o 10 volume do processo instrutor);

h) O pedido foi acompanhado pelos requerentes junto dos serviços técnicos da Câmara, a fim de esclarecerem quaisquer dúvidas que entretanto surgissem;

i) Tendo sido solicitados inclusivamente elementos complementares como o esquema de águas e o pormenor de ventilação forçada das instalações sanitárias interiores (v. doc. de fls. 50);

j) Após prorrogação do respectivo prazo de apreciação do pedido efectuado em 15.4.87 pelo Presidente da Câmara Municipal (doc. de fls. 51);

k) O pedido dos então requerentes viria a ser indeferido em 26.6.87 pelo Presidente, invocando-se como motivo de indeferimento, o facto de o terreno onde se pretendia construir o conjunto habitacional atrás referido estar abrangido pela REN. – art. 2.º, n.º 1, alíneas c) e d), do D.L. 321/83 (doc. de fls. 52);

l) Perante este indeferimento, os ora recorrentes, em 12.8.87, através de requerimento dirigido ao Presidente da Câmara Municipal, manifestaram-lhe o seu desagrado e frustração com o indeferimento de 26.6.87, pois, no decurso da tramitação do seu pedido nunca tinha sido levantada por parte dos serviços técnicos da Câmara, qualquer objecção de fundo àquilo que se pretendia construir, designadamente, o regime da REN.;

m) Com base nas informações que anteriormente lhe tinham sido transmitidas pelo Arq. ... e tendo em conta a inexistência de objecções de fundo ao pedido de licenciamento por parte dos serviços técnicos, solicitava-se a reapreciação do projecto (doc. de fls. 53-55);

n) Em 5.11.87 o Sr. Presidente da Câmara Municipal manteve o indeferimento (doc. de fls. 56);

o) Todos os factos referidos nas alíneas a') e seguintes foram relatados pelos ora recorrentes numa exposição que enviaram ao Presidente da Câmara Municipal de Sesimbra em 8.6.93, a propósito do inquérito então em curso, para apreciação do P.D.M. de Sesimbra (doc. de fls. 57-64);

p) A partir de 1990 foram construídos em terreno anexo dois conjuntos turísticos da empresa ...., com forte presença e grande ocupação;

q) No início de 1996, iniciou-se uma obra de construção de um imóvel em terreno anexo ao terreno dos recorrentes;

r) Os requerentes voltaram novamente a consultar a Câmara Municipal de Sesimbra, tendo sido aconselhados em reuniões tidas com o Sr. Arq. ... a apresentar novo projecto constituído apenas por uma moradia unifamiliar;

s) Assim, em 1.3.96 os recorrentes requereram junto do Sr. Presidente da CM de Sesimbra que lhes fosse viabilizada a construção de uma moradia unifamiliar no seu terreno, invocando que, para além do projecto anteriormente apresentado à Câmara ter deixado de lhes interessar, se tinha dado início muito recentemente a uma obra de construção de um imóvel junto ao seu terreno;

t) Não tendo obtido qualquer resposta a este pedido de viabilização, em 4.10.96 o recorrente A... apresentou junto da Câmara Municipal o pedido de licenciamento referido na alínea b) da parte 2. da presente sentença, seguindo a indicação que então foi dada aos recorrentes pelo arquitecto da Câmara.

II. O Direito

O presente recurso jurisdicional **dirige-se contra a sentença do TAC de Lisboa que negou provimento ao recurso contencioso** intentado contra o despacho, de 12/1/98, do Sr. Presidente da Câmara Municipal de Sesimbra que – no uso de competência delegada – **indeferiu o pedido de licenciamento da construção de uma moradia** num terreno de que os Recorrentes são proprietários, alegando que **a mesma interpretara erradamente** o disposto nos arts. 17.°, n.ºs 1 e 2, 4.°, n.° 1, e 15.° do DL 93/90, de 19/3, o art. 268.°, n.° 3, da CRP e os art.s 124.°, n.° 1, al.s a) e c) e 125.° do CPA e que, por isso, **devia ser revogada**.

Vejamos se assim é.

1. O DL n.° 93/90, de 19/3, que reviu o regime jurídico da Reserva Ecológica Nacional (REN) estabelecido pelo DL 321/83, de 5/7, teve em vista "*salvaguardar, de uma só vez, os valores ecológicos e o homem, não só na sua integridade física, como no fecundo enquadramento da sua actividade económica, social e cultural*" e, para tanto, considerando ser impossível, imediatamente e de uma só vez, delimitar todas áreas a integrar e a excluir da REN, **criou um regime transitório destinado a preservar,** desde logo e provisoriamente, **todos os ecossistemas que não estando ainda classificados careciam de urgente protecção legal.** – vd. o respectivo preâmbulo e art. 17.° e Anexos II e III.

E, nesta conformidade, em termos cautelares e até que se procedesse à delimitação definitiva das áreas das REN previstas no seu art. 3.º, determinou que **ficavam abrangidas pelo referido regime transitório** as áreas elencadas naquele Anexo II, entre as quais se contavam as "*arribas e falésias, incluindo faixas de protecção com largura igual a 200 m., medidas a partir do rebordo superior e da base.*" – vd. sua al. b).

Do que resultou **a inclusão nesse regime do terreno onde os Recorrentes pretendiam erigir a sua construção**, pois que este se situava numa arriba.

Ora, **de acordo com esse regime transitório**

"*1. Nas áreas incluídas e definidas, respectivamente, nos anexos II e II do presente diploma, que dele fazem parte integrante, que ainda não tenham sido objecto da delimitação a que se refere o artigo 3.º, as obras e os empreendimentos mencionados no n.º 1 do artigo 4.º estão sujeitos a aprovação por parte da Delegação Regional do Ministério do Ambiente e Recursos Naturais.*

2. A aprovação prevista no número anterior deve ocorrer no prazo de 60 dias a contar da data de recepção do projecto das obras e empreendimentos ou de localização dos empreendimentos, interpretando-se como aprovação a ausência de decisão nesse prazo.

3. ...

4. No caso de decisão desfavorável do pedido de aprovação, por parte da Delegação Regional do Ministério do Ambiente e Recursos Naturais pode o interessado interpor recurso para a Comissão Nacional da REN.

(...)"

Vd. art. 17.º do DL 93/90 (na redacção que lhe foi dada pelo citado DL 213/92, de 12/10, com sublinhados nossos)

E **o art. 4.º do mesmo diploma** (também na redacção que lhe foi dada pelo DL 213/92) **estabelecia** que:

"*1. Nas áreas incluídas na REN são proibidas as acções de iniciativa pública ou privada que se traduzam em operações de loteamento, obras de urbanização, construção de edifícios, obras hidráulicas, vias de comunicação, aterros, escavações e destruição do coberto vegetal.*

2. Exceptuam-se do número anterior:

a) A realização de acções **já previstas ou autorizadas à data** da entrada em vigor da Portaria prevista no n.º 1 do artigo anterior (O n.º 1 deste art. 3.º prescreve: *"Compete aos Ministros do Planeamento e da Administração do Território, da Agricultura, das Obras Públicas, Transportes e Comunicações, do Comércio e Turismo, do Ambiente e Recursos Naturais, ouvida a Comissão referida no art. 8.º, aprovar por Portaria conjunta, as áreas a integrar e a excluir da REN.")*
b) ...
[...]"
(sublinhados nossos).

Deste modo, e de acordo com as normas acima transcritas, **enquanto não fossem delimitadas as REN** e, portanto, enquanto se aplicasse o regime transitório às áreas que previsivelmente as iriam integrar, **a construção nesses locais dependia da autorização** da Delegação Regional do Ministério do Ambiente e Recursos Naturais (doravante DRMARN), a qual devia ser emitida no **prazo de 60 dias** a contar da recepção do projecto, pois que esgotado esse prazo sem qualquer pronúncia **esse silêncio valia como aprovação do mesmo**.

Sendo certo, por outro lado, que após a publicação das Portarias que estabelecessem aqueles instrumentos de planeamento territorial, **por princípio, estava proibida a construção de edifícios nas áreas neles integradas.** – vd. o transcrito art. 4.º.

No caso *sub judicio* o recorrente A... – em seu nome e em nome do co-Recorrente B... – **apresentou,** em 4.10.1996, na CM Sesimbra requerimento **pedindo o licenciamento da construção de uma moradia** no seu identificado prédio, fazendo acompanhar esse pedido – entre outros documentos – do respectivo projecto de arquitectura e de um termo de responsabilidade do autor deste.

Deste modo, tendo em conta o que acima ficou dito e que a delimitação da REN para a área de Sesimbra só foi feita por Resolução do Conselho de Ministros de 3.10.1997 (Resolução n.º 194/97, publicada no DR, II Série B, n.º 254, de 3.11.1997.)**, o regime jurídico que haveria de presidir à apreciação da pretensão dos Recorrentes era o regime provisório** estabelecido no transcrito art. 17.º do DL 93/90, pois que, no momento da apresentação daquele pedido, a mencionada REN estava por delimitar. E, porque assim, cumpria à Câmara Municipal de Sesimbra, logo que recebeu aquele requerimento, **remeter** o **correspondente projecto** à Delegação Regional do Ministério do Ambiente e Recursos Naturais para que esta se pronunciasse sobre ele e, sendo o mesmo conforme aos requisitos legais, o **aprovasse expressamente no prazo de 60 dias**, a contar da data da sua recepção, sob pena de que se nada dissesse nesse prazo **o seu silêncio ser interpretado como aprovação.** – vd. n.ᵒˢ 1 e 2 do transcrito art. 17.º.

E **cumpria-lhe também deliberar sobre o projecto de arquitectura no prazo máximo de 45 dias**, contados a partir da *"data de recepção dos pareceres, autorizações emitidos pelas entidades consultadas ou do termo do prazo estabelecido para a emissão dos mesmos"*. – n.º 2 e n.º 3, al. c), do art. 47.º do DL 445/91, de 20/11 – pois que se também o não fizesse se formava deferimento tácito.

2. 1. Os autos (e o instrutor) não contêm elementos documentais que permitam apurar com segurança a data da recepção do projecto naquela Delegação Regional, o que significa que não existe informação confirmada das datas em que, verdadeiramente, se iniciava (e expirava) o seu prazo para se pronunciar sobre o requerimento dos Agravantes. No entanto, a sentença recorrida considerou (e explicou porquê) que **tal prazo tinha terminado em 24/1/97**, data essa que tomaremos como boa por a mesma ter sido aceite, sem controvérsia, pelas partes.

Deste modo, e considerando que a DRMARN tinha, ainda, 10 dias para remeter a sua decisão de aprovação ou não aprovação à Câmara Municipal – n.º 2 do art. 69.º do DL 445/91 – esta **tinha de deferir ou indeferir o requerimento dos Agravantes até ao dia 14/4/97**, pois que nesta data expirava o prazo para proferir a sua decisão final.

Certo, porém, é que a **DRMARN não emitiu a sua decisão no prazo legal de 60 dias, só o vindo a fazer depois de**, há muito, **esse prazo ter expirado**.

Será que aquele silêncio – de harmonia com o texto do n.º 2 do art. 17.º do DL 93/90 – **deve ser interpretado como aprovação definitiva do projecto** e, consequentemente, que a pronúncia expressa, extemporânea e discordante, é *juridicamente irrelevante* (Vd. Acórdão deste STA de 3/12/92 (rec. 28.475)) e que, por isso, a Câmara, perante esse silêncio, terá de considerar que o projecto, no tocante às suas implicações ambientais, foi definitivamente aprovado e que, por conseguinte, **só o poderá indeferir por outras razões que não as constantes da pronúncia expressa**?

Ou será que, mesmo tardia, **a decisão de não aprovação do projecto proferida por aquela Direcção Regional é revogatória do seu anterior deferimento tácito e, porque assim, pode servir de fundamento à decisão de indeferimento** da Câmara Municipal?

Esta interrogação remete-nos para a questão de saber qual **a natureza dos actos proferidos pelas Autoridades a quem a lei confere poder de intervenção** nos procedimentos administrativos destinados ao licenciamento de obras particulares.

Serão esses actos imediatamente lesivos e, consequentemente, imediatamente sindicáveis sob pena de se consolidarem na ordem jurídica ou, pelo contrário, serão, apenas, meros actos trâmite sem lesividade imediata e que, por isso, só podem ser atacados no recurso contencioso da decisão final?

3. A doutrina e a jurisprudência têm estado **divididas sobre esta matéria**.

Assim, Marcelo Caetano, muito embora considerasse que não se estava "(...) *em rigor, face de um parecer e sim perante um acto definitivo"*, entendia, no entanto, que os mesmos careciam *"de homologação para se tornarem executórios"* (Manual de Direito Administrativo, Vol. II, pág. 1320.) e, daí, a sua irrecorribilidade. Freitas do Amaral, por seu turno, parece abrir as portas à recorribilidade desses actos pois entende *"na realidade quem decide é a entidade que emite o parecer. Esta é que será a verdadeira decisão: a decisão da segunda entidade é uma formulação de algo que já estava pré-determinado no parecer"* (Direito Administrativo, vol. III, pág. 138.). Mais assertivo é V. Pereira da Silva que admite abertamente e sem hesitações a recorribilidade de tais pareceres vinculativos sustentando esse entendimento não só no facto dos mesmos afectarem de forma definitiva a liberdade decisória da autoridade com competência para proferir a decisão final mas também porque *"a vontade da Administração não se manifesta unicamente no momento da decisão final, como se tivesse «caído do céu aos trambolhões», antes é o resultado de um procedimento, no qual podem participar os particulares e autoridades administrativas muito diversas, sendo que os diversos estádios desse procedimento que afectem imediatamente os particulares devem poder ser autonomamente impugnáveis, tal como o respectivo acto final"* (Em Busca do Acto Administrativo Perdido, Lisboa, 1998, pág. 704 e 705.).

A jurisprudência deste STA também tem estado dividida, **defendendo uns a irrecorribilidade desses actos interlocutórios** – vd. a título de ex., Acórdão do Pleno da Secção de 7/5/96, proferido no recurso n.º 27.573 (O respectivo **sumário é o seguinte**: "I. *O parecer emitido pela CCRLVT, a pedido de uma Câmara Municipal para, na vigência do DL n.º 166/70, de 15/4, aquela deferir ou indeferir um pedido de licenciamento de obra particular, é sempre um acto meramente opinativo, como mero instrumento auxiliar da decisão.*
II. Porque o recurso contencioso de anulação pressupõe sempre a existência de um verdadeiro acto administrativo e aquele parecer não reveste, nem tem as características e a natureza próprias de um acto administrativo por lhe faltar a produção de efeitos externos, ou porque não define a situação jurídica de terceiros, não é susceptível de recurso.") (No **sentido da irrecorribilidade dos pareceres**, entre outros, os Acs. do S.T.A. de 97/05/1996 (Pleno) in: CJA n.º 0, p. 30; de 11/07/1996 (rec. n.º 36.367), de 04/02/1998 (rec. n.º 41.806), de 12/02/1998 (rec. n.º 32.321), de 10/11/1998 (Pleno) (rec. n.º 41.389), de 25/05/1999 (rec. n.º 44.296), de 09/11/1999 (Pleno) (rec. n.º 31.568), de 13/01/2000 (rec. n.º 39.092), de 11/05/2000 (rec. n.º 45.675), de 14/06/2000 (rec. n.º 44.845), de 28/11/2000 (rec. n.º 46.396), de 13/12/2000 (rec. n.º 46.499-A), de 14/12/2000 (rec. n.º 46.682), de 18/01/2001 (rec. n.º 46.877-A) e de 01/03/2001 (rec. n.º 46.058).
– e **outros a sua impugnabilidade judicial** (Vd., entre os mais recentes, **Acórdãos do Pleno** de 16/1/01 e de 15/11/01 (recs. n.os 31.317 e 37.811, respectivamente) **e da Secção** de 27/11/02 (rec. 862/02), de 30/9/03 (rec. 826/03), de 3/6/04 (rec. 239/04) e de 19/10/04 (rec. 1.896/03)).

Todavia, a partir da prolação dos Acórdãos do Pleno de 16/1/01 e de 15/11/01 (recs. n.os 31.317 e 37.811, respectivamente) a jurisprudência tem-se inclinado no sentido de entender que os **pareceres obrigatórios e vinculativos** emitidos por órgãos pertencentes a entidades estranhas à entidade com competência para proferir a decisão final, **constituem actos prejudiciais do procedimento**, isto é, actos com as características inscritas no art. 120.º do CPA e, por isso, **actos administrativos contenciosamente recorríveis**, já que são proferidos por órgãos da Administração ao abrigo do direito administrativo, têm a natureza de uma estatuição autoritária relativa a um caso concreto e os seus efeitos lesivos reflectem-se directa e imediatamente na esfera jurídica do particular.

Justificando este entendimento **escreveu-se no Acórdão do Pleno de 15/11/01**:

"Este parecer, de natureza desfavorável à recorrente, foi emitido, não no exercício de uma função de administração consultiva, mas consubstanciando, antes, uma avaliação traduzida na emissão de um juízo crítico de um órgão que, por opção legal, tem um sentido determinante sobre o sentido da decisão procedimental, já que impõe mesmo o sentido desta, uma vez que faz a indicação do conteúdo que deverá constar da resolução final de tal procedimento, de modo que esta só pode ser de homologação daquele parecer.

Assim, tal parecer desfavorável implica simultaneamente um efeito conformativo (a decisão tem de ser homologada) e preclusivo (inviabiliza, por inutilidade, o exercício de competências dispositivas próprias do órgão principal decisor, que passa a ser do próprio autor do parecer).

(...).

Tal parecer realizou não apenas uma função definitória ou concretizadora do direito aplicável a uma relação jurídica que se constituíra entre dois órgãos da Administração pertencentes a pessoas colectivas diferentes (relações inter-orgânicas externas), mas também em relação aos próprios particulares requerentes.

Assume, assim, no caso concreto, a natureza de um acto prejudicial do procedimento, cuja força jurídica é mais intensa do que a dum mero acto pressuposto, visto ter influência sobre os termos em que é exercido o poder decisório final, na medida em que define logo a posição jurídica dos interessados, ou seja compromete irreversivelmente o sentido da decisão final."

Deste modo, e porque esta jurisprudência se vem consolidando de modo seguro e tendo-se em atenção o disposto no n.º 3 do art. 8.º do Código Civil iremos perfilhá-la.

4. E, assim, descendo ao caso dos autos, a primeira constatação a fazer é que **a pronúncia que competia à DRMARN era obrigatória e tinha natureza vinculativa,** uma vez que o transcrito art. 17.º do DL 93/90 era claro em definir que as obras nele mencionadas estavam *sujeitas à aprovação* daquela entidade.

O que significa que a pronúncia daquela entidade **não constituía um mero parecer indicativo** que poderia ser, ou não, acolhido e, consequentemente, ser, ou não, seguido pela Câmara, pois que não podendo aquelas obras ser licenciadas sem o seu aval, se tratava de decisão que comprometia, definitiva e irremediavelmente, a sorte do pedido de licenciamento.

E, porque assim, cumpria aos Recorrentes **impugnar o acto desfavorável daquela Direcção Regional sob pena de, não o fazendo, o mesmo se consolidar definitivamente na ordem jurídica.**

Ora, in casu, **tal impugnação não foi feita.**

Na verdade, o que sucedeu foi que a CM de Sesimbra enviou, em 25/10/96, o projecto dos Recorrentes à referida entidade para que esta o aprovasse ou desaprovasse e que só em 12/3/97, isto é, **depois expirado o seu prazo legal, é que a mesma se pronunciou desfavoravelmente**, pronúncia que foi mantida apesar da contestação que aqueles fizeram ao abrigo do disposto no art. 100.° do CPA.

Deste modo, e pelas razões anteriormente expressas, **aquele acto definiu o direito aplicável** nas relações jurídicas estabelecidas não só entre aqueles dois órgãos da Administração (a Câmara Municipal e a DRMARN) mas também entre a autarquia e os Recorrentes, uma vez que, ao emitir a sua pronúncia desfavorável, determinou que a decisão final do procedimento não pudesse ser outra que não o indeferimento da pretensão dos Recorrentes. Ou seja, **comprometeu irremediavelmente o sentido da decisão final, assumindo**, assim, **a natureza de acto prejudicial**.

E, porque assim, **a ausência de impugnação desse acto determinou a sua consolidação definitiva na ordem jurídica,** constituindo-se em acto revogatório do deferimento tácito inicialmente formado.

Deste modo, a Autoridade Recorrida tinha de decidir o pedido dos Recorrentes de acordo este acto desfavorável, **pelo que nenhuma ilegalidade cometeu quando o indeferiu de acordo com esse fundamento.**

São, pois, **improcedentes as conclusões** que sustentam a anulabilidade do despacho recorrido com fundamento em vício de violação de lei.

5. Sustentam ainda os Recorrentes que despacho recorrido enfermava de vício de forma resultante da sua **fundamentação ser insuficiente,** uma vez que era **omisso no tocante à possibilidade de se aplicar ao caso dos autos a excepção prevista no n.° 3, do art. 4.°, do**

DL 93/90, ou seja, e dito de outro modo, o acto era ilegal porque não tinha explicado porque razão a sua obra não era insusceptível de prejudicar o equilíbrio ecológico do local, explicação que era indispensável tanto mais quanto era certo que nesse local tinham sido licenciadas obras semelhantes ou de maior envergadura do que aquela que pretendiam construir.

É hoje pacífico, na doutrina e na jurisprudência, considerar-se que **a Administração tem o dever de fundamentar os actos** que afectem os direitos ou interesses legítimos dos administrados – vd. n.º 3 do art. 268.º da CRP, art. 1.º do DL 256-A/77, de 17/6, art. 124.º do CPA e art. 21.º, n.º 1 do CPT – e que esse dever se traduz na **exposição das razões que a levam a praticar o acto e a dar-lhe determinado conteúdo**, com a descrição expressa das premissas em que assenta. – vd., entre outros, Ac. do STA de 27/10/82, AD, n.º 256/528 e M. Caetano "Manual", pg. 477 e E. Oliveira "Direito Administrativo", pg. 470.

A fundamentação é, assim, um conceito relativo **que varia** em função do tipo legal de acto, cuja finalidade é **responder às necessidades de esclarecimento do Administrado,** procurando-se através dela informá-lo do itinerário cognoscitivo e valorativo do acto e **permitir-lhe conhecer as razões**, de facto e de direito, que determinaram a sua prática e porque motivo se decidiu num sentido e não noutro.

Se assim é pode dizer-se que **um acto está fundamentado sempre que o administrado, colocado na sua posição de destinatário normal** – o bónus pater família de que fala o art. 487, n.º 2 do CC – **fica devidamente esclarecido acerca das razões que o motivaram** (Neste sentido veja-se, entre muitos outros, os **seguintes Acórdãos desta Secção de 19/3/81**, (rec. 13.031), **de 27/10/82** in AD 256/528, **de 25/7/84** (P) in AD 288/1386, **de 4/3/87** in AD 319/849, **de 15/12/87** (P) in AD 318/813 **de 5/4/90** (P) in AD 346/1253, **de 21/3/91** (rec. n.º 25.426), **de 28/4/94** (rec. n.º 32.352), de **30/4/96**, Ap. do DR de 23/10/98, pg. 3074, **de 30/1/02**, (rec. 44.288), **de 7/3/02** (rec. 48.369) e **de 21/1/03** (rec. 48.447).).

O que quer dizer que **a insuficiência, a obscuridade e a contradição da fundamentação equivalem a falta de fundamentação**, porque essas insuficiência, obscuridade ou contradição impedem o devido esclarecimento – vd. art. 125.º, n.º 2, do CPA e a citada jurisprudência.

Todavia, a **fundamentação** – como a mesma jurisprudência vem insistindo – **não necessita de ser uma exaustiva descrição** de todas as razões que estiveram na base da decisão, **bastando** que se traduza numa *"sucinta exposição dos fundamentos de facto e de direito"*, ou até numa *"mera declaração de concordância com os fundamentos de anteriores pareceres, informações ou propostas que constituirão neste caso parte integrante do respectivo acto"* – vd. arts. 125.° do CPA.

E, se assim é, **o que ora importa apurar** é se a motivação constante do acto recorrido foi suficiente para esclarecer a Recorrente contenciosa das razões que o determinaram.

5. 1. No caso sub judicio o **despacho recorrido indeferiu a pretensão dos Recorrentes** *"de acordo com o parecer técnico, ao abrigo da alínea a) do n.° 1 do art. 63.° do D.L. 445/91, de 29/11, com a redacção do D.L. 250/94, de 15/10,"* **sendo que este parecer era do seguinte teor** *"Face ao parecer jurídico e por desconformidade com instrumentos de planeamento territorial válidos nos termos da Lei, alínea a) do n.° 1 do artigo 63.° do DL n.° 445/91, de 20/11, com as alterações introduzidas pelo DL n.° 250/94, de 15/10, nomeadamente por se encontrar sujeito ao regime da Reserva Ecológica Nacional conforme DL n.° 194/91, propõe-se o indeferimento"*.

Os Recorrentes entendem que esta fundamentação é insuficiente, uma vez que prescrevendo o n.° 3 do art. 4.° do DL 93/90 que *"quando não exista plano municipal de ordenamento do território válido nos termos da lei, exceptua-se do disposto no n.° 1 a realização de acções que, pela sua natureza e dimensão, sejam insusceptíveis de prejudicar o equilíbrio ecológico daquelas áreas"* e que, inexistindo aquele Plano na data em que apresentaram o seu pedido, **era mister que a Autoridade Recorrida esclarecesse os motivos pelos quais considerava que o seu projecto era susceptível prejudicar esse equilíbrio,** tanto mais quanto era certo que nessa área tinham sido licenciadas obras semelhantes ou de maior envergadura do que a que pretendiam construir e este aspecto havia sido referenciado na exposição que fizeram ao abrigo do disposto no art. 100.° do CPA.

Só perante essa explicação é que seriam devidamente informados das razões do indeferimento do seu projecto.

Mas **sem razão**.

Na verdade, à data em que o acto impugnado foi proferido **tinha já sido publicada a Portaria que aprovara a REN para a zona de Sesimbra** e nela estava incluído o terreno onde os Recorrentes pretendiam construir, **o que significa que a excepção prevista naquele n.º 3 do art. 4.º já não tinha aplicação.**

Ou seja, à data da prolação do despacho recorrido **vigorava o disposto no n.º 1 daquele preceito** e este estatuía que **nas áreas incluídas na REN era proibida a construção de edifícios.**

Deste modo, quando a Autoridade Recorrida justificou a sua decisão com o parecer jurídico e com a desconformidade do pedido dos Recorrentes com instrumentos de planeamento territorial válidos, estava a informá-los que o seu pedido não podia ser deferido porque o terreno onde pretendiam erigir a sua construção estava integrado na REN e que nesta não era possível construir. Ou seja, estava a dizer-lhes que **já não havia lugar à apreciação do seu pedido em função da excepção prevista naquele n.º 3** porque o pressuposto em que esta assentava – a inexistência de plano válido – não se verificava.

Sendo assim, e sendo que um acto está fundamentado sempre que o administrado, colocado na sua posição de destinatário normal fica devidamente esclarecido acerca das razões que o motivaram, **é forçoso concluir que a fundamentação do despacho recorrido respondeu às necessidades de esclarecimento dos Recorrentes**, permitindo-lhes conhecer as razões, de facto e de direito, que determinaram a prática daquele acto.

Também aqui falecem as razões dos Recorrentes.

Termos em que, ainda que com fundamentação não inteiramente coincidente com a douta sentença recorrida, **se nega provimento ao recurso e se confirma a decisão recorrida.**

Custas pelos Recorrentes fixando-se em 250 euros a taxa de justiça e a procuradoria em metade.

Lisboa, 9 de Fevereiro de 2005. – *Costa Reis* (relator) – *Edmundo Moscoso – Maria Angelina Domingues.*

ACÓRDÃO DO STA – SECÇÃO DO CONTENCIOSO ADMINISTRATIVO, DE 05-04-2005 (PROC. 0643/04)

Relator: *Conselheiro Simões de Oliveira*

ASSUNTO: LICENCIAMENTO. LICENÇA DE CONSTRUÇÃO. PLANO DE URBANIZAÇÃO. ESTUDO DE ENQUADRAMENTO.

SUMÁRIO:
I – Os arts. 17.º e 19.º do PUCVC permitem adoptar no licenciamento de edificações parâmetros diferentes dos que aí são estabelecidos, desde que justificados em estudo de enquadramento.

II – Independentemente dos elementos que segundo art. 219.º do PUCVC deve conter, esse estudo há-de consistir numa peça autónoma com as razões pelas quais, no entender do empreendedor, se impõe um desvio dos parâmetros-base do Plano em matéria de altura do edifício e de afastamentos, o que passará, necessariamente, por uma argumentação que, relacionando a edificação projectada com as construções vizinhas e a zona envolvente, procure convencer o órgão autárquico de que, a benefício do interesse público, se justifica o uso de outros parâmetros.

Acordam na Secção de Contencioso Administrativo do Supremo Tribunal Administrativo, 2ª Subsecção:

– I –
O VEREADOR DA ÁREA DE PLANEAMENTO E GESTÃO URBANÍSTICA DA CÂMARA MUNICIPAL DE VIANA DO CAS-

TELO recorre da sentença do T.A.C. do Porto que declarou a nulidade do seu despacho de 12.3.01 que deferiu o pedido de licenciamento de obra cujo empreendedor era a A... e sua antecessora B....

Nas suas alegações o recorrente formulou as seguintes conclusões:

"I No caso dos autos foi apresentado estudo de enquadramento urbanístico, no âmbito do qual foram consideradas correctas, adequadas e conformes à lei e aos regulamentos as soluções arquitectónicas adoptadas do pedido de licenciamento apresentado e deferido através do acto impugnado.

II. O estudo de enquadramento urbanístico não é obrigatoriamente constituído por todos os elementos elencados no art. 219.° do Regulamento do PUC de Viana do Castelo, devendo conter apenas os elementos que se justifiquem no caso concreto e que relevem para a apreciação da pretensão concreta apresentada.

III. O Regulamento do PUC da cidade de Viana do Castelo não exige que sejam juntos, bem pelo contrário, todos os elementos constantes do seu art. 219.°, contendo este preceito regras meramente exemplificativas, a aplicar de acordo com a natureza e especificidade do local e da pretensão concreta.

IV. Tanto podem ser exigidos algum ou alguns dos elementos referidos a título exemplificativo no art. 219.° referido, como podem ser exigidos quaisquer outros considerados adequados à situação concreta e que nem sequer constem do elenco do mesmo.

V. O próprio texto da norma em causa aponta claramente em tal sentido.

VI. No caso concreto dos autos, foi considerado que apenas interessava a apresentação de um alçado de conjunto com as construções contíguas, nomeadamente para avaliar o impacto volumétrico da proposta apresentada, o que permitiu avaliar igualmente, e de forma correcta, a altura do edifício e os afastamentos propostos.

VII. Tal decisão não violou qualquer norma legal, já que, nos termos do preceito em análise, a Câmara Municipal, no que se refere aos estudos de enquadramento urbanístico previstos no PUC, tem o poder discricionário de definir ela própria, caso a caso, os elementos que entende relevantes para ponderar e decidir da pretensão concreta que lhe é apresentada.

VIII. E a matéria relativa à volumetria, altura do edifício e afastamentos, face à sua justificação pelo estudo de enquadramento urbanístico exigido, constitui matéria integrada na margem de discricionariedade técnica da Administração que, como tal, não é contenciosamente sindicável.

IX. Salvo o devido respeito, foram violadas as normas dos arts. 6.°, 17.°, 19.°, 219.° do Regulamento do Plano de Urbanização da Cidade de Viana do Castelo, ratificado pela resolução do Conselho de Ministros n.°. 9~9, de 13 de Agosto de 1999, publicada no DR, I Série-B, n.os 188/189, de 13.08.1999 e art. 52.°pfb) do DL. 445/91, de 20.11, na redacção do DL. 250/94, de 15.10.

Não houve contra-alegações.

O Ministério Público emitiu parecer no sentido de ser negado provimento do recurso.

O processo foi aos vistos legais, cumprindo agora decidir.

– II –

A sentença deu como provada a seguinte matéria de facto:

1. No dia 03.NOV.00, deu entrada na Câmara Municipal de Viana do Castelo um requerimento apresentado pela sociedade "B..." a solicitar o destaque de uma parcela de terreno para construção de um edifício bifamiliar, constituído por c/v, r/c, 1.° andar e andar recuado – Cfr. doc. de fls. 11 e segs.;

2. Tal requerimento deu origem ao Processo de Obras particulares n.° 835/00 do Departamento de Obras daquela edilidade – Cfr. Processo administrativo apenso;

3. Dou por reproduzido para todos os efeitos legais o teor do projecto de arquitectura apresentado no âmbito daquele Processo de obras, constante de fls. 19 a 60;

4. Por despacho do Vereador do Pelouro do Planeamento e Gestão Urbanística da Câmara Municipal de Viana do Castelo, datado de 31.JAN.01, foi aprovado o projecto de arquitectura relativo às obras a edificar constantes daquele Processo de obras particulares – Cfr. doc. de fls. 61, aqui dado por reproduzido (1.° acto recorrido);

5. Em 05.FEV.01, a empresa "B..." cedeu à Recorrida particular "C...", os direitos referentes ao Processo de Obras particulares, em referência nos autos, tendo sido averbado em nome desta última empresa o mencionado Processo de obras – Cfr. docs. de fls. 74 e 79;

6. Por despacho do Vereador do Pelouro do Planeamento e Gestão Urbanística da Câmara Municipal de Viana do Castelo, datado de 12.MAR.01, foi deferido o pedido de licenciamento de obras particulares, referente ao Processo de Obras n.º 835 – Cfr. doc. de fls. 82, aqui dado por reproduzido (2.º acto recorrido);

7. Em 02.JUL.01, a Recorrida particular apresentou um aditamento ao projecto de arquitectura, conforme docs. de fls. 85 e 89 e segs., aqui dados por reproduzidos;

8. Mediante despacho do Vereador do Pelouro do Planeamento e Gestão Urbanística da Câmara Municipal de Viana do Castelo, datado de 24.AG0.01, foi aprovado tal aditamento ao projecto de arquitectura relativo às obras constantes daquele Processo de obras particulares – Cfr. doc. de fls. 87, aqui dado por reproduzido (3.º acto recorrido);

9. A edificação da Recorrida particular licenciada possui 3 pisos, acima do solo, sendo um deles recuado, em relação aos demais, e destinado a solário – Cfr. Processo instrutor;

10. As edificações situadas nas proximidades daquela possuem uma tipologia de 2 pisos, acima do solo – Cfr. Processo administrativo apenso;

11. Embora possua uma tipologia de 3 pisos, a edificação da recorrida particular tem uma altura inferior às edificações circundantes – Cfr. Processo instrutor; e

12. A distância entre a projecção horizontal da edificação da Recorrida particular e qualquer extrema do terreno em que se encontra implantada, com relação aos prédios confrontantes a norte e a sul é de 3,30 metros – Cfr. Processo administrativo apenso.

– III –

A sentença recorrida declarou nulo determinado acto camarário de licenciamento de um edifício bifamiliar, composto por rés-do-chão, cave, 1.º andar e andar recuado.

Fundamento dessa pronúncia foi a desconformidade com o *Plano de Urbanização da Cidade de Viana do Castelo* (arts. 6.º, 17.º/2 e 3, 3.º, 19.º e 219.º), bem como a violação do art. 52.º, n.º 2, al. b), do Dec--Lei n.º 445/91, de 20.11, na redacção do Dec-Lei n.º 250/94, de 15.10.

Essa desconformidade consistia em excesso de altura da edificação e em insuficiente distância da mesma à extrema do terreno não confinante da via pública – isto na ausência de *estudo de enquadramento* que justificasse os parâmetros adoptados.

Nas suas alegações, o recorrente não põe em causa a desconformidade do projecto com o PU, mas procura demonstrar que apresentou o dito estudo de enquadramento, pois que este não tem necessariamente de incluir todos os elementos a que se refere o art. 219.° do Regulamento do PU, o qual não estabelece mais do que um conjunto de regras meramente exemplificativas. Esses elementos são variáveis caso a caso, competindo à Câmara o poder discricionário de definir os que considera relevantes. No caso, bastava apresentar *"um alçado de conjunto com as construções contíguas, nomeadamente para avaliar o impacto volumétrico da proposta apresentada"*.

Vejamos:

O art. 17.°, n.° 2, do *Plano de Urbanização da Cidade de Viana do Castelo* estabelece que a altura dos edifícios com a tipologia do dos recorridos não deverá ultrapassar a correspondente a 2 pisos, no caso de moradias isoladas ou geminadas, ou 3, para moradias em banda contínua.

Por sua vez, o art. 19.°, n.° 1, estabelece que a distância entre a projecção horizontal da edificação e qualquer extrema do terreno deverá ser no mínimo igual a metade da altura da edificação, não podendo ser inferior a 5 m.

Todavia, o n.° 3 de ambos os artigos prevê que possam ser licenciados edifícios com altura ou afastamentos diferentes dos estabelecidos, desde que *convenientemente justificada com estudo de enquadramento* (art. 17.°/3) ou *devidamente justificados por estudo de enquadramento* (art. 19.°/3).

A leitura destes preceitos torna claro que é vinculativa a apresentação de um estudo de enquadramento com a justificação dos parâmetros divergentes da directiva genérica dos arts. 17.° e 19.°. Trata-se de aspecto em que não rege qualquer discricionariedade administrativa. A discricionariedade vem depois, e consiste na possibilidade de que dispõe o órgão camarário de, face a esse estudo, considerar ou não justificado, no caso concreto, o desvio dos valores-padrão constantes do Plano.

Ora, a sentença recorrida considerou que não tinha sido apresentado nenhum estudo de enquadramento.

Perante isso, o recorrente defende que vale com estudo de enquadramento o alçado de conjunto com as construções contíguas, sem no entanto remeter, em concreto, para nenhuma peça do processo instrutor.

Porém, tudo leva a crer que esse alçado seja o que consta de fls. 55, em que por baixo da planta de implantação se depara com um desenho mais pequeno de 4 edificações legendado como "alçado nascente conjunto".

Ora, é bem de ver que esse desenho está longe de poder constituir o *estudo de enquadramento* imposto pelo PU.

O art. 219.º do Regulamento do PU deu-se ao cuidado de estabelecer o que deveria entender-se por estudo de enquadramento, definindo-o como *"o conjunto de elementos que permitem avaliar o impacte e justifiquem a adequabilidade de determinada pretensão com o meio envolvente e garantam a qualidade das intervenções nos termos do disposto no artigo 6.º"* (n.º 1). De acordo com o n.º 2, o estudo deverá conter *"as peças escritas, desenhadas e outras que se julguem relevantes para a sua compreensão, designadamente as relativas à modelação do terreno, ao derrube e implantação de árvores e à execução de infra-estruturas"* (n.º 2).

O n.º 3 acrescenta que no caso de áreas urbanas o estudo deverá conter *"a definição dos princípios gerais de ocupação do solo, os alinhamentos, a volumetria dos edifícios, a rede viária, o arranjo dos espaços livres e a execução de infra-estruturas, mediante a apresentação de plantas, alçados e cortes, às escalas convenientes, e perspectivas, axonometrias, ou fotografias da maquete"*.

Como é evidente, não é a circunstância de aquele n.º 2 conter uma enumeração de elementos meramente exemplificativa que vai permitir qualificar como estudo de enquadramento algo que não o é, nem formal nem materialmente. O art. 19.º, no seu conjunto, é até particularmente exigente quanto ao deve, obrigatoriamente, constar do estudo.

E a verdade é que, mesmo que esta norma não existisse, o estudo de enquadramento imposto pelos arts. 17.º e 18.º teria sempre de consistir numa peça autónoma contendo as razões, de índole construtiva, urbanística ou outras que nas condições concretas justificavam o desvio dos parâmetros base do PU em matéria de altura do edifício e seu afastamento às extremas do terreno. O que se pretende é que o empreendedor, relacionando a edificação com as construções vizinhas e a zona envolvente, desenvolva uma argumentação susceptível de persuadir o órgão autárquico de que, a benefício do interesse público, se impõe adoptar outros parâmetros. E não se está a ver como essa fundamentação possa ser feita na ausência de uma *memória descritiva* ou texto análogo, pois a simples apresentação de peças desenhadas dificilmente conseguirá desempenhar essa função argumentativa.

Mostra-se, pois acertada a conclusão a que chegou a sentença recorrida de que, no caso, não existiu estudo de enquadramento.

E, sendo assim, o acto de licenciamento desrespeitou realmente as prescrições dos arts. 17.º, n.ºs 2 e 3, e 19.º do Regulamento do PUCVC.

Nestes termos, acordam em negar provimento ao recurso.

Sem custas.

Lisboa, 5 de Abril de 2005. – J Simões de Oliveira – (relator) – António Samagaio – Políbio Henriques.

ACÓRDÃO DO STA – SECÇÃO DO CONTENCIOSO ADMINISTRATIVO, DE 14-07-2005 (PROC. 0352/05)

Relator: *Conselheiro Madeira dos Santos*

ASSUNTO: RESERVA ECOLÓGICA NACIONAL. PRINCÍPIO DA IMPARCIALIDADE. FALTA DE FUNDAMENTAÇÃO. AUDIÊNCIA PRÉVIA. APROVEITAMENTO DO ACTO ADMINISTRATIVO.

SUMÁRIO:

I – Nos termos da regra proibitiva constante do art. 4.°, n.° 1, do DL n.° 93/90, de 19/3, e por se não verificar qualquer uma das excepções a essa regra, constantes dos ns.° 2 e 3 do mesmo artigo, o órgão camarário competente tinha necessariamente de indeferir o pedido de que fosse licenciado um empreendimento urbanístico a erigir numa área incluída na REN, pois o deferimento da pretensão seria nulo e de nenhum efeito.

II – A legalidade do acto camarário dito em I é independente das censuras que eventualmente mereça o acto da Administração Central que recusou exceptuar o mesmo empreendimento da referida regra proibitiva.

III – É impossível que um acto que exerceu poderes estritamente vinculados tenha incorrido em violação do princípio da imparcialidade.

IV – Está devidamente fundamentado o despacho que indeferiu um pedido de licenciamento de um empreendimento urbanístico invocando que a Administração Central não o exceptuara da regra geral que proibia a realização de tais acções em áreas incluídas na REN.

V – Apesar de ter sido omitida a audiência prévia da interessada, deve aproveitar-se o acto administrativo que apenas exerceu poderes vinculados se o tribunal, pela amplitude da indagação a que procedeu, estiver em condições de asseverar que não era legalmente possível emitir naquele caso um outro acto, com diferente conteúdo decisório.

Acordam na 1.ª Secção do Supremo Tribunal Administrativo:

A…, interpôs recurso jurisdicional da sentença do TAF de Coimbra que negou provimento ao recurso contencioso por ela deduzido do despacho, prolatado em 16/5/02 pelo Presidente da CM Guarda, em que esta autoridade indeferira um projecto de obras apresentado pela aqui recorrente e relativo à instalação de um empreendimento turístico numa área da REN.

A recorrente terminou a sua alegação de recurso, enunciando as conclusões seguintes:

1 – O indeferimento do pedido de reconhecimento de interesse público constitui o único fundamento invocado pela CM Guarda para a reprovação do projecto de obras «sub judice».

2 – No entanto, basta consultar o despacho do Sr. Secretário de Estado do Ordenamento do Território e Conservação da Natureza, comunicado através da DRAOT como suporte para a rejeição da pretensão da recorrente, para concluir que este despacho tem um objecto absolutamente distinto do empreendimento da recorrente: um «lar de idosos no Pinhal Novo, Palmela, e Lar de 3.ª idade no lugar da Rita de Covelos, na Póvoa de Lanhoso».

3 – Tomar as duas realidades como idênticas nada mais será do que postergar as características ínsitas em cada uma delas, «per naturam» física, social, geográfica, material urbanística e funcionalmente absolutamente distintas e inconfundíveis.

4 – O acto de indeferimento do projecto de empreendimento turístico em Vale da Gaia, freguesia de Gonçalo, concelho da Guarda, apenas se poderia logicamente louvar em actos prévios e vinculativos que se pronunciassem exactamente sobre a mesma pretensão urbanística, geográfica e materialmente considerada, o que não sucede.

5 – Assim, a situação subjacente ao empreendimento turístico de Vale da Gaia não foi sequer apreciada, estando a autoridade recorrida em erro ao pressupor que tal efectivamente aconteceu.

6 – Com o merecido respeito, está igualmente em erro o tribunal «a quo» ao presumir, sem mais, que os critérios anteriormente utilizados numa situação específica e particular seriam aplicáveis, «in toto», à situação da requerente – em tudo diferente – no caso de esta ter sido devidamente enquadrada.

7 – Considerando a jurisprudência do STA, «o erro nos pressupostos de facto traduz-se, no essencial, numa desconformidade entre os factos pressupostos da prolação do acto e os factos reais, de modo a que sejam considerados para efeito da decisão factos não provados ou desconformes com a realidade».

8 – Deve, pois, concluir-se que tal foi precisamente o que sucedeu no caso concreto, verificando-se uma discrepância total entre os pressupostos que estiveram subjacentes ao indeferimento do pedido de declaração de interesse público e a realidade factual que lhes está subjacente, com óbvias e necessárias consequências a nível jurídico.

9 – Desta forma, o acto administrativo que indeferiu o pedido de declaração de interesse público do empreendimento padece de erro nos pressupostos de facto e, como tal, enferma do vício de violação de lei, sendo anulável nos termos e para os efeitos do art. 135.º e ss. do CPA.

10 – O facto de a concreta pretensão da recorrente não ter sido considerada, atentas as suas especificidades próprias, em sede de actos intraprocedimentais prévios à decisão final determina o vício de violação de lei por erro manifesto de apreciação.

11 – Ou seja, ao não considerar a concreta pretensão da recorrente, a Administração não a apreciou (valorou) em conformidade com a obrigação a que está legalmente vinculada, não cuidando de apurar se o empreendimento em causa traria ou não vantagens de interesse público que permitissem o sacrifício dos valores garantidos pela «eventual» inclusão da concreta área em regime jurídico da REN.

12 – Ao não apreciar a situação em concreto, a Administração não prosseguiu o «iter» ponderativo que lhe é exigido por lei, encontrando-se assim perante um caso de erro manifesto de apreciação.

13 – A inexistência de interesse público do empreendimento, no mínimo, não surge com a clareza que eventualmente seria exigível para uma adequada decisão de indeferimento, já que constitui entendimento unânime que o interesse público corresponde à qualidade da actividade que prossegue necessidades da colectividade e que, como tal, é juridicamente reconhecida.

14 – Para tanto, atente-se na circunstância de o empreendimento em causa representar um investimento de mais de sessenta milhões de euros, apto a gerar centenas de postos de trabalho directos e indirectos e assumindo-se, portanto, como um importantíssimo pólo dinamizador da região em que se insere.

15 – O qual já mereceu a declaração de interesse público municipal das câmaras municipais da Guarda e de Belmonte, bem como a declaração de interesse turístico da Serra da Estrela.

16 – Considerando os factos, verifica-se que a Administração, ao decidir em abstracto sobre a verificação de interesse público, incorre em erro grosseiro em concreto, ou seja, considera a Administração não haver interesse público do empreendimento quando o mesmo manifestamente existe.

17 – Em suma, ao plasmar uma recusa de apreciação da situação concreta, o acto recorrido padece de vício de violação de lei por erro manifesto de apreciação a dois títulos:
   a) Erro manifesto quanto ao «iter» ponderativo adoptado, na medida em que não é efectuada a concreta ponderação de interesse exigida pelo mecanismo legal constante do art. 4.º, n.º 2, do Regime Jurídico da REN;
   b) Erro manifesto de apreciação, na medida em que, ao concretizar-se o conceito indeterminado de «interesse público», se incorre em erro grosseiro.

18 – Improcede, pois, a argumentação da sentença recorrida ao considerar que, «avaliar se o projecto é ou não de interesse público que integra medida de excepção em relação à interdição de construções em zona REN, é matéria eminentemente técnica, que se insere na denominada discricionariedade técnica da Administração, que implica um juízo de mérito, segundo regras técnicas ou científicas, "in casu", política de ordenamento do território que se encontra subtraída ao controlo dos tribunais».

19 – Sobre esta matéria, Freitas do Amaral refere que «há um caso-limite em que, por excepção a esse princípio geral, a nossa jurisprudência admite – e bem – a anulação jurisdicional de uma decisão técnica da Administração: é a hipótese de a decisão administrativa ter sido tomada com base em erro manifesto, ou segundo um critério ostensivamente inadmissível, ou ainda quando o critério adoptado se revele manifestamente desacertado e inaceitável».

20 – Concluindo que, «nestes casos, entende-se que a Administração exorbita dos seus poderes e sai abertamente do campo da dis-

cricionariedade técnica para entrar no da pura e simples ilegalidade, motivo por que o tribunal administrativo pode anular a decisão tomada pela Administração».

21 – Sobre a mesma matéria, defende Bernardo Ayala que «o STA tem defendido insistentemente que só admite excepções à regra da não fiscalização contenciosa no caso de o critério administrativo se mostrar manifestamente desacertado e inaceitável, ostensivamente inadmissível ou se a decisão assentar em erro manifesto ou notório, a tal ponto que, mesmo sem conhecimentos técnicos, torna-se evidente o erro de aplicação do critério técnico pela Administração, e tanto basta para que o tribunal considere que, nessas hipóteses, o acto administrativo pode ser anulado com fundamento em invalidade».

22 – Ora, como demonstrado, em momento algum o empreendimento turístico dos autos foi considerado e avaliado «qua tale», sendo sempre confundido com um lar para a 3.ª idade.

23 – Nestes termos, o acto de que ora se recorre enferma do vício de violação de lei, por erro manifesto de apreciação, sendo anulável nos termos gerais do art. 135.º do CPA.

24 – É matéria assente que a decisão em crise não foi precedida da formalidade de audiência dos interessados, prevista no art. 100.º e ss. do CPA, tendo a mesma ocorrido após a prolação da decisão final de indeferimento.

25 – Tanto assim é que o M.ºP.º pugnou pela verificação do vício formal de falta de audiência prévia e, em consequência, pela procedência do recurso contencioso de anulação.

26 – Foi, assim, reconhecido que a recorrente não teve oportunidade para se pronunciar em momento anterior à prolação da decisão final.

27 – Na sentença recorrida conclui-se que, «se se anular o acto recorrido por verificação deste vício, apreciando-se a pronúncia que a recorrente acabou por apresentar, não pode a entidade recorrida deixar de indeferir o projecto, sob pena de praticar um acto violador das normas legais imperativas, cuja violação – construção em zona de REN – importaria a sua nulidade».

28 – Tal equivale a dizer que a sentença recorrida afere a ilegalidade do acto e, simultaneamente, confere-lhe validade.

29 – Ora, o que está aqui em causa, e que ao tribunal «a quo» cabia julgar, não é o conteúdo do acto que será praticado no futuro, mas a legalidade do acto ora em crise.

30 – Verificada que está a inobservância de um direito fundamental da recorrente, verificada que está a ilegalidade de tal omissão, só uma decisão é legalmente admissível: a anulação do despacho da Sr.ª Presidente da CM Guarda, de 16/5/02.

31 – Aliás, o tribunal «a quo» nem pode substituir-se à Administração, antecipando conteúdos decisórios de actos futuros, nem pode esvaziar de conteúdo preceitos normativos, designadamente o n.º 1 do art. 100.º do CPA.

32 – Este preceito refere que, «concluída a instrução, e salvo o disposto no art. 103.º, os interessados têm o direito de ser ouvidos no procedimento antes de ser tomada a decisão final, devendo ser informados, nomeadamente, sobre o sentido provável desta».

33 – Ou seja, a audiência dos interessados apenas poderá ser afastada nos casos taxativos previstos no art. 103.º do CPA.

34 – «In casu», a ausência de audiência prévia não é subsumível a qualquer uma das alíneas constantes deste artigo, pelo que não poderá escudar-se a sentença impugnada na sua eventual inutilidade.

35 – Por todo o exposto, por verificação do vício de falta de audiência prévia, «in casu», enferma o acto recorrido de vício de forma, sendo anulável nos termos gerais do art. 135.º do CPA.

36 – O princípio da imparcialidade, na vertente positiva, traduz-se no «dever, por parte da Administração Pública, de ponderar todos os interesses públicos secundários e os interesses privados equacionáveis para o efeito de certa decisão antes da sua adopção».

37 – Ora, «esta obrigação de ponderação comparativa implica um apreciável limite à discricionariedade administrativa, não só pela exclusão que comporta de qualquer valoração de interesses estranhos à previsão normativa, mas principalmente porque o real poder de escolha da autoridade pública só subsiste onde a protecção legislativa dos vários interesses seja de igual natureza e medida».

38 – Este conceito de interesses em causa respeita aos vários interesses existentes em cada procedimento específico, não podendo a Administração escudar-se, em cada caso concreto, em ponderações feitas no âmbito de outros procedimentos, mormente incidentes sobre realidades totalmente distintas.

39 – Refuta-se, assim, o fundamento da sentença recorrida segundo o qual «não vemos como pode a recorrente dizer que a decisão recorrida violou o princípio da imparcialidade; diversamente, se ti-

vesse sido decidido diferentemente em relação a outras situações; porém, antes resulta que o critério do Governo foi o mesmo».

40 – E isto porque não são subsumíveis a uma realidade única situações fácticas que não apresentam quaisquer similitudes.

41 – Tendo em conta o conteúdo desta prescrição, o acto em crise, ao plasmar uma total ausência de ponderação entre os diferentes interesses públicos e privados relevantes em concreto, padece de vício de violação de lei por violação do princípio da imparcialidade na vertente positiva, o que gera anulabilidade nos termos gerais do art. 135.º do CPA.

42 – A decisão em crise carece ainda de ser fundamentada, nos termos da al. c) do n.º 1 do art. 124.º do CPA.

43 – Esse venerando tribunal entende que «a fundamentação deve indicar as razões por que se resolveu como se resolveu».

44 – «In casu», as razões que teriam de ser aduzidas prendem-se com o porquê daquele específico empreendimento, com as suas características próprias, não poder ver o respectivo interesse público ser reconhecido face a uma concreta inclusão de uma área abrangida pela REN.

45 – Ora, estas mesmas razões não se encontram plasmadas na fundamentação da decisão em crise; invoca-se apenas um critério que sustentou outra decisão, tomada em circunstâncias absolutamente diversas.

46 – Não pode uma decisão de indeferimento relativo à instalação de dois lares de idosos ser aplicável, sem mais, a um empreendimento turístico de grandes dimensões, atenta a diversidade de natureza entre realidades que, errada e inadmissivelmente, foram equiparadas.

47 – Aliás, foi já reconhecido por esse venerando tribunal que «a fundamentação através de juízos de valor ou de considerações genéricas que não esclarecem concretamente a motivação equivale à falta de fundamentação».

48 – Desta forma, a fundamentação baseada num critério utilizado antes para uma situação completamente distinta é manifestamente insuficiente.

49 – Nestes termos, e independentemente da modalidade de falta de fundamentação, o acto recorrido padece de vício de forma nos termos do n.º 2 do art. 125.º do CPA, sendo consequentemente anulável nos termos gerias do art. 135.º do CPA.

Não houve contra-alegação.

O Ex.º Magistrado do M.ºP.º junto deste STA emitiu douto parecer no sentido do não provimento do recurso.

A matéria de facto pertinente é a dada como provada na decisão «sub censura», que aqui damos por integralmente reproduzida – como estabelece o art. 713.º, n.º 6, do CPC.

Passemos ao direito.

O recurso contencioso dos autos tomou por objecto o despacho da Presidente da CM Guarda que, invocando um parecer desfavorável da DRAOT do Centro, indeferiu a pretensão da ora recorrente de que fosse licenciado o projecto de um empreendimento turístico a edificar numa área abrangida pela Reserva Ecológica Nacional (REN). A 1.ª instância negou provimento a esse recurso. E, no presente recurso jurisdicional, a recorrente acomete essa sentença, reeditando a denúncia de todos os vícios que ela considerara não existirem.

Antes de nos debruçarmos sobre as conclusões da alegação de recurso, que são delimitativas do seu âmbito, convém que perfunctoriamente atentemos no regime jurídico da REN, definido pelo DL n.º 93/90, de 19/3, com as alterações introduzidas pelo DL n.º 213/92, de 12/10. O art. 4.º, n.º 1, do diploma estabelece a regra básica de que, «nas áreas incluídas na REN, são proibidas as acções de iniciativa pública ou privada que se traduzam em operações de loteamento, obras de urbanização, construção de edifícios, obras hidráulicas, vias de comunicação, aterros, escavações e destruição do coberto vegetal». Os números 2 e 3 do mesmo artigo prevêem excepções àquela regra proibitiva. As excepções contempladas no n.º 2 referem-se a acções já previstas ou autorizadas (al. a), a instalações de interesse para a defesa nacional (al. b) e a acções cujo interesse público foi anteriormente reconhecido por despacho conjunto de três ministros (al. c); e podemos dar já como certo que, pelo menos, as duas primeiras hipóteses são completamente alheias à situação em apreço, tal como vem configurada nos autos. O dito n.º 3 alude à possibilidade de, não existindo plano municipal de ordenamento do território, se realizarem «acções» em áreas da REN «que, pela sua natureza e dimensão, sejam insusceptíveis de prejudicar o equilíbrio ecológico daquelas áreas». Regendo para esta última hipótese, o n.º 4 do mesmo art. 4.º atribui às delegações regionais do Ministério do Ambiente a competência para emitir parecer sobre se as «acções» que se pretenda realizar cabem na hipótese excepcional prevista no número anterior ou se, de acordo com a regra geral, devem ter-se por proibidas. Se os pareceres dessas delegações regionais forem desfavoráveis à realização das «acções», o art. 7.º do diploma prevê que deles se interponha recurso hierárquico para o Ministro do Ambiente. Por último, importa referir que o art. 15.º do DL n.º 93/90 fulmina com a nulidade os actos administrativos que violem o referido art. 4.º, ou seja, os que licenciem os actos e operações urbanísticas proibidos pelo n.º 1 do artigo, prevendo o art. 16.º a responsabilidade civil das entidades que hajam emitido actos licenciadores nulos.

Os elementos constantes do processo e do instrutor apenso não permitem seguramente dizer com que finalidade foi a DRAOT instada a intervir no procedimento – se a propósito da possibilidade de o empreendimento vir a ser reconhecido como de interesse público, nos termos do art. 4.º, n.º 2, al. c), se para emitir parecer acerca da susceptibilidade de a acção projectada não ferir o equilíbrio ecológico da área, nos termos dos ns.º 3 e 4 do referido artigo, ou se por uma outra razão qualquer. No entanto, os termos do ofício cuja cópia consta de fls. 16 dos autos – em que a DRAOT comunicou à ora recorrente e também à CM Guarda que a pretensão, por não «merecer reconhecimento do interesse público», não reunia «condições para ser viabilizada» por colidir com o disposto no art. 4.º, n.º 1, do DL n.º 93/90 e não se enquadrar no seu regime de excepções – sugerem que tal intervenção da DRAOT se relacionou com a vontade da recorrente de que o empreendimento fosse havido como «de interesse público» para os fins previstos no art. 4.º, n.º 2, al. c); até porque há alusões esparsas no instrutor ao facto de existir na Guarda um PDM disciplinador da área a que o projecto se referia – o que logo vedava a aplicação ao caso da previsão excepcional do art. 4.º, n.º 3 do DL n.º 93/90.

Do exposto decorre que o pedido de licenciamento dirigido aos órgãos da CM Guarda não podia deixar de ser indeferido. Com efeito, ele respeitava a operações urbanísticas a desenvolver em área da REN, não estando então verificada nenhuma das excepções à regra legal que proibia a realização desse género de actividades. E, se acaso os órgãos da autarquia deferissem aquele pedido, praticariam um acto nulo «e de nenhum efeito», incorrendo mesmo na responsabilidade aludida no art. 16.º do DL n.º 93/90.

A anterior conclusão servir-nos-á de guia na análise que seguidamente faremos das múltiplas conclusões do presente recurso – «situs» onde, como já dissemos, a recorrente insiste na atribuição ao acto dos vários vícios que contra ele em vão esgrimira na 1.ª instância.

Nas nove primeiras conclusões, a recorrente diz que o despacho contenciosamente recorrido padece de erro nos seus pressupostos de facto, já que teria indeferido o pedido de licenciamento com base num parecer que, por se reportar a empreendimentos diversos, não considerara minimamente o projecto que estava em causa.

O acto impugnado disse que «o projecto de obras» era indeferido «face ao parecer da Direcção Regional do Ambiente e do Ordenamento do Território do Centro». E é verdade que, se tal parecer fosse alheio ao dito «projecto», o acto teria errado no pressuposto que elegera para indeferir a pretensão. Todavia, tal erro não existe, pois é manifesto e indesmentível – até pelo «assunto» expressamente indicado nos ofícios cujas cópias constam de fls. 16 e 17 – que o parecer da DRAOT se ocupou do caso da aqui recorrente, para o qual simplesmente transpôs a doutrina estabelecida pelo Secretário de Estado do Ordenamento do Território por ocasião de outros empreendimentos. Aliás, a arguição deste vício tem um claro cunho sofístico, pois a recorrente amalgama e confunde de um modo que é logicamente inaceitável os argumentos usados na pronúncia da DRAOT com o próprio objecto dela.

Portanto, e tal como a sentença «a quo» decidiu, o despacho contenciosamente recorrido partiu do pressuposto exacto de que a DRAOT opinara desfavoravelmente sobre o empreendimento da aqui recorrente, motivo por que não sofre do vício de violação de lei que corresponderia ao erro «supra» referido. Improcedem, assim, as nove primeiras conclusões da alegação de recurso.

Nas conclusões 10.ª a 23., a recorrente insiste em que a Administração não apreciou minimamente, ou ao menos integralmente, o projecto em questão, pois não teria verificado «in concreto» se ele era «de interesse público». E daí que ela assaque ao acto um vício de violação de lei, «por erro manifesto de apreciação».

Aparentemente, a crítica enunciada pela recorrente tem por alvo a Administração Central, pois o reconhecimento do interesse público do empreendimento, para os efeitos do disposto no art. 4.º, n.º 2, al. c), do DL n.º 93/0, haveria de fazer-se por despacho conjunto de três ministros, como já assinalámos. Ora, esse despacho culminaria um procedimento administrativo diferente daquele que foi terminado pelo acto contenciosamente recorrido, tudo apontando para que as denegações ministeriais desses pedidos de reconhecimento de interesse público constituam actos que lesam directamente os seus destinatários e que, portanto, sejam recorríveis «a se» na ordem contenciosa. Consequentemente, se a recorrente interveio realmente como interessada num procedimento desse tipo, haveria de acometer o acto que aí denegou esse seu interesse, sendo claro que tal acto se não confunde com o despacho recorrido. Portanto, a recorrente falha clamorosamente o alvo do seu ataque se acaso imputa o «erro manifesto de apreciação» à conduta da Administração Central, pois o que está em causa neste processo é, pura e simplesmente, o acto praticado pela Presidente da CM Guarda; e a legalidade deste acto é independente da legalidade da definição colateral porventura feita por outra autoridade no exercício de competências distintas.

Se, ao invés, a recorrente pretendeu que aquele erro de apreciação era imputável à própria autora do despacho contenciosamente recorrido, teremos então que tal denúncia está votada a um flagrante insucesso; pois é patente que a Presidente da CM Guarda carecia da competência própria para reconhecer o interesse público do empreendimento por forma a criar, através desse meio, uma excepção à regra legal que proibia edificações em áreas incluídas na REN.

Nestes termos, improcedem também as conclusões 10.ª a 23.ª, tendo a sentença decidido bem ao considerar que se não verificava o vício de violação de lei que esteve em apreço.

Nas conclusões 36.ª a 41.ª, a recorrente imputa ao acto um outro vício de violação de lei, consistente na ofensa do princípio da imparcialidade por a Administração não haver ponderado «in concreto» os interesses públicos e privados em presença. Esta denúncia é uma continuação da inserta nas conclusões que tratámos imediatamente atrás; e, também aqui, o modo dúbio como a recorrente alegou deixa na sombra se ela dirige a sua crítica à Administração Central ou à Presidente da CM Guarda.

Ora, se porventura a recorrente imputa a actuação parcial à Administração Central, são aqui aplicáveis, «mutatis mutandis», todas as considerações que expendemos acerca da impossibilidade de o acto contenciosamente recorrido ser sindicado através do enfoque incidente num outro.

Admitamos, todavia, que a presente denúncia se dirige imediatamente contra o despacho impugnado no recurso contencioso dos autos. A ser assim, importa realçar que este acto exerceu poderes estritamente vinculados, pois a sua autora estava obrigada, «ex vi legis», a indeferir a pretensão da recorrente – sob pena de praticar um acto nulo e de incorrer em responsabilidade civil, como acima vimos. Mas, na medida em que apenas exerceu poderes vinculados, o acto não podia ter ofendido o princípio da imparcialidade, já que este princípio ordenador da actividade administrativa constitui um limite interno do exercício de poderes discricionários.

Consequentemente, nenhum reparo merece a sentença «sub judicio» na parte em que disse não haver a denunciada ofensa do princípio da imparcialidade; daí que soçobrem as conclusões 36.ª a 41.ª da alegação de recurso.

Nas conclusões 42.ª a 49.ª, a recorrente assaca ao acto um vício de forma, por falta de fundamentação. Na óptica dela, o acto merece censura por não ter explicado a razão por que o projecto não foi considerado de interesse público e peca ainda por se haver fundado em empreendimentos alheios ao que estava em causa. Mas, na esteira do que atrás dissemos, é notória a fragilidade desta denúncia.

Mais uma vez, a recorrente confunde o acto contenciosamente recorrido com a recusa da Administração Central de reconhecer interesse público ao empreendimento; e mais uma vez diremos que aquele acto está imune aos ataques acima referidos, pois que o seu alvo adequado é uma outra pronúncia. No que ao despacho impugnado propriamente respeita, temos que é clara, suficiente e congruente a sua fundamentação; pois ele disse que o pedido de licenciamento era indeferido pela óbvia razão de que a Administração Central não o considerara exceptuado da regra geral que proibia tais empreendimentos em áreas incluídas na REN.

Portanto, tem de ser confirmado o juízo que o tribunal «a quo» enunciou a propósito deste vício, mostrando-se também improcedentes as conclusões 42.ª a 49.ª da alegação de recurso.

Atentemos, por fim, nas conclusões 24.ª a 35., em que a recorrente ataca a sentença em virtude de esta não ter anulado o acto impugnado por vício de forma resultante da falta de audiência prévia. A decisão «a quo» concedeu que a formalidade prevista no art. 100.º do CPA não fora cumprida; mas, ponderando que, mesmo em execução de um hipotético julgado anulatório, o sentido do acto nunca poderia ser outro, a sentença recusou ao dito vício formal quaisquer «efeitos invalidantes do acto recorrido». Ora, a recorrente considera que o tribunal não podia esvaziar de conteúdo a norma do art. 100.º do CPA nem antecipar o que a Administração decidiria numa eventual execução de julgado, sob pena de ofender o referido preceito e o direito fundamental que dele decorre.

Mas a razão está do lado da sentença «sub censura». Desde logo, e como esta STA já teve a oportunidade de dizer (cfr., a título ilustrativo, os acórdãos de 15/12/94 e de 8/6/99, proferidos, respectivamente, nos recursos ns.° 34.824 e 44.565), é evidente que o direito de audiência dos interessados nos procedimentos administrativos não é um direito fundamental, tanto no sentido próprio de ele se apresentar como um elemento estruturante do estatuto de cidadania, como no sentido impróprio de tal direito existir e persistir universalmente em todos os casos (cfr. o art. 103.° do CPA). Embora expresse o princípio constitucional da participação dos cidadãos na formação das decisões que lhes disserem respeito (cfr. o art. 267.°, n.° 5, da CRP), concretizando um modelo de Administração participada e aberta, o direito de audiência é, ainda assim, um meio ao serviço de um fim último que podemos genericamente definir como a obtenção casuística da solução legalmente devida (esteja ela, ou não, predeterminada na lei). Reportando-nos agora à situação dos autos, nós já vimos que o despacho contenciosamente recorrido não podia ter um sentido diferente daquele que adoptou, pelo que se tornam imediatamente claras duas básicas coisas: não só a hipotética realização da formalidade instrumental omitida seria impotente para alterar a pronúncia realmente dada, como é absolutamente certo que a eventual anulação do acto implicaria, «ex necessitate», a ulterior renovação dele, em execução espontânea ou compulsiva do julgado.

Sendo assim, nenhum sentido faz que se persevere na exigência de uma formalidade que serve um propósito já garantido, pois é do conhecimento geral e comum que os meios são prescindíveis se os fins a que exclusivamente se inclinem estiverem entretanto assegurados. É, aliás, nesta linha que se situa o conhecido brocardo jurídico «utile per inutile non viciatur».

Por tudo isto, a recorrente não persuade ao afirmar que a solução adoptada na sentença envolve um esvaziamento, por iniciativa dos tribunais, do estatuído no art. 100.° do CPA. O que verdadeiramente ocorre é a prevalência, sobre um vício de ordem simplesmente formal, de um princípio de direito administrativo dotado de força superior – o princípio do aproveitamento do acto administrativo que, por razões que se prendem com a legalidade substantiva, permite salvar um acto cujo conteúdo decisório seja conforme àquilo que a lei precisamente impunha. Daí que esta possibilidade de aproveitamento do acto administrativo de cariz vinculado em que se omitiu a formalidade da audiência prévia seja habitualmente afirmada pelo STA – como se vê pelos acórdãos de 18/5/2000 e de 1/2/2001, proferidos, respectivamente, nos recursos ns.º 45.736 e 46.825, que aqui se citam como exemplo de uma jurisprudência corrente.

Deste modo, a sentença recorrida fez bem ao recusar alcance invalidante ao vício de forma em apreço, já que o tribunal, no exercício dos seus poderes de cognição, pudera firmemente concluir que o acto adoptara a única decisão legítima, pois era legalmente impossível que, a ter sido realizada a audiência, a sua autora decidisse num sentido diferente. Por conseguinte, também improcedem as conclusões 24.ª a 35.ª, que ultimamente mereceram apreciação.

Nestes termos, acordam em negar provimento ao presente recurso jurisdicional e em confirmar a sentença recorrida.

Custas pela recorrente.
Taxa de justiça: 500 euros.
Procuradoria: 250 euros.
Lisboa, 14 de Julho de 2005.
Madeira dos Santos – (relator) – Freitas Carvalho – Pais Borges.

ACÓRDÃO DO STA – SECÇÃO DO CONTENCIOSO ADMINISTRATIVO, DE 03-11-2005 (PROC. 0939/03)

Relator: *Conselheira Isabel Jovita*

ASSUNTO: EDIFICAÇÕES URBANAS. DISTÂNCIA ENTRE FACHADAS. REGULAMENTO GERAL DAS EDIFICAÇÕES URBANAS. PRINCÍPIO DA IGUALDADE. NULIDADE DE SENTENÇA.

SUMÁRIO:
O disposto no art.º 60.º do Regulamento Geral das Edificações Urbanas não é aplicável às fachadas laterais das edificações.

Acordam na 1ª Secção do Supremo Tribunal Administrativo:

1 – RELATÓRIO
A..., melhor identificado nos autos, recorre da sentença do Tribunal Administrativo do Círculo do Porto que concedeu provimento ao recurso contencioso de anulação interposto por B..., do despacho de 15.10.99 do VEREADOR DO PELOURO DO URBANISMO DA CÂMARA MUNICIPAL DE MATOSINHOS, que aprovara um projecto de construção de uma edificação, sujeitando-o a duas condições.
Nas suas alegações formulou as seguintes conclusões:
1. Salvo melhor opinião o Meritíssimo Juiz a quo fez uma interpretação ab rogante e ilícita dos citados artigos 60.º, 73.º e 75.º do RGEU, 5.º do C.P.A. e 13.º da C.R.P. desconsiderando as normas

legais que estabelecem os limites da referida faculdade de construção de vãos habitáveis decorrentes das regras de execução a que devem obedecer as edificações urbanas constantes do RGEU aprovado pelo Decreto-Lei n.º 38383 de 7 de Agosto de 1951, bem como desvirtuou o princípio da igualdade constitucionalmente consagrado.

2. A devida apreciação dos factos face às normas legais constantes dos artigos 60.º, 73.º e 75.º do RGEU não poderia deixar de levar à conclusão de que a construção levada a efeito pelo recorrente B... no que concerne a afastamentos dos vãos de compartimentos habitáveis previstos nos artigos 60.º e 73.º do RGEU é ilegal por violação dos afastamentos legalmente exigidos.

3. Da matéria de facto seleccionada constata-se e decorre que os vãos de compartimentos habitáveis se situam a menos de três metros do extremo do lote ou prédio do recorrido particular, A..., ora recorrente.

4. São aplicáveis ao caso dos autos as distâncias previstas no artigo 60.º do RGEU.

5. As fachadas laterais nas quais existam vãos de compartimentos de habitação regulam-se pelo parágrafo 4.º do artigo 59.º e 60.º do RGEU.

6. Os afastamentos previstos nos artigos 73.º e 75.º têm como objectivo proteger outro tipo de valores e sendo determinados de forma distante não conflituam com os afastamentos dos artigos 59.º parágrafo 4.º e artigo 60.º.

7. O Meritíssimo Juiz a quo refere expressamente que "...tais aberturas situam-se a mais de 3 metros..." fazendo assim tábua rasa da letra da lei e designadamente do artigo 75.º que ao invés do defendido manda expressamente contar a distância de 3 metros referida no artigo 73.º "a partir dos limites extremos dessas construções".

8. Mesmo que fossem de aplicar os artigos 73.º e 75.º do RGEU a distância da varanda de 2,20 metros do extremo do lote do recorrido viola de forma flagrante os limites exigidos.

9. O despacho impugnado enquadrou assim correctamente a situação de facto – aberturas na fachada lateral – ao exigir o cumprimento da distância prevista no artigo 60.º do RGEU, e fez correcta aplicação da lei, destinando-se o artigo 60.º a regular a distância entre fachadas laterais e frontais.

10. O princípio da igualdade só opera no contexto de situações idênticas e conformes com o regulamento jurídico a elas aplicável mas

não confere um direito à igualdade na ilegalidade – ver Acórdão S.T.A. de 16/01/1996 in AD 419 – 1239, Ac. S.T.A. de 27/10/1998 in AD 447 – 308, Ac. T. C. de 06/09/1990 in B.M.J. 269 – 194 e Maria da Glória Pinto in Princípio da Igualdade in B.M.J. 358 – 47.

11. O recorrente não explica nem demonstra que as construções dos vizinhos e designadamente a do aqui recorrido particular se encontrem em situação idêntica à sua e que, apesar disso tenha sido objecto de diferente tratamento pela C.M.M., sendo que decorre do P.A. que o recorrente B... está a levar a efeito uma construção ao abrigo de um licenciamento condicional e que as restantes construções (e designadamente a do recorrido particular) só após a aprovação do loteamento serão objecto de legalização.

12. Donde não existe violação do princípio da igualdade.

13. Existe assim deficiente fundamentação da douta sentença recorrida que assenta em conceitos vagos e vazios de conteúdo sem a necessária concretização e ainda numa interpretação ab rogante dos artigos 60.°, 73.° e 75.° do RGEU, 5.° do C.P.A. e 13.° da C.R.P. – artigo 668.° n.° 1 b) do C.P.C.

14. O Meritíssimo Juiz a quo proferiu a douta sentença recorrida nos moldes em que o fez não especificando os fundamentos de facto e de direito desprezando questões essenciais, praticou acto nulo – artigo 668.° n.° 1 b) do C.P.C.

15. Uma sentença é nula "...quando os fundamentos estejam em oposição com a decisão, isto é, quando os fundamentos invocados devessem logicamente conduzir a uma decisão diferente da que a sentença expressa..." – A. Reis, Cód. Processo Civil Anot. 5.° – 141 e A. Varela, Manual, 1.° Ed. Pag. 671.

16. O despacho recorrido não se encontra ferido de qualquer vício devendo improceder o alegado fundamento de violação de lei do artigo 60.° do RGEU e 13.° da C.R.P.

Da mesma sentença recorreu também a Câmara Municipal de Matosinhos, recurso que, por falta de alegações tempestivas, foi julgado deserto por despacho de fls. 230.

O recorrido contra-alegou, concluindo:

1 – O despacho impugnado parte do pressuposto de que os intervalos entre fachadas laterais e as distâncias das janelas dos vãos de compartimento de habitação à extrema do terreno é de 10m nos termos do art. 60.° do R.G.E.U..

2 – Este preceito, porém, só rege para as fachadas principais e mesmo em relação a elas a Câmara Municipal pode estabelecer distâncias menores.

3 – No caso dos autos o afastamento imposto para as fachadas laterais foi de 3m, não constando que a nenhum dos outros titulares dos lotes fosse imposto o afastamento maior, como se exigiu ao recorrente.

4 – Assim, a imposição de um afastamento de 5m do prédio do recorrente para a fachada lateral do lado do recorrido particular ofende o princípio da igualdade constitucionalmente garantido – art. 13.º da C.R.P. – e imposto no ordenamento ordinário – art. 5.º do C.P.A..

5 – Como fluí dos autos, as janelas dos vãos de compartimento da fachada em questão distam mais de 3m do extremo do lote e mais do que metade da altura do muro fronteiro, obedecendo assim integralmente ao estatuído no art. 73.º do R.G.E.U. que, por isso, foi violado no acto recorrido.

6 – Por outro lado, parece evidente que a douta sentença agravada se encontra bem fundamentada de facto e de direito.

7 – Assim, a douta sentença agravada ao anular o despacho impugnado fez a correcta interpretação da lei, entendendo que o despacho tinha invocado sem fundamento factual e legal o art. 60.º e 73.º do R.G.E.U. e que tinha violado o princípio da igualdade, não padecendo assim de nenhum dos vícios que lhe vem assacados.

O Exm.º Procurador-Geral Adjunto, no seu parecer, entende ser correcta a interpretação da sentença quanto à aplicação dos dispositivos legais e que "recebe apoio na jurisprudência deste Supremo Tribunal, que sempre que confrontada com a questão acima delineada tem vindo a afirmar que o disposto no artigo 60.º do RGEU é inaplicável às fachadas laterais das edificações urbanas – cfr. acórdãos de 17-1-95, 28-1-97 e 15-01-02, nos recursos n.os 35.403, 40.435 e 48.156, respectivamente".

E que, "de acordo com a resposta ao quesito 3.º a abertura que o recorrente contencioso fizera nos compartimentos de habitação localizados na fachada lateral da sua casa se situa a uma distância de 3,80 metros do limite lote, medido na perpendicular ao plano da janela de acordo com a regra definida no art. 73 do RGEU, assim se respeitando o limite mínimo de três metros de distância legalmente exigido. Não suscita, deste modo, censura o decidido.

Já com menos acerto se afigurou o entendimento perfilhado na sentença ao considerar que o despacho revestia virtualidade lesiva do princípio da igualdade, uma vez que a respeito de habitações vizinhas a Câmara recorrida não fizera as mesmas exigências quanto à distância mínima das fachadas, provado como ficou que tinham janelas de compartimentos de habitação a menos de 5 metros dos respectivos lotes", pois "o princípio da igualdade não confere um direito de igualdade na ilegalidade – cfr., entre muitos outros, acórdãos de 14-12-00 e 05-04-01, nos recursos n.ᵒˢ 46.607 e 46.609, respectivamente.

O recorrente argúi ainda de nulidade a sentença, alegando para tanto não especificar os respectivos fundamentos de facto e de direito – artigo 668.º, n.º 1, alínea B) do CPC.

Nenhuma razão assiste ao recorrente em tal arguição, desde logo porque a sentença apresenta-se suficientemente fundamentada, mas ainda que assim não fora é sabido que a nulidade prevista na referida alínea B) do n.º1 do artigo 668.º, apenas ocorre quando a falta de fundamentação é total e já não nos casos em que essa fundamentação é deficiente ou incompleta – cfr. por todos, o acórdão de 2-2-99, recurso n.º 42.477.

Termos em que se é de parecer que o recurso deverá ser improvido.
Colhidos os vistos legais, cumpre decidir.

2. MATÉRIA DE FACTO

Com interesse para a decisão, consideram-se provados os seguintes factos:

– Por escritura de 6 de Julho de 1995 lavrada na secretaria do Cartório Notarial de Vila do Conde onde ficou exarada a fls. 93v. a 94v. do Livro 147-C, o recorrente adquiriu dois vinte e dois avos indivisos do prédio rústico denominado ..., sito no Lugar de Perafita da freguesia de Perafita, descrito na competente Conservatória do Registo Predial daquele concelho sob o n.º 00979 – Perafita e inscrito na matriz competente sob o art. 200.º;

– O vendedor tinha dividido, no terreno, o prédio acima descrito em 22 lotes, na percentagem de cada um deles representando um vinte e dois avos, a vários interessados, mas fê-lo sem licença;

– Por isso, os adquirentes tiveram que constituir uma comissão com vista à legalização do terreno;

– Que efectivamente apresentaram dando origem ao processo n.º 46/92;

– O processo de legalização foi obtido as informações favoráveis das entidades competentes e por isso os serviços viabilizaram o loteamento desde que os lotes nos 20 e 21 fossem transformados num único e a implantação da moradia ficasse a menos de 10 metros do curso da água com que confronta;

– Por isso vários dos adquirentes apresentaram o projecto de construção que pretendiam erigir no local, pedindo a competente licença, ainda que condicional. — O recorrente apresentou o respectivo pedido em requerimento de 10 de Novembro de 1997;

– O projecto foi aprovado condicionalmente por despacho de 30/04/98, com a única condição de vir a ser legalizado o loteamento;

– Posteriormente e pelo facto de a entidade recorrida ter verificado várias irregularidades no projecto do recorrente veio a revogar em 2/6/99 o despacho que havia aprovado condicionalmente o projecto por concordância com a seguinte informação: "Tendo-se constatado que o requerente não acatou as instruções fornecidas por estes serviços nos termos da informação supra, referentes à suspensão da construção dos anexos dado situarem-se, em parte, em zona de reserva ecológica propõe-se que seja revogado o despacho superior de aprovação do projecto propondo-se ainda o embargo parcial da obra."

– Posteriormente e pelo despacho agora impugnado de 15/10/99 a entidade recorrida aprovou o projecto anteriormente apresentado ao recorrente, condicionalmente, com as seguintes condições:

1 – Deverá ser cumprida a determinação da Direcção Regional do Ambiente e Recursos Naturais, expressa no processo de legalização de loteamento relativa a uma parte dos anexos propostos, uma vez que se situam a uma distância inferior a 10 metros relativamente à linha de água existente a Norte, contrariando assim o parecer daquela entidade;

2 – Os vãos de compartimentos habitáveis propostos para a fachada Sul do prédio encontram-se a menos de 5 metros do respectivo limite do lote, pelo que, por não cumprir o art. 60.º do Regulamento Geral de Ocupação de Solos (R.G.E.U.), deverão ser suprimidos.

— O recorrente foi notificado do acto impugnado em 5/11/99.

Todas as outras construções levadas a cabo no loteamento onde se insere a casa do recorrente têm vãos de compartimentos de habitação a menos de cinco metros dos limites dos lotes respectivos e com o esclarecimento de que, do limite da varanda do recorrente ao limite do lote há uma distância de 2,20 metros, do limite da janela ao mesmo local de 3,80 metros, do limite do lote à parede da casa na parte Sul mais a Poente, 3,20 metros e na parte Sul mais a Nascente, 3 metros.

– As janelas dos compartimentos habitáveis da casa do interessado particular situam-se a cerca de 3,60 metros da extrema do lote pelo lado Norte.

3. FUNDAMENTAÇÃO

Comecemos pelas invocadas nulidades da sentença, a que se referem as conclusões 13ª a 15ª das alegações do ora recorrente.

Embora este só refira violação do art.º 668.º n.º 1, al. b), parece querer invocar também a al. c) do mesmo preceito (cfr. conclusão 15ª).

Na verdade, não só alega que a sentença padece de deficiente fundamentação como ainda imputa à mesma contradição entre os fundamentos e a decisão.

Sem razão, porém.

Com efeito, nos termos da alínea b), do n.º 1, do art. 668.º do Cód. Proc. Civil, a sentença é nula "quando não especifique os fundamentos de facto e de direito que justifiquem a decisão", sendo que, conforme é jurisprudência corrente, a nulidade prevista neste preceito apenas se verifica quando haja falta absoluta de fundamentação e já não no caso da sua insuficiência.

Ora, no caso dos autos, não há dúvida de que a sentença especifica os fundamentos de facto e de direito em que se apoiou para decidir, não padecendo da nulidade que lhe vem assacada.

O mesmo acontece com a nulidade prevista na alínea c) do citado preceito pois não se vislumbra que os fundamentos invocados devessem logicamente conduzir a uma decisão diferente da que a sentença expressa.

Poderá o recorrente não concordar com os fundamentos invocados mas isso não se prende com a validade formal da sentença mas sim com a sua validade substancial.

Improcedem, pois, as arguidas nulidades.

Passemos, agora, aos invocados erros de julgamento.

A sentença recorrida, com fundamento na violação do disposto no artigo 60.º do RGEU e do princípio da igualdade, anulou o despacho do vereador do urbanismo da Câmara Municipal de Matosinhos, notificado em 05/11/99, nos termos do qual foi aprovado, com duas condições, um projecto de construção de uma edificação.

Entendeu-se na sentença que, na situação em causa, por se tratar, de afastamentos legalmente exigidos quanto a fachadas laterais não era aplicável a distância prevista no artigo 60.°, do RGEU, que é de 10 metros, mas sim a distância de três metros, prevista no artigo 73.° do já mencionado diploma.

O recorrido particular, ora recorrente, discorda deste entendimento por entender que à situação descrita nos autos, dever-se-ia aplicar o § 4.° do art. 59.° e art. 60.° do RGEU, o que significa uma distância entre os prédios de 10 metros. Manifesta também a sua discordância, no que se refere à violação do princípio da igualdade.

Vejamos se lhe assiste razão.

Está em causa a fachada sul do prédio do ora recorrido (recorrente contencioso), estando as partes de acordo em que se trata de uma fachada lateral.

Prevê o artigo 60.° do RGEU, inserido no capítulo II do título III, título este subordinado à epígrafe "Condições especiais relativas à salubridade das edificações e dos terrenos de construção" que "Independentemente do estabelecido no artigo anterior, a distância mínima entre fachadas de edificações nas quais existem vãos de compartimentos de habitação não poderá ser inferior a dez metros".

O capítulo II reporta-se às "edificações em conjunto", dispondo logo no seu art.° 58.° que "a construção ou reconstrução de qualquer edifício deve executar-se por forma que fiquem assegurados o arejamento, iluminação natural e exposição prolongada à acção directa dos raios solares (…)"

O art.° 59.° dispõe no seu corpo sobre a altura das edificações, tomando como referencial a fachada da edificação fronteira e, portanto, claramente, da fachada principal da edificação, considerada na sua posição relativa face à edificação fronteira.

Os §§ 1.°, 2.° e 3.° do mesmo artigo continuam a referir-se à altura da edificação, considerando-se três situações distintas: construções sobre terrenos em declive, construção em gaveto formado por dois arruamentos de largura ou de níveis diferentes, construções que ocupam todo o intervalo entre dois arruamentos de larguras ou níveis diferentes.

Como se escreveu no acórdão deste STA de 17.1.95, in rec. 35403, em qualquer destes parágrafos, a referência a fachadas é igualmente inequívoca no sentido de que se têm em conta as fachadas principais ou anteriores das edificações.

Já o § 4.° se reporta aos intervalos entre construções, dispondo que "em caso de simples interrupção de continuidade numa fila de construções, poderá o intervalo entre duas edificações confinantes ser igual à média dessas edificações, sem prejuízo, no entanto, do disposto no art.° 60.°" (sublinhado nosso).

Por sua vez, o artigo 73.° do RGEU, inserido já no capítulo III, "Disposições interiores das edificações e espaços livres" estabelece que «As janelas dos compartimentos das habitações deverão ser sempre dispostas de forma que o seu afastamento de qualquer muro ou fachada fronteiros, medido perpendicularmente ao plano da janela e atendendo ao disposto no artigo 75.°, não seja inferior a metade da altura desse muro ou fachada acima do nível do pavimento do compartimento, com o mínimo de 3 metros. Além disso não deverá haver a um e outro lado do eixo vertical da janela qualquer obstáculo à iluminação a distância inferior a 2 metros, devendo garantir-se, em toda esta largura, o afastamento mínimo de 3 metros acima fixado" determinando-se no art.° 75.° que "sempre que nas fachadas sobre logradouros ou pátios haja varandas, alpendres ou quaisquer outras construções, salientes das paredes, susceptíveis de prejudicar as condições de iluminação ou ventilação, as distâncias ou dimensões mínimas fixadas no art.° 73.° serão contadas a partir dos limites extremos dessas construções".

Como resulta dos preceitos acabados de transcrever, a lei prevê diferentes distâncias para as fachadas e incluídas em diferentes capítulos. A inserção sistemática do art.° 60.° e a remissão nele feita para o art.° 59.° aponta desde logo para que o seu campo de aplicação se restrinja às fachadas principais das edificações, regendo para as laterais o art.° 73.°, norma relacional que atende à posição relativa das construções confinantes.

Constitui, aliás, jurisprudência largamente maioritária deste Supremo Tribunal Administrativo o entendimento de que o artigo 60.° do RGEU não se aplica às fachadas laterais das edificações urbanas mas tão só às fachadas principais. — cfr., entre outros, o citado acórdão de 17.1.95, bem como os de 28.1.97, rec 40435, 8.7.99, rec.44785, de 15-01-02, rec n.° 48156, de 5.4.01, rec. n.° 47139.

Está em causa a fachada sul do prédio do ora recorrido, estando as partes de acordo em que se trata de uma fachada lateral onde existem vãos de compartimentos habitáveis.

Não era, pois, aplicável o art.° 60.° do RGEU mas sim o art.° 73.° do mesmo diploma, pelo que, neste aspecto, a sentença recorrida não merece censura, tendo o acto impugnado ao exigir o cumprimento daquele artigo 60.°, incorrido em vício de violação de lei.

Relativamente a essa fachada está provado que do limite da varanda ao limite do lote há uma distância de 2,20 metros, do limite da janela ao mesmo local de 3,80 metros, do limite do lote à parede da casa na parte Sul mais a Poente, 3,20 metros e na parte Sul mais a Nascente, 3 metros.

Ora, o despacho contenciosamente recorrido determinou a supressão dos vãos de compartimentos habitáveis da fachada sul do prédio do recorrente por não cumprirem o disposto no art.° 60.°, não equacionando a situação se regulada pelos arts.. 73.° e 75.°. Daí que se imponha a anulação do acto contenciosamente impugnado, não se podendo, na economia do presente recurso contencioso, substituir-se o tribunal à Administração.

No que se refere ao vício de violação do princípio da igualdade já se verificou erro de julgamento.

Entendeu-se na sentença que o despacho impugnado revestia virtualidade lesiva do princípio da igualdade, uma vez que no tocante às habitações vizinhas a autoridade recorrida não exigira as mesmas distâncias mínimas das fachadas.

O princípio da igualdade traduz-se na ideia geral de proibição do arbítrio, postulando o tratamento igual de situações iguais e o tratamento desigual de situações desiguais, mas não proibindo as diferenciações de tratamento desde que estas tenham um fundamento material bastante ou uma justificação razoável segundo critérios de valor objectivos.

Conforme é jurisprudência uniforme do STA, a violação destes princípios só assume relevância autónoma quando a Administração actua no exercício de poderes discricionários, porque, quando actua no exercício da actividade vinculada, a prossecução daqueles princípios encontra-se tutelada pelo princípio de legalidade.

Ora, no caso dos autos, como muito bem realça o Exmo. Magistrado do Ministério Público, o recorrido ao fazer respeitar as exigências contidas na lei, quanto às distâncias mínimas dos afastamentos das fachadas das edificações, exercia poderes vinculados.

O princípio da igualdade não confere um direito de igualdade na ilegalidade, isto é, se todas as restantes habitações estivessem ilegais, isso não conferia ao recorrente o direito de construir ilegalmente.

4. DECISÃO

Pelo exposto, acordam em negar provimento ao recurso, confirmando a sentença recorrida apenas na parte em que decidiu anular o despacho contenciosamente recorrido com fundamento em violação do art. 60.º do RGEU.

Custas pelo recorrente.
Taxa de justiça: 200 euros
Procuradoria 100 euros.

Lisboa, 3 de Novembro de 2005. – *Isabel Jovita Loureiro Santos Macedo* (relatora*) – António Fernando Samagaio – Rosendo Dias José (*com a declaração junta).

Declaração de voto.

Discordo da fundamentação que fez vencimento.

Este STA não efectuou até ao momento a interpretação conjunta e harmonizada dos artigos 60.º e 73.º do RGEU/1951.

A posição vencedora passa ao lado da questão, como se não estivesse provado que quer o prédio para o qual se pretende obter licença, quer o prédio do lote confinante têm fachadas com janelas defronte umas das outras.

Tentemos pois perceber o regime legal dos preceitos em causa. As referidas normas fazem parte do título III do RGEU e referem-se às "condições especiais relativas à salubridade das edificações", mas o artigo 60.º inclui-se no capítulo "da edificação em conjunto" e o artigo 73.º no capítulo sobre "disposições interiores das edificações e espaços livres".

Como o artigo 73.º não se refere a interiores das edificações reporta-se a "espaços livres ", e diga-se desde já, espaços que é obrigatório deixar livres.

O artigo 60.º inicia-se com a expressão "independentemente do estabelecido no artigo anterior".

O artigo anterior trata da cércea dos edifícios e do afastamento entre eles que decorre das regras da cércea.

Portanto, o artigo 60.º estabelece regras de defesa da salubridade das edificações em conjunto que para além do afastamento exigido pelas regras da cércea, têm de guardar (de ser implantados) uma distância mínima de 10 metros "entre fachadas de edificações nas quais existam vãos de compartimentos de habitação".

Os vãos de compartimentos de habitação são as aberturas ou espaços vazados nas paredes exteriores dos compartimentos destinados a habitação, isto é, as janelas de qualquer tipo. Portanto, ao contrário do que se tem dito e redito, todas as partes exteriores da construção em que exista fenestração são fachadas com vãos dos compartimentos de habitação (se for esse o destino do compartimento) para efeitos da previsão do artigo 60.°, sejam tais fachadas designadas frontais, laterais ou de tardoz.

E, o artigo 60.° contém uma regra geral de afastamento das fachadas em que exista fenestração.

Como entender então que o artigo 73.° estabeleça que as janelas dos compartimentos de habitação deverão ser dispostas de forma que o seu afastamento de muro ou fachada fronteiros não seja inferior a um mínimo de três metros?

Dir-se-ia que cumprido o artigo 60.° a regra do art. 73.° não tinha razão de ser.

Mas não é assim.

Desde logo a norma vale para quando se edifica em frente de um muro, ou uma de empena lateral de edifício, na qual não existem janelas, caso em que não é aplicável o artigo 60.° que supõe duas fachadas com fenestração.

Em segundo lugar a norma do artigo 73.° aplica-se quando existam fachadas que não tenham cumprido o artigo 60.°, por exemplo por fazerem parte de construções anteriores à entrada em vigor do RGEU nas quais se efectuem obras de alteração, ou mesmo de ampliação, que envolvam a abertura de janelas.

Trata-se, portanto de norma que tem espaço de aplicação apesar da exigência do artigo 60.°, ainda que este garanta uma melhor protecção e seja obrigatório para toda a edificação a que possa efectivamente aplicar-se, como é o caso das novas edificações em que existe ou se prevê construção em que fachadas com janelas vão ficar fronteiras.

Mas, nos casos em que houvesse de aplicar-se o artigo 60.°, mas não possa, em virtude de a edificação já estar consumada com implantação menos afastada, então ainda e sempre terão de observar-se as normas do artigo 73.°.

Deste modo, a distância exigida pelo artigo 73.° garante um espaço livre mínimo, mesmo quando as edificações não observem o artigo 60.°, designadamente por motivos justificados.

No caso dos autos não há dúvida alguma de que os dois edifícios apresentam fenestração nas fachadas que ficam frente a frente pelo que, tratando-se de construção nova, era obrigatório o cumprimento do artigo 60.º.

Porém, a câmara permitiu a construção do edifício do recorrente e até a aprovou condicionalmente, embora posteriormente tenha revogado a autorização e agora recusa a legalização do que se encontra construído, dizendo que deve suprimir os vãos, além de que consentiu que o prédio fronteiro fosse construído a menos de cinco metros da linha divisória também com fachada em que existem janelas, embora ainda o não tenha licenciado.

Nestas circunstâncias seria contrário à boa-fé recusar o licenciamento com base num entendimento que considerasse que a distância existente entre as fachadas na situação concreta — superior aos três metros – não é de molde a salvaguardar aquela garantia mínima de salubridade que é exigida pelo artigo 73.º, pelo que a aplicação do artigo 60.º pode e deve ceder (ainda que excepcionalmente) devido às circunstâncias especiais da situação, criada em grande medida pela actuação do órgão competente para o licenciamento.

Por esta via, salvo melhor, admito chegar a conclusão idêntica àquela que fez vencimento.

Lisboa, 3 de Novembro de 2005. – *Rosendo Dias José*

ACÓRDÃO DO STA – SECÇÃO DO CONTENCIOSO ADMINISTRATIVO, DE 10-11-2005 (PROC. 0779/02)

Relator: *Conselheiro Adérito Santos*

ASSUNTO: RESERVA ECOLÓGICA NACIONAL. LICENCIAMENTO INDUSTRIAL.

Sumário:
O artigo 97.º do Decreto-lei n.º 380/99, de 22 de Setembro, que prevê um regime simplificado para determinadas alterações dos instrumentos de gestão territorial, da competência da entidade responsável pela elaboração do plano a alterar, não é aplicável à alteração da área da Reserva Ecológica Nacional, que compete ao Governo, por resolução do Conselho de Ministros, nos termos previstos no artigo 3, do Decreto-Lei n.º 93/90, de 19 de Março, na redacção dada pelo Decreto-Lei n.º 79/95, de 20 de Abril.

Acordam, no Pleno da Secção do Contencioso Administrativo, do Supremo Tribunal Administrativo:

1. A..., *Lda.*, com sede em ..., concelho de Porto de Mós, recorre para este Tribunal Pleno do acórdão da 1ª Secção, que negou provimento ao recurso contencioso que interpôs do despacho, de 27.2.02, do Secretário de Estado do Ordenamento do Território e da Conservação da Natureza, que indeferiu recurso hierárquico interposto de despacho do Director Regional do Ambiente e do Ordenamento do Território do Centro, que manteve a emissão de parecer desfavorável à ampliação de unidade industrial pertencente à recorrente.

Apresentou alegação, com as seguintes conclusões:

1 – O acórdão recorrido decidiu que a autoridade recorrida não era competente para reconhecer a existência de erro na demarcação da R.E.N. que não integra como condicionante o P.D.M., porquanto:
   a) a correcção do plano não se pode limitar a uma decisão da entidade recorrida, nomeadamente porque o impulso procedimental deve ser dos órgãos do município.
   b) a competência para alterar a reserva ecológica que não faz parte integrante do PDM caberá ao Conselho de Ministros.

2 – Mais decidiu o acórdão recorrido que o art. 97.° do R.J.I.G.T. não se aplica à reserva ecológica, posto que esta tem um regime jurídico próprio.

3 – Para além do que se alegou no recurso e do que consta da conclusão do parecer para onde aquele remete, o acto recorrido tem o teor de indeferir o seguinte pedido de revogação dirigido ao Sr. Ministro do Ambiente e do Ordenamento do Território:

   "Requer a V.ª Ex.ª que, cumprindo a lei, revogue o despacho recorrido e determine à DROTC que igualmente a cumpra, nomeadamente não obstaculizando a alteração simplificada do PDM em questão".

4 – Assim, ler-se no acórdão recorrido que o recurso deve ser improvido, porque a autoridade recorrida não tem legalmente a iniciativa ou não é competente para decidir a aplicação do R.J.I.G.T. no que toca à R.E.N. em P.D.M., para além de ser fonte de perfeita perplexidade, constitui um erro de julgamento, na medida em que o que se pretendeu e o que foi em relevância decidido não foi que a DROTC corrigisse a R.E.N. do P.D.M., mas apenas que a tal não obstasse.

5 – Acresce alegar, no que toca à competência do Conselho de Ministros para alterar a R.E.N. publicada em Portaria, que o douto acórdão recorrido decidiu em surpresa, porquanto a questão da incompetência <u>da autoridade recorrida</u> para decidir da existência do erro não consta do acto recorrido, não foi discutida no processo administrativo e tão pouco foi discutida no processo jurisdicional, violando-se, pois e assim, a Carta dos Direitos Fundamentais da União Europeia (art. 47.°), os Direitos do Homem (arts. 8.° e 10.°), a Constituição da República Portuguesa (arts. 20.°, n.ºs 1 e 4) e, por outro lado, o art. 3.°, n.° 3 do C.P.C., *ex vi* do art. 1.° da L.P.T.A., posto que o Juiz não pode

decidir questões de direito, mesmo que sejam do conhecimento oficioso, sem que as partes tenham tido a possibilidade de se pronunciar.

6 – Finalmente, ao contrário do que em erro de julgamento foi decidido, quer a letra da lei, quer a sua racionalidade e teleologia, determinam que o art. 97.º do R.J.I.G.T. não só se aplica à R.E.N. enquanto condicionante que integra o PDM, mas também em desabono de qualquer interpretação restritiva, por necessária analogia, aos erros e acertos de cartografia que a R.E.N. constante de portaria comporta.

Termos em que, deve ser dado provimento ao recurso, com todas as consequências legais.

Pedindo-se assim, como justificámos, o mesmo que obteríamos, caso a recorrente fosse Francesa ou Italiana:

JUSTIÇA!

A entidade recorrida apresentou contra-alegação, na qual formulou as seguintes conclusões:

A. Nunca a Administração afirmou ou sequer admitiu ter existido erro ou dúvidas sobre a delimitação quer do PDM quer da REN da zona ora em causa.

B. Não compete à Administração Central a pratica de qualquer acto promocional de revisão do PDM. Tal competência é apenas dos órgãos da Administração Local e não da Administração Central.

C. A entidade recorrida, só por si, estava impedida de proceder a uma eventual "alteração" ou "correcção" do alegado erro ainda que fosse manifesta a sua «ocorrência» uma vez que esta entidade tinha de se limitar a respeitar a delimitação da REN em vigor para o local.

D. O facto de a recorrente correr um eventual risco de encerramento nunca poderá levar à obrigação da Administração de não exigir o cumprimento da lei, nomeadamente o cumprimento da legislação do ambiente.

E. A interpretação do art. 97.º do Dec-Lei n.º 380/99, de 22 de Setembro, defendida pela recorrente, não traduz nenhum argumento válido que consubstancie a tese de que a delimitação do PDM e da REN possa ser tida como *erro* porque não se trata de uma situação de erro material ou formal, por parte das entidades que aprovaram o PDM ou a REN, mas sim de uma clara opção, por parte de tais entidades, no sentido de impedir o aumento de construções e actividades industriais na zona delimitada.

F. Sendo o art. 97.º do Dec-Lei n.º 380/99, de 22 de Setembro, uma norma excepcional, não tendo o mesmo qualquer aplicação à situação sub judice, não existe qualquer razão de ser no argumento de que algum dos seus normativos deveria ser aplicado analogicamente ao regime jurídico da Reserva Ecológica Nacional.
G. De qualquer forma a REN prevalece sobre qualquer PDM que com ela não seja coincidente nos termos do n.º 9 do art. 3.º do Dec-Lei n.º 93/90, de 19 de Março, com a alteração introduzida pelo Dec-Lei n.º 79/95, de 20 de Abril, que estabelece de forma inequívoca a necessidade absoluta de qualquer PDM dever ser alterado de acordo com a delimitação da respectiva REN caso as duas delimitações territoriais não coincidam.
H. Nestes termos é o PDM que se subordina à respectiva REN e não o contrário como pretende a recorrente.
I. Assim, qualquer alteração aos instrumentos de gestão territorial e ambiental só poderá ser levada a cabo nos termos gerais da revisão de tais instrumentos tendo em conta a adequação às necessidades públicas.

Nestes termos, e nos mais de direito que muito doutamente V. Exas. suprirão, deve o presente recurso ser julgado improcedente por não provado e, em consequência, manter-se, por válido e legal, o despacho recorrido como é de JUSTIÇA.

A Exma Magistrada do Ministério Público emitiu o seguinte parecer:

Visto.

Considerando que a recorrente vem, em grande medida, reiterar a argumentação em que fundamentou o recurso contencioso oportunamente interposto sobre o qual nos pronunciamos no parecer junto a fls. 73, e dado que o acórdão recorrido vem desenvolver o sentido daquele nosso parecer, não pode o mesmo merecer-nos censura.

Nestes termos, somos de parecer que o presente recurso jurisdicional não merece provimento.

Colhidos os vistos dos Exmos Adjuntos, cumpre decidir.

2. O acórdão recorrido baseou-se na seguinte matéria de facto:
A – Com referência ao recurso hierárquico interposto pela ora recorrente do "despacho do Subdirector Regional da Direcção Regional do Ambiente e do Ordenamento do Território Centro, que mantém a

decisão de emissão de parecer desfavorável à ampliação de unidade industrial solicitada pelo recorrente" foi emitido o parecer constante de fls. 23/31 (que se reproduz na íntegra) onde, a final, foram formuladas as seguintes conclusões:

"A – Não compete à Administração Central a prática de qualquer acto promocional de revisão do PDM. Tal competência é apenas dos órgãos da Administração Local e não da Administração Central.

B – O facto de a recorrente correr um eventual risco de encerramento nunca poderá levar à obrigação da Administração de não exigir o cumprimento da lei, nomeadamente o cumprimento da legislação do ambiente.

C – A interpretação do art. 97.° do Dec-Lei n.° 380/99, de 22 de Setembro, defendida pela recorrente, não traduz nenhum argumento válido que consubstancie a tese de que a delimitação do PDM e da REN possa ser tida como erro porque não se trata de uma situação de erro material ou formal, por parte das entidades que aprovaram o PDM ou a REN, mas sim de uma clara opção, por parte de tais entidades, no sentido de impedir o aumento de construções e actividades industriais na zona delimitada.

D – Sendo o art. 97.° do Dec-Lei n.° 380/99, de 22 de Setembro, uma norma excepcional, não tendo o mesmo qualquer aplicação à situação sub judice, não existe qualquer razão de ser no argumento de que algum dos seus normativos deveria ser aplicado analogicamente ao regime jurídico da Reserva Ecológica Nacional.

E – A REN prevalece sobre qualquer PDM que com ela não seja coincidente nos termos do n.° 9 do art. 3.° do Dec-Lei n.° 93/90, de 19 de Março, com a alteração introduzida pelo Dec-Lei n.° 79/95, de 20 de Abril, que estabelece de forma inequívoca a necessidade absoluta de qualquer PDM dever ser alterado de acordo com a delimitação da respectiva REN caso as duas delimitações territoriais não coincidam.

F – Nestes termos é o PDM que se subordina a respectiva REN e não o contrário como pretende a recorrente.

G – Assim, qualquer alteração aos instrumentos de gestão territorial e ambiental só poderá ser levada a cabo nos termos gerais da revisão de tais instrumentos tendo em conta a adequação às necessidades públicas.

H – Nestes termos, e sem demonstração de ter existido qualquer erro de representação cartográfica, o presente recurso, deve ser rejeitado, por improcedente".

B – No parecer a que se alude em A), o Secretário de Estado do Ordenamento do Território e da Conservação da Natureza, proferiu em 27.02.2002 o seguinte despacho:

"Concordo, pelo que indefiro o presente recurso hierárquico".

3. Conforme se relatou, o acórdão recorrido negou provimento ao recurso contencioso, interposto do despacho, de 27.2.02, do Secretário de Estado do Ordenamento do Território e de Conservação da Natureza, que indeferiu recurso hierárquico interposto pela ora recorrida de despacho, de 2.10.01, do Subdirector Regional do Ambiente e Ordenamento do Território do Centro, que, por sua vez, manteve o parecer, emitido, em 16.3.00, pela Direcção Regional do Ambiente do Centro, desfavorável à legalização de obras de ampliação de unidade industrial da recorrente, por virtude da respectiva localização em Reserva Ecológica Nacional (REN), segundo a carta da REN do concelho de Porto de Mós, aprovada pela Resolução do Conselho de Ministros n.º 130/96, publicada em 22.8.96.

O acórdão recorrido baseou tal decisão no seguinte discurso argumentativo:...

A recorrente parte no entanto do pressuposto da existência de *"erro"* de cartografia na Planta de demarcação do PDM ou de erro de demarcação da zona REN onde se situam as instalações da recorrente.

Sustenta no entanto que esse erro deveria ser corrigido ou alterado pela entidade recorrida com recurso ao preceituado no artigo 97.º do DL 380/99, de 22.09 e, sendo assim, o acto contenciosamente impugnado padece de vício de violação de lei nomeadamente por infracção dessa mesma disposição legal.

Diga-se no entanto e antes de mais que, ao contrário do que a recorrente afirma na sua alegação, face ao que resulta da fundamentação do acto contenciosamente recorrido, não se pode partir do pressuposto de que a Administração teria afirmado ou admitido ter existido erro ou que esse erro sobre a delimitação da zona onde se situa a construção que a recorrente pretende legalizar era duvidoso. E, assim sendo, a entidade recorrida, segundo a recorrente, deveria ter levado a cabo as necessárias averiguações tendentes a esclarecer a sua dúvida relativamente à existência de erro de demarcação da zona na REN.

O que a Administração disse ou afirmou é que se tal erro existe, não teria sido a Administração Central a responsável por ele nem tão pouco seria responsável pela sua eventual e alegada correcção.

Daí que, concluindo a entidade recorrida que, independentemente da existência ou não desse eventual erro, não competia à Administração Central a prática de qualquer acto promocional de revisão do PDM, mas que essa competência é apenas dos órgãos da Administração Local e que nunca a sua alteração podia ser feita nos termos do art. 97.º do DL 380/99. Então, pese embora a douta e extensa argumentação da recorrente, a questão terá que se resumir ou centrar unicamente ao saber se a correcção do alegado "erro", podia ou devia ter sido feita pela entidade recorrida com recurso ao disposto no citado art. 97.º e, em caso afirmativo, se essa correcção deveria ter sido considerada pela entidade recorrida aquando da decisão do recurso hierárquico interposto e em consequência e por via de tal correcção se deveria (ou não) ter sido concedido provimento ao recurso hierárquico.

De modo que, tendo a entidade recorrida concluído que com erro ou sem erro a solução a dar à pretensão da recorrente, não podia ser outra diferente daquela que lhe foi dada, não tinha por conseguinte a autoridade recorrida que proceder a quaisquer diligências de prova no sentido de esclarecer eventuais dúvidas que porventura tivesse tido sobre a existência do alegado erro de demarcação da zona REN, tanto mais que era sua convicção não dispor de competência para verificar ou apurar se aquele invocado erro realmente existia, ou para decidir se a delimitação existente se devia ou não manter e continuar a vigorar na ordem jurídica, questões essas que, em seu entender, apenas pelas entidades consideradas pela lei como competentes deviam ser apreciadas e decididas.

Daí a irrelevância bem como a notória improcedência das alegações da recorrente quando nelas concluiu no sentido da ilegalidade da decisão contenciosamente impugnada por erro nos pressupostos de facto ou no sentido de que a entidade recorrida ao decidir nos termos em que decidiu teria violado as seguintes disposições do CPA: art.ºs 7.º (princípio da colaboração da Administração com os particulares); 9.º (principio da decisão); 56.º (princípio do inquisitório), 87.º (factos sujeitos a prova); 90.º (forma da prestação de informações ou da apresentação de provas); e 91.º (falta de prestação de provas).

Compete por conseguinte verificar se a entidade recorrida, ao indeferir o recurso hierárquico que a recorrente lhe dirigiu, violou o art.

97.º do DL 380/99, de 22 de Setembro (diploma que estabelece o regime jurídico dos instrumentos de gestão territorial).

Estabelece o art. 96.º n.º 1 do DL 380/99, que "os planos municipais e os planos especiais de ordenamento do território só podem ser objecto de alteração decorridos três anos sobre a respectiva entrada em vigor".

O n.º 2 dessa mesma disposição exceptua "do disposto no número anterior", entre o mais "as alterações previstas no artigo seguinte", entre as quais se incluem "as alterações de natureza técnica que traduzam meros ajustamentos do plano", podendo estas consistir, designadamente em "correcções de erros materiais nas disposições regulamentares ou na representação cartográfica", as quais "estão sujeitas a um regime procedimental simplificado" (art. 97.º n.º l/d) e n.º 2/a). Estabelece por fim o n.º 3 do art. 97.º do DL 380/99 "que as alterações referidas no n.º 1 devem estar concluídas, no prazo de 90 dias, pela entidade responsável pela elaboração do plano através da reformulação de regulamentos e de plantas na parte afectada, dando conhecimento à comissão de coordenação regional e assegurando a respectiva publicidade nos termos do art.º 148.º e 149.º".

Daí resulta que, como sustenta a entidade recorrida, ainda que erro houvesse, mesmo que "na representação cartográfica" a correcção do plano, sob pena de contrariar os citados preceitos, não se pode limitar a uma decisão da entidade recorrida, nomeadamente por o impulso procedimental visando a correcção dos alegados erros competir, como resulta do n.º3 à "entidade responsável pela elaboração do plano através da reformulação de regulamentos e de plantas na parte afectada", sendo que nos termos do art. 3.º n.º 1 e 2 do DL 69/90 de 2 de Março, *"a elaboração* dos Planos municipais compete à Câmara Municipal" (n.º 1), competindo a sua aprovação à assembleia municipal (n.º 2).

Sendo assim, a competência para a correcção de eventual erro contido no PDM, independentemente de se tratar ou não de erro manifesto, notório ou evidente ou seja independentemente da sua dimensão ou notoriedade, pertence aos órgãos do município, nos termos e forma legalmente previstas, nomeadamente nas citadas disposições.

Vistas as coisas por outro prisma, coincidindo a demarcação contida no PDM com a demarcação da REN, também o PDM não poderia ser alterado sem uma prévia alteração da zona demarcada da REN já que, como se referiu, os PDM devem incluir as áreas incluídas na REN que, aliás, por eles não pode ser contrariada (artigo 10.° do DL 93/90 e artigos 10.° n.° 2, alínea b) e 6 e 5.°, n.° 1, alínea a) do Decreto-Lei n.° 69/90, de 2/3).

Pelo que, além da alteração do PDM, tinha previamente de ser alterada a zona demarcada na REN de forma a dela ser excluída o local onde se situa a construção que a recorrente pretende legalizar já que, enquanto essa "alteração" ou "correcção" não for feita, qualquer "construção" a levar a cabo na zona onde se integra a construção da recorrente, sempre continuaria a colidir com o disposto no art. 4.° n.° 1 do DL n.° 93/90.

Diga-se no entanto e desde já que o art. 97.° do DL 380/99 se dirige aos "instrumentos de gestão territorial", não se vislumbrando a existência de norma que torne essa disposição aplicável ao regime jurídico da REN, previsto no DL 93/90, sendo certo que este diploma tem normas próprias que expressamente prevêem que eventuais alterações da REN, como seja a aprovação da integração e exclusão de áreas da REN como seja a situação configurada nos presentes autos, tem de ser feitas nos termos e forma aí previstos, por acto de natureza regulamentar, que anteriormente revestia a forma de portaria conjunta de vários Ministros e hoje da competência do Governo, por resolução do Conselho de Ministros e não da competência da entidade recorrida (cfr. art. 3.° do DL 93/90, de 19 de Março, na redacção dada pelos DL 213/92, de 12/10 e DL 79/95, de 20 de Abril).

Pelo que será o órgão legalmente competente quem tem poderes para reconhecer se existe ou não o alegado erro no que respeita à correcta e exacta delimitação da zona demarcada da REN ou se, caso contrário, estamos perante uma opção político – jurídica ou administrativa que teve em conta as efectivas necessidades e interesses públicos e por isso deve ser mantida na ordem jurídica a delimitação da REN actualmente em vigor. Não se vislumbrando por conseguinte que o reconhecimento do invocado erro, nomeadamente por parte do Presidente da Câmara Municipal de Porto de Mós, revista qualquer interesse para resolução do recurso hierárquico interposto pela recorrente.

Daí que, ainda que o alegado erro se situe quer no PDM quer na REN, temos forçosamente de concluir que a entidade recorrida, só por si, estava impedida de proceder a uma eventual "alteração" ou "correcção" do alegado erro ainda que fosse manifesta a sua verificação ou ocorrência.

Em conformidade, com erro ou sem erro, a entidade recorrida tinha de se limitar a respeitar, como efectivamente respeitou, a delimitação da REN em vigor para o local.

E, face a tal delimitação e ao que determina o art. 4.º n.º 1 do DL 93/90, no local abrangido pela REN a recorrente não podia levar a cabo as construções realizadas.

Assim, ao decidir nos termos em que decidiu, a decisão impugnada não ofende qualquer princípio ou disposição legal invocados pela recorrente.

Alega a recorrente que o acórdão decidiu erradamente, ao considerar, no sentido do decidido improvimento do recurso contencioso, que a autoridade recorrida não tem legalmente a iniciativa ou não é competente para decidir a aplicação do regime jurídico dos instrumentos de gestão territorial (RJIGT), no que toca à REN em PDM. Pois, afirma a recorrente, o que se pretendeu não foi que a DRAOT corrigisse a REN, mas apenas que a tal não obstasse.

Mas, tal alegação é infundada.

Como bem refere o acórdão recorrido, na parte acima transcrita, a recorrente baseou a impugnação e correspondente pedido de anulação do acto que lhe negou o parecer favorável à legalização das respectivas instalações industriais na invocação de que a inclusão na REN do terreno em que estas foram implantadas se deveu a erro – na demarcação cartográfica da REN do PDM e, por consequência, da Portaria definidora da REN do concelho de Porto de Mós –, que a autoridade recorrida deveria ter corrigido, por aplicação do disposto no art. 97.º do DL 380/99, de 22.9, assim viabilizando a emissão do pretendido parecer favorável.

É o que decorre, desde logo, da petição de recurso contencioso, na qual a recorrente expressamente refere: «Pretende-se ver revogada a decisão do Sr. Subdirector Regional que, no âmbito de um pedido de legalização, decidiu não ser aplicável o regime do art. 97.º IGT, tendo, para isso, sido aproveitados os fundamentos a este respeito contidos no parecer junto a esse recurso hierárquico» (n.º 4).

E, além de infundada, aquela alegação mostra-se em contradição com o entendimento, em cuja defesa persiste a recorrente, de que o acto impugnado violou o referido art. 97.º, por não ter reconhecido que, como defende, este preceito deveria ter sido aplicado na correcção do indicado erro.

Do exposto decorre que é também improcedente a alegação da recorrente, ao pretender que, «no que toca à competência do Conselho de

Ministros para alterar a REN publicada em Portaria, o acórdão recorrido decidiu em surpresa», apreciando questão não suscitada por qualquer das partes e sobre a qual estas não tinham tido a possibilidade de se pronunciar.

Aliás, a simples leitura do acórdão recorrido, acima transcrito, logo evidencia que a referência a tal competência do Conselho de Ministros se enquadra na apreciação da questão suscitada pela recorrente no recurso contencioso, ao defender que o acto impugnado violou o citado art. 97.°, por via de cuja aplicação a mesma recorrente pretendia, e pretende, que deveria fazer-se a correcção do erro, que diz ter motivado a inclusão na REN do terreno em que se encontra situada a instalação industrial em causa.

A propósito, decidiu o acórdão que aquele art. 97.° dispõe, apenas, para os *instrumentos de gestão territorial*, sem que exista qualquer norma que torne essa disposição aplicável a eventuais alterações da REN, para a qual existe regime jurídico específico (DL 93/90, de 19.3).

A recorrente impugna esse entendimento do acórdão, persistindo em defender que o referenciado art. 97.° é aplicável na alteração da área da REN.

Mas, sem razão.

Aquele preceito legal integra o regime jurídico dos instrumentos de gestão territorial, estabelecido pelo DL 389/99, de 22.9.

Como refere a nota preambular deste diploma legal, «a dinâmica dos instrumentos de gestão territorial estrutura-se em torno do conceito central de alteração, estabelecendo-se que a mesma pode decorrer, para além da entrada em vigor de leis ou regulamentos que colidam com as respectivas disposições ou estabeleçam servidões administrativas ou restrições de utilidade pública que as afectem, da evolução das perspectivas de desenvolvimento económico e social que lhes estão subjacentes e, nos casos de plano regional, sectorial e intermunicipal, ainda da ratificação de planos municipais ou aprovação de planos especiais que com eles não se conformem». E acrescenta o mesmo preâmbulo que «atenta a natureza da vinculação dos planos especiais e municipais e o consequente acréscimo da relevância da salvaguarda dos princípios da estabilidade do planeamento e da segurança jurídica, estabelece-se um período de três anos após a respectiva entrada em vigor durante o qual apenas poderão ser objecto de alteração em circunstâncias excepcionais, por força da entrada em vigor de leis ou regulamentos ou para introdução de meros ajustamentos de natureza técnica, estando, nos últimos dois casos, sujeita a um procedimento simplificado e célere, igualmente sujeito a publicidade».

Nesta perspectiva, estabelece o questionado preceito:

ARTIGO 97.º
Alterações sujeitas a regime simplificado

1 – Estão sujeitas a um regime procedimental simplificado:

a) As alterações aos instrumentos de gestão territorial que decorram da entrada em vigor de leis ou regulamentos, designadamente planos municipais de ordenamento do território e planos especiais de ordenamento do território;

b) As alterações aos instrumentos de gestão territorial determinados pela revogação referida no n.º 6 do artigo 23.º;

c) As alterações aos planos municipais de ordenamento do território decorrentes da incompatibilidade com a estrutura regional do sistema urbano, das redes, das infra-estruturas e dos equipamentos de interesse regional definida em plano regional de ordenamento do território posteriormente aprovado;

d) As alterações de natureza técnica que traduzam meros ajustamentos do plano.

2 – As alterações referidas na alínea d) do n.º 1 consistem, designadamente, em:

a) Correcções de erros materiais nas disposições regulamentares ou na representação cartográfica;

b) Acertos de cartografia determinados por incorrecções de cadastro, de transposição de escalas, de definição de limites físicos identificáveis no terreno, bem como por discrepâncias entre plantas de ordenamento;

c) Correcções de regulamentos ou de plantas determinadas por incongruência entre os mesmos;

d) Alterações até 3% da área de construção em planos de urbanização e planos de pormenor.

3 – As alterações referidas no n.º 1 devem estar concluídas, no prazo de 90 dias, pela entidade responsável pela elaboração do plano através da reformulação de regulamentos e de plantas na parte afectada, dando conhecimento à comissão de coordenação regional e assegurando a respectiva publicidade nos termos dos artigos 148.º e 149.º.

Trata-se, pois, de um regime simplificado e excepcional de alteração dos planos municipais e dos planos especiais de ordenamento do território, que, por regra, só podem ser objecto de alteração decorridos três anos sobre a respectiva entrada em vigor. É o que decorre do confronto com o artigo 96.º do mesmo DL 389/99:

ARTIGO 96.º
**Alteração dos instrumentos de gestão territorial
e dos instrumentos de natureza especial**

1 – Os planos municipais e os planos especiais de ordenamento do território só podem ser objecto de alteração decorridos três anos sobre a respectiva entrada em vigor.

2 – Exceptuam-se do disposto no número anterior as alterações previstas no artigo seguinte, bem como a possibilidade de alteração resultante de circunstâncias excepcionais, designadamente situações de calamidade pública ou de alteração substancial das condições económicas, sociais, culturais e ambientais que fundamentaram as opções definidas no plano.

Assim, como entendeu o acórdão recorrido, o citado art. 97.º dispõe, apenas, para a alteração de instrumentos de gestão territorial, designadamente os planos municipais, nos quais é obrigatória a demarcação das áreas integradas na REN (art. 10 *Artigo 10.º (Demarcação obrigatória): As áreas integradas na REN são especificamente demarcadas em todos os instrumentos de planeamento que definam ou determinem a ocupação física do solo, designadamente planos regionais e municipais de ordenamento do território*, DL 93/90, de 19.3, red. DL 213/92, de 12.10), assinalada através de plantas de condicionantes, que a lei configura como elementos fundamentais desses planos (art. 10 *Artigo 10.º (Elementos fundamentais dos planos):*

1 – O regime dos planos municipais consta de um regulamento e é traduzido graficamente em plantas.

2 – As plantas referidas no número anterior compreendem:
a) ...;
b) Planta actualizada de condicionantes, ...
...
6 – A planta actualizada de condicionantes assinala as servidões administrativas e restrições de utilidade pública, incluindo as decorrentes da Reserva Agrícola Nacional e da Reserva Ecológica Nacional, ..., DL 69/90, de 2.3).

Para além disso, como também assinalou o acórdão recorrido, a alteração da área da REN está prevista no já referido DL 93/90 (red. DL 79/95, de 20.4), cujo artigo 3.º estabelece que «*1* – Compete ao

Governo, por resolução do Conselho de Ministros, ouvida a Comissão referida no artigo 8.º, aprovar a integração e a exclusão de áreas da REN. 2 – ...». Sendo de notar que esta disposição não faz distinção dos motivos que poderão determinar a aprovação da alteração.

Daí que a respectiva previsão normativa abranja os casos em que, como a recorrente diz suceder com a situação a que respeitam os autos, a alteração corresponda à necessidade de correcção de erro na inclusão de determinada área de terreno na REN.

Pelo que também não é aceitável a alegação da recorrente, no sentido de que o disposto no referenciado art. 97.º do DL 389/99 é aplicável, por via analógica, a alterações da REN (cf. art. 10 *Artigo 10.º (Integração das lacunas da lei): 1 – Os casos que a lei não preveja são regulados segundo a norma aplicável aos casos análogos. 2 – ....* CCivil).

A alegação da recorrente é, pois, totalmente improcedente.

4. Pelo exposto, acordam em negar provimento ao recurso, confirmando o acórdão recorrido.

Custas pela recorrente, sendo a taxa de justiça e a procuradoria, respectivamente, de € 400.00 (quatrocentos Euros) e € 200,00 (duzentos Euros).

Lisboa, 10 de Novembro de 2005. – *Adérito Santos* (relator) – *António Samagaio – Azevedo Moreira – Santos Botelho – Angelina Domingues – Rosendo José – Costa Reis – Rui Botelho – Pais Borges.*

ACÓRDÃO DO STA – SECÇÃO DO CONTENCIOSO ADMINISTRATIVO, DE 23-11-2005 (PROC. 01112/04)

Relator: *Conselheiro Rui Botelho*

ASSUNTO: INFORMAÇÃO PRÉVIA. CONCEITO VAGO OU INDETERMINADO. NULIDADE. DIREITO AO AMBIENTE.

SUMÁRIO:
I – Incorre no vício de violação de lei, a deliberação camarária que, ignorando os pareceres emitidos pelas entidades consultadas em pedido de informação prévia formulado nos termos do DL 445/91, que apontavam para o indeferimento do pedido, com fundamento na alínea d) do n.º 1 do art. 63, concluiu no sentido do deferimento sem adiantar quaisquer razões factuais ou jurídicas – que suportassem essa posição.

II – O legislador, reportando-se aos termos "estética das povoações", "adequada inserção no ambiente urbano" e "beleza das paisagens" (referido artigo 63.º n.º 1 alínea d)), conceitos indeterminados, não está a entregar à Administração poderes discricionários, mas a fixar-lhe um quadro de vinculação, podendo o tribunal substituir pelos seus os juízos estético e de adequada inserção no ambiente formulados pela entidade administrativa, em caso de erro grosseiro ou utilização de critério manifestamente desajustado.

Acordam na Secção de Contencioso Administrativo do Supremo Tribunal Administrativo:

I. **Relatório**

A **Câmara Municipal da Ribeira Grande**, na qualidade de autoridade recorrida, e **B**..., na de recorrido particular, vieram recorrer da sentença do Tribunal Administrativo e Fiscal (TAF) de Ponta Delgada, de 2.3.04, que concedeu provimento ao recurso contencioso interposto por **A**..., com melhor identificação nos autos, da deliberação camarária de 7.8.01, que deferiu, à referida sociedade, um pedido de informação prévia visando a edificação de dois armazéns.

Terminaram a sua alegação formulando as seguintes conclusões:
A Câmara Municipal:
A) Apenas são impugnáveis contenciosamente os actos lesivos de direitos ou interesses legalmente protegidos – Artigo 268.º, n.º 4 da Constituição da República Portuguesa;
B) Nos autos, o acto recorrido é a deliberação da Câmara Municipal da Ribeira Grande que deferiu o pedido de informação prévia formulado pela sociedade comercial B..., no âmbito de um processo de licenciamento de obras, ao abrigo do disposto no artigo 7.º do Decreto-Lei n.º 445/91, de 20 de Novembro (alterado pela Lei n.º 29/92, de 5 de Setembro e Decreto-Lei n.º 250/94, de 15 de Outubro) – Regime Jurídico do Licenciamento Municipal de Obras Particulares;
C) O pedido de informação prévia é uma faculdade reconhecida a qualquer legítimo interessado de requerer à Câmara Municipal informação sobre a viabilidade de realização de determinada obra, sujeita a licenciamento municipal, e respectivos condicionalismos legais ou regulamentares;
D) É este o seu objecto, sendo certo que o eventual deferimento do pedido diminui os riscos de não aprovação do projecto apresentado, tendo o <u>conteúdo</u> dessa informação prévia natureza vinculativa para a Câmara Municipal (sublinhado nosso);
E) Ao contrário do que se refere na sentença recorrida – o <u>deferimento de um pedido de informação prévia não implica, por si só, o deferimento do pedido de licenciamento</u> (sublinhado nosso);

F) Desde logo, porque ao deferir o pedido de informação prévia, a Câmara Municipal apenas fica vinculada ao objecto do pedido do interessado (assim, João Pereira Reis e Margarida Loureiro, "Regime Jurídico da Urbanização e Edificação", 2.ª edição, Almedina);
G) O que significa que poderá haver aspectos do processo de licenciamento propriamente dito que não foram detalhados e concretizados pelo particular no pedido de informação prévia e que, mais tarde, poderão impor o seu indeferimento;
H) Depois, porque o pedido de licenciamento pode nem vir a ser requerido (relembre-se que a Câmara Municipal apenas está vinculada ao conteúdo da informação pelo prazo de um ano).
I) Assim, forçoso é concluir que a <u>deliberação que sobre aquele pedido recaia é «destituída de lesividade relativamente a terceiros, por nada decidir sobre o licenciamento»</u> (Ac. STA, de 13/12/2000, in Ac, STA <u>www.dgsi.com);</u>
J) O acto não é susceptível de lesar direitos ou interesses de terceiros, como é o caso da recorrente, pelo que não era recorrível;
K) A audiência dos interessados deverá ocorrer obrigatoriamente antes da decisão final de deferimento ou indeferimento do pedido de licenciamento e não nesta fase;
L) No artigo 100.º do Código do Procedimento Administrativo pretende abranger-se apenas os <u>interessados obrigatórios</u> no procedimento (assim, Mário Esteves de Oliveira e outros, "Código do Procedimento Administrativo", 2.ª edição, Almedina);
M) No caso concreto, a recorrente não é titular do direito de audiência. Porquanto;
N) A recorrente não é interessada directa e obrigatória no processo de informação prévia. E;
O) O acto em causa não é lesivo de interesses ou direitos de terceiros, nos termos já expostos;
P) A recorrente é tão interessada como os restantes munícipes;
Q) Nem no processo de licenciamento de obras o legislador impôs à Administração uma fase de discussão pública, como o faz para os pedidos de licenciamento de operações de loteamento;
R) Reconhecer à recorrente um direito de audiência no procedimento que conduz ao deferimento ou indeferimento de um

pedido de informação prévia é instaurar uma fase de discussão pública neste tipo de procedimento.
S) A preterição de audiência prévia não é causa de nulidade, antes tornando o acto anulável (Ac. STA, 1.ª secção, de 15/12/1994, AD n.º 403, pág. 783); No original avançou-se do S para o CC.
CC) Qualquer condicionalismo que a recorrida quisesse impor ao pedido de informação prévia, teria de basear-se na lei ou em regulamento;
DD) Da mesma forma, qualquer indeferimento daquele pedido teria que se basear em disposições legais ou regulamentares e não em juízos de discricionariedade de natureza estética ou paisagística;
EE) Na sequência da solicitação pela CMRG de emissão de parecer sobre o pedido de informação prévia apresentado pela sociedade B... (N.º 78/2000), pronunciaram-se desfavoravelmente a Direcção Regional do Turismo, do Ordenamento do Território e Recursos Hídricos e da Cultura. Porém;
FF) Nenhuma invocou qualquer fundamento enquadrado ou enquadrável no supra citado artigo 63.º do Decreto-Lei n.º 445/91. Assim;
GG) Estando a CMRG adstrita a critérios de legalidade, outra não podia ter sido a sua deliberação.
HH) O acto recorrido não resulta qualquer violação – actual ou potencial – das normas substantivas relativas ao Ambiente, atendendo a que este não define como será concretizada a futura construção;
II) Ao longo do procedimento de licenciamento, a CMRG teria a oportunidade de apreciar se o particular requerente irá cumprir todas as normas legais existentes e aplicáveis que se destinam a salvaguardar o ambiente e património;
JJ) Veja-se o Ac. TCA de 07/01/99, Proc. n.º 0181/98, in www.dgsi.pt, que, a propósito de um pedido de suspensão de eficácia, dispõe no seu sumário: «Para que um dano (irreparável ou de difícil reparação) possa considerar-se consequência provável do acto administrativo, deve existir entre o acto e o dano um nexo de causali-

dade adequada (…); III – <u>Não existe causalidade adequada entre um acto administrativo de deferimento de um pedido de informação prévia sobre a viabilidade de construção</u>, ao abrigo do disposto no artigo 13.º do Decreto-Lei n.º 445/91, de 20 de Novembro, <u>e eventuais danos no "ordenamento territorial e aquífero" resultantes da possível futura construção</u>. É que o deferimento do pedido de informação prévia não é condição necessária do deferimento do futuro licenciamento (que pode ocorrer sem tal informação), nem a existência de tal deferimento é condição suficiente para obtenção do licenciamento de construção (a construção pode ser indeferida, mesmo tendo havido deferimento do pedido de informação prévia»;

Termos em que o presente recurso deve ser julgado procedente, assim se fazendo Justiça.

O Recorrido particular:

1a) A, aqui recorrida, não tem interesse directo, no procedimento administrativo de informação prévia em causa nos autos, nem nele tem sequer interesse legítimo, já que a construção projectada se situa fora da área legal de protecção do seu imóvel. Por conseguinte;

2a) Não lhe assistia no mesmo procedimento qualquer direito de audiência prévia, nos termos do artigo 100.º do CPA.

3a) Entendendo em contrário a sentença recorrida violou aquele preceito do CPA, que deve ser interpretado conforme o defendido nas presentes alegações de recurso.

4a) Mesmo assim se não entendendo – o que só por hipótese académica se admite – e porque a, ora, recorrida, já se pronunciara – aliás profusamente – no processo sobre as questões a ele atinentes sempre essa audiência seria dispensável (art. 103.º, n.º 2, a) do CPA).

Sempre sem prescindir;

5a) Sendo as causas de indeferimento do licenciamento taxativas (e apenas elas que, igualmente, podem validamente fundamentar o indeferimento do pedido de informação prévia) a sua não verificação vincula as câmaras municipais ao deferimento de tais pedidos.

Assim;

6a) Admitindo – sem conceder – tal vício de forma, resultante do não cumprimento da formalidade de audiência prévia dos interessados, «não tem carácter invalidante sempre que através de um juízo de prognose póstuma, o tribunal conclua que a decisão era a única concretamente possível» (Ac. do STA, 1.ª secção, de 28/05/1998 in www.dgsi.pt).

Todavia e sem prescindir;

7a) É entendimento pacífico o de que «Manifesta afectação da estética das povoações, adequada inserção no ambiente urbano ou da beleza das paisagens» são conceitos vagos ou indeterminados, nos quais é livre a escolha da câmara municipal dos pressupostos de facto que os hão-de preencher. Daí que;

8a) Tais actos são contenciosamente insindicáveis, excepto quando se alegue desvio do poder ou vício relativo a aspectos vinculados, o que não é o caso, nem foi alegado. – Cfr. Ac. do STA de 23-10--80, in Ac. doutrinais, n.° 228, pág. 1420.

9a) Incapaz de invocar uma – qualquer uma – lei ordinária que valida e expressamente a sustente, a sentença recorrida invoca a Constituição da República Portuguesa, designadamente o seu artigo 66.°, n.° 1. Porém;

10a) Fá-lo tendo por base não juízos de legalidade objectiva, mas apreciações subjectivas, claramente de mérito e oportunidade, invadindo competências próprias das Câmaras no âmbito da restrita discricionaridade técnica (como, designadamente, saber se o projecto que se pretende viabilizar se enquadra esteticamente, ou não, na paisagem envolvente). Assim;

11a) É nula a sentença recorrida, por apreciar e conhecer de questões, de oportunidade e mérito, que lhe estava vedado conhecer.(artigo 668.°, n.° 1-d) do CPC, "ex vi" do artigo 1.° da LPTA, então em vigor).

12a) Ainda que assim não se entenda, não há qualquer suporte, de facto, no processo instrutor que permita afirmar – como o faz a sentença recorrida – que a construção cuja viabilidade, em sede de informação prévia, se requereu constitua «um atentado ao ambiente ecologicamente equilibrado».

Pelo que;

13a) A deliberação camarária em causa não viola – nem de perto, nem de longe – o conteúdo essencial de qualquer direito fundamental, não padecendo da nulidade que lhe assaca a decisão recorrida.

14a) A deliberação recorrida decidiu favoravelmente o pedido da requerente, ora recorrente, não existindo por isso um dever de fundamentação expressa de tal acto – cfr. art. 124.° do CPA.

Nestes termos e nos mais de direito, que doutamente suprirão, deve revogar-se, com as legais consequências, a decisão recorrida.

A recorrida apresentou contra-alegação com estas conclusões:

1. A questão da lesividade e recorribilidade do acto recorrido encontra-se já decidida, por douto acórdão emanado deste Venerando Supremo Tribunal Administrativo, já transitado em julgado nos presentes autos, o qual, a propósito da questão prévia suscitada pelos recorridos, acerca da irrecorribilidade do acto, <u>decidiu que o acto recorrido em concreto é lesivo dos interesses da recorrente, concluindo pela legitimidade desta em impugnar contenciosamente aquele acto;</u>

2. A obra projectada e as características da zona onde a mesma pretende ser implantada, faz com que seja público e notório, como também afirmam as entidades consultadas através dos pareceres juntos ao procedimento, que tal construção afecta, de forma flagrante e grave, a paisagem, a beleza, a qualidade de vida e o ambiente ecologicamente equilibrado da zona;

3. Por isto, o acto recorrido viola, de forma flagrante, o conteúdo essencial do direito ao ambiente da recorrente e de todos os cidadãos residentes naquela zona, pelo que aquela deliberação viola os arts. 16.º a 18.º e 66.º da CRP; art.121.º do RGEU, art. 6.º da LBOT (Lei n.º 48/98, de 11 de Agosto) e art. 63.º n.º 1, alínea d) do Decreto-Lei n.º 445/91, de 20 de Novembro cotejados com o art.18.º da Lei de Bases do Ambiente, porquanto a construção agora impugnada, pela sua aparência, localização e proporção, afecta a beleza de uma zona de arquitectura cuidada, sendo assim nula, cfr. o art. 133.º, n.º 2 alínea d) do CPA ou, caso assim não se entenda, anulável nos termos do art.135.º do CPA.;

4. Os tribunais não estão impedidos de verificar se a decisão tomada no âmbito de poderes discricionários foi de encontro ou não à finalidade que visava a norma que os atribuiu;

5. No caso concreto, tanto o art. 63.º n.º 1 alínea d) do DL 445/91, de 20 de Novembro, como o art. 121.º do RGEU, visam a conciliação da faculdade, ou direito, de edificação e a manutenção da qualidade de vida dos cidadãos num ambiente sadio, salubre e estético, sendo a opção do legislador clara no sentido de dar prevalência à defesa do ambiente e da paisagem em detrimento da faculdade de edificar;

6. Assim, se bem que a entidade recorrida tinha margem de discricionariedade na apreciação da pretensão do recorrido particular, esta mostra-se, contudo, balizada pelo fim visado nas referidas normas;

7. Deste modo, resultando provado nos presentes autos, a afectação *que* a obra pretendida pelo recorrido particular terá na paisagem onde será inserida, duvidas não restam que se trata aqui de um erro nos pressupostos de facto onde assenta a decisão recorrida, padecendo assim aquele acto de nulidade (violação do art. 63.° n.° 1 alínea d) do DL 445/91, de 20 de Novembro quer o art. 121.° do RGEU);

8. A recorrente interveio no procedimento administrativo, pugnando pelo indeferimento da pretensão do requerente, pelo que, nos termos do art. 53.°, n.° 1 e n.° 2 alínea a) e 100.° do CPA, a recorrente tinha o direito de se pronunciar no âmbito da audiência prévia, o que não aconteceu;

9. A decisão recorrida violou assim o principio **audi alteram parti** consagrado nos artigos 8.°, 55.°, 100.° e 105.° do C.P.A., tratando-se este de um direito fundamental constitucionalmente consagrado dos cidadãos de participarem nos procedimentos dos quais sejam interessados, pelo que aquela deliberação é nula nos termos do art.133.° n.° 2 alínea d) do CPA ou, caso assim não se entenda, anulável nos termos do art.135.° do CPA, porquanto padece do vicio de violação de lei (art.100.° do CPA);

10. Nos termos do art.124.° n.° 1 alínea a) e c) do C.P.A. e nas situações neles previstas, existe um especial dever de fundamentação dos actos administrativos. Ora, no caso dos presentes autos estão verificados aqueles dois pressupostos;

11. Contudo, não consta da decisão recorrida qualquer fundamentação tal como exigido pelos referidos preceitos, pelo que a deliberação recorrida violou o disposto no art. 268.°, n.° 3 da CRP e os artigos 124.° n.° 1 alíneas a) e c) e 125.° do CPA, sendo assim nula, nos termos dos arts.123.° n.° 1 alínea d), 124.° n.° 1 alínea a) e 133.° n.° 2 alínea d) do CPA, ou, caso assim não se entenda, é anulável nos termos do disposto no art. 135.° do CPA;

12. Existia ainda por parte da autoridade recorrida um especial dever de fundamentar a sua decisão, por ser tomada em sentido contrário aos pareceres e informações juntos ao respectivo processo pelas entidades por ela, autoridade recorrida, consultadas, o que não aconteceu, carecendo assim aquele acto da fundamentação;

13. Pelo que a deliberação recorrida é também por aqui nula, nos termos dos arts.123.° n.° 1 alínea d), 124.° n.° 1 alínea c) e 133.° n.° 2 alínea d) do CPA, ou, caso assim não se entenda, anulável, nos termos do art. 135.° do CPA.

Nestes termos, deverá o presente recurso ser declarado improcedente, mantendo-se a douta sentença aqui recorrida, por assim ser da mais elementar JUSTIÇA!

A Magistrada do Ministério Público junto deste Tribunal emitiu o seguinte Parecer:

"Os presentes recursos jurisdicionais vêm interpostos da sentença do TAF de Ponta Delgada constante de fls. 213/226 que declarou a nulidade, nos termos do disposto no artigo 133.º n.º 2 alínea d) do CPA, da deliberação da Câmara Municipal de Ponta Delgada de 07.08.2001 – que deferiu um pedido de informação prévia formulado pela ora recorrente B... –, porquanto considerou a mesma afectada de vício de violação de lei por ofensa ao conteúdo essencial de um direito fundamental – o direito ao ambiente humano, sadio e ecologicamente equilibrado protegido nos termos do artigo 66.º n.º 1 da CRP, ao caso directamente aplicável por força do disposto no artigo 18.º n.º 1 da Lei fundamental.

Sem prejuízo, considera a sentença que o acto contenciosamente recorrido sempre estaria afectado de vícios de forma geradores de anulabilidade por violação dos princípios de audiência prévia e do dever de fundamentação.

Para as recorrentes a sentença enferma de erro de julgamento relativamente à apreciação que faz de cada um dos vícios assacados ao acto contenciosamente recorrido.

A recorrente acima aludida vem ainda arguir a nulidade da sentença por violação do disposto no artigo 668.º n.º 1 alínea d) do CPC – vide conclusões 10a a 11a das respectivas alegações –, enquanto pela recorrente Câmara Municipal de Ribeira Grande, por sua vez, vem suscitada a questão prévia da irrecorribilidade do acto – vide conclusões A) a J) das alegações da mesma.

No que respeita às invocadas questões prévias, oferece-nos dizer o seguinte:
– A questão da irrecorribilidade suscitada pela recorrente Câmara Municipal de Ribeira Grande foi objecto de pronúncia pelo acórdão deste STA constante de fls. 157/163, que a decidiu definitivamente, concluindo pela lesividade imediata e consequente recorribilidade do acto nos termos dos arts 268.º n.º 4 da CRP e 25.º da LPTA.
– Não ocorre a invocada nulidade da sentença arguida pela recorrente B..., na medida em que o Mmo Juiz, no uso dos

poderes que o artigo 664.º do CPC lhe confere, antes enquadrou os factos alegados pelos intervenientes no processo num quadro legal de que a recorrente discorda.

Terão assim de improceder as conclusões supra referidas que a estas questões se referem.

Debrucemo-nos agora sobre o mérito dos recursos.

Resulta da factualidade apurada na sentença, designadamente, que:

– O objecto do pedido de informação prévia respeita *à instalação de duas naves pré-fabricadas, com a área de ocupação de cerca de 448 m2 e com uma cércea de 4,50 m, em aço galvanizado e alumínio;*
– Segundo opinião unânime de várias entidades constante de pareceres não vinculativos proferidos nos autos, *"a solução arquitectónica proposta provoca um impacte paisagístico acentuado no local (...)"* e *"apresenta-se urbanisticamente desadequada e não interligada com a malha urbana envolvente";*
– O presidente da Câmara reconheceu em entrevista ao jornal diário (...) que a obra *"é de facto inestética,"*

Nas suas alegações concluem as recorrentes, reafirmando a posição já assumida no recurso contencioso que, mau grado esta factualidade, não existia qualquer fundamento legal para o indeferimento da pretensão da requerente B....

Discordamos, todavia, deste entendimento.

Como se conclui na sentença em análise, "por decorrência do regime jurídico do licenciamento de obras particulares, depois do deferimento da informação prévia fica inevitavelmente tolhida a possibilidade de indeferir o que deferido já foi – arts 12.º/3 e 13.º do DL 445/91 de 20.12 ao caso aplicável".

Esse é, de resto, também, o entendimento das próprias recorrentes.

Senão, vejamos:

A recorrente B..., expressamente reconhece em alegações – matéria que levou às conclusões 53, 73 e 83 – que, nos termos do disposto no artigo 63.º n.º 1 alínea d) do DL 445/91 de 20.11, o facto de a obra ser susceptível de manifestamente afectar a estética das povoações, a sua adequada inserção no ambiente urbano ou a beleza das paisagens é causa de indeferimento de um pedido de licenciamento, o que será também *de ponderar em sede de pedido de informação prévia que justamente visa saber da possibilidade do licenciamento futuro.*

Por sua vez, a recorrente Câmara Municipal alega que o eventual deferimento do pedido de informação prévia sobre a viabilidade de realização de determinada obra sujeita a licenciamento municipal e respectivos condicionalismos legais ou regulamentares *diminui os riscos de não aprovação do projecto apresentado, tendo o conteúdo dessa informação prévia natureza vinculativa para a Câmara* ....

Isto é, dúvidas não se suscitam de que o pedido de informação prévia está sujeito aos mesmos requisitos ou pressupostos que servem de fundamento ao indeferimento do licenciamento.

Assim, desde que preenchido o conceito enunciado na alínea d) do n.º 1 do artigo 63.º do DL 445/91, o pedido de informação prévia teria de ser indeferido.

Entendem as recorrentes, todavia, que este preceito veicula conceitos vagos ou indeterminados, sendo da livre escolha da Câmara Municipal o preenchimento dos respectivos pressupostos de facto. Daí terem concluído que ao tribunal está vedado exercer controle sobre esta actividade da Administração que, enquanto tal, é, no entender das recorrentes, contenciosamente insindicável.

Mas não é esse, manifestamente, o sentido da jurisprudência mais recente deste STA nos termos da qual o legislador, reportando-se aos termos "estética das povoações", "adequada inserção no ambiente urbano" e "beleza da paisagem" a considerar na legalização da obra (artigo 63.º n.º 1 alínea d) do DL 445/91 de 20.11), não está a entregar à Administração poderes discricionários, podendo o tribunal substituir pelos seus os juízos estético e de adequação formulado pela Câmara em caso de erro grosseiro ou utilização de critério manifestamente desajustado – vide, nomeadamente Acs. STA de 11.05.1999, 29.03.2001 e de 18.06.2003, nos recursos nos 43248, 46939 e 1283/02, respectivamente.

Pensamos ser esse o caso da situação em apreço em face dos elementos que dos autos constam os quais, em nosso entender, desaconselhariam o deferimento do licenciamento da obra e, consequentemente, do próprio pedido de informação prévia.

Nestes termos, o acto contenciosamente recorrido mostra-se afectado de vício de violação de lei por infracção ao disposto no preceito legal supra referido e, como se entendeu na sentença recorrida, por violação do princípio constitucional enunciado no artigo 66.º n.º 1 da CRP que aquele vem concretizar.

Fica assim prejudicado o conhecimento dos vícios que a sentença entendeu geradores de anulabilidade do acto contenciosamente recorrido, muito embora se nos afigure que também nesta parte nenhuma razão assiste às recorrentes, como bem se demonstra na decisão recorrida.

Nestes termos, somos de parecer que os recursos não merecem provimento."

Colhidos os vistos cumpre decidir.

II. **Factos**

Matéria de facto dada como assente no TAF:

(i) A recorrente e seu marido são donos do imóvel denominado ..., sito na freguesia da ..., concelho de Ribeira Grande.

(ii) O ... é um edifício datado de 1687, classificado e utilizado na actividade de habitação, desde 1983.

(iii) No dia 7 de Agosto de 2001 a recorrida deliberou deferir um pedido de *informação prévia* requerida pela sociedade comercial B.... para instalação de duas naves pré-fabricadas, com a área de ocupação de cerca de 448 m2 e com uma cércea de 4,50 m, em aço galvanizado e alumínios, para serviço de recolha de autocarros no terreno confinante, a Norte, com o prédio da recorrente onde se situa o ....

(iv) A aludida deliberação foi tomada contra os pareceres da Direcção Regional de Turismo, da Direcção Regional de Cultura, da Direcção Regional de Ambiente e da Direcção Regional do Ordenamento do Território e dos Recursos Hídricos.

(v) De tais pareceres extracta-se que:

(...) a solução arquitectónica proposta provoca um impacte paisagístico acentuado no local, atento à sua proximidade ao ..., imóvel de inegável valor arquitectónico;

(...) a localização prevista não considera as moradias contíguas, o que irá prejudicar a qualidade de vida dos moradores;

(...) a solução apresenta-se urbanisticamente desadequada e não interligada com a malha urbana envolvente, constituindo-se como a ocupação de um logradouro no interior de terrenos desocupados.»

(vi) O Director Regional do Turismo dirigiu um oficio ao presidente da Câmara Municipal de Ribeira Grande, a 31 de Janeiro de 2001, onde se afirma que:

«(...) as construções projectadas, dadas as suas dimensões, traçado e implantação muito próxima dos edifícios do ..., implicarão muito provavelmente o desvirtuamento e degradação do enquadramento paisagístico.

(...) o ... é património regional de interesse público, qualquer decisão irreflectida poderá lesar grave e definitivamente uma realidade cultural de valor relevante, que não em alternativa ao que é e onde é, porque é única e irrepetível.»

(vii) O presidente da Câmara recorrida, que votou favoravelmente a deliberação em causa, em entrevista ao jornal diário Açoriano Oriental, na edição de 14/8/2001, reconhece o argumento de a obra cuja *informação prévia* aprovou «*é de facto inestética*».

(viii) O ambiente urbano circundante do ... apresenta, a escola da Maia (edifício e construção recente e de arquitectura cuidada de modo a inserir-se correctamente no meio, diversas moradias unifamiliares, de construção recente e terrenos agrícolas).

III. Direito

1. O recurso contencioso visou impugnar a deliberação da Câmara Municipal da Ribeira Grande que havia deferido um pedido de viabilidade de construção de dois edifícios para recolha de veículos pesados de transporte, a favor da recorrida particular, a B....

A sentença recorrida apreciou os vícios suscitados na petição de recurso, começando pela violação do art. 100 do CPA, vício de forma por falta de fundamentação e violação de lei, concluindo pela procedência deste, declarando a nulidade do acto impugnado e o consequente provimento do recurso contencioso, mas ressalvando que o recurso sempre procederia pela verificação de qualquer dos outros.

2. Vejamos o que se decidiu na sentença na avaliação do vício que serviu de suporte ao provimento do recurso.

"B) Vício de violação de lei

Preceitua o artigo 66.º, n.º 1 da Constituição, sob a epígrafe «ambiente e qualidade de vida», que: «1. Todos têm direito a um ambiente de vida humano, sadio e ecologicamente equilibrado e o dever de o defender (...)».

Os preceitos constitucionais respeitantes aos direitos, liberdades e garantias são directamente aplicáveis e vinculam as entidades públicas e privadas – dispõe o artigo 18.º, n.º 1 da CRP.

Não basta berrar aos quatro ventos que se é defensor do ambiente. É preciso que isso integre com naturalidade a vida de todos, todos os dias.

Os Açores são, dizem-nos os panfletos publicitários que se encontram em qualquer agência de viagens e que ocupam paginas inteiras de tantas revistas nacionais e estrangeiras, um paraíso ambiental. Mas a vida de todos os dias desmente esta realidade.

Nas imediações de um solar do séc. XVII, que é o ..., foi edificada recentemente uma escola, tendo havido cuidado em a integrar no ambiente que ali existe.

Também as casas de residência, de construção recente ali existentes, se integram no meio sem dano ambiental. Mas eis que surge a ideia de naquele lugar edificar duas naves pré-fabricadas, com a área de ocupação de cerca de 448 m2 e com uma cércea de 4,50 m, em aço galvanizado e alumínios, para serviço de recolha de autocarros, justamente no terreno confinante, a Norte, com o prédio onde se situa o .... E depois de deferido o pedido, diz o senhor presidente da câmara recorrida em entrevista ao Açoriano Oriental, que não havia lei que tal impedisse.

Está claro que se se estiver à espera de encontrar uma lei que contenha uma norma a dizer, *expressis verbis* (como sempre se quer) que junto ao ... não se podem edificar garagens metálicas para albergar veículos motorizados, é tempo perdido.

Não faltam leis. Mas ainda que não existisse lei ou as existentes não fossem suficientemente claras, sempre restaria a Lei das Leis que é a Constituição da República, na qual se contém um catálogo de direitos fundamentais, directamente aplicáveis, que constitui um inestimável património, porventura o maior legado da democracia.

A norma fundamental para a resolução do caso já foi enunciada (e transcrita). Tem conteúdo normativo suficiente lato para impedir o deferimento do pedido da *informação prévia,* do pedido de licenciamento, ou para determinar o embargo judicial ou a procedência do recurso da decisão administrativa que a não soube acatar. Mas também o artigo 18.º da LBA, ao remeter para os condicionalismos da lei, depois esta concretizada no artigo 63.º, n.º 1 al. d) do Dl n.º 454/91, de 20 Novembro, enquadradas no ditame constitucional, determinariam o indeferimento da *informação prévia.*

Tem naturalmente de se assentar no seguinte: o pedido de *informação prévia* tem efeitos para o futuro que comprometem, desde já, o conteúdo essencial do direito a um ambiente de vida humano, sadio e ecologicamente equilibrado. Que assim é já atrás se referiu. Depois de deferida a *informação prévia* não se irá posteriormente indeferir o que deferido está (6. Cfr. Artigos 12.°, n.° 3 e 13 do DL 454/91, de 20 de Novembro)

E que de um atentado ao ambiente (7. Dispõe o artigo 5.°/2-a) LBA que: ambiente é o conjunto dos sistemas físicos, químicos, biológicos e suas relações e dos factores económicos, sociais e culturais com efeito directo ou indirecto, mediato ou imediato, sobre os seres vivos e a qualidade de vida do homem (...). E no n.° 2 al. e), que: Qualidade do ambiente é a adequabilidade de todos os seus componentes às necessidades do homem (....).) ecologicamente equilibrado se trata, desde já, portanto, parece não restarem dúvidas. Quem as tem que leia atentamente os pareceres produzidos pelas Direcções Regionais. É claro que esses pareceres não têm carácter vinculativo, porque não se fundamentam verdadeiramente em condicionamentos legais ou regulamentares (8. Cfr. artigo 32.°, n.° 3 do DL n.° 445/91, de 20 Novembro). Tais pareceres não são peças jurídicas, nem citam (ou citam bem) normas preceptivas, mas descrevem a realidade.

A norma relevante, directamente aplicável, é o citado retábulo constitucional (9. Dispõe depois o artigo 18.°, n.° 1 da Lei de Bases do Ambiente (Lei n.° 11/87, de 7 Abril), referindo-se à paisagem, que: "Em ordem a atingir os objectivos consignados na presente lei, no que se refere à defesa da paisagem como unidade estética e visual, serão condicionados pela administração central, regional e local, em termos a regulamentar, a implantação de construções, infra-estruturas viárias, novos aglomerados urbanos ou outras construções que, pela sua dimensão, volume, silhueta, cor ou localização, provoquem um impacte violento na paisagem preexistente, bem como a exploração de minas e pedreiras, evacuação e acumulação de resíduos e materiais usados e o corte maciço do arvoredo.")

Mas a aplicação desta norma não deve ser cega. Importará ponderar se, na situação concreta, o interesse conflituante, que naturalmente existe para a edificação da garagem, bem assim como o direito que o requerente terá de a edificar naquele lugar, não assume uma relevância tal que possa prevalecer sobre o direito da recorrente. Parece que não.

É que a garagem pode perfeitamente ser construída noutro local, a qual, mesmo com o seu perfil metálico, se poderá perfeitamente integrar num parque industrial ou outro local do género. A preservação da paisagem e da estética do lugar em que se integra o ... deverá prevalecer.

E não se diga que as câmaras municipais são livres (no sentido da insindicabilidade das suas decisões) de integrar os conceitos indeterminados relativos à estética urbana. Desde logo, no caso, parece nem ser essa a posição (pelo menos) do senhor presidente da câmara recorrida na já referida entrevista – que disse não ter lei para impedir o deferimento. Mas veja-se que alguns dos conceitos relevantes para a resolução do presente caso estão definidos na lei – cfr. LBA Lei n.º 11/87, de 7 Abril (10. Artigo 5.º Conceitos e definições

1 – A qualidade de vida é resultado da interacção de múltiplos factores no funcionamento das sociedades humanas e traduz-se na situação de bem estar físico, mental e social e na satisfação e afirmação culturais, bem como em relações autênticas entre o indivíduo e a comunidade, dependendo da influência de factores inter-relacionados, que compreendem, designadamente:

    a) A capacidade de carga do território e dos recursos;
    b) A alimentação, a habitação, a saúde, a educação, os transportes e a ocupação dos tempos livres;
    c) Um sistema social que assegure a posteridade de toda a população e os consequentes benefícios da Segurança Social;
    d) A integração da expansão urbano-industrial na paisagem, funcionando como valorização da mesma, e não como agente de degradação.

2 – Para efeitos do disposto no presente diploma, considera-se que as expressões ambiente, ordenamento do território, paisagem, "continuum naturale", "qualidade do ambiente" e "conservação da Natureza" deverão ser entendidas nas condições a seguir indicadas:

    a) Ambiente é o conjunto dos sistemas físicos, químicos, biológicos e suas relações e dos factores económicos, sociais e culturais com efeito directo ou indirecto, mediato ou imediato, sobre os seres vivos e a qualidade de vida do homem;
    b) Ordenamento do território é o processo integrado da organização do espaço biofísico, tendo como objectivo o uso e a transformação do território, de acordo com as suas capacidades e vocações, e a permanência dos valores de equilíbrio biológico e de estabilidade geológica, numa perspectiva de aumento da sua capacidade de suporte de vida;

c) Paisagem é a unidade geográfica, ecológica e estética resultante da acção do homem e da reacção da Natureza, sendo primitiva quando a acção daquele é mínima e natural quando a acção humana é determinante, sem deixar de se verificar o equilíbrio biológico, a estabilidade física e a dinâmica ecológica;
d) *Continuum naturale* é o sistema contínuo de ocorrências naturais que constituem o suporte da vida silvestre e da manutenção do potencial genético e que contribui para o equilíbrio e estabilidade do território;
e) Qualidade do ambiente é a adequabilidade de todos os seus componentes às necessidades do homem;
f) Conservação da Natureza é a gestão da utilização humana da Natureza, de modo a viabilizar de forma perene a máxima rentabilidade compatível com a manutenção da capacidade de regeneração de todos os recursos vivos."). E por outro lado não pode esvaziar-se um direito fundamental, atirando-o para o limbo da discricionaridade administrativa.

Concluindo: o deferimento da *informação prévia* cria direitos na esfera jurídica do requerente que afectam pelo menos a recorrente. E a anulação do acto não se mostra desproporcionada em face das possibilidades que o requerente da *informação prévia* tem de vir a edificar a sua garagem noutro local menos lesivo para os direitos de terceiros.

E porque o acto recorrido, como visto, ofende o conteúdo essencial de um direito fundamental – o direito ao ambiente humano, sadio e ecologicamente equilibrado, é nulo (artigo 133.º, n.º 2, al. d) do CPA)."

3. Vamos lá a ver. Está em causa nos autos um pedido de viabilização de construção de edifícios, ou melhor, um pedido de informação prévia deduzido nos termos do art. 10 e ss. do DL 445/91, de 20.11. Definindo os seus efeitos jurídicos, sob a epígrafe de "Validade", o art. 13 dispõe que "**O conteúdo da informação prévia pela câmara municipal é vinculativo para um eventual pedido de licenciamento**, desde que este seja apresentado dentro do prazo de um ano relativamente à data da sua comunicação ao requerente", sendo certo que o n.º 3 do art. 12 também afirma que "A deliberação da câmara municipal é constitutiva de direitos ...". Portanto, o carácter vinculativo, para a Câmara, e constitutivo de direitos, para o interessado, do deferimento do pedido de informação prévia, **indutores da sua estabilidade na ordem jurídica**, conduzem inexoravelmente à sua lesividade e, portanto, à recorribilidade contenciosa nos termos do art. 268, n.º 4, da CRP. Se assim não fosse os potenciais prejudicados pela (eventual) construção ficariam impedidos de impugnar todos os aspectos do acto final que (eventualmente) a licenciasse que tivessem ficado definidos com o deferimento do pedido de informação.

Não obsta à recorribilidade a circunstância de o citado art. 13 impor um prazo para a apresentação do pedido de licenciamento, um prazo de caducidade. Trata-se de coisas distintas. Em relação a variados actos a lei fixa habitualmente prazos para o exercício dos correspondentes direitos. O que sucede, todavia, nesses casos, como neste, é que se o interessado respeitar o prazo fixado pode aproveitar-se de todos os benefícios do deferimento do pedido de informação, designadamente de alguns dos aspectos fulcrais ligados aos licenciamentos construtivos como sejam a **utilização do construído**, a sua **volumetria**, **as cérceas**, afinal, aqueles que de forma mais relevante ofendem os direitos e interesses dos vizinhos, os principais lesados com o licenciamento da construção.

O acto em causa nos autos é, assim, um típico acto lesivo que afecta de forma marcante a esfera jurídica da recorrente contenciosa, por ser proprietária de um prédio confinante com aquele onde se pretende construir – assinale-se, um solar do século XVII explorado em Turismo de habitação – o que é suficiente para lhe conferir legitimidade processual para o recurso contencioso. De resto, a recorribilidade do acto foi já decidida pelo acórdão deste tribunal de 24.9.03, a fls. 157 e ss., dele resultando também, de forma ostensiva, a legitimidade da recorrente para o recurso, precisamente pelos motivos atrás assinalados, ser proprietária de um imóvel confinante com o prédio em causa e, por essa razão, poder ficar afectada por tudo quanto lá se construa.

Por outro lado, aquilo que a recorrente particular apelida de nulidade de sentença, nas conclusões 10 e 11 da sua alegação, verdadeiramente não o é. Com efeito, ao afirmar que a convicção do Tribunal se formou "tendo por base não juízos de legalidade objectiva, mas apreciações subjectivas, claramente de mérito e oportunidade, invadindo competências próprias das Câmaras no âmbito da restrita discricionaridade técnica" a recorrente não está a qualificar essa matéria como questão "de que o tribunal não podia tomar conhecimento" (art. 668, n.º 1, d)), uma vez que o assunto se situa no coração da discussão objecto do recurso contencioso, mas antes, a imputar ao juízo crítico do tribunal erro de julgamento, por alegadamente o Tribunal se ter substituído à Câmara Municipal na pronúncia sobre matéria da estrita competência de uma entidade administrativa, o que a lei lhe não consentiria. Só que aí estamos perante matéria que se prende com o mérito do recurso contencioso e com o vício que serviu de fundamento principal ao seu provimento, que agora constitui o objecto do recurso jurisdicional, e de que se irá tratar em seguida.

4. Em sede de alegação do vício de violação da lei, a recorrente contenciosa deu como violadas as regras do Decreto regulamentar n.º 37/97, de 25 de Setembro, do Regulamento Geral do Ruído, DL 292/00, de 14.11 e do conteúdo fundamental do direito ao Ambiente (arts. 16 e 66 da CRP, 121 do RGEU, 6 da LBOT, 63, n.º 1, do DL 445/91, de 20.11 e 18 da LBA). A sentença afirmando que o acto recorrido violava alguns destes preceitos da lei ordinária, nomeadamente o art. 63 do DL 445/91, acaba por concluir, todavia, pela sua nulidade, com base na violação do art. 66, n.º 1, da Constituição.

Vejamos.

A produção legislativa interna está organizada em pirâmide tendo no topo a Constituição de República. A ela cabe fixar os princípios gerais da organização do Estado cabendo às restantes fontes normativas – enunciadas no art. 112 – ainda numa situação de dependência recíproca e pela ordem ali indicada – proceder à mediação, desenvolvimento e concretização desses princípios, sempre com respeito por ela (art. 3). O facto de o art. 18 consagrar o princípio da aplicação directa de determinados direitos não significa que a lei ordinária, a existir, não deva ela própria ser aplicada; significa apenas que o será se não houver lei ou se a lei existente os contrariar. Mas, para além disso, não sendo o direito ao ambiente um direito fundamental, também não é um dos "direitos análogos" referidos no art. 17 (Constituição da República Anotada, de Gomes Canotilho e Vital Moreira, 3.ª edição, 142), e sendo assim, sempre requereria a intermediação de um acto legislativo. Acresce, também, que a lei – art. 133, n.º 2, d), do CPA – ainda exige, para que haja nulidade, que o acto "ofenda o conteúdo essencial de um direito fundamental", restringindo o seu campo de operacionalidade, o que só por si pressupõe por parte do juiz uma análise muito rigorosa e exigente da ofensa do direito ponderado. Não está em causa, apenas, a violação de um direito, mas a do seu núcleo duro. Ora, no caso em apreço, ainda que se considerasse o direito ao ambiente como um "direito análogo" parece-nos que a construção de dois armazéns para arrumo de viaturas que anteriormente ficavam na via pública no mesmo local, com a volumetria assinalada, em aço, alumínio e outros materiais pré-fabricados, não assume uma natureza tão dramática que agrida o núcleo essencial daquele direito. Coisa bem diferente seria a edificação, por exemplo, de instalações que acarretassem o exercício de actividades perigosas, poluentes, etc.

O art. 66, n.º 1, da CRP, consagra o direito ao ambiente e à qualidade de vida explicitando o n.º 2, as diversas vertentes em que se desdobra, a metodologia para o assegurar.

Estando em causa um pedido de viabilidade construtiva de edificação, o primeiro quadro jurídico a chamar à discussão, de todos aqueles que possam ser considerados no procedimento administrativo, é seguramente aquele que resulta da alínea b) do n.º 2 desse artigo, segundo o qual incumbe ao Estado *"Ordenar e promover o ordenamento do território, tendo em vista uma correcta localização das actividades, um equilibrado desenvolvimento sócio-económico e a valorização da paisagem"*, e que tem a ver directamente com a construção, o DL 445/91. De resto, como se vê no n.º 1 do seu art. 10, é, essencialmente, sobre aspectos dessa natureza que a câmara municipal é chamada a pronunciar-se (*"condicionamentos urbanísticos ... índices urbanísticos, cérceas, afastamentos e demais condicionamentos que impendam sobre a utilização do lote, do terreno, do edifício ou da fracção autónoma."*).

5. O pedido de informação mereceu deferimento camarário **contrariando** todos os pareceres emitidos pelas entidades consultadas a pedido da Câmara Municipal, a coberto do art. 32 do DL 445/91, a Direcção Geral de Turismo, a Direcção Regional de Cultura, a Direcção Regional de Ambiente e a Direcção Regional do Ordenamento do Território e dos Recursos Hídricos (ponto vi da matéria de facto), para além da Junta de Freguesia e da Eda (electricidade) que se não pronunciaram.

Assim, a Direcção Geral do Turismo, a primeira a responder, veio opor-se nos seguintes termos:

"Relativamente ao assunto referenciado em epígrafe, e conforme já se informou essa Edilidade, através do nosso ofício n.º. 2437, de 99--06-15, uma actividade tal como a proposta, em terreno adjacente ao ..., afecto, a turismo de habitação, irá certamente provocar alterações muito negativas na ambiência adstrita a um empreendimento daquela natureza, por ser considerada uma actividade ruidosa e incómoda nas proximidades do Solar, pondo mesmo em causa as condições que levaram à sua classificação.

Ora, uma das causas de indeferimento para a instalação de unidades de turismo no espaço rural, é precisamente a existência de actividades ruidosas ou incómodas nas proximidades das casas ou empreendimentos a afectar este tipo de hospedagem, de acordo com a alínea b) do n.°.1 do artigo 4.°. do Decreto Regulamentar n.°. 37/97, de 25 de Setembro. Assim sendo, e para que as mesmas continuem a usufruir de classificação, deverão manter as condições para as quais foram classificadas.

Fazemos ainda referência ao disposto no n.° 2 do artigo 12 do mesmo diploma, em que se refere que ".... nos edifícios contíguos ou próximos do edifício principal das casas não são permitidas actividades que perturbem a tranquilidade dos hóspedes." (fls. 32/33 do PA)

Aquele pedido mereceu, ainda, um parecer jurídico dos serviços camarários, de **9.11.00** – pedido internamente – onde se diz "**Reapreciando a matéria em análise, e como a legislação invocada no parecer retro regulamenta também o funcionamento das instalações turísticas em questão já existentes somos levados a concordar com o teor do parecer do Sr. Director Regional de Turismo e respectiva fundamentaçã.**" (fls. 33v)

Foi, posteriormente, elaborada informação (pela arquitecta Catarina), a **20.11.00**, onde se diz que "**Relativamente ao assunto em epígrafe, cumpre-nos informar: A DRT inviabiliza a pretensão pelo que o processo deverá ser indeferido de acordo com a alínea a) do n.° 2 do art. 63 do DL n.° 250/94 de 15 de Outubro**" que mereceu parecer, de **21.11.00**, com o seguinte conteúdo "**Face ao Parecer da Direcção Regional de Turismo, o presente pedido deverá ser indeferido nos termos da alínea b) do n.° 1 do artigo 4 e artigo 12, n.° 2 do DR 37/97 de 25 de Setembro.**" (fls. 36)

Por deliberação camarária de 28.11.00 foi deliberado remeter o processo para audiência prévia.

A Direcção Regional do Ordenamento do Território emitiu o seu parecer de oposição referindo o seguinte:

"Relativamente ao assunto em epígrafe, vimos informar V.Exa que sobre o projecto analisado temos a referir algumas questões pertinentes quanto à viabilização do pretendido.

Assim, considerando os aspectos seguintes:
A proximidade ao ..., imóvel de inegável valor arquitectónico;
A solução arquitectónica apresentada, provoca um impacte paisagístico acentuado no local;
A qualidade de serviço prestada pela unidade turística (...), será prejudicada;
A localização prevista não considera as moradias contíguas, o que irá prejudicar a qualidade de vida dos moradores;
A solução apresenta-se urbanisticamente desadequada, e não interligada com a malha urbana envolvente, constituindo-se como a ocupação de um "logradouro" no interior de terrenos desocupados.
Por todas estas razões, julga-se de considerar que a construção das duas naves para recolha de autocarros não contribui, de forma evidente, para uma valorização urbana, arquitectónica e paisagística do local, podendo funcionar como um elemento dissonante na sua envolvente."
A Direcção Regional do Turismo, em novo parecer que lhe foi solicitado, veio, reiterando a sua posição anterior, referir que:
"Os proprietários do ... deverão apresentar brevemente, nessa Edilidade, uma exposição de motivos contrária à pretensão da sociedade B..., a qual subscrevemos inteiramente.
Pela nossa parte, salientamos dois aspectos essenciais.
Por um lado, a sociedade mencionada não dá garantias formais que as garagens se destinarão exclusivamente à recolha nocturna de quatro autocarros, sendo legítimo esperar que a empresa procure rentabilizar esse espaço, fazendo parque ou oficina no local, para o resto da frota. E muito menos dá garantias de que a actividade prevista não será ruidosa e incómoda para a vizinhança, sobretudo para quem se encontra de visita a um destino turístico que deveria ser repousante e que certamente não apreciará ser despertado às 7 horas da manhã, com ruídos de motores pesados em marcha.
Por outro lado – e muito mais importante – as construções projectadas, dadas as suas dimensões, traçado e implantação muito próxima dos edifícios do Solar, implicarão muito provavelmente o desvirtuamento e degradação do enquadramento paisagístico deste. Não se trata, somente, de questionar em que medida será posta em causa a qualidade dum produto turístico com excelente aceitação e cada vez mais fortemente associado ao destino Açores – falamos do turismo de habitação e outras modalidades de turismo rural; trata-se sobretudo de

questionar se, ao permitir tais construções, não se estará a lesar irremediavelmente o património edificado desta Região ou, no mínimo, desse concelho. Por isso, parece-nos da mais elementar prudência que essa Câmara não favoreça desde já a pretensão da sociedade B...., sem consultar antes a Direcção Regional da Cultura, sobre o interesse público regional ou o valor concelhio do acervo patrimonial em causa.

Tenha-se presente que sempre existirão alternativas viáveis à implantação das garagens a construir. Mas se, como pensamos, o ... é património regional de interesse público, qualquer decisão irreflectida poderá lesar grave e definitivamente uma realidade cultural de valor relevante, que não tem alternativa ao que é e onde é, porque é única e irrepetível." (fls. 51/52)

É elaborado nova informação dos serviços e solicitado à Direcção Regional de Cultura um parecer, que foi emitido, e onde se diz:

"Relativamente ao projecto remetido através do ofício mencionado em epígrafe, comunico a V. Exa. que o terreno onde se pretende levar a efeito a intervenção não se localiza em área de protecção de imóvel classificado, razão pela qual o parecer emitido por esta Direcção Regional é meramente informativo, reconhecendo-se no, entanto, o valor arquitectónico e patrimonial do ....

No entanto, e de acordo com o despacho do Director Regional da Cultura datado de 19 do corrente, desaconselha-se a intervenção solicitada, uma vez que a implantação dos pré-fabri-cados de dimensões consideráveis na proximidade do ..., descaracteriza e desvaloriza a envolvente, situação indesejada quando se pretende fomentar a componente turística de qualidade na ilha.

Assim, e tendo em conta o acima exposto, comunicamos que concordamos com os diversos pareceres emitidos pelas entidades consultadas, que unanimemente se pronunciaram desfavoravelmente ao projecto em apreço, pelo que a empresa em questão deverá encontrar um local mais adequado, sem desvalorizar a envolvente paisagística." (fls. 72)

Em **28.3.01** é elaborada uma informação manuscrita pela Chefe de Divisão da DOU (já anteriormente, a **1.9.00**, a fls. 29v do PA, havia informado sobre exposição da recorrente contenciosa que só com fundamento na alínea d) do n.º 1 do art. 63 do DL 445/91 seria possível indeferir a pretensão da requerente) dirigida ao presidente da Câmara com o seguinte teor:

"1. A DRT e a DRC apesar de se pronunciarem negativamente emitem parecer muito "lato."

2. A gerência do ... vai continuar a insistir obviamente.
3. A DROT considera negativo.
4. Nenhuma das DsRs emite parecer devidamente fundamentado.

Venho solicitar a V. Exª orientação no sentido de preparar Relatório de decisão final. Isto é, o Município pretende ou não viabilizar o pedido de CRP.

No caso de, não pretender o Município viabilizar, a DOU terá de preparar relatório devidamente fundamentado, partindo-se de uma oscultação à CRP, em termos de finalidade do recinto nos próximos 20 anos." (fls. 75)

No canto superior direito dessa informação foi lavrado despacho onde se diz "**À arquitecta Catarina para viabilizar de acordo com o estabelecido na reunião**".

Pela referida arquitecta, em **7.8.01**, foi elaborada a seguinte informação:

"Relativamente ao assunto em epígrafe, cumpre-nos informar:

Depois do nosso relatório elaborado a 12-02-01, as alterações ao processo não são significativas.

Em sequência da informação datada de 01/03/28 da Chefe de Divisão da D.O.U. no ponto 4 "nenhuma das Direcções Regionais emite parecer devidamente fundamentado de facto e direito", pelo que podemos concluir que o presente processo poderá ser deferido no entanto deixa-se o assunto à Consideração Superior." (fls. 76)

No verso desta informação é lavrado o acto recorrido onde a Câmara deliberou deferir o pedido de informação prévia.

6. Como se viu, estava em causa no procedimento administrativo um pedido de informação prévia respeitante à construção de dois edifícios alegadamente apenas para recolha de transportes pesados de passageiros (4 unidades) nas imediações de um edifício do século XVII explorado e licenciado para turismo de habitação. Ao longo do processo cada uma das partes foi apresentado exposições, procurando rebater os pontos de vista da parte contrária, explicitando os seus. No essencial, as intervenções mais relevantes da Administração foram as que se deixaram descritas atrás.

Todas as entidades consultadas se manifestaram inequivocamente pelo indeferimento do pedido de informação, com fundamento nas razões que expuseram e estão acima enunciadas. Sobre essas razões foram emitidos pareceres jurídicos e informações dos serviços camarários que propunham o indeferimento invocando fundamentos factuais e jurídicos, que enunciaram, designadamente o art. 63 do DL 445/91 e diversos preceitos do DR 37/97, de 25.9. Todavia, a Câmara Municipal foi ignorando esses informações e pareceres e orientando o procedimento para o deferimento da pretensão, sem que fosse invocado qualquer fundamento válido que conduzisse à mudança de posição, culminando tudo isso com o pedido de uma informação favorável (à arquitecta Catarina) que conduzisse ao deferimento do pedido. O melhor que lhe foi dado foi a informação de **7.8.01** supra que nada informa que conduzisse naturalmente ao deferimento. Não obstante isso, a Câmara, sem adiantar quaisquer fundamentos deferiu o pedido.

Em consequência, o vício de forma, tal como se decidiu, é patente, uma vez que a deliberação impugnada desrespeita frontalmente quer o n.º 1 quer o n.º 2 do art. 125 do CPA, o que sempre a inquinaria, conduzindo à sua anulação contenciosa (art. 135). Do mesmo modo, ocorreu o incumprimento do art. 100 do Código uma vez que a recorrente contenciosa, pelo menos a partir da intervenção no procedimento administrativo, logo na sua fase inicial, opondo-se frontalmente ao deferimento do pedido, assumiu-se como terceira interessada, nos termos do art. 55, e, portanto, a dever ser ouvida, como impõe o referido art. 100, e a ser informada do sentido provável da decisão final. Também por esta via o acto seria ilegal, como, de resto, se decidiu.

Todavia, para lá destes vícios formais, a deliberação impugnada nos autos padece também de um vício de fundo que afecta a sua legalidade. Na verdade, como se viu, todas es entidades que a Câmara consultou se opuseram ao deferimento do pedido de informação prévia. É certo que, excepcionando a Direcção Regional do Turismo que invocou fundamentação jurídica a acrescer à fundamentação factual, as restantes entidades apenas indicaram razões de facto que deveriam conduzir ao indeferimento, razões essas que a Câmara poderia muito bem – se fosse sua intenção respeitar o conteúdo dos pareceres solicitados, e não era, como se viu pela posição contrária que tomou, mas também com a própria interposição do presente recurso jurisdicional – enquadrar em alguma das hipóteses de indeferimento contempladas no art. 63 do DL 445/91, como se fez, aliás, na já transcrita informação de **1.9.00**, a fls. 29v do PA, onde se escreveu que " ... não se tratando de um imóvel classificado da Região Autónoma dos Açores ... só com fundamento na alínea **d) do n.º 1 do art. 63 do DL 445/91** ...

será possível, desenvolvendo devidamente os argumentos inerentes a uma correcta fundamentação de facto, indeferir um pedido de licenciamento de infraestrutura de transportes rodoviários nos terrenos limítrofes na unidade turística em causa."

Portanto, resultava de todos esses pareceres, embora sem citarem expressamente a alínea d) do n.º 1 do art. 63 do DL 445/91, que o deferimento do pedido seria "susceptível de manifestamente afectar a estética das povoações, a sua adequada inserção no ambiente urbano ou a beleza das paisagens, designadamente em resultado da desconformidade com as cérceas dominantes, a volumetria das edificações e **outras prescrições expressamente previstas em regulamento**". (Observe-se que o parecer da Direcção Geral de Turismo aponta como normas infringidas a alínea b) do n.º 1 do artigo 4.º. e o n.º 2 do art. 12 do Decreto Regulamentar n.º. 37/97, de 25 de Setembro, cuja violação poderia integrar o segmento final desta alínea do art. 63 do DL 445 e assim constituir fundamento jurídico para o indeferimento. Estes preceitos visam regular a instalação deste tipo de equipamento turístico, mas depois de instalado, visam, igualmente, protegê-lo.)

Outra coisa não pode extrair-se do seu resumo contido nos pontos (v) e (vi) da matéria de facto, designadamente quando se diz que:

«(...) a solução arquitectónica proposta provoca um impacte paisagístico acentuado no local, atento à sua proximidade ao ..., imóvel de inegável valor arquitectónico;

(...) a localização prevista não considera as moradias contíguas, o que irá prejudicar a qualidade de vida dos moradores;

(...) a solução apresenta-se urbanisticamente desadequada e não interligada com a malha urbana envolvente, constituindo-se como a ocupação de um logradouro no interior de terrenos desocupados.

(...) as construções projectadas, dadas as suas dimensões, traçado e implantação muito próxima dos edifícios do Solar, implicarão muito provavelmente o desvirtuamento e degradação do enquadramento paisagístico.

(...) o ... é património regional de interesse público, qualquer decisão irreflectida poderá lesar grave e definitivamente uma realidade cultural de valor relevante, que não em alternativa ao que é e onde é, porque é única e irrepetível.».

E a verdade é que a Câmara Municipal nada adiantou que afrontasse aquela perspectiva, sabendo que ela estava colocada e subjacente aos pareceres emitidos, que os seus serviços a haviam apontado e que as diversas informações proferidas por eles apontavam inequivocamente para o indeferimento. E sendo assim, é manifesto que a deliberação violou abertamente aquele preceito, não podendo ser mantida, também por essa razão.

A acrescer a tudo isso, tal como sublinha a Magistrada do Ministério Público no seu parecer, ainda que a sentença recorrida estivesse a sindicar os conceitos contidos naquela alínea d), e materializados na deliberação recorrida, não estaria a incorrer em qualquer ilegalidade porquanto, a jurisprudência mais recente deste STA defende, claramente, que o legislador, reportando-se aos termos "estética das povoações", "adequada inserção no ambiente urbano" e "beleza da paisagem" (artigo 63.º n.º 1 alínea d) do DL 445/91 de 20.11), conceitos vagos e indeterminados, não está a entregar à Administração poderes discricionários, mas a fixar-lhe um quadro vinculado, "podendo o tribunal substituir pelos seus os juízos estético e de adequação formulados pela Câmara em caso de erro grosseiro ou utilização de critério manifestamente desajustado – vide, nomeadamente Acs. STA de 11.05.1999, 29.03.2001 e de 18.06.2003, nos recursos nos 43248, 46939 e 1283/02, respectivamente." Ora, tudo quanto se disse atrás, com especial relevo para o conteúdo dos pareceres emitidos, apontava para a ostensiva e grosseira violação, pelo acto impugnado, dos valores ali contidos, os mesmos que estão subjacentes à citada alínea d), sendo, por isso, manifestamente ilegal.

Improcedem, assim, todas as conclusões das alegações dos recorrentes.

VI. Decisão

Nos termos e com os fundamentos expostos acordam em negar provimento aos recursos, assim se confirmando a decisão recorrida, embora com fundamentos não inteiramente coincidentes.

Custas a cargo da recorrente particular, fixando-se a Taxa de Justiça e a procuradoria em, respectivamente, 400 e 200 euros.

Lisboa, 23 de Novembro de 2005. – *Rui Botelho* (relator) – *Cândido de Pinho* – *Angelina Domingues*.

ACÓRDÃO DO STA – SECÇÃO DO CONTENCIOSO ADMINISTRATIVO, DE 06-12-2005 (PROC. 0782/03)

Relator: *Conselheiro Rosendo José*

ASSUNTO: PROTECÇÃO AO SOBREIRO. EMPREENDIMENTO DE IMPRESCINDÍVEL UTILIDADE PÚBLICA. AVALIAÇÃO DE IMPACTE AMBIENTAL. DIRECTIVA HABITATS – DIRECTIVA DO CONSELHO 92/43/CEE DE 21 DE MAIO. LISTA NACIONAL DE SÍTIOS.

SUMÁRIO:

I – Para a conservação dos habitats naturais da flora e da fauna que se pretende alcançar de forma concertada a nível comunitário sob a orientação da Directiva 92/43/CEE do Conselho, de 21.05, esta enuncia determinados habitats como índices de eventual necessidade de medidas nacionais de conservação, as quais no âmbito das obrigações decorrentes da Directiva, apenas se tornam efectivamente obrigatórias depois da elaboração de uma lista nacional de sítios em colaboração entre a Comissão e o Estado-membro. Tais habitats incluem o montado de sobro, e como tal este foi incluído no anexo I a Directiva (item 32.11) e no DL 226/97, de 27 de Agosto, que a transpôs para o Direito interno.

II – A protecção conservativa dos habitats nos termos exigidos pela referida Directiva apenas existe na medida em que o habitat em causa se inclua em algum dos sítios que vieram a ser definidos pela Resolução do CM n.º 142/97, publicada no DR – I Série B, de 28.8.1997, p. 4462.

A protecção dos sítios definidos pela dita Resolução é imediata quanto às exigências constantes dos n.ᵒˢ 2,3 e 4 do artigo 6.º da Directiva, por força do n.º 5 do seu art. 5.º, mas em termos definitivos há--de resultar da criação de zonas Especiais de Conservação (ZEC) e zonas de Protecção Especial (ZPE) e da respectiva gestão.

III – A protecção decorrente da Directiva é independente da conservação e protecção que resultarem de normas nacionais como as medidas editadas pelo DL 169/2001, de 25 de Maio, visando o sobreiro e a azinheira.

IV – A protecção ao sobreiro estabelecida no DL 169/2001 implica a proibição de "conversões" com excepção das que se destinem a "empreendimentos de imprescindível utilidade pública", a qual é declarada nos termos do art. 6.º daquele diploma pela entidade nele designada como competente.

V – No caso de projectos não destinados a fins agrícolas e em que existe avaliação de impacte ambiental a competência para a declaração pertence ao ministro da tutela do empreendimento.

Acordam em conferência no Pleno da Secção de Contencioso Administrativo do STA:

I – **Relatório**

A... e Outros

Interpuseram neste STA recurso contencioso de anulação do Despacho de 11 de Fevereiro de 2003 do SECRETÁRIO DE ESTADO DAS OBRAS PÚBLICAS

Que declarou a utilidade pública com carácter urgente da expropriação das parcelas 25,28 e 30 dos mapas anexos ao referido despacho, sendo contra-interessada a BRISA – AUTOESTRADAS DE PORTUGAL.

Por Acórdão de 20 de Janeiro de 2005, a Secção negou provimento ao recurso.

Inconformados, aqueles recorrentes recorrem agora de novo para o Pleno.

Foi apresentada alegação e nela formulam-se as seguintes conclusões:

a) O acto de declaração de utilidade pública que ora se impugna foi praticado exclusivamente pelo Secretário de Estado das Obras Públicas;

b) A área objecto de expropriação e na qual as parcelas das quais os Recorrentes são proprietários integram uma extensa zona de montado de sobreiro, espécie sujeita a especial protecção jurídica;

c) De acordo com a regra geral são proibidas conversões em povoamentos de sobreiro ou azinheira, sendo contudo excepcionalmente admitidas, desde logo, para a realização de empreendimentos de imprescindível utilidade pública;

d) As declarações de imprescindível utilidade pública em causa são da competência conjunta de vários membros do Governo, dependendo da natureza do projecto a realizar;

e) No aparente conflito entre o regime consagrado no Decreto-Lei n.º 169/2001 e o regime constante do Código das Expropriações, terá de prevalecer o primeiro, atenta a regra *lex specialis derogat lexi generali*;

f) O acto ora em crise enferma do vício de incompetência relativa, tendo em conta o facto de ter sido praticado exclusivamente pelo SEOP, por delegação de poderes do Ministro das Obras Públicas;

g) O artigo 14.º do CE deverá ser interpretado no sentido de garantir, pelo menos, a intervenção do ministro a cujo departamento compete a apreciação final do processo, sem prejuízo dessa competência ter de ser exercida conjuntamente com outros membros do Governo, se legalmente imposto;

h) Recentemente foi emitido um Despacho conjunto relativo à construção de um empreendimento turístico em Benavente, tendo participado no mesmo o Ministro da Agricultura, Pescas e Florestas, o Ministro do Ambiente e do Ordenamento do Território e o Ministro do Turismo;

i) O acto que ora se impugna afecta directa e imediatamente o direito de propriedade dos Recorrentes sobre as parcelas expropriadas, pelo que o dever de fundamentação apresenta-se como imprescindível;

j) O acto ora em crise não cumpriu o dever de fundamentação, tendo em conta que se limitou a declarar a expropriação com carácter de urgência, sem identificar, a qualquer título, qual foi o *iter* cognoscitivo e lógico que presidiu à tomada de decisão;

k) A mera referência e identificação *per relationem* das plantas parcelares e dos mapas de áreas relativos ao sublanço a construir não consubstanciam, *de per si*, o cumprimento do dever de fundamentação;

l) A fundamentação por referência, para ser válida, tem de consistir numa declaração expressa e inequívoca de concordância com anterior parecer, informação ou proposta, o que não sucedeu no caso concreto;

m) O acto *sub iudice* enferma de vício de forma, na modalidade de falta de fundamentação, sendo qualquer interpretação do mesmo dever inconstitucional, por violação do n.º 3 do artigo 268.º da CRP;

n) Não foi efectuada uma correcta ponderação de todos os interesses públicos e privados em presença, sendo consequentemente violado o princípio da imparcialidade, na sua vertente positiva;

o) O Recorrido optou por um traçado que se apresenta claramente mais prejudicial para os direitos e interesses dos particulares, violando, dessa forma, o princípio da proporcionalidade, na vertente da *necessidade*;

p) É manifesta a violação de disposições respeitantes à protecção do sobreiro, em concreto da conjugação dos normativos constantes da alínea a) do n.º 2 do artigo 2.º e da alínea a) do n.º 3 do artigo 6.º, ambos do Decreto-Lei n.º 169/2001, de 25 de Maio;

q) São igualmente violados, pelo traçado sufragado que ora se impugna, os regimes tanto da REN como da RAN no que toca à parcela n.º 25, não se pronunciado o tribunal *a quo* sequer sobre essa questão;

r) É violado o disposto no Decreto-Lei n.º 140/99, de 24 de Abril, tendo em conta que o montado nas parcelas objecto do acto *sub iudice* integra o Anexo B-I, como um dos tipos de habitats naturais de interesse comunitário cuja conservação exige designação de zonas especiais de conservação;

s) Não obstante o facto de o diploma de transposição não ter sido devidamente acompanhado de portarias de fixação da zona especial de conservação (ZEC), a tutela do montado resulta, desde logo, da aplicação directa da directiva habitats, tendo em conta o facto de esta ser clara, precisa e incondicional;

t) O cumprimento das Directivas impunha-se e continua a impor-se agora, pelo que o seu incumprimento, como o efectivado no caso concreto, conduz à necessária anulabilidade do acto de declaração de utilidade pública ora em causa;

A entidade recorrida contra alegou concluindo pela manutenção do decidido.

A contra interessada Brisa também se pronunciou pela manutenção do improvimento do recurso contencioso.

O EMMP emitiu o parecer de fls. 373 no sentido da manutenção do decidido.
Foram colhidos os vistos legais.

II. **Matéria de Facto:**

A decisão recorrida considerou provado:
– Pelo despacho 2816-B/2003 de 11 de Fevereiro de 2003, publicado na 2ª série do DR, o Secretário de Estado das Obras Públicas, no exercício de competência delegada foi declarada a utilidade pública, com carácter de urgência, nos termos do art. 161.º do Estatuto das Estradas Nacionais, da expropriação das parcelas de terreno necessárias à construção do sublanço Salvaterra de Magos/A10/Santo Estêvão da Auto-Estrada Almeirim — Marateca, sendo a ora recorrida particular e concessionária Brisa — Auto-Estradas de Portugal, S.A. autorizada a de tais parcelas tomar a posse administrativa.
– Entre tais parcelas incluem-se as parcelas 25, de propriedade plena da ora recorrente A… e as parcelas 28 e 30 de que a mesma é usufrutuária, cabendo a nua propriedade das mesmas aos recorrentes … e ….
Na sequência da emissão de três pareceres negativos, em 9-8--2001 foi emitida declaração de impacte ambiental (DIA) no sentido favorável à alternativa 1/3/A, em articulação com a hipótese 2 de ligação à A10 e localização 2 para a área de serviço, com algumas condicionantes, sendo, em tal conformidade proferido o despacho ora recorrido.
– Pelo ofício 4078 de 16-7-03 a DGF comunicou à Brisa a sua autorização para o corte de sobreiros necessários à realização da obra que informa ter sido declarada como de imprescindível utilidade pública pelo despacho do MADRP de 14-7-03.
– Na sequência das medidas compensatórias impostas, entre a Brisa e a Companhia das Lezírias foi celebrado um protocolo, com vista a, quer por adensamento, quer por reconversão cultural se proceder à instalação de 178 ha de sobreiros (fls. 201).

III. **Apreciação. O Direito**

1. O Acórdão da Subsecção vem criticado por ter desconsiderado o vício de incompetência uma vez que o acto recorrido foi praticado

apenas pelo SEOP, quando as declarações de imprescindível utilidade pública são da competência conjunta de vários membros do Governo, conforme a natureza do projecto, sendo aplicável no caso o disposto no DL 169/2001.

Acrescenta que o artigo 14.º do CExp/99 deverá ser interpretado no sentido de garantir, pelo menos a intervenção do ministro a cujo departamento compete a apreciação final do processo, sem prejuízo dessa competência ter de ser exercida conjuntamente com outros membros do Governo, se legalmente imposto.

O Acórdão recorrido conheceu da questão nas duas vertentes e concluiu que o acto estava conforme ao estabelecido no art. 14.º n.º 1 do CExp/99 e nos arts.. 2.º n.º 2 al. a) e 6.º n.º 1 do DL 169/99.

A argumentação do ora recorrente não traz novos elementos nem indica de modo preciso de que modo terá errado o Acórdão.

Mas, retomando a questão, deve dizer-se que o art. 2.º n.º 1 do DL 169/2001, de 25 de Maio que estabelece medidas de protecção ao sobreiro e à azinheira, proíbe as alterações que impliquem a modificação do regime, da composição ou redução de densidade do povoamento de sobreiros, abaixo dos valores da al. q) do art. 1.º, o que inclui também, evidentemente, o corte de todo o povoamento de uma área como a que foi expropriada no caso dos autos.

E, o n.º 2 do mesmo artigo exceptua daquela proibição as conversões que visem a realização de empreendimentos de imprescindível utilidade pública.

O artigo 6.º n.º 1 estabelece como entidade competente para declarar a imprescindível utilidade pública, quando o empreendimento não for um projecto agrícola, o ministro da tutela do empreendimento, se sobre ele houve lugar a avaliação de impacte ambiental.

No caso não vem questionado que o Ministro das Obras Públicas detinha a tutela do empreendimento de construção da auto-estrada e que foi efectuada avaliação de impacte ambiental através do respectivo estudo, pelo que a emissão do acto pelo delegado, o Secretário de Estado das Obras Públicas, ao abrigo de delegação de poderes, também não questionada, assegura a competência.

Na verdade, aquela DUP, ao contrário do que vem alegado, não carece em nenhuma das três alternativas reguladas pelo n.º 1 do artigo 6.º, da intervenção de mais de um membro do Governo.

Quanto à garantia de fazer intervir na declaração de utilidade pública das parcelas a expropriar o ministro a quem compete a apreciação final do processo, como refere o art. 14.° do CExp/99, no caso está também assegurada pela intervenção do Secretário de Estado com os referidos poderes delegados, uma vez que o projecto se situa no âmbito das atribuições daquele ministério.

Improcedem assim as conclusões a) a h).

2. Um segundo grupo de conclusões sustenta que o acto recorrido não pode considerar-se fundamentado, significando uma crítica à decisão da Subsecção que não concluiu nesta conformidade.

O Acórdão recorrido apreciou este vício tendo em conta que a DUP remete expressamente a fundamentação para um anterior despacho de 21.10.2002 em que se aprovaram as plantas parcelares e os mapas relativos ao sublanço em causa (Salvaterra de Magos – A10 – Santo Estêvão) na sequência de um longo e complexo procedimento, em que sobressai a DIA, fundamentando o carácter urgente no artigo 110.° do EEN.

Ao pedir a revisão do decidido os recorrentes referem que não foi indicado o iter cognitivo e valorativo que presidiu à decisão, nem existe uma expressa e inequívoca adesão a anterior informação parecer ou proposta e a identificação 'per relationem' de plantas e mapas do sublanço não constitui por si só fundamentação.

Apreciando, verifica-se que a aprovação do traçado foi precedida de estudo de avaliação de impacte ambiental e de parecer final da Comissão de Avaliação de Impacte Ambiental e respectiva Declaração de Impacte Ambiental (DIA) tendo sido escolhido o traçado que foi considerado menos negativo do ponto de vista ambiental, embora se tenha referido naquela avaliação que os impactes negativos eram consideráveis, mas atenta a instante necessidade pública daquela via de comunicação e a falta de alternativas menos agressivas para o ambiente, foi adoptado aquele traçado.

A decisão sobre o procedimento de avaliação de impacte ambiental, da competência do Ministro do Ambiente e do Ordenamento do Território, que consta da DIA, precede o licenciamento ou a autorização do projecto, que apenas pode ser licenciado ou autorizado se a DIA for favorável ou condicionalmente favorável, ou após o decurso do prazo necessário para o deferimento tácito, nos termos dos artigos 17.°, 18.° e 20.° do DL 69/2000, de 3 de Maio.

De modo que a autorização do projecto assenta sobre o procedimento de AIA com autonomia, que surge necessariamente em momento anterior à DUP e cuja omissão ou não conformação produz nulidade. Assim, enquanto a AIA aprecia as incidências ambientais a que se segue a aprovação ou autorização do projecto, a DUP visa a expropriação dos terrenos necessários para o projecto autorizado.

A remissão referida no Acórdão recorrido para anterior despacho de aprovação das plantas parcelares estabelece a referida sequência de actos de modo a condensar um texto curto para publicação no qual se remete para elementos do procedimento.

Esta fundamentação por remissão permite o conhecimento dos fundamentos do acto, embora requeira a leitura dos documentos para os quais a remissão é efectuada.

A lei constitucional garante a possibilidade de acesso à justiça administrativa que pressupõe a fundamentação dos actos e o acesso dos interessados a essa fundamentação.

No caso, o Acórdão recorrido considerou que os recorrentes tiveram conhecimento de que aquelas parcelas de terreno da sua propriedade foram abrangidas pela DUP com a finalidade de sobre elas se construir uma auto-estrada, ficando em condições de conhecer as razões e opções que presidiam àquela decisão e em condições de a impugnar como fizeram.

Na verdade o acto recorrido permite o conhecimento do sentido do acto e das razões essenciais que a ele presidiram e caso o recorrente tivesse dúvidas podia solicitar certidões e melhores elementos, designadamente o teor integral do acto e dos que estiveram na sua origem.

Portanto, dentro de um conceito relativo de fundamentação o que importa decisivamente é dar a conhecer a autoria, a data e o sentido racional da decisão que em concreto pode ser coonestado com o fim apontado ao acto e por esta via revelar a razão essencial que presidiu à decisão, independentemente do seu valor ou mérito.

É de concluir portanto, que não existe fundamento para alterar neste ponto a decisão recorrida que é, em assinalável medida baseada em motivos de facto que não cabe ao Pleno censurar, designadamente a existência e o alcance factual/material da remissão para elementos do procedimento principal ou dos sub-procedimentos.

Improcedem, portanto, as conclusões i) a m).

3. Nas conclusões n) e o) os recorrentes referem que não foi efectuada ponderação adequada dos interesses dos particulares tendo-se

optado pelo traçado mais prejudicial para os respectivos interesses, em violação do princípio da proporcionalidade na vertente da necessidade.

O acórdão recorrido conheceu desta questão e concluiu que foi escolhida uma solução de compromisso (solução 1/3/A) em articulação com a hipótese 2 como solução com menores inconvenientes e menores impactos negativos.

Retomando a apreciação deste ponto verifica-se que não existem elementos no processo que permitam ao Tribunal adoptar a crítica desferida pelos recorrentes porque nada de seguro revela que existisse uma alternativa capaz de alcançar o interesse público com menor sacrifício dos particulares. E, os recorrentes não trouxeram aos autos elementos que permitam sequer um princípio de prova de que esse menor sacrifício fosse viável, sendo a Administração que demonstrou ter efectuado estudos e AIA que conduziam à opção tomada como a mais racional e portanto também justiçando a necessidade daqueles concretos terrenos que foram afectados ao empreendimento pela DUP.

Improcedem, portanto estes vícios.

4. Os recorrentes sustentam em seguida que não foram observadas as normas de protecção do sobreiro dos arts. 2.º n.º 2 al. a) e 6.º n.º 3 al. a) do DL 169/2001, de 25 de Maio.

As duas normas indicadas para a protecção daquelas espécies estatuem formalidades a observar no procedimento em que se pretenda usar da excepção à proibição de efectuar conversões. Uma dessas excepções, aquela que se baseia em *"empreendimento de imprescindível utilidade pública"* está sujeita à correspondente declaração no procedimento próprio e pela entidade competente, formalidades que no caso foram cumpridas, como acima se esclareceu, pelo que também não procede a conclusão p). Na verdade, não se tratando de realizar um projecto agrícola e tendo havido avaliação de impacte ambiental, a competência para a declaração cabia ao ministro da tutela, o Ministro das Obras Públicas, que a exerceu através de delegado.

5. Sustentam os recorrentes que a tutela do montado de sobro resulta da aplicação directa da Directiva Habitats naturais uma vez que o DL 140/99, de 24 de Abril não transpôs devidamente a Directiva 92/43, do Conselho, de 21 de Maio que os integrava no anexo B-1, como um dos tipos de habitats cuja conservação exige a designação de zonas especiais de conservação.

O Acórdão recorrido considerou que não havia que falar em aplicação directa por a Directiva estar transposta e por a zona não estar classificada como zona especial de protecção, nem estar definida como um sítio a proteger.

Revendo o decidido constata-se que a Directiva 92/43/CEE do Conselho de 21 de Maio, relativa à preservação dos habitats naturais da fauna e da flora selvagens inclui no anexo I os tipos de habitats cuja conservação exige a designação de zonas especiais de conservação, em que se incluem nas florestas esclerófitas sujeitas a pastoreio, no ponto 32.11 os montados de "Quercus suber e/ou Quercus Ilex".

Porém, para que estes habitats sejam alvo da protecção específica da Directiva é necessário que pelo procedimento estabelecido nos seus arts. 3.º e 4.º seja designada pelo Estado-membro como sítio a proteger e inscrita na lista da Comissão a que se refere o n.º 3 do art. 4.º.

Ora, não consta da matéria de facto, nem os recorrentes alegaram, que o montado em causa estivesse incluído em lista de sítios a proteger, ou classificado como zona especial de protecção dos habitats naturais.

E, o facto de o montado de sobro ser um dos habitats da lista do anexo I da Directiva não determina que passado o tempo estabelecido para a transposição e os prazos do procedimento de classificação dos sítios e zonas de protecção se esteja perante o incumprimento da Directiva, porque aqueles habitats são apenas índices de zonas que merecerão ou não a protecção do regime da Directiva e os condicionamentos correspondentes, podendo suceder que na apreciação concreta e na colaboração Estado-membro Comissão que o n.º 2 do artigo 4.º prevê, não seja incluída como relevando daquela protecção uma zona onde exista algum montado de sobro. Isto, evidentemente, sem prejuízo da protecção dos sobreiros que resulta da aplicação do mencionado DL 19/2001, de 25 de Maio.

Efectivamente, os sítios que alojam habitats naturais constantes do Anexo I da Directiva só passam a integrar a rede ecológica europeia (art. 3.º n.º 1) depois de os Estados-membros os terem designado para o efeito – 2.ª parte do n.º 2 do art. 3.º – na lista a enviar à Comissão nos três anos subsequentes à notificação da Directiva como refere o n.º 1 do artigo 4.º, sendo depois esta lista objecto de estudo, selecção e reconhecimento dos sítios pela Comissão, num prazo máximo de seis anos e, a partir do momento em que um sítio de importância comunitária tenha sido reconhecido pela Comissão em colaboração com o Estado-membro, este fica constituído na obrigação de o qualificar como zona especial de conservação, o mais rapidamente possível, com um limite de seis anos.

Antes mesmo da qualificação como Zona Especial de Conservação, a partir do momento em que a Comissão o inscreva na lista da rede ecológica, o Estado-membro está vinculado a estabelecer as medidas adequadas, para evitar a deterioração desses habitats e perturbações que possam ter um efeito negativo significativo nas espécies a proteger, bem como a efectuar avaliação dos efeitos negativos de planos ou projectos não relacionados directamente com a gestão do sítio – qua tale, isto é, destinados a protecção dos seus habitats ou necessários à gestão como sítio – que forem susceptíveis de afectar de forma significativa as espécies vegetais ou animais a proteger e no caso de o projecto ter de ser realizado por razões de interesse público, tomar as medidas compensatórias necessárias.– art. 4.º n.º 4 e art. 6.º n.ºs 2, 3 e 4.

Portanto, a existência do montado de sobro não determinava por si só a aplicação da Directiva, sendo os autos omissos quanto a algum processo de classificação da zona como sítio a proteger especialmente quanto aos valores ecológicos nela existentes, para além, como se disse antes, da protecção em geral dos sobreiros resultante do DL 169/2001.

De resto, é conhecida a lista dos sítios aprovada nos termos da referida Directiva e do DL 226/97, de 27 de Agosto que a transpôs para o Direito interno. Tal lista foi aprovada pela Resolução do CM n.º 142/97, publicada no DR I Série B de 28/8/1997, sendo que nenhum dos sítios definidos inclui a zona expropriada.

Improcedem assim as conclusões r), s) e t).

6. Alegam ainda os recorrentes que são violados os regimes da REN e da RAN no que toca à parcela n.º 25 pelo traçado que está na base da expropriação, não se tendo o Tribunal "a quo" pronunciado sobre esta questão.

Mas, a Subsecção tratou este ponto no Acórdão recorrido, tendo referido que a parcela é marginada pelo rio Sorraia e situa-se em área de especial sensibilidade, seja em termos agrícolas, seja ambientais, com especial relevância em sede das preocupações da avifauna da zona ribeirinha do rio Tejo. A este propósito o Acórdão considerou: "contudo e como se demonstra nos autos e já se refere supra, o acto ora impugnado foi precedido de longo e complexo estudo de impacte ambiental, aí se concluindo por ser a localização com menos impactes negativos e mais fácil minimização, designadamente pela construção em viaduto e outras medidas que certamente terão sido aceites e realizadas". E, concluiu quanto a este aspecto que "a verificação de impactes negativos só poderia obstar à realização do projecto se tais impactes fossem significativos, não fossem susceptíveis de minimização, houvesse alternativas de menores impactes para a realização do projecto.

Os recorrentes insistem que o traçado aprovado viola a REN e a RAN, mas não substanciam esta violação apontando as normas jurídicas violadas e o modo como em concreto os factos se subsumem nessas normas, nem especificam em que consistiu o erro de decisão da Subsecção, de modo que o Tribunal não pode efectuar um controlo efectivo do vício assim apontado e que a decisão recorrida não tenha decidido de modo correcto.

E assim, improcede a conclusão q).

IV. Decisão

Em conformidade com o exposto acordam em negar provimento ao recurso.

Custas pelos recorrentes, fixando-se a taxa de justiça de 400 € e a procuradoria de 60%.

Lisboa, 6 de Dezembro de 2005. – *Rosendo José* (relator) – *Maria Angelina Domingues – Pais Borges – Costa Reis – Adérito Santos – António Madureira – António Samagaio – Santos Botelho – Jorge de Sousa.*

V. Crónica da Legislação

CRÓNICA DA LEGISLAÇÃO*
(2005)

por *Manuel Freire Barros*

SUMÁRIO

A — DIREITO COMUNITÁRIO

1. **Regulamentos**
   1.1. *Regulamentos do Conselho*
   1.2. *Regulamentos da Comissão*

2. **Directivas**
   2.1. *Directivas do Parlamento Europeu e do Conselho*
   2.2. *Directivas da Comissão*

B — DIREITO NACIONAL

1. **Actos legislativos**
   1.1. *Decretos Leis*

---

* A ***Crónica da Legislação*** *(lato sensu)* consta de todos os números da *Revista* e inclui os seguintes actos:
    A.   DIREITO COMUNITÁRIO
        1. Regulamentos
        2. Directivas
    B.   DIREITO NACIONAL
        Actos Legislativos

ÍNDICE DE TEMAS
(2005)

A

ABASTECIMENTO PÚBLICO
    DOC 0033 376
ACETILISOVALERILTILOSINA
    DOC 0010 371
AGRICULTURA BIOLÓGICA
    DOC 0001 369
    DOC 0005 370
ÁGUAS SUBTERRÂNEAS
    DOC 0033 376
ÁGUAS SUPERFICIAIS
    DOC 0033 376
ALIMENTOS DE ORIGEM ANIMAL
    DOC 0004 370
    DOC 0007 370
    DOC 0010 371
AMBIENTE
    DOC 0002 369
    DOC 0013 372
    DOC 0015 372
    DOC 0017 372
    DOC 0019 373
    DOC 0020 373
    DOC 0022 374
    DOC 0024 374
    DOC 0025 374
    DOC 0026 374
    DOC 0028 375
    DOC 0029 375
AMITRAZ
    DOC 0022 374
ÁREAS FLORESTAIS
    DOC 0034 377

ARSÉNIO
    DOC 0013 372
AUTOMÓVEIS
    DOC 0038 377
AZOXISTROBINA
    DOC 0029 375

B

BIFENAZATO
    DOC 0026 374
BIFENTRINA
    DOC 0029 375
BIOCIDAS
    DOC 0003 369

C

CÁDMIO
    DOC 0013 372
CAMADA DE OZONO
    DOC 0036 377
CIMENTO
    DOC 0031 376
CIROMAZINA
    DOC 0029 375
COIMBRA
    DOC 0035 377
CO-INCINERAÇÃO
    DOC 0032 376
COMBUSTÍVEIS NAVAIS
    DOC 0015 372
CONCEPÇÃO ECOLÓGICA DOS PRODUTOS
    DOC 0014 372
CONSUMO DE COMBUSTÍVEL DOS AUTOMÓVEIS
    DOC 0038 377
CONSUMO HUMANO
    DOC 0033 376
CORAL
    DOC 0002 369
CRESOXIME-METILO
    DOC 0029 375

E

EMISSÃO DE GASES
   DOC 0017 372
EMISSÃO DE GASES POLUENTES
   DOC 0030 375
EMISSÃO DE POLUENTES
   DOC 0021 373
EMISSÃO DE POLUENTES GASOSOS
   DOC 0039 378
EMISSÕES DE DIÓXIDO DE CARBONO
   DOC 0038 377
EMISSÕES SONORAS PARA O AMBIENTE
   DOC 0020 373
ENXOFRE
   DOC 0015 372
ESTATÍSTICAS DE RESÍDUOS
   DOC 0008 370
   DOC 0009 371
ETOFUMESATO
   DOC 0028 375
ETOXILADO DE NONILFENOL
   DOC 0031 376

F

FAUNA SELVAGEM
   DOC 0006 370
FLORA SELVAGEM
   DOC 0006 370
FLUAZUROM
   DOC 0010 371

G

GÁS DE PETRÓLEO LIQUEFEITO
   DOC 0030 375
GÁS NATURAL
   DOC 0017 372
   DOC 0030 375

GÉNEROS ALIMENTÍCIOS
    DOC 0012 371

H

HIDROCARBONETOS AROMÁTICOS POLICÍCLICOS
    DOC 0013 372
    DOC 0019 373

I

INCINERAÇÃO
    DOC 0032 376
INFRACÇÕES
    DOC 0016 372

L

LAMBDA-CIALOTRINA
    DOC 0028 375
LIMITAÇÃO DE COLOCAÇÃO NO MERCADO
    DOC 0037 377
LIMITES MÁXIMOS
    DOC 0028 375
    DOC 0029 375
LIMITES MÁXIMOS DE RESÍDUOS
    DOC 0010 371
    DOC 0022 374
LIMITES MÁXIMOS DE RESÍDUOS DE PESTICIDAS
    DOC 0027 375
LISTA DE SUBSTÂNCIAS ACTIVAS
    DOC 0024 374
    DOC 0025 374
    DOC 0026 374
    DOC 0028 375
    DOC 0029 375

M

MÁQUINAS MÓVEIS NÃO RODOVIÁRIAS
DOC 0039 378
MCPA
DOC 0025 374
MCPB
DOC 0025 374
MEDICAMENTOS DE ORIGEM ANIMAL
DOC 0011 371
MEDICAMENTOS VETERINÁRIOS
DOC 0010 371
MERCÚRIO
DOC 0013 372
METALAXIL
DOC 0029 375
METOMIL
DOC 0028 375
MILBEMECTINA
DOC 0026 374
MODO DE PRODUÇÃO BIOLÓGICO
DOC 0001 369
DOC 0005 370
MOTORES DE COMBUSTÃO INTERNA
DOC 0039 378
MOTORES DIESEL
DOC 0021 373

N

NAVIOS
DOC 0016 372
NÍQUEL
DOC 0013 372
NONILFENOL
DOC 0031 376

O

ÓLEOS DE DILUIÇÃO
DOC 0019 373

P

PARTÍCULAS
DOC 0039 378
PARTÍCULAS POLUENTES
DOC 0017 372
PIMETROZINA
DOC 0028 375
PNEUMÁTICOS
DOC 0019 373
POLUIÇÃO
DOC 0016 372
DOC 0017 372
DOC 0030 375
POLUIÇÃO POR NAVIOS
DOC 0016 372
PRÉDIOS RÚSTICOS
DOC 0034 377
PREPARAÇÕES PERIGOSAS
DOC 0018 373
DOC 0019 373
DOC 0031 376
DOC 0037 377
PRODUÇÃO BIOLÓGICO
DOC 0012 371
PRODUTOS AGRÍCOLAS
DOC 0012 371
PRODUTOS DE ORIGEM ANIMAL E VEGETAL
DOC 0027 375
PROGRAMA POLIS
DOC 0035 377
PROTECÇÃO DA FAUNA SELVAGEM
DOC 0006 370
PROTECÇÃO DA FLORA SELVAGEM
DOC 0006 370
PROTECÇÃO DOS RECIFES DE CORAL
DOC 0002 369

Q

QUALIDADE
DOC 0033 376

R

REBOQUES
    DOC 0023 374
RECIFES DE CORAL
    DOC 0002 369
RESÍDUOS
    DOC 0004 370
    DOC 0007 370
    DOC 0008 370
    DOC 0009 371
    DOC 0010 371
    DOC 0022 374
    DOC 0028 375
    DOC 0029 375
    DOC 0032 376
RESÍDUOS DE MEDICAMENTOS VETERINÁRIOS
    DOC 0004 370
    DOC 0007 370
    DOC 0011 371

S

SANÇÕES
    DOC 0016 372
SUBSTÂNCIAS
    DOC 0004 370
SUBSTÂNCIAS ACTIVAS
    DOC 0028 375
    DOC 0029 375
SUBSTÂNCIAS PERIGOSAS
    DOC 0018 373
    DOC 0019 373
    DOC 0037 377
SUBSTÂNCIAS QUE EMPOBRECEM A CAMADA DE OZONO
    DOC 0036 377

T

TIABENDAZOL
    DOC 0028 375

TOLUENO
  DOC 0018 373
TOMAR
  DOC 0035 377
TRIBENURÃO
  DOC 0024 374
TRICLOROBENZENO
  DOC 0018 373

V

VEÍCULOS
  DOC 0017 372
  DOC 0021 373
  DOC 0023 374
  DOC 0030 375

A — DIREITO COMUNITÁRIO

1. **Regulamentos**

1.1. *Regulamentos do Conselho*

Regulamento (CE) 1567/2005 do Conselho, de 20 de Setembro de 2005, publicada no JOCE L 252, de 2005.09.28: **0001**
Altera o Regulamento (CEE) n. 2092/91 relativo ao modo de produção biológico de produtos agrícolas e à sua indicação nos produtos agrícolas e nos géneros alimentícios.
AGRICULTURA BIOLÓGICA/MODO DE PRODUÇÃO BIOLÓGICO

Regulamento (CE) 1568/2005 do Conselho, de 20 de Setembro de 2005, publicada no JOCE L 252, de 2005.09.28: **0002**
Altera o Regulamento (CE) n. 850/98 respeitante à protecção dos recifes de coral de profundidade dos efeitos da pesca em determinadas zonas do oceano Atlântico.
AMBIENTE/CORAL/PROTECÇÃO DOS RECIFES DE CORAL/RECIFES DE CORAL

1.2. *Regulamentos da Comissão*

Regulamento (CE) 1048/2005 da Comissão, de 13 de Junho de 2005, publicada no JOCE L 178, de 2005.07.09: **0003**
Altera o Regulamento (CE) n. 2032/2003 relativo à segunda fase do programa de trabalho de 10 anos mencionado no n.º 2 do artigo 16.º da Directiva 98/8/CE do Parlamento Europeu e do Conselho relativa à colocação de produtos biocidas no mercado.
BIOCIDAS

Regulamento (CE) 1299/2005 da Comissão, de 8 de Agosto de 2005, publicada no JOCE L 206, de 2005.08.09: **0004**

Altera os anexos I e III do Regulamento (CEE) n.º 2377/90 do Conselho que prevê um processo comunitário para o estabelecimento de limites máximos de resíduos de medicamentos veterinários nos alimentos de origem animal, no que diz respeito às substâncias fenoximetilpenicilina, foxima, norgestomet e tianfenicol.

ALIMENTOS DE ORIGEM ANIMAL/RESÍDUOS/RESÍDUOS DE MEDICAMENTOS VETERINÁRIOS/SUBSTÂNCIAS

Regulamento (CE) 1318/2005 da Comissão, de 11 de Agosto de 2005, publicada no JOCE L 210, de 2005.08.11: **0005**

Altera o anexo II do Regulamento (CEE) n.º 2092/91 do Conselho relativo ao modo de produção biológico de produtos agrícolas e à sua indicação nos produtos agrícolas e nos géneros alimentícios.

AGRICULTURA BIOLÓGICA/MODO DE PRODUÇÃO BIOLÓGICO

Regulamento (CE) 1332/2005 da Comissão, de 9 de Agosto de 2005, publicada no JOCE L 210, de 2005.08.11: **0006**

Altera o Regulamento (CE) n.º 338/97 do Conselho relativo à protecção de espécies da fauna e da flora selvagens através do controlo do seu comércio.

FAUNA SELVAGEM/FLORA SELVAGEM/PROTECÇÃO DA FAUNA SELVAGEM/PROTECÇÃO DA FLORA SELVAGEM

Regulamento (CE) 1356/2005 da Comissão, de 18 de Agosto de 2005, publicada no JOCE L 214, de 2005.08.19: **0007**

Altera o anexo I do Regulamento (CEE) n.º 2377/90 do Conselho que prevê um processo comunitário para o estabelecimento de limites máximos de resíduos de medicamentos veterinários nos alimentos de origem animal, no que se refere ao ácido oxolínico e ao morantel.

ALIMENTOS DE ORIGEM ANIMAL/RESÍDUOS/RESÍDUOS DE MEDICAMENTOS VETERINÁRIOS

Regulamento (CE) 1445/2005 da Comissão, de 5 de Setembro de 2005, publicada no JOCE L 229, de 2005.09.06: **0008**

Define os critérios apropriados de avaliação da qualidade e o conteúdo dos relatórios de qualidade sobre estatísticas de resíduos para

efeitos do Regulamento (CE) n.º 2150/2002 do Parlamento Europeu e do Conselho.
ESTATÍSTICAS DE RESÍDUOS/RESÍDUOS

Regulamento (CE) 1446/2005 da Comissão, de 5 de Setembro de 2005, publicada no JOCE L 229, de 2005.09.06: **0009**
Adopta derrogações às disposições do Regulamento (CE) n.º 2150/ /2002 do Parlamento Europeu e do Conselho relativo às estatísticas de resíduos no que diz respeito ao Reino Unido e à Áustria.
ESTATÍSTICAS DE RESÍDUOS/RESÍDUOS

Regulamento (CE) 1518/2005 da Comissão, de 19 de Setembro de 2005, publicada no JOCE L 244, de 2005.09.20: **0010**
Altera os anexos I e III do Regulamento (CEE) n.º 2377/90 do Conselho que prevê um processo comunitário para o estabelecimento de limites máximos de resíduos de medicamentos veterinários nos alimentos de origem animal, no que diz respeito à acetilisovaleriltilosina e ao fluazurom.
ACETILISOVALERILTILOSINA/ALIMENTOS DE ORIGEM ANIMAL/FLUAZUROM/ /LIMITES MÁXIMOS DE RESÍDUOS/MEDICAMENTOS VETERINÁRIOS/RESÍDUOS

Regulamento (CE) 1911/2005 da Comissão, de 23 de Novembro de 2005, publicada no JOCE L 305, de 2005.11.24: **0011**
Altera o anexo I do Regulamento (CEE) n.º 2377/90 do Conselho que prevê um processo comunitário para o estabelecimento de limites máximos de resíduos de medicamentos veterinários nos alimentos de origem animal, no que se refere ao acetato de flugestona.
MEDICAMENTOS DE ORIGEM ANIMAL/RESÍDUOS DE MEDICAMENTOS VETE- RINÁRIOS

Regulamento (CE) 1916/2005 da Comissão, de 24 de Novembro de 2005, publicada no JOCE L 307, de 2005.11.25: **0012**
Altera o anexo II do Regulamento (CEE) n. 2092/91 do Conselho relativo ao modo de produção biológico de produtos agrícolas e à sua indicação nos produtos agrícolas e nos géneros alimentícios.
GÉNEROS ALIMENTÍCIOS/MODO DE PRODUÇÃO BIOLÓGICO/PRODUTOS AGRÍCOLAS

2. Directivas

2.1. Directivas do Parlamento Europeu e do Conselho

Directiva 2004/107/CE do Parlamento Europeu e do Conselho, de 15 de Dezembro de 2004, publicada no JOCE L 23, de 2005.01.26: 0013
Relativa ao arsénio, ao cádmio, ao mercúrio, ao níquel e aos hidrocarbonetos aromáticos policíclicos no ar ambiente.
AMBIENTE/ARSÉNIO/CÁDMIO/HIDROCARBONETOS AROMÁTICOS POLICÍCLICOS/MERCÚRIO/NÍQUEL

Directiva 2005/32/CE do Parlamento Europeu e do Conselho, de 6 de Julho de 2005, publicada no JOCE L 191, de 2005.07.22: 0014
Relativa à criação de um quadro para definir os requisitos de concepção ecológica dos produtos que consomem energia e que altera as Directivas 92/42/CEE do Conselho e 96/57/CE e 2000/55/CE do Parlamento Europeu e do Conselho.
CONCEPÇÃO ECOLÓGICA DOS PRODUTOS

Directiva 2005/33/CE do Parlamento Europeu e do Conselho, de 6 de Julho de 2005, publicada no JOCE L 191, de 2005.07.22: 0015
Altera a Directiva 1999/32/CE no que respeita ao teor de enxofre nos combustíveis navais.
AMBIENTE/COMBUSTÍVEIS NAVAIS/ENXOFRE

Directiva 2005/35/CE do Parlamento Europeu e do Conselho, de 7 de Setembro de 2005, publicada no JOCE L 255, de 2005.09.30: 0016
Relativa à poluição por navios e à introdução de sanções em caso de infracções.
INFRACÇÕES/NAVIOS/POLUIÇÃO/POLUIÇÃO POR NAVIOS/SANÇÕES

Directiva 2005/55/CE do Parlamento Europeu e do Conselho, de 28 de Setembro de 2005, publicada no JOCE L 275, de 2005.10.20: 0017
Relativa à aproximação das legislações dos Estados-Membros respeitantes às medidas a tomar contra a emissão de gases e partículas poluentes provenientes dos motores de ignição por compressão utilizados em veículos e a emissão de gases poluentes provenientes dos

motores de ignição comandada alimentados a gás natural ou a gás de petróleo liquefeito utilizados em veículos.
AMBIENTE/EMISSÃO DE GASES/GÁS NATURAL/PARTÍCULAS POLUENTES/POLUIÇÃO/VEÍCULOS

Directiva 2005/59/CE do Parlamento Europeu e do Conselho, de 26 de Outubro de 2005, publicada no JOCE L 309, de 2005.11.25: **0018**
Altera, pela vigésima oitava vez, a Directiva 76/769/CEE do Conselho relativa à aproximação das disposições legislativas, regulamentares e administrativas dos Estados-Membros respeitantes à limitação da colocação no mercado e da utilização de algumas substâncias e preparações perigosas (tolueno e triclorobenzeno).
APREPARAÇÕES PERIGOSAS/SUBSTÂNCIAS PERIGOSAS/TOLUENO/TRICLOROBENZENO

Directiva 2005/69/CE do Parlamento Europeu e do Conselho, de 16 de Novembro de 2005, publicada no JOCE L 323, de 2005.12.09: **0019**
Altera pela vigésima sétima vez a Directiva 76/769/CEE do Conselho relativa à aproximação das disposições legislativas, regulamentares e administrativas dos Estados-Membros respeitantes à limitação da colocação no mercado e da utilização de algumas substâncias e preparações perigosas (hidrocarbonetos aromáticos policíclicos em óleos de diluição e pneumáticos).
AMBIENTE/HIDROCARBONETOS AROMÁTICOS POLICÍCLICOS/ÓLEOS DE DILUIÇÃO/PNEUMÁTICOS/PREPARAÇÕES PERIGOSAS/SUBSTÂNCIAS PERIGOSAS

Directiva 2005/88/CE do Parlamento Europeu e do Conselho, de 14 de Dezembro de 2005, publicada no JOCE L 344, de 2005.12.27: **0020**
Altera a Directiva 2000/14/CE relativa à aproximação das legislações dos Estados-Membros em matéria de emissões sonoras para o ambiente dos equipamentos para utilização no exterior.
AMBIENTE/EMISSÕES SONORAS PARA O AMBIENTE

2.2. *Directivas da Comissão*

Directiva 2005/21/CE da Comissão, de 7 de Março de 2005, publicada no JOCE L 61, de 2005.03.08: **0021**
Adapta ao progresso técnico a Directiva 72/306/CEE do Conselho relativa à aproximação das legislações dos Estados-Membros res-

peitantes às medidas a tomar contra a emissão de poluentes provenientes dos motores diesel destinados à propulsão dos veículos.
EMISSÃO DE POLUENTES/MOTORES DIESEL/VEÍCULOS

Directiva 2005/46/CE da Comissão, de 8 de Julho de 2005, publicada no JOCE L 177, de 2005.07.09: **0022**
Altera os anexos das Directivas 86/362/CEE, 86/363/CEE e 90//642/CEE do Conselho no que diz respeito aos limites máximos de resíduos de amitraz.
AMBIENTE/AMITRAZ/LIMITES MÁXIMOS DE RESÍDUOS/RESÍDUOS

Directiva 2005/49/CE da Comissão, de 25 de Julho de 2005, publicada no JOCE L 194, de 2005.07.26: **0023**
Altera, para efeitos de adaptação ao progresso técnico, a Directiva 72/245/CEE do Conselho relativa às interferências radioeléctricas (compatibilidade electromagnética) dos veículos e a Directiva 70/156//CEE do Conselho relativa à aproximação das legislações dos Estados--Membros respeitantes à homologação dos veículos a motor e seus reboques.
REBOQUES/VEÍCULOS

Directiva 2005/54/CE da Comissão, de 19 de Setembro de 2005, publicada no JOCE L 244, de 2005.09.20: **0024**
Altera a Directiva 91/414/CEE do Conselho com o objectivo de incluir a substância activa tribenurão.
AMBIENTE/LISTA DE SUBSTÂNCIAS ACTIVAS/TRIBENURÃO

Directiva 2005/57/CE da Comissão, de 21 de Setembro de 2005, publicada no JOCE L 246, de 2005.09.22: **0025**
Altera a Directiva 91/414/CEE do Conselho com o objectivo de incluir as substâncias activas MCPA e MCPB.
AMBIENTE/LISTA DE SUBSTÂNCIAS ACTIVAS/MCPA/MCPB

Directiva 2005/58/CE da Comissão, de 21 de Setembro de 2005, publicada no JOCE L 246, de 2005.09.22: **0026**
Altera a Directiva 91/414/CEE do Conselho com o objectivo de incluir as substâncias activas bifenazato e milbemectina.
AMBIENTE/BIFENAZATO/LISTA DE SUBSTÂNCIAS ACTIVAS/MILBEMECTINA

Directiva 2005/70/CE da Comissão, de 20 de Outubro de 2005, publicada no JOCE L 276, de 2005.10.21: **0027**

Altera as Directivas 76/895/CEE, 86/362/CEE, 86/363/CEE e 90/642/CEE do Conselho no que respeita à fixação de limites máximos de resíduos de pesticidas nos e sobre cereais e determinados produtos de origem animal e vegetal.

LIMITES MÁXIMOS DE RESÍDUOS DE PESTICIDAS/PRODUTOS DE ORIGEM ANIMAL E VEGETAL

Directiva 2005/74/CE da Comissão, de 25 de Outubro de 2005, publicada no JOCE L 282, de 2005.10.26: **0028**

Altera a Directiva 90/642/CEE do Conselho, no que diz respeito aos limites máximos de resíduos de etofumesato, lambda-cialotrina, metomil, pimetrozina e tiabendazol nela fixados.

AMBIENTE/ETOFUMESATO/LAMBDA-CIALOTRINA/LIMITES MÁXIMOS/LISTA DE SUBSTÂNCIAS ACTIVAS/METOMIL/PIMETROZINA/RESÍDUOS/SUBSTÂNCIAS ACTIVAS/TIABENDAZOL

Directiva 2005/76/CE da Comissão, de 8 de Novembro de 2005, publicada no JOCE L 293, de 2005.11.09: **0029**

Altera as Directivas 90/642/CEE e 86/362/CEE do Conselho, no que diz respeito aos limites máximos de resíduos das substâncias cresoxime-metilo, ciromazina, bifentrina, metalaxil e azoxistrobina nelas fixados.

AMBIENTE/AZOXISTROBINA/BIFENTRINA/CIROMAZINA/CRESOXIME-METILO/LIMITES MÁXIMOS/LISTA DE SUBSTÂNCIAS ACTIVAS/METALAXIL/ /SUBSTÂNCIAS ACTIVAS/RESÍDUOS

Directiva 2005/78/CE da Comissão, de 14 de Novembro de 2005, publicada no JOCE L 313, de 2005.11.29: **0030**

Aplica a Directiva 2005/55/CE do Parlamento Europeu e do Conselho relativa à aproximação das legislações dos Estados-Membros respeitantes às medidas a tomar contra a emissão de gases e partículas poluentes provenientes dos motores de ignição por compressão utilizados em veículos e a emissão de gases poluentes provenientes dos motores de ignição comandada alimentados a gás natural ou a gás de petróleo liquefeito utilizados em veículos e altera os seus anexos I, II, III, IV e VI.

EMISSÃO DE GASES POLUENTES/GÁS DE PETRÓLEO LIQUEFEITO/GÁS NATURAL/POLUIÇÃO/VEÍCULOS

B – DIREITO NACIONAL

1. Actos Legislativos

1.1. *Decretos-Leis*

Decreto-Lei n.º 72/2005, de 18 de Março: **0031**
Transpõe para a ordem jurídica interna a Directiva n.º 2003//53/CE, do Parlamento e do Conselho, de 18 de Junho, que altera a Directiva n.º 76/769/CEE, do Conselho, de 27 de Julho, no que diz respeito à limitação da colocação no mercado e da utilização de certas substâncias e preparações perigosas (nonilfenol, etoxilado de nonilfenol e cimento).
CIMENTO/ETOXILADO DE NONILFENOL/NONILFENOL/PREPARAÇÕES PERIGOSAS

Decreto-Lei n.º 85/2005, de 28 de Abril: **0032**
Estabelece o regime legal da incineração e co-incineração de resíduos, transpondo para a ordem jurídica interna a Directiva n.º 2000//76/CE, do Parlamento Europeu e do Conselho, de 4 de Dezembro.
CO-INCINERAÇÃO/INCINERAÇÃO/RESÍDUOS

Decreto-Lei n.º 131/2005, de 16 de Agosto: **0033**
Aprova um regime excepcional e transitório de atribuição de licença para a pesquisa e captação de águas subterrâneas e para a instalação de novas captações de águas superficiais destinadas ao abastecimento público e define os critérios mínimos de verificação da qualidade da água tanto na origem como na distribuída para consumo humano.
ABASTECIMENTO PÚBLICO/ÁGUAS SUBTERRÂNEAS/ÁGUAS SUPERFICIAIS/CONSUMO HUMANO/QUALIDADE

Decreto-Lei n.° 136/2005, de 17 de Agosto: **0034**
Estabelece medidas de carácter excepcional tendo em vista a regularização da situação jurídica dos prédios rústicos sitos em áreas florestais.
ÁREAS FLORESTAIS/PRÉDIOS RÚSTICOS

Decreto-Lei n.° 149/2005, de 30 de Agosto: **0035**
Altera o anexo ao Decreto-Lei n.° 119/2000, de 4 de Julho, relativamente às zonas reservadas à intervenção do Programa Polis na cidade de Coimbra e na cidade de Tomar.
ACOIMBRA/PROGRAMA POLIS/TOMAR

Decreto-Lei n.° 152/2005, de 31 de Agosto: **0036**
Regula a aplicação na ordem jurídica interna do artigo 16.° e do n.° 1 do artigo 17.° do Regulamento (CE) n.° 2037/2000, do Parlamento Europeu e do Conselho, de 29 de Junho, relativo às substâncias que empobrecem a camada de ozono.
CAMADA DE OZONO/SUBSTÂNCIAS QUE EMPOBRECEM A CAMADA DE OZONO

Decreto-Lei n.° 162/2005, de 22 de Setembro: **0037**
Transpõe para a ordem jurídica interna a Directiva n.° 2004//21/CE, da Comissão, de 24 de Fevereiro, relativa à limitação da colocação no mercado e da utilização de algumas substâncias e preparações perigosas, alterando o Decreto-Lei n.° 264/98, de 19 de Agosto.
LIMITAÇÃO DE COLOCAÇÃO NO MERCADO/PREPARAÇÕES PERIGOSAS/SUBSTÂNCIAS PERIGOSAS

Decreto-Lei n.° 178/2005, de 28 de Outubro: **0038**
Transpõe para a ordem jurídica interna a Directiva n.° 2004/3/CE, do Parlamento Europeu e do Conselho, de 11 de Fevereiro, alterando o Regulamento das Emissões de Dióxido de Carbono e Consumo de Combustível dos Automóveis, aprovado pelo Decreto-Lei n.° 253//2000, de 16 de Outubro, bem como o Regulamento da Homologação CE de Modelo de Automóveis e Reboques, Seus Sistemas, Componentes e Unidades Técnicas, aprovado pelo Decreto-Lei n.° 72/2000, de 6 de Maio.
AUTOMÓVEIS/CONSUMO DE COMBUSTÍVEL DOS AUTOMÓVEIS/EMISSÕES DE DIÓXIDO DE CARBONO

Decreto-Lei n.º 236/2005, de 30 de Dezembro: **0039**
Transpõe para a ordem jurídica nacional a Directiva n. 2004/26//CE, do Parlamento Europeu e do Conselho, de 21 de Abril, que altera a Directiva n. 97/68/CE, relativa à aproximação das legislações dos Estados membros respeitantes a medidas contra a emissão de poluentes gasosos e de partículas pelos motores de combustão interna a instalar em máquinas móveis não rodoviárias.

EMISSÃO DE POLUENTES GASOSOS/MÁQUINAS MÓVEIS NÃO RODOVIÁRIAS//MOTORES DE COMBUSTÃO INTERNA/PARTÍCULAS

ÍNDICE ANALÍTICO

Índice analítico *

A

Águas públicas – 109 e segs.
Avaliação de impacto ambiental – 345 e segs.

C

Código das Expropriações – 127 e segs.
Conceito indeterminado – 317 e segs.
Conceito vago – 317 e segs.

E

Edificações urbanas – 289 e segs.
Espaços verdes urbanos – 203 e segs.
Expropriações – 127 e segs.

I

Implantação comercial – 183 e segs.

L

Licenciamento – 183 e segs.; 241 e segs.; 267 e segs.

Licenciamento industrial – 303 e segs.
Loteamento – 221 e segs.

P

Parecer – 241 e segs.
Plano de urbanização – 267 e segs.
Princípio da igualdade – 289 e segs.
Princípio da imparcialidade – 275 e segs.
Princípio do poluidor pagador – 9 e segs.

R

Recursos hídricos – 109 e segs.
Reserva Ecológica Nacional – 275 e segs; 303 e segs.
Responsabilidade ambiental – 9 e segs.; 157 e segs.

S

Sobreiro (Protecção ao) – 345 e segs.

U

Utilidade pública – 345 e segs.

---

* Este ÍNDICE ANALÍTICO não abrange a CRÓNICA DA LEGISLAÇÃO, a qual tem um ÍNDICE DE TEMAS próprio.

Enviar para:

ALMEDINA

Livraria Almedina
Arco de Almedina 15
3004-509 COIMBRA
PORTUGAL

Telefone 239 851 900
Telefax 239 851 901

www.almedina.net

REVISTA JURÍDICA DO URBANISMO E DO AMBIENTE

Boletim de encomenda

Desejo receber os seguintes n.os da RJUA:

☐ N.º 1 – Junho 1994 – 251 págs.   13,09 €
☐ N.º 2 – Dezembro 1994 – 334 págs.   14,67 €
☐ N.º 3 – Junho 1995 – 330 págs.   14,67 €
☐ N.º 4 – Dezembro 1995 – 498 págs.   26,19 €
☐ N.os 5/6 – Dezembro 1996 – 472 págs.   24,44 €
☐ N.º 7 – Junho 1997 – 370 págs.   19,95 €
☐ N.º 8 – Dezembro 1997 – 372 págs.   19,95 €
☐ N.º 9 – Junho 1998 – 278 págs.   14,96 €
☐ N.º 10 – Dezembro 1998 – 400 págs.   19,95 €
☐ N.os 11/12 – Jun./Dez. – 1999 – 540 págs. 29,93 €
☐ N.º 13 – Junho – 2000 – 394 págs.   19,95 €
☐ N.º 14 – Dezembro – 2000 – 408 págs.   24,94 €
☐ N.os 15/16 – Jan/Dez. – 2001 – 574 págs.   32,00 €
☐ N.º 17 – Junho – 2002 – 440 págs.   25,00 €
☐ N.os 18/19 – Dez./2002, Jun./2003 – 312 págs. 20,00 €
☐ N.º 20 – Dezembro – 2003 – 320 págs.   20,00 €
☐ N.os 21/22 – Jun./Dez. – 2004 – 480 págs. 25,00 €

Portes: Portugal – gratuito

Autorizo débito no cartão:

☐ Visa   ☐ American Express

N.º ☐☐☐☐ ☐☐☐☐ ☐☐☐☐ ☐☐☐☐

Válido até _____/_____/_____

Envio cheque no valor de ....
do Banco ....
Data ..../........./...............
Assinatura ....

Nome ....
Morada ....
Código Postal ....
Telefone ....
Telefax ....
N.º Contribuinte ....